實用
視聽華語
①

PRACTICAL AUDIO-VISUAL
CHINESE

主 編 者◎國立臺灣師範大學國語教學中心
編輯委員◎陳夜寧・王淑美・盧翠英

正中書局

序

中國文化上下五千多年，歷史悠久，博大精深，是中國人在從漁獵採集社會到游牧農業社會一系列發展裡，所孕育出來的文明瑰寶，於世界文化史上，佔有無比重要的地位。時至十九、二十世紀，從一八四○年鴉片戰爭至今一百五十多年間，中國文化受到了來自西方的工業社會及後工業社會的挑戰，開始因應變革、學習調適、檢討反省、轉化創新。

尤其是在二次世界大戰後的五十年間，中國人開始分裂成兩個實驗室，各自尋求因應轉化創新之道。第一個實驗室在大陸，可稱之為大陸型導向的中國文化實驗區；另一個在臺灣，可視之為海洋型導向的文化實驗區；任何人如欲瞭解中國文化在二十世紀最新發展，必須要對這兩個實驗區裡所產生的成果，細心考察、分析對比，缺一不可。

海洋型導向的中國文化，包括臺灣、香港、新加坡……以及全世界有華人聚居的地方，最近十幾年來，尚可包括新進發展的廣州、深圳及大上海地區。總之，海洋型導向的中國文化，傾向自由、開放、多元化的思考模式，社會的發展也兼容並蓄，彈性十足；人們吸收新知快，應變能力強；尊重知識，提倡文教，發展科技，努力人文。相信在二十一世紀，這種文化風格，將推廣至所有華人居住的地方，並進一步產生新的成果，回饋西方社會。

而上述理想之實現，其最重要的手段與工具，便是中國語言的學習與推廣。師大國語文中心第六任主任李振清教授有鑑於此，早在民國七十八年，便著手新版國語文教材之策畫與編纂，此一浩大的工程，在國語文中心第七任主任葉德明教授手中，得以完全實現。由葉主任主編，陳惠玲執行編輯，在中心教師陳夜寧、王淑美、盧翠英、范慧貞、劉咪咪、蕭美美、張仲敏、韓英華、錢進明等的通力合作之下，於民國八十三年，厚達千餘頁的《實用視聽華語》三巨冊，終於大功告成，是為當今學習中文的最佳教材。全書內容單元，體例清新，形式及題材充滿了創意，成績斐然，廣獲好評，是目前最受歡迎的華語讀本。

　　然葉主任及編輯群謙沖為懷，並沒有立即將全書正式出版，而以「試用本」的形式問世，希望通過實際教學，吸取各方專家意見，冀能將全書修訂得盡善盡美，以便嘉惠更多的學子。

　　如今，此一修訂本即將由正中書局正式製版付梓，李、葉兩位主任多年的努力，終於完全開花結果。我在此，除了向編者及書局道賀外，也希望藉由此書的正式發行，使海內外所有的專家學者，有機會瞭解此書、使用此書，並提出更進一步的改進之道。同時也希望世界上愛好中華文化的友人，通過此書，能更深刻的瞭解海洋型導向中國文化，並探索其與大陸型中國文化之間，複雜又奧妙的互動關係。

　　畢竟語文只是工具、只是鑰匙；文化才是材料，才是百寶箱，等待我們去不斷琢磨，去時時開啟。

1999 年 8 月

編輯要旨

時代在進步，國際間的文化交流也日漸擴充，為了達到彼此間學術研究的目的，學習語文是必要的溝通工具。中華民國教育部有鑑於國內所出版的中文教材已不敷應用，而於一九九〇年九月委託國立台灣師範大學國語教學中心編纂「實用視聽華語教材」。

本部教材共分《實用視聽華語》(一)、(二)、(三)等三套，每套包括課本、教師手冊、學生作業簿等三冊，每課均附有十分鐘的錄影帶。

本書在編寫之初曾邀請國內外專家學者舉行會議，商定編輯計畫、編寫之方式及各冊教材應包括之內容。

本書之教法強調以「溝通式」教學為主，因此配合視聽媒體，在每課之前諒學生先看一次錄影帶，引起動機後再進行教學。待學生對於生字、語法、課文、課室活動等全部熟悉後，再看一次錄影帶。此時學生應該對內容完全了解，並說出正確的語言。

《實用視聽華語(一)》課本二十五課，重點在訓練學生的基本發音，語法及常用字彙，達到語言流利的目的。

《實用視聽華語(二)》課本二十八課，偏重大學校園活動和日常生活的話題，介紹文化差異，包括社會、歷史、地理等。語法配合情景介紹句子結構用法，並加上各種不同形式的手寫短文，增加學生識別手寫漢字的能力。

《實用視聽華語(三)》課本二十課，課文介紹中華文化之特質及風俗習慣，以短劇、敘述文及議論文等體裁為主，內容包括民俗文化、傳統戲劇、文字、醫藥、科技、環保、消費、休閒等，配合時代潮流，提高學生對目前各類話題討論的能力。

本書所有的生字與生詞注音係採用**國語注音符號與漢語拼音**並列，以收廣為使用之效。

《實用視聽華語(一)》課本共有生字六百一十四個、生詞八百八十五條；《實用視聽華語(二)》課本生字共九百個，生詞共計一千三百條；《實用視聽華語㈢》課本生詞七百二十三條。

　　語法說明係參考耶魯大學教材系統，並按照實際句子情況解釋，在《實用視聽華語㈠》教材中偏重基本句型練習，共有八十九個；《實用視聽華語㈡》教材則以連結結構為重點，共使用二百五十個句型；《實用視聽華語㈢》教材則以書面語之文法為主要，介紹文章內所用之文法要點六十七個。

　　每級教材所包括的內容大致如下：1.課文、對話；2.生字、生詞及用法；3.語法要點及句型練習；4.課室活動；5.短文；.6.註釋。《實用視聽華語㈠》及《實用視聽華語㈡》漢字書寫均安排在學生作業中練習。《實用視聽華語㈢》課本中介紹成語及俗語，並附「閱讀與探討」、「佳文欣賞」等項目。

　　本書《實用視聽華語㈠》材由陳夜寧、王淑美、盧翠英三位老師負責編纂工作；《實用視聽華語㈡》教材由范慧貞、劉咪咪、蕭美美老師等編寫；《實用視聽華語㈢》教材由錢進明、張仲敏、韓英華老師編寫。英文由 Christian A. Terfloth, Robert Kinney; Laura Burian, Earl S. Tai, Michael Fahey, Robert Murphy; Norman Eisley 等人翻譯。插圖由林芳珠、吳昌昇、朱晏臨、吳佳謀、王翰賢、蘇菁瑛等六位畫家完成。

　　本書在編寫初稿完成後，曾邀請國內外學者專家進行審查，經過前後三次修正。審查委員如下：美國夏威夷大學李英哲教授、猶他大學齊德立教授、麻州大學鄧守信教授、柏克萊加州大學張洪年教授、印地安那大學嚴棉教授、麻州威廉斯學院顧百里教授、清華大學曹逢甫教授、東海大學馮以堅教授、臺灣師大施玉惠教授、臺灣師大吳國賢教授、臺灣師大羅青哲教授、中華語文研習所何景賢博士。

　　本書之編纂工作費時三年，並進行半年試教及內容修正，感謝所有費心編輯及審核的作者及專家學者，使這部中文教材得以問世，在各位教學者使用後，敬請指正。

葉德明

1999 年 8 月

目　　　錄

PRONUNCIATION

The land of China is vast and the population is large. Among the numerous dialects, the Peiping (Peiking) dialect was chosen as the official language which is now used throughout China. Presently in Chinese courses taught around the world, apart from using Mandarin Phonetic Symbols (MPS) 〔ㄅ，ㄆ，ㄇ，ㄈ，……〕, other systems such as the Pinyin system, and the Yale Romanization system are still used.

This book is adapted to the needs of western students and both systems of MPS and Pinyin are used. The pronunciation section is divided into six parts, concentrating on practical usage. The student should practice the text at the laboratory intensively in order to master the basic materials.

The initials and finals used in MPS and Pinyin are as follows:

Initials		Finals			
MPS	Pinyin	MPS	Pinyin	MPS	Pinyin
ㄅ	b	ㄚ	a	ㄧㄚ	ya,-ia
ㄆ	p	ㄛ	o	ㄧㄛ	yo
ㄇ	m	ㄜ	e	ㄧㄝ	ye,-ie
ㄈ	f	ㄝ	ê	ㄧㄞ	
ㄉ	d	ㄞ	ai	ㄧㄠ	yao, -iao
ㄊ	t	ㄟ	ei	ㄧㄡ	you, -iu
ㄋ	n	ㄠ	ao	ㄧㄢ	yan, -ian
ㄌ	l	ㄡ	ou	ㄧㄣ	yin,-in
ㄍ	g	ㄢ	an	ㄧㄤ	yang, -iang
ㄎ	k	ㄣ	en	ㄧㄥ	ying, -ing
ㄏ	h	ㄤ	ang	ㄨㄚ	wa, -ua
ㄐ	j	ㄥ	eng	ㄨㄛ	wo, -uo
ㄑ	q	ㄦ	er	ㄨㄞ	wai, -uai
ㄒ	x	ㄧ	yi,-i	ㄨㄟ	wei, -ui
ㄓ	zh(i)	ㄨ	wu,-u	ㄨㄢ	wan, -uan
ㄔ	ch(i)	ㄩ	yu,-u/ü	ㄨㄣ	wen, -un
ㄕ	sh(i)			ㄨㄤ	wang, -uang
ㄖ	r(i)			ㄨㄥ	weng, -ong
ㄗ	z(i)			ㄩㄝ	yue, - üe
ㄘ	c(i)			ㄩㄢ	yuan, -üan
ㄙ	s(i)			ㄩㄣ	yun, -ün
				ㄩㄥ	yong, -iong

One of the features of the Chinese language is its tonality. The same syllable with a different tone yields different meanings. Therefore it is crucial to pay close attention to tonal variations while learning Chinese.

There are four tones in Chinese plus a fifth neutral tone, as indicated below.

The Tones

Tone	Tone Marks		Description	Pitch	Tone-graph
	MPS	Pinyin			
1st tone		─	high level	55:	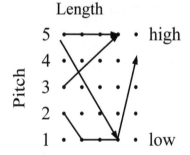
2nd tone	╱	╱	high rising	35:	
3nd tone	∨	∨	falling and rising	214:	
4th tone	╲	╲	falling (from high to low)	51:	
Neutral tone	•		no set pitch*		

* The neutral tone has no set pitch. The actual pitch of a neutral syllable depends on the tone preceding it.

TONE GRAPH

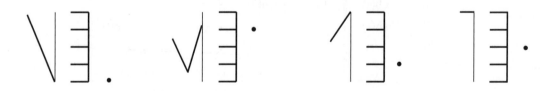

ㄊㄧㄠˋ·ㄉㄜ tiàode　ㄆㄠˇ·ㄉㄜ pǎode　ㄆㄚˊ·ㄉㄜ páde　ㄈㄟ·ㄉㄜ fēide

EVERYDAY LANGUAGE AND PRONUNCIATION DRILLS I

ㄗㄠˇ 。 Zǎo.	(Good morning.)
ㄗㄠˇ 。 Zǎo .	(Good morning.)

ㄋㄧˇ ㄏㄠˇ 。 Nǐhǎo.	(How are you? / How do you do?)
ㄋㄧˇ ㄏㄠˇ 。 Nǐhǎo.	(How are you? / How do you do?)

(Name) ，ㄋㄧˇ ㄏㄠˇ 。 (Name), nǐ hǎo	(How are you, _____?)
ㄋㄧˇ ㄏㄠˇ ，(name) 。 Nǐhǎo (name).	(How are you, _____?)

DRILLS

1. Tones

ㄚ ā	ㄚˊ á	ㄚˇ ǎ	ㄚˋ à
ㄧ yī	ㄧˊ yí	ㄧˇ yǐ	ㄧˋ yì
ㄨ wū	ㄨˊ wú	ㄨˇ wǔ	ㄨˋ wù
ㄞ āi	ㄞˊ ái	ㄞˇ ǎi	ㄞˋ ài
ㄟ ēi	ㄟˊ éi	ㄟˇ ěi	ㄟˋ èi
ㄠ āo	ㄠˊ áo	ㄠˇ ǎo	ㄠˋ ào
ㄡ ōu	ㄡˊ óu	ㄡˇ ǒu	ㄡˋ òu

ㄇㄚ mā	ㄇㄚˇ mǎ	ㄇㄠ māo	ㄇㄠˊ máo
(mother)	(horse)	(cat)	(feather)

2. Spelling

ㄚ	ā	ㄧ	yī /-ī	ㄨ	wū /-ū	ㄞ	āi
ㄌㄚ	lā	ㄋㄧˇ	nǐ	ㄎㄨ	kū	ㄊㄞˋ	tài
ㄆㄚˋ	pà	ㄅㄧˇ	bǐ	ㄌㄨˋ	lù	ㄇㄞˇ	mǎi
ㄋㄚˊ	ná	ㄌㄧˇ	lǐ	ㄅㄨˋ	bù	ㄌㄞˊ	lái

ㄟ	ēi	ㄠ	āo	ㄡ	ōu	ㄜ	ē
ㄅㄟˇ	běi	ㄍㄠ	gāo	ㄉㄡ	dōu	ㄌㄜˋ	lè
ㄈㄟ	fēi	ㄎㄠˇ	kǎo	ㄍㄡˇ	gǒu	ㄍㄜ	gē
ㄍㄟˇ	gěi	ㄆㄠˇ	pǎo	ㄊㄡˊ	tóu	ㄏㄜˊ	hé

ㄣ	ēn	ㄢ	ān	ㄥ	ēng	ㄤ	āng
ㄅㄣˇ	běn	ㄉㄢˋ	dàn	ㄌㄥˇ	lěng	ㄆㄤˋ	pàng
ㄇㄣˊ	mén	ㄍㄢ	gān	ㄋㄥˊ	néng	ㄎㄤ	kāng
ㄈㄣ	fēn	ㄇㄢˋ	màn	ㄉㄥˇ	děng	ㄌㄤˋ	làng

ㄨㄥ	weng/-ōng	ㄗ	z-	ㄘ	c-	ㄙ	s-
ㄉㄨㄥ	dōng	ㄗㄠˇ	zǎo	ㄘㄚ	cā	ㄙㄞˋ	sài
ㄍㄨㄥˋ	gòng	ㄗㄡˇ	zǒu	ㄘㄨˋ	cù	ㄙㄚˇ	sǎ
ㄊㄨㄥˋ	tòng	ㄗㄞˋ	zài	ㄘㄨㄥˊ	cóng	ㄙㄨㄥˋ	sòng

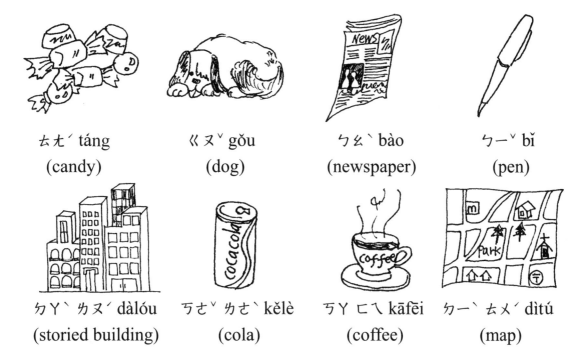

ㄊㄤˊ táng
(candy)

ㄍㄡˇ gǒu
(dog)

ㄅㄠˋ bào
(newspaper)

ㄅㄧˇ bǐ
(pen)

ㄅㄚˋ ㄌㄡˊ dàlóu
(storied building)

ㄎㄜˇ ㄌㄜˋ kělè
(cola)

ㄎㄚ ㄈㄟ kāfēi
(coffee)

ㄅㄧˋ ㄊㄨˊ dìtú
(map)

3. Change of the Third Tone

(1)

ㄏㄣˇㄗㄤ hěn zāng   ㄋㄧˇㄍㄠ nǐ gāo

ㄏㄣˇㄋㄢˊ hěn nán   ㄋㄧˇㄇㄤˊ nǐ máng

ㄏㄣˇㄇㄢˋ hěn màn   ㄋㄧˇㄌㄟˋ nǐ lèi

(2) If two syllables in succession use the third tone, the first syllable changes to the second tone and the second syllable keeps the third tone.

ㄏㄣˇㄏㄠˇ hěn hǎo→ㄏㄣˊㄏㄠˇ hén hǎo   ㄋㄧˇㄏㄠˇ nǐ hǎo→ㄋㄧˊㄏㄠˇ ní hǎo

ㄏㄣˇㄌㄢˇ hěn lǎn→ㄏㄣˊㄌㄢˇ hén lǎn   ㄋㄧˇㄌㄢˇ nǐ lǎn → ㄋㄧˊㄌㄢˇ ní lǎn

ㄏㄣˇㄗㄠˇ hěn zǎo→ㄏㄣˊㄗㄠˇ hén zǎo   ㄋㄧˇㄗㄠˇ nǐ zǎo → ㄋㄧˊㄗㄠˇ ní zǎo

(3) If more than two syllables of third tone are in succession, the tone changes according to context.

ㄋㄧˇㄏㄣˇㄏㄠˇ nǐ hěn hǎ → ㄋㄧˊㄏㄣˊㄏㄠˇ ní hén hǎo ╱ ㄋㄧˇㄏㄣˊㄏㄠˇ nǐ hén hǎo

ㄋㄧˇㄏㄣˇㄌㄢˇ nǐ hěn lǎn →ㄋㄧˊㄏㄣˊㄌㄢˇ ní hén lǎn ╱ ㄋㄧˇㄏㄣˊㄌㄢˇ nǐ hén lǎn

ㄋㄧˇㄏㄣˇㄗㄠˇ nǐ hěn zǎo →ㄋㄧˊㄏㄣˊㄗㄠˇ ní hén zǎo ╱ ㄋㄧˇㄏㄣˊㄗㄠˇ nǐ hén zǎo

EVERYDAY LANGUAGE AND PRONUNCIATION DRILLS Ⅱ

ㄒㄧㄝˋ ·ㄒㄧㄝ。(Thank you.)
Xièxie

ㄅㄨˊ ㄎㄜˋ ㄑㄧˋ。(You're welcome.)
Búkèqì

ㄉㄨㄟˋ ㄅㄨˋ ㄑㄧˇ。 (I'm sorry.)
Duìbùqǐ

ㄇㄟˊ ㄍㄨㄢ ·ㄒㄧ。 (It's all right. / It doesn't matter.)
Méiguānxi

ㄌㄠˇ ㄕ ㄗㄞˋ ㄐㄧㄢˋ。 (Good-bye, teacher.)
Lǎoshī zàijiàn

ㄗㄞˋ ㄐㄧㄢˋ。 (Good-bye.)
Zàijiàn

DRILLS

1. Spelling

ㄨ wū/-ū ㄨㄚ wā/-uā ㄨㄛ wō/-uō ㄨㄞ wāi/-uāi ㄨㄟ wēi/-uī

ㄨˇ wǔ ㄏㄨㄚ huā ㄉㄨㄛˇ duǒ ㄎㄨㄞˋ kuài ㄉㄨㄟˋ duì

ㄨㄣˋ wèn ㄍㄨㄚ guā ㄘㄨㄛˋ cuò ㄏㄨㄞˊ huái ㄏㄨㄟˊ huí

ㄨㄥ wēng ㄏㄨㄚˋ huà ㄌㄨㄛˊ luó ㄍㄨㄞˋ guài ㄗㄨㄟˇ zuǐ

ㄨㄢ wān/-uān ㄨㄣ wēn/-ūn ㄨㄤ wāng/-uāng ㄨㄥ wēng/-ōng

ㄍㄨㄢ guān ㄘㄨㄣˇ cǔn ㄏㄨㄤˊ huáng ㄉㄨㄥ dōng

ㄙㄨㄢ suān ㄊㄨㄣ tūn ㄍㄨㄤˇ guǎng ㄊㄨㄥˇ tǒng

ㄏㄨㄢˋ huàn ㄉㄨㄣˋ dùn ㄎㄨㄤˋ kuàng ㄋㄨㄥˋ nòng

ㄖ	r-	ㄓ	zh-	ㄔ	ch-	ㄕ	sh-
ㄖˋ	rì	ㄓˋ	zhì	ㄔˋ	chì	ㄕˋ	shì
ㄖㄡˋ	ròu	ㄓㄤ	zhāng	ㄔㄨㄢˊ	chuán	ㄕㄨ	shū
ㄖㄣˊ	rén	ㄓㄜˋ	zhè	ㄔㄞ	chāi	ㄕㄨㄛ	shuō
ㄖㄤˋ	ràng	ㄓㄠˇ	zhǎo	ㄔㄨㄣ	chūn	ㄕㄟˊ	shéi

ㄕㄨ shū (book)　ㄕㄨˋ shù (tree)　ㄕㄢ shān (mountain)　ㄖㄣˊ rén (people)　ㄨㄢˇ wǎn (bowl)

ㄕㄨㄟˇ ㄍㄨㄛˇ shuǐguǒ (fruit)　ㄊㄤ ㄔˊ tāngchí (spoon)　ㄏㄨㄥˊ ㄔㄚˊ hóngchá (black tea)　ㄍㄨㄛˇ ㄓ guǒzhī (juice)

ㄧ	yī/-ī	ㄧㄚ	yā/-iā	ㄧㄝ	yē/-iē	ㄧㄠ	yāo/-iāo	ㄧㄡ	yōu/-iū
ㄋㄧˇ	nǐ	ㄌㄧㄚˇ	liǎ	ㄅㄧㄝˊ	bié	ㄋㄧㄠˇ	niǎo	ㄉㄧㄡ	diū
ㄉㄧˋ	dì	ㄧㄚˊ	yá	ㄇㄧㄝˋ	miè	ㄆㄧㄠˋ	piào	ㄌㄧㄡˇ	liǔ
ㄅㄧˇ	bǐ	ㄧㄚˋ	yà	ㄊㄧㄝˇ	tiě	ㄌㄧㄠˇ	liǎo	ㄋㄧㄡˊ	niú

ㄧㄢ	yān/-iān	ㄧㄤ	yāng/-iāng	ㄧㄣ	yīn/-īn	ㄧㄥ	yīng/-īng
ㄇㄧㄢˋ	miàn	ㄋㄧㄤˊ	niáng	ㄋㄧㄣˊ	nín	ㄅㄧㄥ	bīng
ㄊㄧㄢ	tiān	ㄌㄧㄤˇ	liǎng	ㄇㄧㄣˇ	mǐn	ㄉㄧㄥˇ	dǐng
ㄅㄧㄢˇ	biǎn	ㄋㄧㄤˋ	niàng	ㄌㄧㄣˊ	lín	ㄇㄧㄥˋ	mìng

ㄐ	j-	ㄑ	q-	ㄒ	x-
ㄐㄧ	jī	ㄑㄧˋ	qì	ㄒㄧˇ	xǐ
ㄐㄧㄚ	jiā	ㄑㄧㄡˊ	qiú	ㄒㄧㄠˋ	xiào
ㄐㄧㄡˋ	jiù	ㄑㄧㄢˊ	qián	ㄒㄧㄤˇ	xiǎng

ㄐㄧ jī
(chicken)

ㄋㄧㄠˇ niǎo
(bird)

ㄑㄧㄢˊ qián
(money)

ㄅㄧㄠˇ biǎo
(watch)

ㄇㄧㄢˋㄅㄠ miànbāo
(bread)

ㄒㄧ ㄍㄨㄚ xīguā
(watermelon)

ㄆㄧㄥˊ ㄍㄨㄛˇ píngguǒ
(apple)

ㄔㄜ chē
(car)

2. The Neutral (Light) Tone

ㄇㄚˉㄇㄚ māma　　ㄓㄨㄛ·ㄗ zhuōzi　ㄊㄚ·ㄇㄣ tāmen　ㄊㄚ·ㄉㄜ tāde

ㄌㄞˊ·ㄌㄜ láile　　ㄈㄤˊ·ㄗ fángzi　ㄆㄢˊ·ㄗ pánzi　ㄋㄢˊ·ㄉㄜ nánde

ㄐㄧㄝˇ·ㄐㄧㄝ jiějie　ㄅㄣˇ·ㄗ běnzi　ㄋㄧˇ·ㄇㄣ nǐmen　ㄎㄨˇ·ㄉㄜ kǔde

ㄅㄚˋ·ㄅㄚ bàba　　ㄆㄤˋ·ㄗ pàngzi　ㄎㄢˋ·ㄌㄜ kànle　ㄌㄚˋ·ㄉㄜ làde

ㄓㄨㄛ ·ㄗ zhuōzi
(table)

ㄧˇ ·ㄗ yǐzi
(chair)

ㄅㄟ ·ㄗ bēizi
(cup)

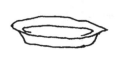
ㄆㄢˊ ·ㄗ pánzi
(plate)

ㄎㄨㄞˋ ·ㄗ kuàizi
(chopsticks)

ㄆㄨˊ ·ㄊㄠ pútao
(grapes)

ㄏㄞˊ ·ㄗ háiz
(child)

ㄈㄤˊ ·ㄗ fángzi
(house)

EVERYDAY LANGUAGE AND PRONUNCIATION DRILLS Ⅲ

ㄊㄚ ㄗㄞˋ ㄋㄚˇ ㄦ？ (Where is he / she?)
Tā zài nǎr?
ㄊㄚ ㄗㄞˋ＿＿＿。 (He / she is at / in＿＿＿.)
Tā zài＿＿＿
ㄒㄩㄝˊ ㄒㄧㄠˋ　xuéxiào　(school)
ㄊㄨˊ ㄕㄨ ㄍㄨㄢˇ　túshūguǎn　(library)
ㄙㄨˋ ㄕㄜˋ　sùshè　(dormitory)
ㄊㄧˇ ㄩˋ ㄍㄨㄢˇ　tǐyùguǎn　(gymnasium)
ㄐㄧㄠˋ ㄕˋ　jiàoshì　(classroom)
ㄘㄢ ㄊㄧㄥ　cāntīng　(cafeteria)
ㄐㄧㄚ　jiā　(home)

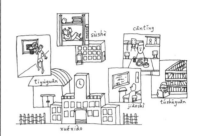

ㄋㄧˇ ㄉㄠˋ ㄋㄚˇ ㄦ ㄑㄩˋ？ (Where are you going?)
Nǐ dào nǎr qù ?

ㄨㄛˇ ㄉㄠˋ＿＿＿ ㄑㄩˋ。 (I'm going to＿＿＿.)
Wǒ dào＿＿＿qù.

jiā

DRILLS

1. Spelling

ㄩ　yū/-ū/-ǖ　ㄩㄝ　yuē/-uē　ㄩㄣ　yūn/-ūn　ㄩㄢ　yuān/-uān　ㄩㄥ　yōng/-iōng

ㄐㄩˊ jú　　ㄐㄩㄝˊ jué　　ㄐㄩㄣ jūn　　ㄐㄩㄢ juān　　ㄐㄩㄥˇ jiǒng

ㄑㄩˋ qù　　ㄑㄩㄝ quē　　ㄑㄩㄣˊ qún　　ㄑㄩㄢˊ quán　　ㄑㄩㄥˊ qióng

ㄒㄩ xū　　ㄒㄩㄝˇ xuě　　ㄒㄩㄣˋ xùn　　ㄒㄩㄢˇ xuǎn　　ㄒㄩㄥ xiōng

ㄌㄩˋ lǜ

ㄋㄩˇ nǚ

ㄩˊ yú   ㄩㄣˊ yún   ㄐㄩˊ ·ㄗ júzi   ㄩㄝˋ ㄌㄧㄤˋ yuèliàng

(fish)   (cloud)   (tangerine)   (moon)

2. The Retroflex Ending "-r"

ㄍㄜ gē ＋ㄦ-r→ㄍㄜㄦ gēr   ㄈㄥ fēng ＋ㄦ-r→ㄈㄥㄦ fēngr

ㄏㄨㄛˇ huǒ ＋ㄦ-r→ㄏㄨㄛˇㄦ huǒr   ㄌㄧㄥˊ líng ＋ㄦ-r→ㄌㄧㄥˊㄦ língr

ㄕㄠˊ sháo ＋ㄦ-r→ㄕㄠˊㄦ sháor   ㄏㄨㄤˊ huáng ＋ㄦ-r→ㄏㄨㄤˊㄦ huángr

ㄏㄡˊ hóu ＋ㄦ-r→ㄏㄡˊㄦ hóur   ㄑㄧˊ qí ＋ㄦ-r→ㄑㄧㄜˊㄦ qiér

ㄏㄨㄚ huā ＋ㄦ-r→ㄏㄨㄚㄦ huār   ㄩˊ yú ＋ㄦ-r→ㄩㄜˊㄦ yuér

ㄆㄞˊ pái ＋ㄦ-r→ㄆㄚˊㄦ pár   ㄉㄢˇ dǎn ＋ㄦ-r→ㄉㄚˇㄦ dǎr

ㄒㄧㄣ xīn ＋ㄦ-r→ㄒㄧㄜㄦ xiēr   ㄊㄨㄟˇ tuǐ ＋ㄦ-r→ㄊㄨㄜˇㄦ tuěr

ㄇㄣˊ mén ＋ㄦ-r→ㄇㄜˊㄦ mér   ㄏㄨㄣˊ hún ＋ㄦ-r→ㄏㄨㄜˊㄦ huér

ㄒㄧㄠˇㄕㄨㄛ xiǎoshuō ＋ㄦ-r → ㄒㄧㄠˇㄕㄨㄛㄦ xiǎoshuōr

ㄒㄧㄠˇㄇㄠˋ xiǎomào ＋ㄦ-r → ㄒㄧㄠˇㄇㄠˋㄦ xiǎomàor

ㄆㄤˊㄅㄧㄢ pángbiān ＋ㄦ-r → ㄆㄤˊㄅㄧㄚㄦ pángbiār

ㄒㄧㄠˇㄐㄧ xiǎojī ＋ㄦ-r → ㄒㄧㄠˇㄐㄧㄜㄦ xiǎojiēr

ㄕㄨˋㄧㄝˋ shùyè ＋ㄦ-r → ㄕㄨˋㄧㄝˋㄦ shùyèr

ㄧˋㄏㄨㄟˇ yìhuǐ ＋ㄦ-r → ㄧˋㄏㄨㄜˇㄦ yìhuěr

ㄧˋㄉㄧㄢˇ yìdiǎn ＋ㄦ-r → ㄧˋㄉㄧㄚˇㄦ yìdiǎr

ㄧˊㄎㄨㄞˋ yíkuài ＋ㄦ-r → ㄧˊㄎㄨㄚˋㄦ yíkuàr

ㄒㄧㄠˇㄋㄧㄠˇㄦ xiǎoniǎor   ㄒㄧㄠˇㄍㄡˇㄦ xiǎogǒur

(little bird)   (little dog)

ㄒㄧㄠˇㄏㄞˊㄦ xioǎhár

(children)

ㄏㄨㄚˋㄦ huàr

(picture)

The phonetic transcription chart in MPS and the Pinyin System is as follows:

Ini-\Finals	ㄚ a	ㄛ o	ㄜ e	ㄝ ê	ㄞ ai	ㄟ ei	ㄠ ao	ㄡ ou	ㄢ an	ㄣ en	ㄤ ang	ㄥ eng	ㄦ er
ㄅ b-	ㄅㄚ ba	ㄅㄛ bo			ㄅㄞ bai	ㄅㄟ bei	ㄅㄠ bao		ㄅㄢ ban	ㄅㄣ ben	ㄅㄤ bang	ㄅㄥ beng	
ㄆ p-	ㄆㄚ pa	ㄆㄛ po			ㄆㄞ pai	ㄆㄟ pei	ㄆㄠ pao	ㄆㄡ pou	ㄆㄢ pan	ㄆㄣ pen	ㄆㄤ pang	ㄆㄥ peng	
ㄇ m-	ㄇㄚ ma	ㄇㄛ mo	ㄇㄜ me		ㄇㄞ mai	ㄇㄟ mei	ㄇㄠ mao	ㄇㄡ mou	ㄇㄢ man	ㄇㄣ men	ㄇㄤ mang	ㄇㄥ meng	
ㄈ f-	ㄈㄚ fa	ㄈㄛ fo				ㄈㄟ fei		ㄈㄡ fou	ㄈㄢ fan	ㄈㄣ fen	ㄈㄤ fang	ㄈㄥ feng	
ㄉ d-	ㄉㄚ da		ㄉㄜ de		ㄉㄞ dai	ㄉㄟ dei	ㄉㄠ dao	ㄉㄡ dou	ㄉㄢ dan		ㄉㄤ dang	ㄉㄥ deng	
ㄊ t-	ㄊㄚ ta		ㄊㄜ te		ㄊㄞ tai		ㄊㄠ tao	ㄊㄡ tou	ㄊㄢ tan		ㄊㄤ tang	ㄊㄥ teng	
ㄋ n-	ㄋㄚ na		ㄋㄜ ne		ㄋㄞ nai	ㄋㄟ nei	ㄋㄠ nao	ㄋㄡ nou	ㄋㄢ nan	ㄋㄣ nen	ㄋㄤ nang	ㄋㄥ neng	
ㄌ l-	ㄌㄚ la		ㄌㄜ le		ㄌㄞ lai	ㄌㄟ lei	ㄌㄠ lao	ㄌㄡ lou	ㄌㄢ lan		ㄌㄤ lang	ㄌㄥ leng	
ㄍ g-	ㄍㄚ ga		ㄍㄜ ge		ㄍㄞ gai	ㄍㄟ gei	ㄍㄠ gao	ㄍㄡ gou	ㄍㄢ gan	ㄍㄣ gen	ㄍㄤ gang	ㄍㄥ geng	
ㄎ k-	ㄎㄚ ka		ㄎㄜ ke		ㄎㄞ kai		ㄎㄠ kao	ㄎㄡ kou	ㄎㄢ kan	ㄎㄣ ken	ㄎㄤ kang	ㄎㄥ keng	
ㄏ h-	ㄏㄚ ha		ㄏㄜ he		ㄏㄞ hai	ㄏㄟ hei	ㄏㄠ hao	ㄏㄡ hou	ㄏㄢ han	ㄏㄣ hen	ㄏㄤ hang	ㄏㄥ heng	
ㄐ j-													
ㄑ q-													
ㄒ x-													
ㄓ zhi/zh-	ㄓㄚ zha		ㄓㄜ zhe		ㄓㄞ zhai	ㄓㄟ zhei	ㄓㄠ zhao	ㄓㄡ zhou	ㄓㄢ zhan	ㄓㄣ zhen	ㄓㄤ zhang	ㄓㄥ zheng	
ㄔ chi/ch-	ㄔㄚ cha		ㄔㄜ che		ㄔㄞ chai		ㄔㄠ chao	ㄔㄡ chou	ㄔㄢ chan	ㄔㄣ chen	ㄔㄤ chang	ㄔㄥ cheng	
ㄕ shi/sh-	ㄕㄚ sha		ㄕㄜ she		ㄕㄞ shai	ㄕㄟ shei	ㄕㄠ shao	ㄕㄡ shou	ㄕㄢ shan	ㄕㄣ shen	ㄕㄤ shang	ㄕㄥ sheng	
ㄖ ri/r-			ㄖㄜ re				ㄖㄠ rao	ㄖㄡ rou	ㄖㄢ ran	ㄖㄣ ren	ㄖㄤ rang	ㄖㄥ reng	
ㄗ zi/z-	ㄗㄚ za		ㄗㄜ ze		ㄗㄞ zai	ㄗㄟ zei	ㄗㄠ zao	ㄗㄡ zou	ㄗㄢ zan	ㄗㄣ zen	ㄗㄤ zang	ㄗㄥ zeng	
ㄘ ci/c-	ㄘㄚ ca		ㄘㄜ ce		ㄘㄞ cai		ㄘㄠ cao	ㄘㄡ cou	ㄘㄢ can	ㄘㄣ cen	ㄘㄤ cang	ㄘㄥ ceng	
ㄙ si/s-	ㄙㄚ sa		ㄙㄜ se		ㄙㄞ sai		ㄙㄠ sao	ㄙㄡ sou	ㄙㄢ san	ㄙㄣ sen	ㄙㄤ sang	ㄙㄥ seng	

Initials \ Finals	ー yi/-i	ーㄚ yia/-ia	ーㄛ yo	ーㄝ ye/-ie	ーㄞ	ーㄠ yao/-iao	ーㄡ you/-iu	ーㄢ yan/-ian	ーㄣ yin/-in	ーㄤ yang/-iang	ーㄥ ying/-ing
ㄅ b-	ㄅー bi			ㄅーㄝ bie		ㄅーㄠ biao		ㄅーㄢ bian	ㄅーㄣ bin		ㄅーㄥ bing
ㄆ p-	ㄆー pi			ㄆーㄝ pie		ㄆーㄠ piao		ㄆーㄢ pian	ㄆーㄣ pin		ㄆーㄥ ping
ㄇ m-	ㄇー mi			ㄇーㄝ mie		ㄇーㄠ miao	ㄇーㄡ miu	ㄇーㄢ mian	ㄇーㄣ min		ㄇーㄥ ming
ㄈ f-											
ㄉ d-	ㄉー di			ㄉーㄝ die		ㄉーㄠ diao	ㄉーㄡ diu	ㄉーㄢ dian			ㄉーㄥ ding
ㄊ t-	ㄊー ti			ㄊーㄝ tie		ㄊーㄠ tiao		ㄊーㄢ tian			ㄊーㄥ ting
ㄋ n-	ㄋー ni			ㄋーㄝ nie		ㄋーㄠ niao	ㄋーㄡ niu	ㄋーㄢ nian	ㄋーㄣ nin	ㄋーㄤ niang	ㄋーㄥ ning
ㄌ l-	ㄌー li	ㄌーㄚ lia		ㄌーㄝ lie		ㄌーㄠ liao	ㄌーㄡ liu	ㄌーㄢ lian	ㄌーㄣ lin	ㄌーㄤ liang	ㄌーㄥ ling
ㄍ g-											
ㄎ k-											
ㄏ h-											
ㄐ j-	ㄐー ji	ㄐーㄚ jia		ㄐーㄝ jie		ㄐーㄠ jiao	ㄐーㄡ jiu	ㄐーㄢ jian	ㄐーㄣ jin	ㄐーㄤ jiang	ㄐーㄥ jing
ㄑ q-	ㄑー qi	ㄑーㄚ qia		ㄑーㄝ qie		ㄑーㄠ qiao	ㄑーㄡ qiu	ㄑーㄢ qian	ㄑーㄣ qin	ㄑーㄤ qiang	ㄑーㄥ qing
ㄒ x-	ㄒー xi	ㄒーㄚ xia		ㄒーㄝ xie		ㄒーㄠ xiao	ㄒーㄡ xiu	ㄒーㄢ xian	ㄒーㄣ xin	ㄒーㄤ xiang	ㄒーㄥ xing
ㄓ zhi/zh-											
ㄔ chi/ch-											
ㄕ shi/sh-											
ㄖ ri/r-											
ㄗ zi/z-											
ㄘ ci/c-											
ㄙ si/s-											

Finals / Initials	ㄨ wu/-u	ㄨㄚ wa/-ua	ㄨㄛ wo/-uo	ㄨㄞ wai/-uai	ㄨㄟ wei/-ui	ㄨㄢ wan/-uan	ㄨㄣ wen/-un	ㄨㄤ wang/-uang	ㄨㄥ weng/-ong
ㄅ b-	ㄅㄨ bu								
ㄆ p-	ㄆㄨ pu								
ㄇ m-	ㄇㄨ mu								
ㄈ f-	ㄈㄨ fu								
ㄉ d-	ㄉㄨ du		ㄉㄨㄛ duo		ㄉㄨㄟ dui	ㄉㄨㄢ duan	ㄉㄨㄣ dun		ㄉㄨㄥ dong
ㄊ t-	ㄊㄨ tu		ㄊㄨㄛ tuo		ㄊㄨㄟ tui	ㄊㄨㄢ tuan	ㄊㄨㄣ tun		ㄊㄨㄥ tong
ㄋ n-	ㄋㄨ nu		ㄋㄨㄛ nuo			ㄋㄨㄢ nuan			ㄋㄨㄥ nong
ㄌ l-	ㄌㄨ lu		ㄌㄨㄛ luo			ㄌㄨㄢ luan	ㄌㄨㄣ lun		ㄌㄨㄥ long
ㄍ g-	ㄍㄨ gu	ㄍㄨㄚ gua	ㄍㄨㄛ guo	ㄍㄨㄞ guai	ㄍㄨㄟ gui	ㄍㄨㄢ guan	ㄍㄨㄣ gun	ㄍㄨㄤ guang	ㄍㄨㄥ gong
ㄎ k-	ㄎㄨ ku	ㄎㄨㄚ kua	ㄎㄨㄛ kuo	ㄎㄨㄞ kuai	ㄎㄨㄟ kui	ㄎㄨㄢ kuan	ㄎㄨㄣ kun	ㄎㄨㄤ kuang	ㄎㄨㄥ kong
ㄏ h-	ㄏㄨ hu	ㄏㄨㄚ hua	ㄏㄨㄛ huo	ㄏㄨㄞ huai	ㄏㄨㄟ hui	ㄏㄨㄢ huan	ㄏㄨㄣ hun	ㄏㄨㄤ huang	ㄏㄨㄥ hong
ㄐ j-									
ㄑ q-									
ㄒ x-									
ㄓ zhi/zh-	ㄓㄨ zhu	ㄓㄨㄚ zhua	ㄓㄨㄛ zhuo	ㄓㄨㄞ zhuai	ㄓㄨㄟ zhui	ㄓㄨㄢ zhuan	ㄓㄨㄣ zhun	ㄓㄨㄤ zhuang	ㄓㄨㄥ zhong
ㄔ chi/ch-	ㄔㄨ chu		ㄔㄨㄛ chuo	ㄔㄨㄞ chuai	ㄔㄨㄟ chui	ㄔㄨㄢ chuan	ㄔㄨㄣ chun	ㄔㄨㄤ chuang	ㄔㄨㄥ chong
ㄕ shi/sh-	ㄕㄨ shu	ㄕㄨㄚ shua	ㄕㄨㄛ shuo	ㄕㄨㄞ shuai	ㄕㄨㄟ shui	ㄕㄨㄢ shuan	ㄕㄨㄣ shun	ㄕㄨㄤ shuang	
ㄖ ri/r-	ㄖㄨ ru		ㄖㄨㄛ ruo		ㄖㄨㄟ rui	ㄖㄨㄢ ruan	ㄖㄨㄣ run		ㄖㄨㄥ rong
ㄗ zi/z-	ㄗㄨ zu		ㄗㄨㄛ zuo		ㄗㄨㄟ zui	ㄗㄨㄢ zuan	ㄗㄨㄣ zun		ㄗㄨㄥ zong
ㄘ ci/c-	ㄘㄨ cu		ㄘㄨㄛ cuo		ㄘㄨㄟ cui	ㄘㄨㄢ cuan	ㄘㄨㄣ cun		ㄘㄨㄥ cong
ㄙ si/s-	ㄙㄨ su		ㄙㄨㄛ suo		ㄙㄨㄟ sui	ㄙㄨㄢ suan	ㄙㄨㄣ sun		ㄙㄨㄥ song

Initials \ Finals	ㄩ yu/-ü	ㄩㄝ yue/-üe	ㄩㄢ yuan/-üan	ㄩㄣ yun/-ün	ㄩㄥ yong/-iong
ㄅ b-					
ㄆ p-					
ㄇ m-					
ㄈ f-					
ㄉ d-					
ㄊ t-					
ㄋ n-	ㄋㄩ nü	ㄋㄩㄝ nüe			
ㄌ l-	ㄌㄩ lü	ㄌㄩㄝ lüe	ㄌㄩㄢ lüān	ㄌㄩㄣ lün	
ㄍ g-					
ㄎ k-					
ㄏ h-					
ㄐ j-	ㄐㄩ ju	ㄐㄩㄝ jue	ㄐㄩㄢ juan	ㄐㄩㄣ jun	ㄐㄩㄥ jiong
ㄑ q-	ㄑㄩ qu	ㄑㄩㄝ que	ㄑㄩㄢ quan	ㄑㄩㄣ qun	ㄑㄩㄥ qiong
ㄒ x-	ㄒㄩ xu	ㄒㄩㄝ xue	ㄒㄩㄢ xuan	ㄒㄩㄣ xun	ㄒㄩㄥ xiong
ㄓ zhi/zh-					
ㄔ chi/ch-					
ㄕ shi/sh-					
ㄖ ri/r-					
ㄗ zi/z-					
ㄘ ci/c-					
ㄙ si/s-					

EVERYDAY LANGUAGE DRILLS Ⅳ

ㄉㄨㄛ ㄕㄠˇ?   (What's the number?)

Duōshǎo ?

1	**2**	**3**	**4**	**5**
ㄧ yī	ㄦˋ èr	ㄙㄢ sān	ㄙˋ sì	ㄨˇ wǔ
6	**7**	**8**	**9**	**10**
ㄉㄧㄡˋ liù	ㄑㄧ qī	ㄅㄚ bā	ㄐㄧㄡˇ jiǔ	ㄕˊ shí
11	**12**	**20**	**30**	**45**
ㄕˊㄧ shíyī	ㄕˊㄦˋ shíèr	ㄦˋㄕˊ èrshí	ㄙㄢㄕˊ sānshí	ㄙˋㄕˊㄨˇ sìshíwǔ

ㄉㄨㄛ ㄕㄠˇ ㄑㄧㄢˊ?   (How much is it?)

Duōshǎo qián?

_____ ㄎㄨㄞˋ kuài   _____ ㄇㄠˊ máo   _____ ㄈㄣ fēn

(_____ dollar _____ dime _____ cent)

$1.00

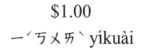

ㄧˊㄎㄨㄞˋ yíkuài

¢5

ㄨˇㄈㄣ wǔfēn

¢ 50 　　　　　 ¢ 25 　　　　　 ¢ 10

ㄨˇㄇㄠˊ wǔmáo 　ㄌㄧㄤˇㄇㄠˊㄨˇㄈㄣ liǎngmáowǔfēn 　ㄧˋㄇㄠˊ yìmáo

ㄐㄧˇㄉㄧㄢˇㄓㄨㄥ？	(What time?)
Jǐ diǎnzhōng ？	
＿＿＿＿＿ ㄉㄧㄢˇ diǎn ＿＿＿＿＿ ㄈㄣ fēn	
〔＿＿＿＿＿(o'clock)：＿＿＿＿＿(minute)〕	

ㄌㄧˇㄅㄞˋㄐㄧˇ？ Lǐ bài jǐ	(What day of the week?)
ㄌㄧˇㄅㄞˋㄊㄧㄢ Lǐ bài tiān	(Sunday)
ㄌㄧˇㄅㄞˋㄧ Lǐ bài yī	(Monday)
ㄌㄧˇㄅㄞˋㄦˋ Lǐ bài èr	(Tuesday)
ㄌㄧˇㄅㄞˋㄙㄢ Lǐ bài sān	(Wednesday)
ㄌㄧˇㄅㄞˋㄙˋ Lǐ bài sì	(Thursday)
ㄌㄧˇㄅㄞˋㄨˇ Lǐ bài wǔ	(Friday)
ㄌㄧˇㄅㄞˋㄌㄧㄡˋ Lǐ bài liù	(Saturday)

12 DECEMBER

S M T W T F S
　　　　1 2 3 4
5 6 7 8 9 10 11
12 13 14 15 16 17 18
19 20 21 22 23 24 25
26 27 28 29 30 31

ㄕㄜˊ ˙ㄇㄜ ㄕˊ ㄏㄡˋ?   (When?)
Shénme shíhòu ?

ㄗㄨㄛˊ ㄊㄧㄢ zuótiān   ㄐㄧㄣ ㄊㄧㄢ jīntiān   ㄇㄧㄥˊ ㄊㄧㄢ míngtiān
        (yesterday)   (today)   (tomorrow)

ㄒㄧㄢˋ ㄗㄞˋ xiànzài   ㄗㄠˇ ㄕㄤˋ zǎoshàng   ㄓㄨㄥ ㄨˇ zhōngwǔ
        (now)   (morning)   (noon)

ㄒㄧㄚˋ ㄨˇ xiàwǔ   ㄨㄢˇㄕㄤˋ wǎnshàng
    (afternoon)   (evening)

EVERYDAY LANGUAGE
DRILLS V

1.

ㄓㄜˋ／ㄋㄚˋ ㄕˋ ㄕㄜˊ ˙ㄇㄜ?   (What is this / that?)
Zhè / Nà shì shénme ?
ㄓㄜˋ／ㄋㄚˋ ㄕˋ_____ 。   (This / That is_____.)
Zhè / Nà shì_____ 。

2.

niǎo   mǎ

gǒu   māo   jī

yú

ㄓㄜˋ/ㄋㄚˋ ㄐㄧㄠˋ ㄕㄜˊ ˙ㄇㄜ?   (What is this / that called?)
Zhè / Nà jiào shén me?

ㄓㄜˋ/ㄋㄚˋ ㄐㄧㄠˋ _____ 。 (This / That is called _____.)
Zhè / Nà jiào _____ 。

EVERYDAY LANGUAGE
DRILLS Ⅵ

ㄋㄧˇ ㄧㄡˇ _____ ˙ㄇㄚ? (Do you have _____?)
Nǐ yǒu _____ ma?

ㄨㄛˇ ㄧㄡˇ/ㄇㄟˊ ㄧㄡˇ _____ 。(I have / don't have _____.)
Wǒ yǒu / méiyǒu _____ .

ㄕㄟˊ ㄧㄡˇ _____? (Who has _____?)
shéi yǒu _____ ?

_____ ㄧㄡˇ。 (_____ have / has.)
_____ yǒu .

píngguǒ

xīguā

pútáo

ㄋㄧˇ ㄧㄠˋ ㄅㄨˊ ㄧㄠˋ _____ ? (Do you want _____ ?)

Nǐ yào búyào _____ ?

ㄨㄛˇ ㄧㄠˋ／ㄅㄨˊ ㄧㄠˋ _____ 。 (I want / don't want _____ .)

Wǒ yào / búyào _____ .

ㄋㄧˇ ㄧㄠˋ ㄕㄜˊ ˙ㄇㄜ ? (What do you want?)

Nǐ yào shénme ?

ㄨㄛˇ ㄧㄠˋ _____ 。 (I want _____ .)

Wǒ yào _____ .

ㄋㄧˇ ㄧㄠˋ ㄏㄜ ㄕㄜˊ ˙ㄇㄜ ? (What would you like to drink?)

Nǐ yào hē shénme ?

ㄨㄛˇ ㄧㄠˋ ㄏㄜ_____ 。 (I would like to drink _____ .)

Wǒ yào hē _____ .

ㄋㄧˇ ㄒㄧˇ ㄏㄨㄢ ㄔ ㄕㄜˊ ˙ㄇㄜ ? (What do you like to eat?)

Nǐ xǐ huān chī shénme ?

ㄨㄛˇ ㄒㄧˇ ㄏㄨㄢ ㄔ _____ 。 (I like to eat _____ .)

Wǒ xǐ huān chī _____ .

júzi

kāfēi

hóngchá

kělè

guǒzhī

CLASSROOM PHRASES

1. ㄗˇ ㄒㄧˋ ㄊㄧㄥ 。　　　　　　　Listen carefully.
   Zǐxì tīng .

2. ㄑㄧㄥˇ ㄎㄢˋ ㄨㄛˇ 。　　　　　　Please look at me.
   Qǐng kàn wǒ .

3. ㄍㄣ ㄨㄛˇ ㄕㄨㄛ 。　　　　　　　Say (it) with me.
   Gēn wǒ shuō .

4. ㄉㄨㄟˋ ˙ㄌㄜ 。　　　　　　　　　Right.
   Duìle.

5. ㄅㄨˊ ㄉㄨㄟˋ 。　　　　　　　　　Wrong.
   Búduì .

6. ㄑㄧㄥˇ ㄗㄞˋ ㄕㄨㄛ ㄧˊ ㄘˋ。　　　　Please say it again.
   Qǐng zài shuō yícì.

7. ㄑㄧㄥˇ ㄉㄚˋ ㄕㄥ ㄧˋ ㄉㄧㄢˇ ㄦ。　　A little louder please.
   Qǐng dà shēng yìdiǎr.

8. ㄧ ㄕㄥ　　　　　　　　　　　　　First tone
   Yīshēng

9. ㄦˋ ㄕㄥ　　　　　　　　　　　　Second tone
   Èrshēng

10. ㄙㄢ ㄕㄥ　　　　　　　　　　　Third tone
   Sānshēng

11. ㄙˋ ㄕㄥ　　　　　　　　　　　　Fourth tone
   Sìshēng

12. ㄑㄧㄥ ㄕㄥ　　　　　　　　　　Neutral tone
   Qīngshēng

13. ㄐㄧˇ ㄕㄥ?　　　　　　　　　　Which tone?
   Jǐshēng ?

14. ㄕㄟˊ ㄓ ㄉㄠˋ?　　　　　　　　Who knows (the answer)?
   Shéi zhīdào ?

15. ㄉㄨㄥˇ ㄅㄨˋ ㄉㄨㄥˇ?　　　　　Understand?
   Dǒng bùdǒng ?

16. ㄅㄚˇ ㄕㄨ ㄉㄚˇ ㄎㄞ。　　　　　Open your book.
   Bǎ shū dǎkāi .

17. ㄉㄧˋ_____ㄧㄝˋ　　　　　　　Page_____
   Dì _____yè

18. ㄅㄚˇ ㄕㄨ ㄏㄜˊ ㄕㄤˋ。　　　　Close your book.
   Bǎ shū héshàng .

19. ㄏㄨㄟˊ ㄉㄚˊ ㄨㄛˇ ·ㄉㄜ ㄨㄣˋ ㄊㄧˊ。　Answer my question.
   Huídá wǒde wèntí.

20. ㄧㄡˇ ㄇㄟˊ ㄧㄡˇ ㄨㄣˋ ㄊㄧˊ?　Are there any questions?
   Yǒu méiyǒu wèntí?

21. ㄓㄜˋ ㄕˋ ㄕㄜˊ ·ㄇㄜ ㄧˋ ·ㄙ?　What does it mean?
   Zhè shì shénme yìsi ?

第一課 您貴姓^①^②？

1. DIALOGUE

———— I ————————————

李先生^③^④：先生，您貴姓？

王先生^⑤：我姓王^⑥，您貴姓？

李先生：我姓李，叫大衛^⑦（Dàwèi）*。

王先生：李先生，您好^⑧。

李先生：您好^⑨。您是美國人^⑩嗎^⑪？

王先生：不是^⑫，我是英國人^⑬。

——————————————

* 大衛（Dàwèi）：David

—— II ————————————————

李愛美：你好。[14]

王珍妮：你好。

李愛美：我叫李愛ㄞ美ㄟ (Àiměi)＊。你叫什麼[15]名字[16]？

王珍妮：我叫王珍ㄓㄣ妮ㄋㄧ (Zhēnní)＊。

李愛美：珍妮，你是哪國人[17]？

王珍妮：我是美國人，你呢[18]？

李愛美：我是中國[19]人。

———————————————

＊ 愛ㄞ美ㄟ (Àiměi) : Amy

＊ 珍ㄓㄣ妮ㄋㄧ (Zhēnní) : Jenny

ㄉㄧˋ ㄧˊ ㄎㄜˋ　ㄋㄧㄣˊ ㄍㄨㄟˋ ㄒㄧㄥˋ

── I ────────────────────────

ㄌㄧˇ ㄒㄧㄢ ㄕㄥ ： ㄒㄧㄢ ㄕㄥ ， ㄋㄧㄣˊ ㄍㄨㄟˋ ㄒㄧㄥˋ ？
ㄨㄤˊ ㄒㄧㄢ ㄕㄥ ： ㄨㄛˇ ㄒㄧㄥˋ ㄨㄤˊ 。 ㄋㄧㄣˊ ㄍㄨㄟˋ ㄒㄧㄥˋ ？
ㄌㄧˇ ㄒㄧㄢ ㄕㄥ ： ㄨㄛˇ ㄒㄧㄥˋ ㄌㄧˇ ， ㄐㄧㄠˋ ㄉㄚˋ ㄨㄟˋ 。
ㄨㄤˊ ㄒㄧㄢ ㄕㄥ ： ㄌㄧˇ ㄒㄧㄢ ㄕㄥ ， ㄋㄧㄣˊ ㄏㄠˇ 。
ㄌㄧˇ ㄒㄧㄢ ㄕㄥ ： ㄋㄧㄣˊ ㄏㄠˇ 。 ㄋㄧㄣˊ ㄕˋ ㄇㄟˇ ㄍㄨㄛˊ ㄖㄣˊ ㄇㄚ˙ ？
ㄨㄤˊ ㄒㄧㄢ ㄕㄥ ： ㄅㄨˊ ㄕˋ ， ㄨㄛˇ ㄕˋ ㄧㄥ ㄍㄨㄛˊ ㄖㄣˊ 。

── II ────────────────────────

ㄉㄚˋ ㄞˊ ㄨㄟˋ ： ㄋㄧˇ ㄏㄠˇ 。
ㄨㄤˊ ㄓㄣ ㄋㄧˊ ： ㄋㄧˇ ㄏㄠˇ 。
ㄉㄚˋ ㄞˊ ㄨㄟˋ ： ㄨㄛˇ ㄐㄧㄠˋ ㄉㄚˋ ㄞˊ ㄨㄟˋ 。 ㄋㄧˇ ㄐㄧㄠˋ ㄕㄜˊ ㄇㄜ˙ ㄇㄧㄥˊ ㄗˋ ？
ㄨㄤˊ ㄓㄣ ㄋㄧˊ ： ㄨㄛˇ ㄐㄧㄠˋ ㄨㄤˊ ㄓㄣ ㄋㄧˊ 。
ㄉㄚˋ ㄞˊ ㄨㄟˋ ： ㄓㄣ ㄋㄧˊ ， ㄋㄧˇ ㄕˋ ㄋㄚˇ ㄍㄨㄛˊ ㄖㄣˊ ？
ㄨㄤˊ ㄓㄣ ㄋㄧˊ ： ㄨㄛˇ ㄕˋ ㄇㄟˋ ㄍㄨㄛˊ ㄖㄣˊ ， ㄋㄧˇ ㄋㄜ˙ ？
ㄉㄚˋ ㄞˊ ㄨㄟˋ ： ㄨㄛˇ ㄕˋ ㄓㄨㄥ ㄍㄨㄛˊ ㄖㄣˊ 。

Dì Yí Kè　Nín Guìxìng ?

── I ────────────────────────

Lǐ Xiānshēng :	Xiānshēng, nín guìxìng?
Wáng Xiānshēng :	Wǒ xìng Wáng. Nín guìxìng?
Lǐ Xiānshēng :	Wǒ xìng Lǐ, jiào Dàwèi.
Wáng Xiānshēng :	Lǐ Xiānshēng, nín hǎo.
Lǐ Xiānshēng :	Nín hǎo. Nín shì Měiguó rén ma?
Wáng Xiānshēng :	Búshì, wǒ shì Yīngguó rén.

—Ⅱ————————————————————

Lǐ Àiměi :	Nǐ hǎo.
Wáng Zhēnní:	Nǐ hǎo.
Lǐ Àiměi :	Wǒ jiào Lǐ Àiměi. Nǐ jiào shénme míngzì?
Wáng Zhēnní :	Wǒ jiào Wáng Zhēnní?
Lǐ Àiměi :	Zhēnní, nǐ shì něiguó rén?
Wáng Zhēnní:	Wǒ shì Měiguó rén, nǐ ne?
Lǐ Àiměi :	Wǒ shì Zhōngguó rén.

LESSON 1　　WHAT IS YOUR NAME?

—Ⅰ————————————————————

Mr. Lee:	Sir, may I have your family name?
Mr. Wang:	My last name is Wang, and you?
Mr. Lee:	My last name is Lee, and my first name is David.
Mr. Wang:	Hello, Mr. Lee.
Mr. Lee:	Hello. Are you American?
Mr. Wang:	I am not (American). I am English.

—Ⅱ————————————————————

Amy Lee:	Hello.
Jenny Wang:	Hello.
Amy Lee:	My name is Amy Lee. What is your name?
Jenny Wang:	My name is Jenny Wang .
Amy Lee:	Jenny, where are you from?
Jenny Wang:	I am American, and you?
Amy Lee:	I am Chinese.

2. VOCABULARY

1. 您 (nín)　　*PN* : **you (formal usage)**

   您好！
   　Nín hǎo !
   　Hello!

2. 貴姓 (guìxìng)　　*IE* : **What is your last name ?**

   您貴姓？
   　Nín guìxìng ?
   　What is your surname?

   姓 (xìng)　　*V/N* : **surname, family name**

   他姓王嗎？
   　Tā xìng Wáng ma ?
   　Is his last name Wang?

3. 李 (Lǐ)　　*N* : **Lee (a common Chinese surname)**

4. 先生 (xiānshēng)　　*N* : **Mr., Sir, gentleman, husband**

   李先生好！
   　Lǐ Xiānshēng hǎo.
   　Hello, Mr. Lee.

5. 王 (Wáng)　　*N* : **a common Chinese surname**

6. 我 (wǒ)　　*PN* : **I, me**

   我是中國人。
   　Wǒ shì Zhōngguó rén.
   　I am Chinese.

7. 叫 (jiào)　　*V* : **to be called, to call**

   他叫大衛。

Tā jiào Dàwèi .

His name is David .

8. 好ㄠˇ(hǎo)　　*SV* : **to be good / well**

王ㄨㄤˊ先ㄒㄧㄢ生ㄕㄥ，您ㄋㄧㄣˊ好ㄠˇ！

Wáng Xiānshēng, nín hǎo.

Hello, Mr. Wang.

9. 是ㄕˋ(shì)　　*V* : **to be (am, are, is)**

他ㄊㄚ是ㄕˋ哪ㄋㄟˇ國ㄍㄨㄛˊ人ㄖㄣˊ？

Tā shì něiguó rén ?

What nationality is he?

10. 美ㄇㄟˇ國ㄍㄨㄛˊ人ㄖㄣˊ(Měiguórén)　　*N* : **American**

李ㄌㄧˇ先ㄒㄧㄢ生ㄕㄥ不ㄅㄨˊ是ㄕˋ美ㄇㄟˇ國ㄍㄨㄛˊ人ㄖㄣˊ。

Lǐ Xiānshēng　búshì Měiguó rén .

Mr. Lee is not American.

美ㄇㄟˇ國ㄍㄨㄛˊ(Měiguó)　　*N* : **U.S.A ., American**

美ㄇㄟˇ (měi)　　*SV* : **to be beautiful**

她ㄊㄚ美ㄇㄟˇ嗎ㄇㄚ？

Tā měi ma?

Is she beautiful?

國ㄍㄨㄛˊ(guó)　　*N* : **country, nation**

人ㄖㄣˊ(rén)　　*N* : **person**

11. 嗎ㄇㄚ(ma)　　*P* : **a question particle**

你ㄋㄧˇ是ㄕˋ英ㄧㄥ國ㄍㄨㄛˊ人ㄖㄣˊ嗎ㄇㄚ？

Nǐ shì Yīngguó rén ma ?

Are you English?

12. 不ㄅㄨˋ／不ㄅㄨˊ (bù / bú)　　*A* : **not**

我ㄨㄛˇ不ㄅㄨˊ姓ㄒㄧㄥˋ王ㄨㄤˊ。

Wǒ búxìng Wáng.

My last name is not Wang.

13. 英國 (Yīngguó)　　　N: **England, English**

他不是英國人。

Tā búshì Yīngguó rén.

He is not English.

14. 你 (nǐ)　　　PN: **you**

你是李愛美嗎？

Nǐ shì Lǐ Àiměi ma?

Are you Amy Lee?

15. 什麼 (shénme)　　　QW: **what**

他姓什麼？

Tā xìng shénme?

What is his surname?

16. 名字 (míngzì)　　　N: **full name, given name**

你叫什麼名字？

Nǐ jiào shénme míngzì?

What is your name?

17. 哪／哪 (nǎ / něi)　　　QW: **which**

他是哪國人？

Tā shì něiguó rén?

Which country is he from?

18. 呢 (ne)　　　P: **a question particle**

我姓王，你呢？

Wǒ xìng Wáng, nǐ ne?

My last name is Wang, and you?

19. 中國 (Zhōngguó)   *N*: **China, Chinese**

他是中國人。
Tā shì Zhōngguó rén.
He is Chinese.

SUPPLEMENTARY VOCABULARY

20. 他 (tā)   *PN* : **he , him; she, her**

他不叫大衛。
Tā bújiào Dàwèi.
He is not David.

21. 她 (tā)   *PN* : **she, her**

她叫珍妮。
Tā jiào Zhēnní.
She is called Jenny.

22. 誰 (shéi)   *QW* : **who, whom**

誰是王先生?
Shéi shì Wáng Xiānshēng?
Who is Mr. Wang?

3. SYNTAX PRACTICE

Ⅰ. *Sentences with Verbs* 姓 , 叫 *or* 是

姓, 叫 and 是 are used as verbs to introduce someone's name. 姓 is followed only by family name or surname. But, 叫 is used with full name or given name. When using someone's title, such as Mr., Mrs., only 是 can be used .

N/P（Neg-）V　　N
我　　　姓　王。
My name is Wang.
他　　　叫　(李)大ㄉㄚˋ衛ㄨㄟˋ（Dàwèi）。
He is called David (Lee).
李先生　是　中國人。
Mr. Lee is Chinese.

1. 我姓王，不姓李。

2. 她叫李愛ㄞˋ美ㄇㄟˇ（Àiměi）。

3. 她是李愛ㄞˋ美ㄇㄟˇ（Àiměi），不是王珍ㄓㄣ妮ㄋㄧˊ（Zhēnní）。

4. 他是李大ㄉㄚˋ衛ㄨㄟˋ（Dàwèi）先生。

☞**Look at the pictures and finish the sentences below:**

王美美　　　　　Yoshiko Suzuki　　　　　Michael Wilson

1. 王美美是＿＿＿＿＿＿人。

2. ＿＿＿＿＿＿是日ㄖˋ本ㄅㄣˇ（Rìběn）*人。

3. Michael Wilson 是＿＿＿＿＿＿人，不是＿＿＿＿＿＿人。

4. 王小ㄒㄧㄠˇ姐ㄐㄧㄝˇ（xiǎojiě）*叫＿＿＿＿＿＿。

5. Yoshiko 小姐姓＿＿＿＿＿＿。

＊日ㄖˋ本ㄅㄣˇ（Rìběn）：Japan

＊小ㄒㄧㄠˇ姐ㄐㄧㄝˇ（xiǎojiě）：Miss

II. *Simple Type of Questions with the Particle* 嗎

Statement 嗎
你是中國人嗎？ Are you Chinese?

1. 您是王老師ｻ (lǎoshī)＊嗎？
   我是王老師。
2. 你姓李嗎？
   我不姓李，我姓王。
3. 王先生不是美國人嗎？
   不是，他是中國人。

☞Look at the pictures and answer the questions below:

王美美   Yoshiko Suzuki   Michael Wilson

1. 王小姐是中國人嗎？
2. Yoshiko 姓王嗎？
3. Michael Wilson 不是英國人嗎？

III. *Questions with a Question Word* （*QW*）

The word order of this type of questions is the same as the word order of their answers in Chinese.

＊老ｻ師ｻ (lǎoshī) : teacher

N/QW	(Neg-)V	N/QW

誰　　　是　王先生？

Who is Mr. Wang?

他　　　姓　什麼？

What's his last name?

王先生　是　哪國人？

What country is Mr. Wang from?

1. 老師ˊ（lǎoshī）姓什麼？

　　老師姓李。

2. 你叫什麼名字？

　　我叫王珍妮（Zhēnní）。

3. 誰叫李愛美（Àiměi）？

　　她叫李愛美。

4. 珍妮是哪國小姐？

　　她是美國小姐。

☞Look at the pictures and answer the questions below:

王美美　　　　Yoshiko Suzuki　　　　Michael Wilson

1. 誰是美國人？

2. Suzuki 小姐是哪國人？

3. 王小姐叫什麼名字？

4. Michael 姓什麼？

IV. *Abbreviated Questions with the Particle* 呢

Statement,	N/PN	呢
我是中國人，	你	呢？
I'm Chinese, how about you?		

1. 我姓王，你呢？
   我姓李。
2. 珍ㄓㄣ妮ㄋㄧ（Zhēnní）是中國人，愛ㄞ美ㄇㄟ（Àiměi）呢？
   愛美是美國人。
3. 我是老ㄌㄠ師ㄕ（lǎoshī）， 你呢？
   我不是老師。

☞Look at the pictures and answer the questions below:

王美美

Yoshiko Suzuki

1. 王美美是中國小姐， Yoshiko Suzuki 呢？
2. 日本小姐姓 Suzuki，中國小姐呢？
3. 美美是中國名字，Yoshiko 呢？
4. 中國小姐叫王美美， 日本小姐呢？

4. COMBINATION PRACTICE

Ⅰ. *Self Introduction*

我姓_____。

我叫_____。

我是_____人。

Ⅱ. *Do you know your classmates' names? Give it a try .*

Ⅲ *Situations*

1. An American man and a Chinese woman meet for the first time.

2. Two students meet in the school cafeteria for the first time.

5. NOTES

1. Surnames precede titles in Chinese.

ex: 李先生　　　Mr. Lee.

2. 您 is the polite form of 你 used when addressing older people or in more formal situations.

3. A stave verb is a verbal expression which describes the quality or condition of the subject. It therefore is static in the sense that no action is involved. Stave verbs are normally translated into English as the verb "to be" followed by an adjective.

ex: 他好。　　He is fine .

4. A noun can be placed before another noun as a modifier.

ex: 中國人　　　Chinese

美國先生　　American gentleman

5. Tones on 不 : The negative particle 不 is pronounced fourth tone except when it is followed by another fourth tone , then it changes to a second tone.

ex: 不好 (bùhǎo)　　　　not good / well

不是 (búshì)　　　　be not

第二課　早，您好①

1. DIALOGUE

— I ——————————————————————

趙小姐②③：張先生④，您早。

張先生：早，趙小姐，好久不見⑤，你好啊⑥？

趙小姐：很好⑦，謝謝⑧。您好嗎？

張先生：我也很好⑨。這是我太太⑩。淑芳（Shúfāng）*⑪，
　　　　這是趙小姐。

趙小姐：張太太，您好。

張太太：您好，趙小姐。

————————————————

* 淑芳（shúfāng）: a Chinese given name

— II ——————————————————

李愛美：珍妮，你好啊！

王珍妮：你好，愛美。

李愛美：天氣好熱啊！你去上課嗎？

王珍妮：是啊！

李愛美：你們很忙嗎？

王珍妮：很忙，你忙不忙？

李愛美：我不太忙。

王珍妮：再見。

李愛美：再見。

ㄉㄧˋ ㄦˋ ㄎㄜˋ　ㄗㄠˇ，ㄋㄧㄣˊ ㄏㄠˇ

— I ————————————————————————

ㄓㄠˋ ㄒㄧㄠˇ ㄐㄧㄝˇ：ㄓㄤ ㄒㄧㄢ ㄕㄥ，ㄋㄧㄣˊ ㄗㄠˇ。
ㄓㄤ ㄒㄧㄢ ㄕㄥ：ㄗㄠˇ，ㄓㄠˋ ㄒㄧㄠˇ ㄐㄧㄝˇ，ㄏㄠˇ ㄐㄧㄡˇ ㄅㄨˊ ㄐㄧㄢˋ，ㄋㄧˇ ㄏㄠˇ ˙ㄚ？
ㄓㄠˋ ㄒㄧㄠˇ ㄐㄧㄝˇ：ㄏㄣˇ ㄏㄠˇ，ㄒㄧㄝˋ ˙ㄒㄧㄝ。ㄋㄧㄣˊ ㄏㄠˇ ˙ㄇㄚ？
ㄓㄤ ㄒㄧㄢ ㄕㄥ：ㄨㄛˇ ㄧㄝˇ ㄏㄣˇ ㄏㄠˇ。ㄓㄜˋ ㄕˋ ㄨㄛˇ ㄊㄞˋ ˙ㄊㄞ。ㄨㄤˊ ㄒㄧㄠˇ ㄐㄧㄝˇ。
ㄓㄠˋ ㄒㄧㄠˇ ㄐㄧㄝˇ：ㄓㄤ ㄊㄞˋ ˙ㄊㄞ，ㄋㄧˇ ㄏㄠˇ。
ㄓㄤ ㄊㄞˋ ˙ㄊㄞ：ㄋㄧˇ ㄏㄠˇ，ㄓㄠˋ ㄒㄧㄠˇ ㄐㄧㄝˇ。

— II ————————————————————————

ㄉㄚˋ ㄞˋ ㄇㄟ：ㄓㄣ ㄋㄧˊ，ㄋㄧˇ ㄏㄠˇ ˙ㄚ！
ㄨㄤˊ ㄓㄣ ㄋㄧˊ：ㄋㄧˇ ㄏㄠˇ，ㄞˋ ㄇㄟ。
ㄉㄚˋ ㄞˋ ㄇㄟ：ㄊㄢ ㄑㄧ ㄏㄠˇ ㄖㄜˋ ˙ㄚ！ㄋㄧˇ ㄩˋ ㄨㄤˇ ㄋㄚˇ ˙ㄚ？
ㄨㄤˊ ㄓㄣ ㄋㄧˊ：ㄕˋ ˙ㄚ！
ㄉㄚˋ ㄞˋ ㄇㄟ：ㄋㄧˇ ㄇㄣ ㄏㄠˇ ㄇㄚˇ ˙ㄇㄚ？
ㄨㄤˊ ㄓㄣ ㄋㄧˊ：ㄏㄣˇ ㄇㄤˊ，ㄋㄧˇ ㄇㄤˊ ㄅㄨˊ ㄇㄤˊ？
ㄉㄚˋ ㄞˋ ㄇㄟ：ㄨㄛˇ ㄅㄨˋ ㄊㄞˋ ㄇㄤˊ。
ㄨㄤˊ ㄓㄣ ㄋㄧˊ：ㄗㄞˋ ㄐㄧㄢˋ。
ㄉㄚˋ ㄞˋ ㄇㄟ：ㄗㄞˋ ㄐㄧㄢˋ。

Dì Èr Kè　Zǎo, Nín Hǎo

— I ————————————————————————

Zhào Xiǎojiě： Zhāng Xiānshēng, nín zǎo.
Zhāng Xiānshēng： Zǎo Zhào Xiǎojiě, Hǎo jiǔ bújiàn, nǐ hǎo a?
Zhào Xiǎojiě： Hěn hǎo, xièxie. Nín hǎo ma?

Zhāng Xiānshēng：	Wǒ yě hěn hǎo. Zhè shì wǒ tàitai. Shúfāng, zhè shì Zhào Xiǎojiě.
Zhào Xiǎojiě：	Zhāng Tàitai, nín hǎo.
Zhāng Tàitai：	Nín hǎo, Zhào Xiǎojiě.

—— II ————————————

Lǐ Àiměi：	Zhēnní, nǐ hǎo a！
Wáng Zhēnní：	Nǐ hǎo, Àiměi.
Lǐ Àiměi：	Tiānqì hǎo rè a！Nǐ qù shàngkè ma？
Wáng Zhēnní：	Shì a！
Lǐ Àiměi：	Nǐmen hěn máng ma？
Wáng Zhēnní：	Hěn máng, nǐ máng bùmáng？
Lǐ Àiměi：	Wǒ bútài máng.
Wáng Zhēnní：	Zàijiàn.
Lǐ Àiměi：	Zàijiàn.

LESSON 2　HELLO, GOOD MORNING

—— I ————————————

Miss Zhao:	Good Morning, Mr. Zhang.
Mr. Zhang:	Good Morning, Miss Zhao. Long time no see. How are you?
Miss Zhao:	I am fine, thank you. How are you?
Mr. Zhang:	I am also very well. This is my wife. Shufang, this is Miss Zhao.
Miss Zhao:	Hello, Mrs. Zhang.
Mr. Zhang:	Hello, Miss Zhao.

—— II ————————————

Amy Lee:	Hello, Jenny.
Jenny Wang:	Hello, Amy.

Amy Lee:	The weather is so hot. Are you going to class?
Jenny Wang:	Yes.
Amy Lee:	Are you (pl) very busy?
Jenny Wang:	Yes, very. Are you busy?
Amy Lee:	I am not too busy.
Jenny Wang:	Good-bye.
Amy Lee:	Good-bye.

2. VOCABULARY

1. 早 (zǎo)　　*IE/SV*: **Good morning / to be early**

   李先生，早。
   Lǐ Xiānshēng, zǎo.
   Good morning, Mr. Lee.

2. 趙 (Zhào)　　*N*: **a common Chinese surname**

3. 小姐 (xiǎojiě)　　*N*: **Miss**

   趙小姐，您好。
   Zhào Xiǎojiě, nín hǎo.
   Hello, Miss Zhao.

4. 張 (Zhāng)　　*N*: **a common Chinese surname**

   誰是張先生？
   Shéi shì Zhāng Xiānshēng?
   Who is Mr. Zhang?

5. 好久不見 (hǎojiǔbújiàn)　　*IE*: **Long time no see.**

   王小姐，好久不見。
   Wáng Xiǎojiě, hǎo jiǔ bújiàn.
   Miss Wang, long time no see.

   好 (hǎo)　　*A* : **very, quite**

我好忙啊！
Wǒ hǎo máng a !
I am very busy!

久 (jiǔ) 　　*SV* : **to be a long time**

見 (jiàn) 　　*V*: **to see, to meet**

6. 啊 (a)

P : **an interrogative final particle, used when answer is assumed; a phrase final particle, indicates affirmation, exclamation, etc.**

王先生，您是英國人啊？
Wáng Xiānshēng, nín shì Yīngguó rén a ?
Mr. Wang, are you English?

是啊，我是英國人。
Shì a, wǒ shì Yīngguó rén.
Yes, I am English.

天氣好冷啊！
Tiānqì hǎo lěng a !
The weather is very cold!

7. 很 (hěn) 　　*A*: **very**

你很忙嗎？
Nǐ hěn máng ma ?
Are you very busy?

8. 謝謝 (xièxie) 　　*V*: **to thank, to thank you**

我很好，謝謝！
Wǒ hěn hǎo, xièxie !
I am fine, thank you.

9. 也 (yě) 　　*A*: **also**

張太太也很忙。
Zhāng Tàitai yě hěn máng.
Mrs. Zhang is also very busy.

10. 這ㄓㄜˋ／這ㄓㄟˋ (zhè / zhèi)　　*DEM*: **this**

> 這ㄓㄜˋ是ㄕˋ什ㄕㄣˊ麼ㄇㄜ˙？
> Zhè shì shénme ?
> What is this ?

11. 太ㄊㄞˋ太ㄊㄞˋ (tàitai)　　*N*: **Mrs., wife**

> 她ㄊㄚ是ㄕˋ我ㄨㄛˇ太ㄊㄞˋ太ㄊㄞˋ。
> Tā shì wǒ tàitai.
> She is my wife.

12. 天ㄊㄧㄢ氣ㄑㄧˋ (tiānqì)　　*N*: **weather**

> 天ㄊㄧㄢ氣ㄑㄧˋ好ㄏㄠˇ熱ㄖㄜˋ啊ㄚ˙！
> Tiānqì hǎo rè a !
> The weather is very hot !

13. 熱ㄖㄜˋ (rè)　　*SV*: **to be hot**

> 你ㄋㄧˇ熱ㄖㄜˋ不ㄅㄨˊ熱ㄖㄜˋ？
> Nǐ rè bú rè ?
> Are you hot ?

14. 去ㄑㄩˋ (qù)　　*V*: **to go**

15. 上ㄕㄤˋ課ㄎㄜˋ (shàngkè)　　*VO*: **to go to class, to attend class**

16. 你ㄋㄧˇ們ㄇㄣ˙ (nǐ men)　　*PN*: **you (plural)**

> 你ㄋㄧˇ們ㄇㄣ˙好ㄏㄠˇ嗎ㄇㄚ˙？
> Nǐmen hǎo ma ?
> How are you (pl) ?

> 們ㄇㄣ˙ (men)

> *BF* : **used after pronouns** 我，你，他 **or certain nouns deno-ting persons**

> > 我ㄨㄛˇ們ㄇㄣ˙ (wǒmen)　　*PN*: **we, us**

> > 他ㄊㄚ們ㄇㄣ˙ (tāmen)　　*PN* : **they, them**

17. 忙ㄇㄤ (máng)　　*SV*: **to be busy**

我ㄨㄛ不ㄅㄨ太ㄊㄞ忙ㄇㄤ。

wǒ bútài máng.

I am not too busy.

18. 太ㄊㄞ (tài)　　*A*: **too**

天ㄊㄧㄢ氣ㄑㄧ太ㄊㄞ熱ㄖㄜ！

Tiānqì tài rè！

The weather is too hot.

19. 再ㄗㄞ見ㄐㄧㄢ (zàijiàn)　　*IE*: **Good-bye. (lit. See you again.)**

李ㄌㄧ小ㄒㄧㄠ姐ㄐㄧㄝ，再ㄗㄞ見ㄐㄧㄢ！

Lǐ Xiǎojiě, zàijiàn！

Good-bye, Miss Lee.

SUPPLEMENTARY VOCABULARY

20. 冷ㄌㄥ (lěng)　　*SV*: **to be cold**

你ㄋㄧ冷ㄌㄥ不ㄅㄨ冷ㄌㄥ？

Nǐ lěng bùlěng？

Are you cold？

3. SYNTAX PRACTICE

Ⅰ. *Simple Sentences with Stative Verbs (SV)*

（Ⅰ）

N/PN	(Neg-)	SV
我		忙。
I'm busy.		
我	不	忙。
I'm not busy.		

1. 趙先生高^{ㄍㄠ} (gāo)*，趙太太不高。

2. 他們熱，我們不熱。

(Ⅱ)

N/PN	(Neg-)	A	SV
您		很	忙。
You are very busy.			
張先生	不	太	忙。
Mr. Chang is not very busy.			

1. 我很熱，你不熱嗎？

　　我不太熱。

2. 王小姐很高^{ㄍㄠ} (gāo)*，我不高。

(Ⅲ)

N	(Neg-)	(A)	SV,	N	也	(Neg-)	(A)	SV
你		很	忙，	我	也		很	忙。
You are very busy, I am also very busy.								
天氣不冷，					也	不		熱。
The weather is neither hot nor cold.								

1. 他不熱，我也不熱。

2. 他很忙，也很累^{ㄌㄟ} (lèi)*。

☞Look at the pictures and answer the questions below:

張先生　　　　李小姐　　　　王先生　　　　王太太

---

*高^{ㄍㄠ} (gāo) : to be tall

*累^{ㄌㄟ} (lèi) : to be tired

1. 張先生很高ㄍㄠ(gāo)，李小姐呢？
2. 王太太熱嗎？
3. 王太太熱，李小姐也熱嗎？
4. 李小姐很冷嗎？
5. 張先生很高，王先生呢？

Ⅱ. *Stative Verb-not-Stative Verb Questions*

N/PN	SV	Neg-	SV
你	熱	不	熱？
Are you hot (or not)?			

1. 李小姐累ㄌㄟ(lèi)不累？
   李小姐不太累。
2. 趙先生忙不忙？
   趙先生很忙。
3. 您好不好？
   我很好，您呢？

☞Answer the questions below:

1. 你忙不忙？
2. 你累ㄌㄟ(lèi)不累？
3. 你熱不熱？
4. 你餓ㄜ(è)*不餓？
5. 你渴ㄎㄜ(kě)*不渴？

---

*餓ㄜ(è) : to be hungry
*渴ㄎㄜ(kě) : to be thirsty

4. COMBINATION PRACTICE

I. *Please describe the people in the pictures.*

II. *Situations*

1. A Student and his friend 朋友 (péngyǒu)*run into a teacher on campus one morning.

2. Two classmates meet again after a long time.

---

*朋友 (péngyǒu) : friend

5. NOTES

1. A greeting such as "你好啊！" (How are you?) is more commonly used than "你好嗎？" (How are you?) and expects an affirmative answer (that the person asked is well), the expectation is stronger and may indicate more concern on the part of the speaker.

2. "是啊！"is an agreement, or affirmative, response to a person's question.

   > ex:你很忙嗎？　　Are you very busy ?
   >
   > 是啊！　　　　Yes, I am.

3. Adverbs are verbal forms which are used to modify verbs or other adverbs. In every case they come before the verb.

   > ex：我忙，他也忙。(Correct)　　I am busy, he is also busy.
   >
   > 我忙，也他忙。(Incorrect)

第三課 我喜歡看電影①②③

1. DIALOGUE

— I —

A：你喜歡看電影嗎？

B：很喜歡，你呢？

A：電影、電視，我都喜歡看。④⑤

B：你喜歡看什麼電影？

A：我喜歡看美國電影，你呢？

B：美國電影、中國電影，我都喜歡。

A：你也喜歡看電視嗎？

B：電視，我不太喜歡看。

─ II ────────────────────

A：你有汽車⑥沒有⑦？

B：沒有。

A：你要⑧不要買汽車⑨？

B：我要買⑩。

A：你喜歡哪國車？

B：我喜歡美國車。

A：英國車很好看⑪，你不喜歡嗎？

B：我也喜歡，可是⑫英國車太貴⑬。

ㄉㄧˋ ㄙㄢ ㄎㄜˋ　　ㄨㄛˇ ㄒㄧˇ ㄏㄨㄢ ㄎㄢˋ ㄉㄧㄢˋ ㄧㄥˇ

——Ⅰ——

A：ㄋㄧˇ ㄒㄧˇ ㄏㄨㄢ ㄎㄢˋ ㄉㄧㄢˋ ㄧㄥˇ ˙ㄇㄚ ？

B：ㄏㄣˇ ㄒㄧˇ ㄏㄨㄢ ， ㄋㄧˇ ˙ㄋㄜ ？

A：ㄉㄧㄢˋ ㄧㄥˇ 、 ㄉㄧㄢˋ ㄕˋ ， ㄨㄛˇ ㄉㄡ ㄒㄧˇ ㄏㄨㄢ ㄎㄢˋ 。

B：ㄋㄧˇ ㄒㄧˇ ㄏㄨㄢ ㄎㄢˋ ㄕˊ ˙ㄇㄜ ㄉㄧㄢˋ ㄧㄥˇ ？

A：ㄨㄛˇ ㄒㄧˇ ㄏㄨㄢ ㄎㄢˋ ㄟˇ ㄍㄨㄛˇ ㄧㄥˇ ， ㄋㄧˇ ˙ㄋㄜ ？

B：ㄟˇ ㄍㄨㄛˊ ㄉㄧㄢˋ ㄧㄥˇ ， ㄓㄨㄥ ㄍㄨㄛˊ ㄉㄧㄢˋ ㄧㄥˇ ， ㄨㄛˇ ㄉㄡ ㄒㄧˇ ㄏㄨㄢ 。

A：ㄋㄧˇ ㄝˇ ㄒㄧˇ ㄏㄨㄢ ㄎㄢˋ ㄕˋ ˙ㄇㄚ ？

B：ㄉㄧㄢˋ ㄕˋ ， ㄨㄛˇ ㄅㄨˊ ㄊㄞˋ ㄒㄧˇ ㄏㄨㄢ ㄎㄢˋ 。

——Ⅱ——

A：ㄋㄧˇ ㄖㄡˋ ㄙ ㄔㄜ ㄇㄟˇ ㄖㄡˇ ？

B：ㄇㄟˇ ㄖㄡˇ 。

A：ㄋㄧˇ ㄠˇ ㄅㄨˊ ㄠˋ ㄇㄞˇ ㄙ ㄔㄜ ？

B：ㄨㄛˇ ㄠˋ ㄇㄞˇ 。

A：ㄋㄧˇ ㄒㄧˇ ㄏㄨㄢ ㄋㄟˇ ㄍㄜˋ ㄔㄜ ？

B：ㄨㄛˇ ㄒㄧˇ ㄏㄨㄢ ㄋㄟˇ ㄍㄜˋ ㄔㄜ 。

A：ㄧㄥ ㄍㄜˋ ㄔㄜ ㄏㄣˇ ㄍㄨㄟˋ ㄎㄢˋ ， ㄋㄧˇ ㄨˋ ㄒㄧˇ ㄏㄨㄢ ˙ㄇㄚ ？

B：ㄨㄛˇ ㄝˇ ㄒㄧˇ ㄏㄨㄢ ， ㄎㄜˇ ㄕˋ ㄧㄥ ㄍㄜˋ ㄔㄜ ㄊㄞˋ ㄍㄨㄟˋ 。

Dì Sān Kè　Wǒ Xǐhuān Kàn Diànyǐng

——— I ———————————————

A: Nǐ xǐhuān Kàn diànyǐng ma?

B: Hěn xǐhuān, nǐ ne?

A: Diànyǐng, diànshì, wǒ dōu xǐhuān kàn.

B: Nǐ xǐhuān kàn shénme diànyǐng ?

A: Wǒ xǐhuān kàn Měiguó diànyǐng, nǐ ne?

B: Měiguó diànyǐng, Zhōngguó diànyǐng, wǒ dōu xǐhuān.

A: Nǐ yě xǐhuān kàn diànshì ma ?

B: Diànshì, wǒ bútài xǐhuān kàn.

——— II ———————————————

A: Nǐ yǒu qìchē méiyǒu ?

B: Méiyǒu.

A: Nǐ yàobúyào mǎi qìchē ?

B: Wǒ yào mǎi.

A: Nǐ xǐhuān něiguó chē ?

B: Wǒ xǐhuān Měiguó chē .

A: Yīngguó chē hěn hǎokàn, nǐ bùxǐhuān ma ?

B: Wǒ yě xǐhuān, kěshì Yīngguó chē tàiguì.

LESSON 3　　I LIKE TO WATCH MOVIES

——— I ———————————————

A:　Do you like to watch movies?

B:　I really like to, and you?

A:　I like to watch both movies and TV.

B:　What movies do you like to watch?

A:　I like to watch American movies, and you?

B:　I like to watch both American and Chinese movies.

A:　Do you also like to watch TV?

B:　I don't like to watch TV very much.

—— II ——

A:　Do you have a car?

B:　No, I don't.

A:　Do you want to buy a car?

B:　Yes, I do.

A:　Which country's cars do you like?

B:　I like American cars.

A:　English cars are really good-looking, don't you like them?

B:　Yes, I do too, but English cars are too expensive.

2. VOCABULARY

1. 喜ㄒㄧ歡ㄏㄨㄢ (xǐhuān)　　*V/AV*: **to like**

   我ㄨㄛ喜ㄒㄧ歡ㄏㄨㄢ他ㄊㄚ。
   Wǒ xǐhuān tā.
   I like him.

2. 看ㄎㄢ (kàn)　　*V*: **to watch, to read, to look at**

   你ㄋㄧ看ㄎㄢ誰ㄕㄟ？
   Nǐ kàn shéi ?
   Who are you looking at?

3. 電ㄉㄧㄢ影ㄧㄥ (diànyǐng)　　*N*: **movie**

   你ㄋㄧ喜ㄒㄧ歡ㄏㄨㄢ看ㄎㄢ電ㄉㄧㄢ影ㄧㄥ嗎ㄇㄚ？
   Nǐ xǐhuān kàn diànyǐng ma ?
   Do you like to watch movies?

4. 電視 (diànshì)   *N*: **TV, TV set**

他不看電視。
Tā búkàn diànshì.
He doesn't watch television.

5. 都 (dōu)   *A*: **all, both**

他們都很忙。
Tāmen dōu hěn máng.
They are both busy.

我們都不喜歡他。
Wǒmen dōu bùxǐhuān tā.
We all don't like him.

6. 有 (yǒu)   *V*: **to have; there is, there are**

你有什麼書?
Nǐ yǒu shénme shū?
What books do you have?

7. 沒 (méi)   *A*: **not (have)**

我沒 (有) 英文書。
Wǒ méi (yǒu) Yīngwén shū.
I don't have English books.

8. 要 (yào)   *V/AV*: **to want**

我要中文書。
Wǒ yào zhōngwén shū.
I want a Chinese book.

9. 汽車 (qìchē)   *N*: **automobile, car**

你有沒有英國汽車?
Nǐ yǒu méiyǒu Yīngguó qìchē?
Do you have an English car?

車 (chē)　　*N*: **vehicle, car**

他沒有車。

Tā méiyǒu chē.

He doesn't have a car.

10. 買 (mǎi)　　*V*: **to buy**

你要買什麼？

Nǐ yào mǎi shénme？

What do you want to buy？

11. 好看 (hǎokàn)　　*SV*: **to be good-looking**

王小姐很好看。

Wáng Xiǎojiě hěn hǎokàn.

Miss Wang is good-looking.

12. 可是 (kěshì)　　*A*: **but, however**

我很忙，可是我不累。

Wǒ hěn máng, kěshì wǒ búlèi.

I'm very busy, but I'm not tired.

13. 貴 (guì)　　*SV*: **to be expensive**

英國車貴不貴？

Yīngguó chē guì búguì？

Are English cars expensive?

SUPPLEMENTARY VOCABULARY

14. 書 (shū)　　*N*: **book**

15. 日本 (Rìběn)　　*N*: **Japan, Japanese**

他是日本人。

Tā shì Rìběn rén.

He is Japanese.

16. 筆 (bǐ)　　*N*: pen

我要買日本筆。

Wǒ yào mǎi Rìběn bǐ.

> I want to buy a Japanese pen.

17. 德國 (Déguó)　　*N*: Germany, German

他喜歡德國車。

Tā xǐhuān Déguó chē.

> He likes German cars.

18. 報 (bào)　　*N*: newspapers

你看什麼報？

Nǐ kàn shénme bào?

> What newspaper(s) do you read?

19. 法文 (Fàwén)　　*N*: French language

我沒有法文書。

Wǒ méiyǒu Fàwén shū.

> I don't have French books.

法 (Fà)　　*BF*: transliteration of the F in France

法國 (Fàguó)　　*N*: France, French

文 (wén)　　*N*: written language

英文 (Yīngwén)　　*N*: English language

中文 (Zhōngwén)　　*N*: Chinese language

德文 (Déwén)　　*N*: German language

日文 (Rìwén)　　*N*: Japanese language

20. 東西 (dōngxī)　　*N*: thing

你喜歡什麼東西？

Nǐ xǐhuān shénme dōngxī?

> What things do you like?

21. 懂 (dǒng)　　*V*: **to understand**

他不懂法文。

Tā bùdǒng Fàwén.

He doesn't understand French.

3. SYNTAX PRACTICE

Ⅰ. *Subject-Verb-Object Sentences*

(Ⅰ)

S	(Neg-)	V	O
我	(不)	看	書。
I (do not) read books.			

1. 我買書，他不買書。
2. 他要日本筆，不要德國筆。
3. 我看電影，也看電視。

(Ⅱ)

S	(Neg-)	有	O
他	(沒)	有	報。
He (doesn't) have a newspaper.			

1. 我有汽車。
2. 我們都沒有法文書。
3. 我有英文報，沒有中文報。

☞Look at the picture and answer the questions below:

　　1. 王先生，王太太都看電視嗎？

　　2. 誰看電視？

　　3. 王先生看什麼？

　　4. 王太太有咖啡 (kāfēi)*，王先生呢？

　　5. 王先生看書，王太太也看書嗎？

Ⅱ. *Verb-not-Verb Questions*

　This type of questions may be formed in two ways:

（Ⅰ）

S	V	Neg-V	O
他	買	不買	中文書？
Does he buy (a) Chinese book / books (or not)?			
你	有	沒有	筆？
Do you have a pen (or not)?			

　　1. 你喜（歡）不喜歡汽車？

　　　我很喜歡。

　　2. 你們有沒有中國東西？

　　　我有，可是他沒有。

（Ⅱ）

S	V	O	Neg-V
他	買	中文書	不買？
Does he buy(a) Chinese book / books (or not)?			
你	有	筆	沒有？
Do you have a pen (or not)?			

　　1. 你們看中國電影不看？

　　　我們都不看。

---

* 咖啡 (kāfēi) : coffee

2. 他們有日文報沒有？

他們都有日文報。

☞Transformation（Ⅰ）←→（Ⅱ）

1. 王小姐要不要筆？
2. 李太太有沒有中文書？
3. 你看不看英文報？
4. 張太太喜歡貓(māo)*不喜歡？
5. 你有中國茶(chá)*沒有？
6. 他們買書不買？

Ⅲ. *Sentences with the Auxiliary Verbs(AV)*

S (Neg-)	AV	V	O
我(不)	要	買	筆。
I (do not) want to buy a pen.			

1. 我們都要買書。
2. 張小姐很喜歡買東西。
3. 你要不要看中文報？

謝謝，我不要。
4. 美國人都喜歡看電視嗎？

美國人不都喜歡看電視。

☞Answer the questions below:

1. 你喜歡看書嗎？
2. 你要不要買書？
3. 你要買什麼書？
4. 你們喜不喜歡看報？

* 貓（māo）：cat

* 茶（chá）：tea

5. 我有中文報，你要不要看？
6. 誰要看中文報？

IV. *Transposed Objects*

The object in a sentence may be moved to the beginning of the sentence, where it becomes "the topic". When 都 is used to refer to objects, then the objects must precede the predicate in the sentence.

O	,	S	(A)	(Neg-)	V
英文報	，	我		不	看。

English newspapers, I don't read them.

中文書，英文書，我　都					有。

Chinese and English books, I have both of them.

1. 中文、英文，他都懂。
2. 美國車、日本車，我都不買。
3. 法國東西，我不都喜歡。
4. 電影，我看；電視，我不看。
5. 德文書，他沒有；法文書，他也沒有。

☞Switch the objects of the following sentences to the topic position:

1. 你有中文報沒有？
2. 我要買書，也要買筆。
3. 我有日本東西，也有德國東西。
4. 我不喜歡看電影，也不喜歡看電視。
5. 李先生不懂英文，也不懂法文。

4. COMBINATION PRACTICE

I. *Look at the pictures and finish the sentences below:*

bǐ

zhuōzi　　yǐdz　　māo　　gǒu

mǎ

jiǎotàchē

muótuōchē

kāfēi

kělè

chá

guǒzhī　　sānmíngzhì

hànbǎo

règǒu

我有＿＿＿＿＿＿＿＿，可是沒有＿＿＿＿＿＿。

我看＿＿＿＿＿＿＿＿，可是不看＿＿＿＿＿＿。

我喜歡＿＿＿＿＿＿　，可是不喜歡＿＿＿＿＿＿　。
我要買＿＿＿＿＿＿　，可是不要買＿＿＿＿＿＿　。
我有＿＿＿＿＿＿　，也有＿＿＿＿＿＿　。
我看＿＿＿＿＿＿　，也看＿＿＿＿＿＿　。
我喜歡＿＿＿＿＿＿　，也喜歡＿＿＿＿＿＿　。
我要買＿＿＿＿＿＿　，也要買＿＿＿＿＿＿　。
我沒有＿＿＿＿＿＿　，也沒有＿＿＿＿＿＿　。
我不看＿＿＿＿＿＿　，也不看＿＿＿＿＿＿　。
我不喜歡＿＿＿＿＿＿　，也不喜歡＿＿＿＿＿＿　。
我不要買＿＿＿＿＿＿　，也不要買＿＿＿＿＿＿　。

＿＿＿＿＿＿　，＿＿＿＿＿＿　，我都有。
＿＿＿＿＿＿　，＿＿＿＿＿＿　，我都看。
＿＿＿＿＿＿　，＿＿＿＿＿＿　，我都喜歡。
＿＿＿＿＿＿　，＿＿＿＿＿＿　，我都要買。
＿＿＿＿＿＿　，＿＿＿＿＿＿　，我都沒有。
＿＿＿＿＿＿　，＿＿＿＿＿＿　，我都不看。
＿＿＿＿＿＿　，＿＿＿＿＿＿　，我都不喜歡。
＿＿＿＿＿＿　，＿＿＿＿＿＿　，我都不要買。

II. *Situations*

1. A waiter and two customers have a conversation in a restaurant.

2. An American student in a bookstore buying books meets a Chinese friend.

5. NOTES

1. When a two syllable verb / stative verb is used in a verb-not-verb / stative verb-not-statue verb question, it can be said in the following two ways. One way is that in the first occurrence of the verb the second syllable can be omitted.

   ex:你喜不喜歡他？　　Do you like him or not?

   The other method is to say the entire verb and then negate it.

   ex:你喜歡不喜歡他？　　Do you like him or not?

2. In Chinese, 都 is an adverb that can't be placed directly before a noun. It is placed before the predicate.

   ex:我們都好。　　(Correct) We are all fine. / All of us are fine.

   　*都我們好。　　(Incorrect)

3. The negative 沒 is used before 有 in order to negate it, but 有 can be omitted. An exception to this is when 沒有 occurs at the end of the sentence, then it cannot be omitted. It is important to remember that 不 can never be used before 有.

   ex:沒(有)錢　　have no money

   　沒(有)書　　have no books

4. In a Chinese sentence, particularly when the object is already understood, if the object is equivalent to the English "it", then it is often om-

itted.

> ex: A:你喜不喜歡美國車？
>
> A: Do you like the American car (or not)?
>
> B:我喜歡。
>
> B: Yes, I like (it).

5. In Chinese the pronoun remains the same whether it is in the nominative or objective case. The verb also remains unchanged no matter what the subject is.

> ex:我喜歡他。　　I like him.
>
> 他喜歡我。　　He likes me.

第四課　這枝①筆②多③少錢？

1. DIALOGUE

— I —

A：先生，您要買什麼？

B：我要買筆。

A：我們有很多筆，您喜歡哪種④？

B：這種筆很好看，多少錢一枝？

A：七⑤毛四⑥分一枝，您要幾⑦枝？

B：我要兩⑧枝，兩枝多少錢？

A：兩枝一塊四毛八⑨。

B：我沒有零⑩錢，我給你兩塊⑪錢，請⑫你找⑬錢，好嗎？

A：好，這是五毛二，謝謝。

── II ──────────────────────

A：小姐，您要買什麼？

B：請你給我一個漢堡(hànbǎo)*⑭，一杯可樂(kělè)*⑮，
一共多少錢？

A：漢堡一個一塊七毛五，可樂一杯五毛錢，一共兩⑯
塊兩毛五。

B：這是兩塊半。⑰

A：謝謝，找您兩毛五分。

---

*漢堡 (hànbǎo)：hamburger

*可樂 (kělè)：cola

ㄉㄧˋ ㄙˋ ㄎㄜˋ　ㄓㄜˋ ㄓ ㄅㄧˇ ㄉㄨㄛ ㄕㄠˇ ㄑㄧㄢˊ

── I ──────────────────────

A: ㄒㄧㄢ ㄕㄥ，ㄋㄧㄣˊ ㄧㄠˋ ㄇㄞˇ ㄕㄜˊ˙ㄇㄜ？

B: ㄨㄛˇ ㄧㄠˋ ㄇㄞˇ ㄅㄧˇ。

A: ㄨㄛˇ˙ㄇㄣ ㄧㄡˇ ㄏㄣˇ ㄉㄨㄛ ㄅㄧˇ，ㄋㄧㄣˊ ㄒㄧˇ ㄏㄨㄢ ㄋㄚˇ ㄓㄨㄥˇ？

B: ㄓㄟˋ ㄓㄜˋ ㄅㄧˇ ㄏㄣˇ ㄏㄠˇ ㄎㄢˋ，ㄉㄨㄛ ㄕㄠˇ ㄑㄧㄢˊ ㄧ ㄓ？

A: ㄑㄧ ㄇㄠˊ ㄨˇ ㄈㄣ ㄧ ㄓ，ㄋㄧㄣˊ ㄧㄠˋ ㄐㄧˇ ㄓ？

B: ㄨㄛˇ ㄧㄠˋ ㄌㄧㄤˇ ㄓ，ㄌㄧㄤˇ ㄓ ㄉㄨㄛ ㄕㄠˇ ㄑㄧㄢˊ？

A: ㄌㄧㄤˇ ㄓ ㄧˊ ㄎㄨㄞˋ ㄙˋ ㄇㄠˊ。

B: ㄓㄜˋ ㄇㄣˊ ㄕㄜˊ ㄌㄧㄤˇ ㄑㄧㄢˊ，ㄓㄜˋ ㄍㄨㄟ ㄋㄧˇ ㄌㄧㄤˇ ㄎㄨㄞˋ ㄑㄧㄢˊ，ㄑㄧㄥˇ ㄋㄧˇ ㄓㄠˇ ㄑㄧㄢˊ，ㄏㄠˇ˙ㄇㄚ？

A: ㄏㄠˇ，ㄓㄜˋ ㄕˋ ㄨˋ ㄇㄠˊ ㄦ，ㄒㄧㄝˋ ㄒㄧㄝˋ。

── II ──────────────────────

A: ㄒㄧㄠˇ ㄐㄧㄝˇ，ㄋㄧㄣˊ ㄧㄠˋ ㄇㄞˇ ㄕㄜˊ˙ㄇㄜ？

B: ㄑㄧㄥˇ ㄋㄧˇ ㄍㄟˇ ㄨㄛˇ ㄧˊ ㄍㄜˋ ㄏㄠˇ ㄅㄠ，ㄧ ㄅㄣˇ ㄎㄜˋ ㄌㄜˊ，ㄧˊ ㄍㄨㄛˋ ㄉㄨㄛ ㄕㄠˇ ㄑㄧㄢˊ？

A: ㄏㄞˊ ㄧㄡˇ ㄧˊ ㄍㄜˋ ㄧ ㄎㄨㄞˋ ㄑㄧ ㄇㄠˊ ㄨˇ，ㄎㄞ ㄌㄜˊ ㄧˊ ㄅㄣˇ ㄨˇ ㄇㄠˊ ㄑㄧㄢˊ，ㄧˊ ㄍㄨㄥˋ ㄌㄧㄤˇ ㄎㄨㄞˋ ㄌㄧㄤˇ ㄇㄠˊ ㄨˇ。

B: ㄓㄜˋ ㄕˋ ㄌㄧㄤˇ ㄎㄨㄞˋ ㄑㄧㄢˊ。

A: ㄒㄧㄝˋ ㄒㄧㄝˋ，ㄓㄠˇ ㄋㄧˇ ㄌㄧㄤˇ ㄇㄠˊ ㄨˇ ㄈㄣ。

Dì Sì Kè　Zhèi zhī Bǐ Duōshǎo Qían

── I ──────────────────────

A: Xiānshēng, nín yào mǎi shénme?

B: Wǒ yào mǎi bǐ.

A: Wǒmen yǒu hěn duō bǐ, nín xǐhuān něizhǒng?

B: Zhèizhǒng bǐ hěn hǎokàn, duōshǎo qián yìzhī?

A: Qīmáo sìfēn yìzhī, nín yào jǐzhī?

B: Wǒ yào liǎngzhī, liǎngzhī duōshǎo qián?

A: Liǎngzhī yíkuài sìmáo bā.

B: Wǒ méiyǒu língqián, wǒ gěi nǐ liǎngkuài qián, qǐng nǐ zhǎoqián, hǎo ma?

A: Hǎo, zhè shì wǔmáo èr, xièxiè.

—— II ——

A: Xiǎojiě, nín yào mǎi shénme?

B: Qǐng nǐ gěi wǒ yíge hànbǎo, yì bēi kělè, yígōng duōshǎo qián?

A: Hànbǎo yíge yíkuài qīmáo wǔ, kělè yì bēi wǔmáo qián, yígōng liǎng kuài liǎngmáo wǔ.

B: Zhè shì liǎngkuài bàn.

A: Xièxie, zhǎo nín liǎngmáo wǔfēn.

LESSON 4   HOW MUCH IS THIS PEN?

—— I ——

A: What do you want to buy, Sir?

B: I want to buy a pen.

A: We have many pens. what kind do you like?

B: This kind is very good-looking. How much is this one?

A: Each is 74¢. How many do you want?

B: I want two. How much for these?

A: Two are $1.48.

B: I don't have change. I will give you two dollars. Please give me change, OK?

A: OK Here is 52¢, thank you.

— Ⅱ ——————————————————————

A: Miss, what do you want to buy?

B: Please give me a hamburger and a cola. How much is it all to-gether?

A: One hamburger is $1.75, a cola is 50¢, altogether $ 2.25.

B: Here is $ 2.50.

A: Thank you. Here is 25¢ change.

2. VOCABULARY

1. 枝 (zhī)　　*M*: **measure word for stick-like things**

　　我不喜歡這枝筆。
　　Wǒ bùxǐhuān zhèi zhī bǐ.
　　I don't like this pen.

2. 多少 (duōshǎo)　　*NU(QW)*: **how much, how many**

　　你有多少錢？
　　Nǐ yǒu duōshǎo qián ?
　　How much money do you have?

　　多 (duō)　　*SV*: **many, more**

　　他有很多書。
　　Tā yǒu hěn duō shū.
　　He has many books.

　　少 (shǎo)　　*SV*: **few, less**

　　我要買不少東西。
　　Wǒ yào mǎi bùshǎo dōngxī.
　　I want to buy quite a few things.

3. 錢 (qián)　　*N*: **money**

　　這枝筆多少錢？

Zhèizhī bǐ duōshǎo qián ?

How much is this pen?

4. 種 (zhǒng)   *M*: **kind, type**

這種筆很好。

Zhèizhǒng bǐ hěn hǎo.

This kind of pen is very good.

5. 毛 (máo)   *M*: **dime, ten cents**

6. 分 (fēn)   *M*: **cent**

7. 幾 (jǐ)   *NU/QW*: **a few, several; how many**

這幾本書都是中文書。

Zhè jǐběn shū dōu shì Zhōngwén shū.

These books are all Chinese.

你有幾枝筆？

Nǐ yǒu jǐzhī bǐ?

How many pens do you have?

8. 兩 (liǎng)   *NU*: **two**

我要買這兩枝筆。

Wǒ yào mǎi zhè liǎngzhī bǐ.

I want to buy these two pens.

9. 塊 (kuài)   *M*: **a piece or lump, measure word for dollar**

你有幾塊錢？

Nǐ yǒu jǐkuài qián?

How much money do you have?

10. 零錢 (língqián)   *N*: **change, coins**

零 (líng)   *NU*: **zero**

11. 給 (gěi)　　*V*: **to give**

> 他不要給我筆。
>
> Tā búyào gěi wǒ bǐ.
>
> He doesn't want to give me a pen.

12. 請 (qǐng)　　*V*: **to please; to invite**

> 請你給我一枝筆。
>
> Qǐng nǐ gěi wǒ yì zhī bǐ.
>
> Please give me a pen.
>
> 你請不請他？
>
> Nǐ qǐng bùqǐng tā?
>
> Will you invite him (or not)?

13. 找錢 (zhǎoqián)

VO: **to give change back to someone after a purchase**

> 我沒有零錢，請你找錢。
>
> Wǒ méiyǒu língqián, qǐng nǐ zhǎoqián.
>
> I don't have change, please give me change.
>
> 找 (zhǎo)　　*V*: **to return change after a purchase**
>
> 他找你多少錢？
>
> Tā zhǎo nǐ duōshǎo qián?
>
> How much change did he give you?

14. 個 (ge)

M: **used as an all purpose measure word especially before nouns which do not have a specific measure word of their own**

> 那幾個人很忙。
>
> Nà jǐ ge rén hěn máng.
>
> Those people are very busy.

15. 杯 (bēi)　　*M*: **cup of**

> 我要一杯咖啡。

Wǒ yào yìbēi kāfēi.

I want (would like to have) a cup of coffee.

16. 一共 (yígòng)　　*A*: **altogether**

一枝筆，兩本書，一共多少錢？

Yìzhī bǐ, liǎngběn shū, yígòng duōshǎo qián ?

How much is it altogether for one pen and two books?

17. 半 (bàn)　　*NU*: **half**

一枝筆三塊半。

Yì zhī bǐ sānkuài bàn.

$3.50 for one pen.

SUPPLEMENTARY VOCABULARY

18. 位 (wèi)　　*M*: **polite measure word for people**

那位小姐很好看。

Nèiwèi xiǎojiě hěn hǎokàn.

That girl is very good-looking.

19. 本 (běn)　*M*: **volume, measure word for books, notebooks, etc.**

這本書很好。

Zhèiběn shū hěn hǎo.

This book is very good.

20. 那／那 (nà / nèi)　　*DEM*: **that**

那三枝筆很貴。

Nà sānzhī bǐ hěn guì.

Those three pens are very expensive.

3. NUMBERS (11-99)

11 十一 (shíyī)　20 二十 (èrshí)　22 二十二 (èrshíèr)

12 十二 (shíèr)　30 三十 (sānshí)　31 三十一 (sānshíyī)

13 十三 (shísān)　40 四十 (sìshí)　43 四十三 (sìshísān)

14 十四 (shísì)　50 五十 (wǔshí)　55 五十五 (wǔshíwǔ)

15 十五 (shíwǔ)　60 六十 (liùshí)　69 六十九 (liùshíjiǔ)

16 十六 (shíliù)　70 七十 (qīshí)　74 七十四 (qīshísì)

17 十七 (shíqī)　80 八十 (bāshí)　87 八十七 (bāshíqī)

18 十八 (shíbā)　90 九十 (jiǔshí)　99 九十九 (jiǔshíjiǔ)

19 十九 (shíjiǔ)

4. SYNTAX PRACTICE

I. *Quantified Nouns*

In Chinese, nouns are often preceded by a measure word to emphasize what kind of object.

NU	-M	N
一	個	人／東西
a person / thing		
兩	位	先生／太太／小姐
two gentlemen / married women / misses		
三	本	書　three books
四	枝	筆　four pens
五	杯	咖啡　five cups of coffee
十	份 (fèn)*	報　ten newspapers
幾	輛 (liàng)*	汽車　several automobiles

---

*份 (fèn) : measure word for newspaper

*輛 (liàng) : measure word for cars

1. 我們要五十枝筆。

2. 我有一輛_ㄌ（liàng）汽_ㄑ車_ㄔ。

3. 我有八本英文書。

4. 你要買幾份_ㄈ（fèn）報？
   我要買兩份。

☞**Please describe the pictures below:**

Ⅱ. *Sums of Money*

In Chinese, when money is being discussed, the last monetary unit is often left out.

塊	毛	分	錢	
二十二塊	七毛九	（分）	（錢）	$22.79

五分（錢）	$ 0.05
兩毛五（分）（錢）	$ 0.25
五毛（錢）	$ 0.50

一塊零二分（錢）	$ 1.02
十二塊五（毛）（錢）	$12.50
四十二塊（錢）	$42.00

☞Say the amount of money listed below:

$ 0.03	$ 0.98	$ 0.15	$ 1.60	$ 0.80
$ 3.79	$ 3.78	$ 5.58	$ 4.05	$13.35
$18.00	$75.75	$63.50	$60.00	$22.20
$41.05	$10.25	$21.50	$31.12	$40.45

III. *Specified and Numbered Nouns*

When a singular noun follows the DEM, the ordinal number 一 is usually omitted and only 這／那／哪 + the measure word is needed.

（I）

DEM	-M	N
這	個	人
this person		
那	本	書
that book		
哪	枝	筆
which pen		

1. 這個東西很貴嗎？
   這個東西不太貴。

2. 那位小姐要買什麼？
   她要買書。

3. 你喜歡哪輛（liàng）車？
   我喜歡這輛。

（Ⅱ）

DEM	NU	-M	N
這	（一）	個	人
this person			
那	兩	本	書
those two books			
哪	三	枝	筆
which three pens			

1. 這三本書一共多少錢？
   一共二十四塊錢。

2. 這兩枝筆，你要哪(一)枝？
   我要這枝。

3. 那三位小姐都是英國人嗎？
   不，兩位是英國人，一位是美國人。

☞Look at the pictures and answer the questions below:

VOLKS WAGEN

1. 這五個人都是小姐嗎？
2. 那三位先生，哪位高？
3. 這兩輛^{ㄌ一ㄤ}(liàng) 汽車，哪輛好看？
4. 哪輛車是美國車？
5. 這兩位小姐，哪位好看？

Ⅳ. *Prices Per Unit*

When asking or giving prices, age, time, etc., verb equivalents such as "to be", etc. are usually left out.

（Ⅰ）

(N), NU-M (N) NU - M 錢
一 枝 筆 幾 塊 錢 ？
How much is one pen?
筆 ， 一 枝　 兩 塊 錢 。
Each pen costs two dollars.

（Ⅱ）

(N), NU -M 錢 NU- M
筆 ， 幾 塊 錢 一 枝 ？
How much for one pen?
筆 ， 兩 塊 錢 一 枝 。
Pens are two dollars each.

1. 一份^{ㄈㄣ}(fèn) 報幾毛錢？
   一份報五毛錢。
2. 書，一本多少錢？
   一本二十塊錢。
3. 漢^{ㄏㄢ}堡^{ㄅㄠ}(hànbǎo) ，多少錢一個？
   一塊半一個。

☞According to the pictures inquire about the price of each object and respond:

可ぅ樂ゃ (kělè)　　啤女酒ぷ (píjiǔ)　　蘋女果ゃ (píngguǒ)

(M：瓶女 píng)*　(M：罐ゃ guàn)*　(M：個)

V. *Sentence with Direct Object and Indirect Object*

S	V	Ind.O	Dir. O
他	給	我	一枝筆。
He gave me a pen.			

1. 你給他錢嗎？
　 我不給他錢。
2. 誰給他錢？
　 王先生給他錢。
3. 你要給誰這本書？
　 我要給李小姐這本書。

---

*瓶女 (píng)：bottle of

*罐ゃ (guàn)：can of

4. 那個人給你什麼？

　　他給我一本中文書。

5. 他給你多少錢？

　　他給我十塊錢。

☞Look at the pictures and answer the questions below:

張小姐

王小姐　　　　　　　　　李小姐

1. 張小姐給李小姐什麼？
2. 王小姐給張小姐書嗎？
3. 誰給王小姐錢？
4. 誰給誰筆？
5. 張小姐給李小姐幾本書？

5. COMBINATION PRACTICE

Ⅰ. *Every student please say their telephone number.*

Ⅱ. *Complete following sentences using five different answers for each.*

　1. ＿＿＿＿＿＿＿＿很好看。

2. ＿＿＿＿＿＿＿＿太貴。

3. ＿＿＿＿＿＿＿＿多少錢？

4. 他要給我＿＿＿＿＿＿＿＿＿＿＿＿。

5. 我要買＿＿＿＿＿＿＿＿＿＿＿＿＿。

Ⅲ. *Answer the following questions.*

1. 一枝筆兩毛五分錢，兩枝筆多少錢？

2. 一枝筆兩毛五分錢，一本書四塊錢。一枝筆，一本書，一共多少錢？

3. 一份ㄈ(fèn)報五毛錢，三份報多少錢？

4. 一份報五毛錢，一枝筆三毛錢。一份報，兩枝筆，一共多少錢？

5. 一杯可ㄎㄜ樂ㄌㄜ(kělè)八毛錢，一個漢ㄏㄢ堡ㄅㄠ(hànbǎo)一塊八，一共多少錢？

Ⅳ. *Situations*

1. Buying clothes: a dialogue between a customer and a salesman

鞋ㄒㄧㄝ(xié)　　　　襪ㄨㄚ子ㄗ(wàzi)　　　　衣ㄧ服ㄈㄨ(yīfú)

(M:雙ㄕㄨㄤ shuāng)*　　(M: 雙ㄕㄨㄤ shuāng)*　　(M:件ㄐㄧㄢ jiàn)*

---

*雙ㄕㄨㄤ(shuāng) : pair of

*件ㄐㄧㄢ(jiàn) : measure word for clothes

2. Buying food: a customer is at a fast food restaurant.

漢ㄏㄢ堡ㄅㄠ(hànbǎo)　　三ㄙㄢ明ㄇㄧㄥ治ㄓ(sānmíngzhì)　　可ㄎㄜ樂ㄌㄜ(kělè)
果ㄍㄨㄛ汁ㄓ(guǒzhī)

6. NOTES

1. Using question words 幾 and 多少：幾 (how many) is always combined with a measure word and usually used when the amount being discussed is less than ten. 多少 (how many / much?) is usually used when the amount is assumed to be ten or more (with no upper limit) and measure word can be omitted.

ex:他有幾枝筆？　　　How many pens does he have?

他有五枝筆。　　　He has five.

你有多少錢？　　　How much money do you have?

我有九十塊錢。　　I have ninety (dollars).

2. When 多 is used as a modifier, it is usually used together with the adverb such as 很，太 etc.

ex:很多英文書　　　　many English books

不太多錢　　　　　　not very much money

3. Comparison of 二 and 兩：二 is usually translated as "two", and can be used alone, In counting, numbers with two or more digits that end with the number 2 use the character 二, not 兩。 Such as 十二，二十二。 兩 is a bound form, i.e. it can never be used alone. It must always be followed by a measure word.

ex:兩個人　　　two people

4. 請 has two meanings:

⑴ I request that…… / Would you…… / Please……

ex:請你給我筆。　　　Please give me a pen.

⑵ To treat or to invite someone (to a meal, a drink, etc., to be willing to pay)

ex:我有錢，我請你們。　　I have money, I'll treat / (buy) you.

你要不要請他？　　Do you want to invite him or not?

5. Usage of the measure words 位 and 個：位 is the polite measure word for 太太，先生，小姐，老師， etc. However, words such as 人 or 孩子 use the common measure word 個。

第五課　我家有五個人①

1. DIALOGUE

— I —————————————————

A：這是你爸爸②媽媽③的④像片兒⑤嗎？

B：是啊。

A：你爸爸是老師⑥嗎？

B：對⑦，他是英文老師。

A：這張⑧呢？這是你哥哥⑨還是⑩你弟弟⑪？

B：是我哥哥，我沒有弟弟。

A：這兩個女孩子⑫都是你姐姐嗎？

B：不，這個是我姐姐⑬，那個是我姐姐的朋友⑭。

A：你家有幾個人？

B：我家有五個人。

A：你們家的書不少，這些⑮書都是你爸爸的嗎？

B：有的是我爸爸的，有的不是⑯。

— II ———————————————————

王大文：爸爸好。

李東尼：王伯伯好。^⑰

王先生：好，大文(Dàwén)*， 你這位朋友叫什麼名字？

王大文：他的中國名字叫李東尼 (Dōngní)*，他的中文很好。

王先生：東尼，你是哪國人？

李東尼：我是美國人，可是我媽媽是中國人。

---

*大文 (Dàwén) : a Chinese given name

*東尼 (Dōngní) : Tony

ㄅㄟˋ ㄨˇ ㄎㄜ　　ㄓㄜˋ ㄐㄧㄚ ㄧㄡˇ ㄨˇ ㄍㄜˋ ㄖㄣˊ

── I ──────────────────────────────

A：ㄓㄜˋ ㄕˋ ㄋㄧˇ ㄐㄧㄚ ㄅㄚ ㄇㄚ ˙ㄉㄜ ㄒㄧㄤ ㄆㄧㄢˊ ㄦˊ ㄇㄚ˙？

B：ㄕˋ ㄚ˙。

A：ㄋㄧˇ ㄐㄧㄚ ㄧㄡˇ ㄐㄧˇ ㄎㄡˇ ㄖㄣˊ？

B：ㄅㄚ，ㄊㄚ ㄕˋ ㄧ ㄍㄨㄥˊ ㄒㄧˋ ㄖㄣˊ。

A：ㄓㄜ ㄓㄤ ㄋㄜ？ ㄓㄜ ㄕˋ ㄋㄧˇ ㄍㄜ ˙ㄍㄜ ㄏㄞˊ ㄕˋ ㄋㄧˇ ㄉㄧˋ ㄉㄧ˙？

B：ㄕˋ ㄨㄛˇ ㄍㄜ ˙ㄍㄜ，ㄊㄚ ㄇㄟˇ ㄧㄡ ㄉㄜˋ ㄉㄧˋ。

A：ㄓㄜ ㄉㄜˋ ㄍㄜ ㄋㄩ ㄏㄞˊ ㄗˋ ㄆㄡ ㄕˋ ㄋㄧˇ ㄐㄧㄝˇ ㄐㄧㄝ˙ ㄇㄚ˙？

B：ㄅㄨˋ，ㄓㄜ ˙ㄍㄜ ㄕˋ ㄨㄛˇ ㄐㄧㄝˊ ㄐㄧㄝ˙，ㄋㄟˋ ˙ㄍㄜ ㄕˋ ㄨㄛˇ ㄐㄧㄝˊ ㄐㄧㄝ ㄉㄜˊ ㄆㄥˊ ㄧㄡˊ。

A：ㄋㄧˇ ㄐㄧㄚ ㄧㄡ ㄐㄧˇ ˙ㄍㄜ ㄇㄢˊ？

B：ㄓㄜ ㄐㄧㄚ ㄧㄡˇ ㄨˇ ˙ㄍㄜ ㄇㄢˊ。

A：ㄋㄧˇ ㄇㄣˊ ㄐㄧㄚ ㄉㄜˊ ㄕˋ ㄅㄣˋ ㄕˊㄠˊ，ㄓㄜˋ ㄒㄧㄝˇ ㄕㄨ ㄆㄨˊ ㄕˋ ㄋㄧˇ ㄐㄧㄚ ㄅㄚ˙ ㄉㄜˊ ㄇㄚ˙？

B：ㄋㄟˋ ㄉㄜ˙ ㄕˋ ㄨㄛˇ ㄐㄧㄚ ㄅㄚ˙ ˙ㄉㄜ，ㄋㄟˇ ㄉㄜ˙ ㄅㄨˊ ㄕˋ。

── II ──────────────────────────────

ㄨㄤˊ ㄅㄚˊ ㄅㄚˋ：ㄋㄧˊ ㄏㄠˇ。

ㄌㄞˇ ㄉㄨˇ ㄋㄧˊ：ㄨㄤˇ ㄅㄟˋ ㄏㄠˇ。

ㄨㄤˇ ㄒㄧㄢ ㄕㄥ：ㄏㄠˇ，ㄅㄚ ㄅㄢˊ，ㄋㄧˇ ㄓㄜ ㄑㄧˋ ㄆㄨˊ ㄋㄟˇ ㄐㄧㄢˊ ˙ㄇㄣ ˙ㄇㄚ ㄚˊ？

ㄨㄤˇ ㄅㄚˊ ㄅㄚˋ：ㄊㄚ ˙ㄉㄜ ㄓㄜ ˙ㄍㄜ ˙ㄇㄧ ㄚˊ ㄐㄧㄢˋ ㄉㄜˋ ㄆㄠˇ ㄋㄟˊ，ㄊㄚ˙ ㄉㄜ ㄓㄜ ㄅㄢˊ ㄏㄞˊ ㄏㄠˇ。

ㄨㄤˇ ㄒㄧㄢ ㄕㄥ：ㄆㄨˇ ㄋㄟˊ，ㄋㄧˇ ㄕˋ ㄋㄟˇ ˙ㄍㄜ ㄇㄢˊ？

ㄌㄞˇ ㄆㄨˊ ㄋㄟˊ：ㄨㄛˇ ㄕˋ ㄋㄟˋ ˙ㄍㄜ ㄇㄢˊ，ㄊㄚ ㄕˋ ㄊㄚ ㄇㄧ˙ ㄕˋ ㄓㄜ ˙ㄍㄜ ㄇㄢˊ。

Dì Wǔ Kè　Wǒ Jiā Yǒu Wǔge Rén

── I ──────────────────

A：Zhè shì nǐ bàbamāmade xiàngpiānr ma?

B：Shì a.

A：Nǐ bàba shì lǎoshī ma?

B：Duì, tā shì Yīngwén lǎoshī.

A：Zhèizhāng ne? Zhè shì nǐ gēge háishì nǐ dìdi?

B：Shì wǒ gēge, wǒ méiyǒu dìdi.

A：Zhè liǎngge nǚháizi dōu shì nǐ jiějie ma?

B：Bù, zhèige shì wǒ jiějie, nèige shì wǒ jiějiede péngyǒu?

A：Nǐjiā yǒu jǐge rén?

B：Wǒ jiā yǒu wǔge rén.

A：Nǐmen jiāde shū bùshǎo, zhèi xiē shū dōu shì nǐ bàbade ma?

B：Yǒude shì wǒ bàbade, yǒude búshì.

── II ──────────────────

Wáng Dàwén：	Bàba hǎo.
Lǐ Dōngní　：	Wáng Bóbo hǎo.
Wáng Xiānshēng　：	Hǎo, Dàwén, nǐ zhèiwèi péngyǒu jiào shénme míngzì?
Wáng Dàwén　：	Tāde Zhōngguó míngzì jiào Lǐ Dōngní, tāde Zhōngwén hěn hǎo.
Wáng Xiānshēng　：	Dōngní, nǐ shì něiguó rén?
Lǐ Dōngní：	Wǒ shì Měiguó rén, kěshì wǒ māma shì Zhōngguó rén.

| LESSON 5 | THERE ARE FIVE MEMBERS IN MY FAMILY |

— I

A: Is this a picture of your mother and father?

B: Yes.

A: Is your father a teacher?

B: Yes, he is an English teacher.

A: What about this one? Is this your older or younger brother?

B: It is my big brother, I don't have a little brother.

A: Are these two girls both your older sisters?

B: No, this one is my older sister. That one is my older sister's friend.

A: How many people are there in your family?

B: There are five people in my family.

A: There are many books in your house. Are these all your father's?

B: Some are my father's, some are not .

— II

Dawen Wang:	Hello, Father.
Tony Lee:	Hello, Uncle Wang.
Mr. Wang:	Hello. Dawen, what is your friend's name?
Dawen Wang:	His Chinese name is Li Dōngni. His Chinese is very good.
Mr. Wang:	Tony, what country are you from?
Tony Lee:	I am American, but my mother is Chinese.

2. VOCABULARY

1. 家 (jiā)　　N: home, family

你家有幾個人？

Nǐ jiā yǒu jǐge rén?

How many people are there in your family?

2. 爸爸 (bàba)　　N: father

3. 媽媽 (māma)　　N: mother

我媽媽有中文書。

Wǒ māma yǒu Zhōngwén shū .

My mother has Chinese books.

4. 的 (de)　　P: possesive or modifying particle

這是他的書。

Zhè shì tāde shū .

This is his book.

5. 像片兒 (xiàngpiānr)　　N: photograph (M:張 zhāng)

那不是我的像片兒。

Nà búshì wǒde xiàngpiānr.

That is not my photograph.

兒 (-r)　　P: a suffix

6. 老師 (lǎoshī)　　N: teacher (M:位 wèi)

那位是我的老師。

Nèiwèi shì wǒde lǎoshī .

That person is my teacher.

7. 對 (duì)　　SV: to be correct

你很忙，對不對？

Nǐ hěn máng , duì búduì?

You are very busy, right?

8. 張 (zhāng)

M: **a measure word for photograph, paper, table, etc.**

這張像片兒是誰的？

Zhèizhāng xiàngpiānr shì shéide?

Who's picture is this?

9. 哥哥 (gēge)　　*N*: **older brother**

你哥哥叫什麼？

Nǐ gēge jiào shénme?

What is your older brother's name?

10. 還是 (háishì)　　*CONJ*: **or**

他是你哥哥還是你弟弟？

Tā shì nǐ gēge háishì nǐ dìdi?

Is he your older or younger brother?

11. 弟弟 (dìdi)　　*N*: **younger brother**

他有兩個弟弟。

Tā yǒu liǎngge dìdi.

He has two younger brothers.

12. 女孩子 (nǚháizi)　　*N*: **girl**

女 (nǚ)　　*BF*: **female**

女人 (nǚrén)　　*N*: **woman**

女朋友 (nǚpéngyǒu)　　*N*: **girlfriend**

孩子 (háizi)　　*N*: **child**

那個(小)孩子喜歡看電視。

Nèige (xiǎo) háizi xǐhuān kàn diànshì.

That child likes to watch TV.

子 (zi)　　*P*: **a noun suffix**

13. 姐ㄐㄧㄝ姐ㄐㄧㄝ (jiějie)　　*N*: **older sister**

14. 朋ㄆㄥ友ㄧㄡ (péngyǒu)　　*N*: **friend**

我ㄨㄛ有ㄧㄡ三ㄙㄢ個ㄍㄜ日ㄖ本ㄅㄣ朋ㄆㄥ友ㄧㄡ。
Wǒ yǒu sānge Rìběn péngyǒu.
I have three Japanese friends.

15. 這ㄓㄜ些ㄒㄧㄝ (zhèixiē)　　*DEM*: **these**

這ㄓㄜ些ㄒㄧㄝ人ㄖㄣ都ㄉㄡ很ㄏㄣ好ㄏㄠ。
Zhèixiē rén dōu hěn hǎo.
These people are all very nice.

一ㄧ些ㄒㄧㄝ (yìxiē)　　*NU*: **some, a few**

我ㄨㄛ有ㄧㄡ一ㄧ些ㄒㄧㄝ中ㄓㄨㄥ國ㄍㄨㄛ朋ㄆㄥ友ㄧㄡ。
Wǒ yǒu yìxiē Zhōngguó péngyǒu.
I have some Chinese friends.

那ㄋㄚ些ㄒㄧㄝ (nèixiē)　　*DEM*: **those**

16. 有ㄧㄡ的ㄉㄜ (yǒude)　　*N*: **some, some of**

有ㄧㄡ的ㄉㄜ中ㄓㄨㄥ國ㄍㄨㄛ人ㄖㄣ不ㄅㄨ懂ㄉㄨㄥ英ㄧㄥ文ㄨㄣ。
Yǒude Zhōngguó rén bùdǒng Yīngwén.
Some Chinese people don't understand English.

17. 伯ㄅㄛ伯ㄅㄛ (bóbo)　　*N*: **father's elder brother, uncle**

王ㄨㄤ伯ㄅㄛ伯ㄅㄛ很ㄏㄣ喜ㄒㄧ歡ㄏㄨㄢ孩ㄏㄞ子ㄗ。
Wáng Bóbo hěn xǐhuān háizi.
Uncle Wang really likes children.

SUPPLEMENTARY VOCABULARY

18. 貓ㄇㄠ (māo)　　*N*:**cat** (*M*: 隻ㄓ zhī)

你ㄋㄧ的ㄉㄜ貓ㄇㄠ叫ㄐㄧㄠ什ㄕ麼ㄇㄜ名ㄇㄧㄥ字ㄗ？
Nǐde māo jiào shénme míngzì?
What is your cat's name?

19. 女兒 (nǚér)　　*N*: **daughter**

　　兒 (ér)　　*BF*: **son**

　　　兒子 (érzi)　　*N*: **son**

　　　　張伯伯有兩個兒子，一個女兒。

　　　　　　Zhāng Bóbo yǒu liǎngge érzi, yíge nǚér.
　　　　　　　Uncle Zhang has two sons and one daughter.

20. 男朋友 (nánpéngyǒu)　　*N*: **boy friend**

　　男 (nán)　　*BF*: **male**

　　　男人 (nánrén)　　*N*: **man**

　　　男孩子 (nánháizi)　　*N*: **boy**

21. 狗 (gǒu)　　*N*: **dog** (*M*: 隻 zhī)

22. 學生 (xuéshēng)　　*N*: **student**

　　　你是他的學生嗎？

　　　　Nǐ shì tāde xuéshēng ma ?
　　　　Are you his student ?

　　學 (xué)　　*V*: **to study**

　　　我要學中文。

　　　　Wǒ yào xué Zhōngwén .
　　　　I want to study Chinese.

23. 妹妹 (mèimei)　　*N*: **younger sister**

　　　我沒有姐姐妹妹。

　　　　Wǒ méiyǒu jiějie mèimei .
　　　　I have no older or younger sisters. I have no sisters.

24. 杯子 (bēizi)　　*N*: **cup**

3. SYNTAX PRACTICE

I. *Specified Nouns Modified by Nouns or Pronouns*

When a specified noun (Demonstrative-Number-Measure-Noun) is preceded by a noun or a pronoun, then 的 can be omitted.

N/PN	(的)	DEM	NU	-M	N
我		這	兩	本	書
these two books of mine					

1. 你那位朋友很忙。
2. 我這三枝筆都不貴。
3. 他那兩個孩子都喜歡看書。
4. 王先生那輛車很好看。

☞Combine two sentences into one:

1. 他有一輛汽車，那輛車很貴。
　　＿＿＿＿＿＿＿＿＿＿＿很貴。
2. 爸爸有兩位中國朋友，他們都很忙。
　　＿＿＿＿＿＿＿＿＿＿＿都很忙。
3. 弟弟有一枝筆，那枝筆很好看。
　　＿＿＿＿＿＿＿＿＿＿＿很好看。
4. 我有一本英文書，你要不要看？
　　你要不要看＿＿＿＿＿＿＿＿＿＿＿。
5. 張小姐有一隻 (zhī)*貓，我很喜歡。
　　我很喜歡＿＿＿＿＿＿＿＿＿＿＿。

II. *Nouns Modified by Other Nouns Indicating Possession*

(I) More often without 的

In cases where two nouns are understood to have a close per-

---

* 隻 (zhī) : measure for animals

sonal relationship, or when the first noun or pronoun belongs to a group indicated by the second noun, 的 is often not needed.

N/PN	N
我	哥哥
my older brother	
我	家
my home / family	

1. 他太太是英國人。
2. 我女兒有男朋友。
3. 我家有六個人。
4. 我們學校(xuéxiào)*有三位中文老師。

(Ⅱ) Usually with 的

    a. When the second noun is an animal or an inanimate object, a 的 must be inserted between the two nouns.

N/PN - 的	N
我 的	書
my book / books	
她 的	貓
her cat / cats	

1. 他的東西都很好。
2. 我的名字叫李美英。
3. 這是王小姐的貓。
4. 你的狗叫什麼名字？
   我的狗叫美美。

    b. When strung-together or linked nouns appear, then 的 must be added to the last modifying noun. The preceding modifiers do not often need 的.

---

* 學校 (xuéxiào) : school

N/PN	N	-的	N
我	姐姐	的	筆
my older sister's pen / pens			

1. 你朋友的汽車很貴。
2. 我弟弟的老師姓張。
3. 李伯伯是我爸爸的朋友。
4. 那個女孩子是他學生的妹妹。

c. If the modified noun in the sentence is understood, the original noun need not be written / spoken. But 的 is needed.

	N-的
這個杯子是	誰的？
Whose cup is this?	

1. 那兩本書是我弟弟的。
2. 這個是我的，不是你的。
3. 那個孩子是張太太的。
4. 這不是老師的，是學生的。

☞Fill in the blanks:

1. 我有一個妹妹，她很喜歡看書。
　　　　　　　　　　　很喜歡看書。
2. 我有一枝美國筆。
　　　　　　　　　　　　　　　是美國筆。
3. 李小姐有一隻貓，叫咪咪 (mī mī) *。
　　　　　　　　　　叫咪咪。
4. 張先生有一個弟弟，名字叫大衛 (Dàwèi)。
　　　　　　　　　　叫大衛。

---

*咪咪 (mīmī) : mimi

5. 我有筆，王小姐有書。

　　筆是＿＿＿＿＿＿＿＿＿，書是＿＿＿＿＿＿＿＿＿＿。

Ⅲ. *The Whole Before the Part*

The Whole,	The Part
那些書，　　有的好看，有的不好看。	
Of those books, some are interesting, some are not.	
那兩本書，　一本好看，一本不好看。	
Of those two books, one is interesting, the other one is not.	

1. 我的朋友，有的懂中文，有的不懂中文。

2. 美國東西，有的我喜歡，有的我不喜歡。

3. 他們，有的要學中文，有的要學英文。

4. 那五個學生，三個是中國人，兩個是美國人。

5. 這兩枝筆，一枝給弟弟，一枝給妹妹。

☞Look at the pictures and answer the questions below:

1. 那些孩子熱不熱？

2. 那些學生都是女的嗎？

3. 這些東西，你都有嗎？

4. 這三本書是哪國書？

5. 這兩位太太要買什麼？

4. COMBINATION PRACTICE

I. *Introduce the members of your family. (You can use the picture provided.)*

II. *Please talk about the people in the picture.*

III. *Situation*

Two students inquire about their family situations.

5. NOTES

Chinese people call their father's older brother 伯伯.The wife of 伯伯 is referred to as 伯母. But male friends of the father and other male relations can also be respectfully referred to as 伯伯.

Chinese people call the mother's sisters 阿ㄚˇ姨ㄧˊ(àyí)*. But female friends of parents can also respectfully be called 阿姨.

第六課　我想①買②一個新照像機③

1. DIALOGUE

──── I ────

A：請問④，先生，您要買照像機嗎？

B：是啊，我的照像機太舊了⑤⑥，我想買一個新的。

A：您喜歡哪國貨⑦？

B：我都看看，好嗎？

A：這個是德國貨，您覺得⑧怎麼ㄇㄜˊ樣ㄧㄤˋ (zěnmeyàng)＊？

B：這個太大了⑨，我喜歡那個小的。

A：這個小的⑩很好，是日本貨。

B：多少錢？

A：五百塊⑪。

B：太貴了，你們有便宜的⑫沒有？

A：這個美國像機也很
好，只賣⑬⑭一百一
十五塊。

B：好，我買這個。

────────────

＊怎ㄗㄣˇ麼ㄇㄜˊ樣ㄧㄤˋ (zěnmeyàng)：How about……?

—— II ——

A：你們大學⑮有多少學生？

B：有兩萬⑯多學生。

A：有多少老師呢？

B：我不知道⑰。我想有兩千⑱多位。

A：那真⑲不少。

B：你們學校⑳大不大？有多少學生？

A：我們大學很小，只有七、八千學生，可是很有名㉑。

ㄅㄧˋ ㄌㄡˇ ㄎㄜ　ㄨㄛˇ ㄒㄧㄤˇ ㄇㄞˇ ㄧˊ ㄍㄜ˙ ㄒㄧㄣ ㄓㄠˋ ㄒㄧㄤˋ ㄐㄧ

— I —

A：ㄑㄧㄥˇ ㄨㄣˋ，ㄒㄧㄢ ㄕㄥ，ㄋㄧˇ ㄠˋ ㄇㄞˇ ㄓㄠˋ ㄐㄧ ㄇㄚ˙？

B：ㄕˋ ㄚ˙，ㄨㄛˇ ㄉㄜ˙ ㄓㄠˋ ㄐㄧ ㄊㄞˋ ㄐㄧㄡˋ ㄌㄜ˙，ㄨㄛˇ ㄒㄧㄤˇ ㄇㄞˇ ㄧˊ ㄍㄜ˙ ㄒㄧㄣ ㄉㄜ˙。

A：ㄋㄧˇ ㄒㄧˇ ㄏㄨㄢ ㄋㄚˇ ㄍㄜˋ ㄏㄨㄛˇ？

B：ㄨㄛˇ ㄅㄡˇ ㄎㄢˇ ㄎㄢˇ，ㄏㄠˇ ㄇㄚ˙？

A：ㄓㄜˋ ㄍㄜ˙ ㄕˋ ㄉㄜ˙ ㄍㄜˋ ㄏㄠˇ，ㄋㄧˇ ㄐㄧㄝˋ ㄉㄜ˙ ㄗㄣˇ ㄇㄜ˙ ㄧㄤˋ？

B：ㄓㄜˋ ㄍㄜ˙ ㄊㄞˋ ㄉㄚˋ ㄌㄜ˙，ㄨㄛˇ ㄒㄧˇ ㄏㄨㄢ ㄋㄟˇ ㄍㄜ˙ ㄒㄧㄠˇ ㄉㄜ˙。

A：ㄓㄜˋ ㄍㄜ˙ ㄒㄧㄠˇ ㄉㄜ˙ ㄏㄣˇ ㄏㄠˇ，ㄕˋ ㄖˋ ㄅㄣˇ ㄏㄨㄛˇ。

B：ㄉㄨㄛˇ ㄕㄠˇ ㄑㄧㄢˊ？

A：ㄨˇ ㄅㄞˇ ㄎㄨㄞˋ。

B：ㄊㄞˋ ㄍㄨㄟˋ ㄌㄜ˙，ㄋㄧˇ ㄇㄟˊ ㄧㄡˇ ㄆㄧㄢˊ ㄧˋ ㄉㄧㄢˇ ㄉㄜ˙ ㄇㄟˊ ㄧㄡˇ？

A：ㄓㄜˋ ㄍㄜ˙ ㄆㄧㄢˊ ㄧˋ ㄒㄧㄤˋ ㄐㄧ ㄧㄝˇ ㄏㄣˇ ㄏㄠˇ，ㄓㄜˋ ㄕˋ ㄧˋ ㄅㄞˇ ㄧˋ ㄕˊ ㄨˇ ㄎㄨㄞˋ。

B：ㄏㄠˇ，ㄨㄛˇ ㄇㄞˇ ㄓㄜˋ ㄍㄜ˙。

— II —

A：ㄋㄧˇ ㄇㄣ˙ ㄅㄚˇ ㄒㄧㄝˋ ㄏㄡˋ ㄕㄡˇ ㄕㄥˊ ㄕㄥˊ？

B：ㄏㄡˋ ㄉㄤ ㄨㄢˇ ㄅㄨˇ ㄒㄧㄝˊ ㄕㄥˊ。

A：ㄏㄡˋ ㄅㄨˇ ㄕㄡˇ ㄉㄠˋ ㄕˋ ㄇㄚ˙？

B：ㄨㄛˇ ㄅㄨˋ ㄓˋ ㄉㄠˋ。ㄨㄛˇ ㄒㄧㄤˇ ㄏㄡˇ ㄉㄜ˙ ㄑㄧㄣˊ ㄅㄨˇ ㄨˋ。

A：ㄋㄚˇ ㄓㄜˋ ㄅㄨˇ ㄏㄠˇ。

B：ㄋㄧˇ ㄇㄣ˙ ㄒㄧㄝˋ ㄒㄧㄠ ㄅㄨˇ ㄅㄨˇ ㄅㄛˇ？ㄧㄡˇ ㄨˇ ㄍㄜˊ ㄒㄧㄝˊ ㄕㄥˊ？

A：ㄨㄛˇ ㄇㄣ˙ ㄅㄨˇ ㄒㄧㄝˋ ㄏㄣˇ ㄒㄧㄠ，ㄓˋ ㄧㄡˇ ㄑㄧˊ、ㄅㄚ ㄑㄧㄢˊ ㄒㄧㄝˊ ㄕㄥˊ，ㄊㄚˇ ㄕˋ ㄏㄣˇ ㄧㄡˇ ㄇㄧㄥˊ。

Dì Liù kè   Wǒ Xiǎng Mǎi Yíge Xīn Zhàoxiàngjī

― I ―

A: Qǐngwèn , xiānshēng , nín yào mǎi zhàoxiàngjī ma ?

B: Shì a , wǒde zhàoxiàngjī tài jiù le , wǒ xiǎng mǎi yíge xīnde .

A: Nín xǐhuān něiguó huò ?

B: Wǒ dōu kànkàn, hǎo ma ?

A: Zhèige shì Déguó huò, nín juéde zěnmeyàng ?

B: Zhèige tài dà le , wǒ xǐhuān nèige xiǎode .

A: Zhèige xiǎode hěnhǎo , shì Rìběn huò .

B: Duōshǎo qián ?

A: Wǔbǎi kuài .

B: Tài guì le , nǐmen yǒu piányíde méiyǒu ?

A: Zhèige Měiguó xiàngjī yě hěn hǎo, zhǐ mài yìbǎi yīshí wǔkuài .

B: Hǎo , wǒ mǎi zhèige .

― II ―

A: Nǐmen dàxué yǒu duōshǎoxuéshēng ?

B: Yǒu liǎngwànduō xuéshēng .

A: Yǒu duōshǎo lǎoshī ne ?

B: Wǒ bù zhīdào. Wǒ xiǎng yǒu liǎngqiān-duō-wèi .

A: Nà zhēn bùshǎo .

B: Nǐmen xuéxiào dà búdà? Yǒu duōshǎo xuéshēng ?

A: Wǒmen dàxué hěn xiǎo, zhǐyǒu qī, bāqiān xuéshēng, kěshì hěn yǒumíng .

LESSON 6   I'M THINKING ABOUT BUYING A NEW CAMERA

— I —

A: Excuse me sir, do you want to buy a camera?

B: Yes, my camera is too old, I want to buy a new one.

A: Which country's product do you like?

B: I would like to look them over first, OK?

A: This one is German made, what do you think?

B: This one is too big. I like that small one.

A: This small one is good, it's a Japanese product.

B: How much is it?

A: Five-hundred dollars.

B: It's too expensive. Do you have a cheaper one?

A: This American camera is also very good, and costs only 115 dollars.

B: Good, I'll buy this one.

— II —

A: How many students does your university have?

B: It has over twenty thousand students.

A: How many teachers does it have?

B: I don't know. I think it has over two thousand.

A: That's really quite a few.

B: Is your school big? How many students does it have?

A: Our university is very small, it has seven or eight thousand students. However it is very famous.

2. VOCABULARY

1. 想 (xiǎng)　*AV/V*: **to want to, to plan to / to think, to miss**

他想買一枝美國筆。

Tā xiǎng mǎi yìzhī Měiguó bǐ.

He's thinking about buying an American pen.

我想那個人不是中國人。

Wǒ xiǎng nèige rén búshì Zhōngguó rén.

I don't think that person is Chinese.

我很想我媽媽。

Wǒ hěn xiǎng wǒ māma.

I miss my mother very much.

2. 新 (xīn)　*SV/A*: **to be new / newly**

我的筆是新的。

Wǒde bǐ shì xīnde.

My pen is new.

3. 照像機 (zhàoxiàngjī)　*N*: **camera**

我沒有照像機。

Wǒ méiyǒu zhàoxiàngjī.

I don't have a camera.

照 (zhào)　*VO*: **to photograph**

像機 (xiàngjī)　*N*: **camera**

機 (jī)　*BF*: **machine**

電視機 (diànshìjī)　*N*: **television set**

4. 請問 (qǐngwèn)　*PH*: **excuse me, may I ask?**

請問您是哪國人？

Qǐngwèn nín shì něiguó rén?

Excuse me, what country are you from?

問 (wèn)　　*V*: **to ask**

我問他這個叫什麼。

Wǒ wèn tā zhèige jiào shénme .

I asked him what this was called.

5. 舊 (jiù)　　*SV*: **to be old, to be used** (opp. 新 xīn)

我想要買一輛舊車。

Wǒ xiǎng yào mǎi yíliàng jiù chē .

I want to buy an old car.

6. 了 (le)

P: **indicates excessiveness, completion of action completion of action (see L. 10), change of state (see L. 13), and imminent action (see L. 13)**

天氣太熱了。

Tiānqì tài rè le .

The weather's too hot.

7. 貨 (huò)　　*N*: **goods, products, a commodity**

我家的電視機是日本貨。

Wǒ jiāde diànshìjī shì Rìběn huò .

My family's TV is a Japanese product .

8. 覺得 (juéde)　　*V*: **to feel, to think, to consider**

我覺得他的車很好看。

Wǒ juéde tāde chē hěn hǎo kàn .

I think his car looks very nice.

9. 大 (dà)　　*SV*: **to be big, to be large**

我的車很大。

Wǒde chē hěn dà .

My car is very big .

10. 小 (xiǎo)　*SV*: **to be small**

小車都不貴嗎？

Xiǎo chē dōu búguì ma?

Are all small cars not expensive?

11. 百 (bǎi)　*NU*: **hundred**

我有一百塊錢。

Wǒ yǒu yìbǎikuài qián.

I have one hundred dollars.

12. 便宜 (piányí)　*SV*: **to be cheap**

這枝筆很便宜，可是很好。

Zhèizhī bǐ hěn piányí, kěshì hěn hǎo.

This pen is very cheap, but it's very good.

13. 只 (zhǐ)　*A*: **only**

他只有一個弟弟。

Tā zhǐ yǒu yíge dìdi.

He only has one younger brother.

14. 賣 (mài)　*V*: **to sell**

那輛車賣多少錢？

Nèiliàng chē mài duōshǎo qián?

How much is that car selling for?

15. 大學 (dàxué)　*N*: **university**

我們大學有很多學生。

Wǒmen dàxué yǒu hěnduō xuéshēng.

Our university has many students.

16. 萬 (wàn)　*NU*: **ten thousand**

那輛車賣一萬塊錢。

Nèiliàng chē mài yíwànkuài qián .

That car is being sold for ten thousand dollars.

17. 知道 (zhīdào)　　*V*: **to know**

我不知道那個英國人姓什麼。

Wǒ bùzhīdào nèige Yīngguó rén xìng shénme .

I don't know what that English man's last name is.

18. 千 (qiān)　　*NU*: **thousand**

一個錶一千塊錢，貴不貴？

Yíge biǎo yìqiānkuài qián, guì búguì ?

Is a thousand dollars for one watch expensive?

19. 真 (zhēn)　　*A*: **really**

他真是一個好人。

Tā zhēn shì yíge hǎo rén .

He's really a good person.

20. 學校 (xuéxiào)　　*N*: **school**

那個學校很好。

Nèige xuéxiào hěnhǎo .

That school is very good.

21. 有名 (yǒumíng)　　*SV*: **to be famous**

他哥哥很有名。

Tāgēge hěn yǒumíng .

His older brother is very famous.

SUPPLEMENTARY VOCABULARY

22. 億 (yì)　　*NU*: **hundred million**

美國有幾億人？

Měiguó yǒu jǐyì rén ?

How many hundred million people are there in Ameri - ca?

23. 錶ㄅㄧㄠˇ (biǎo)　　　*N*: watch

24. 夠ㄍㄡˋ (gòu)　　　*SV*: **to be enough**

他ㄊㄚ只ㄓˇ給ㄍㄟˇ我ㄨㄛˇ五ㄨˇ塊ㄎㄨㄞˋ錢ㄑㄧㄢˊ，不ㄅㄨˋ夠ㄍㄡˋ。

Tā zhǐ gěi wǒ wǔkuài qián，búgòu．

He only gave me five dollars, that's not enough.

3. SYNTAX PRACTICE

Ⅰ. *Large Numbers*

十	億	千	百	十	萬	千	百	十	(M)
二十一億		兩千	三百	四十	五萬	六千	七百	八十	九

2,123,456,789

							一百	零	二

102

一百一十五	115
三千五百四（十）	3,540
五萬八（千）	58,000
三十二萬	320,000
十八萬七千五（百）	187,500
一百萬	1,000,000
兩千萬	20,000,000
三千四百六十萬	34,600,000
一億五千萬	150,000,000
十億	1,000,000,000
一百零八	108
兩千零五十	2,050
四萬零六百	40,600

一萬零三	10,003
十二萬零七百	120,700
一百零四萬	1,040,000

☞Please read these numbers in Chinese:

273	4,001	36,050	190,168	9,407,020
805	6,030	91,000	403,207	280,000,000

II. 多 *as an Indefinite Number*

（I）

NU-	多	-M	N
三百	多	塊	錢

($300~400)

1. 這個錶賣兩百多塊錢。
2. 我們學校有五千多個學生。
3. 李老師有一百多本中國書。

（II）

NU	-M	多	N
三	塊	多	錢

($3~4)

1. 那個小孩子只有一塊多錢。
2. 我們一共有八塊多錢，夠不夠？
3. 兩本書一共三塊多錢，真便宜。

☞Please make your own sentences using the given answers:

1. 幾杯咖啡 (kāfēi)？ 　　　　（1~2 杯）
2. 幾瓶 (píng)* 可樂 (kělè)？ 　　（3~4 瓶）

---

* 瓶 (píng)：bottle of

3. 幾塊錢？ （7～8 塊）
4. 多少人？ （2,000～3,000 個）
5. 多少錢？ （$10,000～20,000）
6. 多少筆？ （70～80 枝）
7. 多少汽車？ （100～200 輛）
8. 多少老師？ （300～400 位）
9. 多少書？ （30～40 本）
10.多少孩子？ （200～300 個）

Ⅲ. *Nouns Modified by Stative Verbs*

(Ⅰ) More often without 的

Simple unqualified stative verbs in their adjectival function more often omit 的.

SV	N
小	錶
a small watch	

1. 舊車便宜，新車貴。
2. 他真是一個好人。
3. 他們有兩個小孩子。
4. 有的人喜歡大車，有的人喜歡小車。

(Ⅱ) With 的

when a modifying adverb is put in front of a modified stative verb or a two or more syllable stative verb is used, 的 must be used. However, if the stative verb is "many" or "few", or is a two syllable stative verb like 便宜 (cheap), then 的 is often omitted.

(A)	SV	-的	N
很	大	的	錶
a very large watch			
好	好看	的	錶
a nice-looking watch			

　　1. 他們是很好的朋友。

　　2. 有名的人都很忙。

　　3. 他喜歡買便宜（的）東西。

　　4. 我有很多（的）日本東西。

☞Fill in the blanks with stative verbs:

1. 她的狗很好看。

　她有一隻 ＿＿＿＿＿＿＿＿＿＿＿狗。

2. 我媽媽很好。

　我有一個＿＿＿＿＿＿＿＿＿＿＿＿媽媽。

3. 王先生很有名。

　王先生是＿＿＿＿＿＿＿＿＿＿＿＿人。

4. 這個像機便宜，可是很好。

　這個＿＿＿＿＿＿像機很好。

5. 那輛車舊，可是我要買。

　我要買那輛＿＿＿＿＿＿車。

（Ⅲ）的 is needed when the modified noun is understood.

SV	-的
我　　要　　大	的。
I want a (the) big one.	

1. 新的好看，舊的不好看。

2. 我要買便宜的，不要貴的。

3. 那兩個錶，小的是我的，大的是我先生的。

4. 那兩個人，高的姓張，矮ㄞˇ（ǎi）*的姓李。

---

* 矮ㄞˇ（ǎi）: to be short

☞Look at the pictures and answer the following questions:

1.這兩位小姐，一位高，一位矮，哪位是日本人？

2. 這兩輛ㄌㄧㄤ (liàng) 車，一輛新，一輛舊，哪輛貴？

3. 這兩個孩子，一個胖ㄆㄤ (pàng)*，一個瘦ㄕㄡ (shòu)*，你喜歡
　哪個？

---

* 胖ㄆㄤ (pàng) : to be fat

* 瘦ㄕㄡ (shòu) : to be skinny

4. 這兩杯咖ㄎ啡ㄈ (kāfēi)，一杯熱，一杯不熱，你要哪杯？

5. 這兩個錶，一個大，一個小，哪個好看？

4. COMBINATION PRACTICE

Ⅰ. Divide into groups and ask questions. Listen and use the 「我不知道
……」 pattern.

　　ex:　A: 他忙嗎？

　　　　　B: 我不知道他忙不忙。

Ⅱ. Divide into groups and ask questions. Listen and use the 「他問我
……」 pattern.

　　ex:　A: 你有照像機嗎？

　　　　　B: 他問我有沒有照像機。

Ⅲ. Say the populations of the countries or the cities you know.

Ⅳ. *Situations*

1. Make conversations about buying or selling a car.

2. Two students having a conversation about their respective schools.

5. NOTES

1. Verbs are reduplicated to form what is usually known as the tentative aspect. Verbs in this form sometimes allow the verb to take on a more casual meaning.

   ex: 看看   take a look
        想一想   think it over

2. "I don't know whether he is busy……", when translated into Chinese becomes 「我不知道他忙不忙。」
   In Chinese, "whether" need not be spoken. In subordinate clause, Chinese uses the choice-type most often.
   For instance "I asked him whether he wants to buy a book……" is usually translated as 「我問他要不要買書。」

3. 零: If one or more zeros occur between numbers, then 零 must be spoken. However, it only needs to be spoken once.

ex: 三百零七   307
三千零七   3,007
三千零七十   3,070
三萬零七十   30,070

When expressing a multi-digit number by its single digits, then every 零 must be spoken.

ex: 一零五   105
一零零五   1005
一零零五零   10050

第七課　你的法文念得真好聽①②③

1. DIALOGUE

— I —

A：文生④，你在念什麼呢？⑤

B：我在念法文。

A：你的法文，念得真好聽。

B：謝謝，可是我學得很慢。⑥

A：學法文有意思嗎？⑦

B：很有意思，可是我覺得有一點兒難。⑧⑨

A：我也想學一點兒法國話⑩，你可以教我嗎？⑪⑫

B：現在我的法國話⑬還說得不好⑭⑮，不能教你。⑯

A：你會不會唱⑰⑱法國歌兒⑲？

B：我只會唱 "Frere Jacques, Frere Jacques, Dormez-Vous, Dormez-Vous, ……。

A：你唱得真
好聽。

── II ──────────────

A：小張，我想請你吃飯。

B：好啊。

A：你喜歡吃中國菜還是法國菜？

B：兩個我都喜歡。

A：你也喜歡喝酒嗎？

B：喜歡，可是我只能喝一點兒。

A：好，我請你吃中國菜，喝法國酒。

B：那太好了！謝謝！謝謝！

ㄉㄧˋ ㄑㄧ ㄎㄜˋ　ㄋㄧˇ ㄉㄜ˙ ㄈㄚˇ ㄨㄣˊ ㄋㄧㄢˋ ㄉㄜ˙ ㄓㄣ ㄏㄠˇ ㄊㄧㄥ

── I ──

A: ㄨㄤˊ， ㄋㄧˇㄗㄞˋ ㄋㄧㄢˋ ㄕㄜˊ ㄇㄜ˙ ㄋㄜ˙？

B: ㄨㄛˇ ㄗㄞˋ ㄋㄧㄢˋ ㄈㄚˇ ㄨㄣˊ。

A: ㄋㄧˇ ㄉㄜ˙ ㄈㄚˇ ㄨㄣˊ， ㄋㄧㄢˋ ㄉㄜ˙ ㄓㄣ ㄏㄠˇ ㄊㄧㄥ。

B: ㄒㄧㄝˋ ㄒㄧㄝ˙， ㄨㄛˇ ㄕˋ ㄨㄛˇ ㄐㄧㄝˋ ㄉㄜ˙ ㄏㄣˊ ㄇㄢˊ。

A: ㄒㄩㄝˊ ㄈㄚˇ ㄨㄣˊ ㄧㄡˇ ㄧˋ ㄙ˙ ㄇㄚ˙？

B: ㄏㄣˇ ㄧㄡˇ ㄧˋ ㄙ˙， ㄎㄜˇ ㄕˋ ㄨㄛˇ ㄐㄩㄝˊ ㄉㄜ˙ ㄧㄡˋ ㄧˋ ㄉㄧㄢˇ ㄦ ㄋㄢˊ。

A: ㄨㄛˇ ㄧㄝˇ ㄒㄧㄤˇ ㄒㄧㄢˋ ㄧˋ ㄉㄧㄢˇ ㄦ ㄈㄚˇ ㄍㄨㄛˊ， ㄋㄧˇ ㄋㄥˊ ㄧˋ ㄐㄧㄠˋ ㄨㄛˇ ㄇㄚ˙？

B: ㄒㄧㄢˋ ㄗㄞˋ ㄨㄛˇ ㄉㄜ˙ ㄈㄚˇ ㄍㄨㄛˊ ㄏㄨㄚˋ ㄅㄨˋ ㄍㄡˋ， ㄅㄨˋ ㄋㄥˊ ㄐㄧㄠˋ ㄋㄧˇ。

A: ㄋㄧˇ ㄏㄨㄟˋ ㄅㄨˋ ㄏㄨㄟˋ ㄔㄤˋ ㄈㄚˇ ㄍㄨㄛˊ ㄦ？

B: ㄊㄚ ㄓˇ ㄏㄨㄟˋ ㄔㄤˋ "Frere Jacques, Frere Jacques, Dormez-Vous, Dormez-Vous,……"。

A: ㄋㄧˇ ㄔㄤˋ ㄉㄜ˙ ㄓㄣ ㄏㄠˇ ㄊㄧㄥ。

── II ──

A: ㄒㄧㄠˇ ㄓㄤ， ㄨㄛˇ ㄒㄧㄤˇ ㄑㄧㄥˇ ㄋㄧˇ ㄔ ㄈㄢˋ。

B: ㄏㄠˇ ㄚ˙。

A: ㄋㄧˇ ㄒㄧˇ ㄏㄨㄢ ㄔ ㄓㄨㄥ ㄍㄨㄛˊ ㄘㄞˋ ㄏㄞˊ ㄕˋ ㄈㄚˇ ㄍㄨㄛˊ ㄘㄞˋ？

B: ㄉㄤ ㄍㄨㄛˊ ㄨㄛˇ ㄅㄨˋ ㄒㄧˇ ㄏㄨㄢ。

A: ㄋㄧˇ ㄧㄝˇ ㄒㄧˇ ㄏㄨㄢ ㄏㄜ ㄐㄧㄡˇ ㄇㄚ˙？

B: ㄒㄧˇ ㄏㄨㄢ， ㄎㄜˇ ㄕˋ ㄨㄛˇ ㄓˇ ㄋㄥˊ ㄧˋ ㄉㄧㄢˇ ㄦ。

A: ㄏㄠˇ， ㄨㄛˇ ㄑㄧㄥˇ ㄋㄧˇ ㄔ ㄓㄨㄥ ㄍㄨㄛˊ ㄘㄞˋ， ㄏㄜ ㄈㄚˇ ㄍㄨㄛˊ ㄐㄧㄡˇ。

B: ㄋㄚˋ ㄊㄞˋ ㄏㄠˇ ㄌㄜ˙！ ㄒㄧㄝˋ ㄒㄧㄝ˙！ ㄒㄧㄝˋ ㄒㄧㄝ˙！

Dì Qī Kè　Nǐde Fàwén　Niànde Zhēn Hǎotīng

── I ──────────────────────

A: Wénshēng, nǐ zài niàn shénme ne?

B: Wǒ zài niàn Fàwén.

A: Nǐde Fàwén, niànde zhēn hǎotīng.

B: Xièxie, kěshì wǒ xuéde hěn màn.

A: Xué Fàwén yǒu yìsī ma?

B: Hěn yǒu yìsī, kěshì wǒ juéde yǒu yìdiǎnrnán.

A: Wǒ yě xiǎng xué yìdiǎnr Fàguó huà, nǐ kěyǐ jiāo wǒ ma?

B: Xiànzài wǒde Fàguó huà hái shuōde bùhǎo, bùnéng jiāo nǐ.

A: Nǐ huì búhuì chàng Fàguó gēr?

B: Wǒ zhǐ huì chàng, "Frere Jacques, Frere Jacques, Dormez-Vous, Dormez-Vous, ……".

A: Nǐ chàngde zhēn hǎotīng.

── II ──────────────────────

A: XiǎoZhāng, wǒ xiǎng qǐng nǐ chīfàn.

B: Hǎo a.

A: Nǐ xǐhuān chī Zhōngguó cài háishì Fàguó cài?

B: Liǎngge wǒ dōu xǐhuān.

A: Nǐ yě xǐhuān hē jiǔ ma?

B: Xǐhuān, kěshì wǒ zhǐ néng hē yìdiǎnr.

A: Hǎo, wǒ qǐng nǐ chī Zhōngguó cài, hē Fàguó jiǔ.

B: Nà tài hǎo le! Xièxie! Xièxie!

LESSON 7　YOUR FRENCH REALLY SOUNDS NICE

— I —

A:　Wensheng, what are you reading?

B:　I am reading French.

A:　Your French really sounds nice.

B:　Thank-you, but I am a very slow learner.

A:　Is learning French interesting?

B:　It's very interesting, but I feel it's a little bit difficult.

A:　I also want to learn a little French, can you teach me?

B:　Right now I do not speak very good French, I cannot teach you.

A:　Can you sing a French song?

B:　I can only sing "Frere Jacques, Frere Jacques, Dormez-Vous, Dormez-Vous, ……".

A:　You sing very well.

— II —

A:　Little Zhang, I want to invite you to eat.

B:　OK.

A:　Do you like to eat Chinese food or French food?

B:　I like them both.

A:　Do you also like to drink?

B:　Yes, but I can't drink very much.

A:　OK, I invite you to eat Chinese food with French wine.

B:　That's wonderful. Thank-you! Thank-you!

2. VOCABULARY

1. 念 (niàn)　　*V*: to read aloud, to study

請你念。

Qǐng nǐ niàn .

Please read it out aloud.

念書 (niànshū)　　*VO*: read / study book(s)

我不喜歡念書。

Wǒ bùxǐhuān niànshū .

I don't like to study (books).

2. 得 (de)

P: **a particle used between a verb or adjective and its complement to indicate manner or degree**

他念書，念得很好。

Tā niànshū, niànde hěnhǎo .

He reads / studies very well.

3. 好聽 (hǎotīng)

SV: **to be pleasant to listen to, pleasing to the ear, nice sounding**

那個歌兒很好聽。

Nèige gēr hěn hǎotīng.

That song sounds very nice.

聽 (tīng)　　*V*: **to listen**

我喜歡聽妹妹唱歌兒。

Wǒ xǐhuān tīng mèimei chànggēr .

I like to hear my younger sister sing songs.

4. 在 (zài)　　*A*: **indicating that action is in progress**

他在看報。

Tā zài kàn bào .

He is reading the newspaper.

5. 呢 (ne)

P: **a particle indicating the situation or state of affairs is being sustain**

他在吃飯呢。

Tā zài chīfàn ne.

He is eating.

6. 慢 (màn)　　*SV/A*: **to be slow; slowly**

我寫字，寫得不慢。

Wǒ xiě zì, xiěde bú màn.

I don't write slowly.

7. 有意思 (yǒu yìsī)　　*SV*: **to be interesting**

那本英文書很有意思。

Nèiběn Yīngwén shū hěn yǒu yìsī.

That English book is very interesting.

意思 (yìsī)　　*N*: **meaning, idea, definition**

這個字有很多意思。

Zhèige zì yǒu hěn duō yìsī.

This character has many meanings.

8. 有一點兒 (yǒu yì diǎnr)

A: **to be slightly, to be a little bit, to be somewhat**

學中文有一點兒難。

Xué Zhōngwén yǒu yì diǎnr nán.

Studying Chinese is somewhat difficult.

一點兒 (yì diǎnr)　　*NU-M*: **a little**

我只懂一點兒日文。

Wǒ zhǐ dǒng yìdiǎnr Rìwén.

I only understand a little Japanese.

9. 難 (nán)　　*SV*: **to be difficult**

學英文難不難？
Xué Yīngwén nán bùnán ?
Is studying English difficult ?

10. 話 (huà)　　*N*: **words, spoken language**

王先生要學中國話。
Wáng Xiānshēng yào xué Zhōngguó huà .
Mr. Wang wants to study (spoken) Chinese.

11. 可以 (kěyǐ)　　*AV*: **can, may, be permitted**

你現在不可以說英文。
Nǐ xiànzài bùkěyǐ shuō Yīngwén .
You are not permitted to speak English now.

12. 教 (jiāo)　　*V*: **to teach**

請你教我一點兒中國話，好嗎？
Qǐng nǐ jiāo wǒ yìdiǎnr Zhōngguó huà, hǎo ma ?
Please teach me a little Chinese, OK ?

教書 (jiāoshū)　　*VO*: **to teach**

王老師教書，教得很好。
Wáng lǎoshī jiāoshū, jiāode hěnhǎo .
Teacher Wang teaches very well.

13. 現在 (xiànzài)　　*MA*: **now, right now**

你現在很忙嗎？
Nǐ xiànzài hěn máng ma ?
Are you very busy now?

14. 還 (hái)　　*A*: **still, yet**

他的英文還說得不好。
Tāde Yīngwén hái shuōde bùhǎo .
He still can't speak English very well.

15. 說 (shuō)　　*V*: **to speak, to say**

他說他很忙。

Tā shuō tā hěn máng .

He says he's very busy.

說話 (shuōhuà)　　*VO*: **to speak, to say, to talk (words)**

現在不可以說話。

Xiànzài bùkěyǐ shuōhuà .

Right now talking is not permitted.

16. 能 (néng)　　*AV*: **can, be physically able to**

你能不能給我那本書。

Nǐ néng bùnéng gěi wǒ nèiběn shū .

Can you give me that book?

17. 會 (huì)　　*AV*: **can, know how to**

他姐姐會說中國話。

Tā jiějie huì shuō Zhōngguó huà .

His elder sister can speak Chinese.

18. 唱 (chàng)　　*V*: **to sing**

19. 歌兒 (gēr)　　*N*: **song** (*M*: 首 shǒu)

我很喜歡唱歌兒。

Wǒ hěn xǐhuān chànggēr .

I like to sing songs very much.

20. 吃 (chī)　　*V*: **to eat**

你要吃什麼？

Nǐ yào chī shénme ?

What would you like to eat ?

21. 飯 (fàn)　　*N*: **food, meal**

王先生要請我們吃飯。

Wáng Xiānshēng yào qǐng wǒmen chīfàn .

Mr. Wang wants to invite us to eat (a meal) .

22. 菜 (cài)　　*N*: **food, cuisine**

我很喜歡吃中國菜。

Wǒ hěn xǐhuān chī Zhōngguó cài .

I really like Chinese food.

23. 喝 (hē)　　*V*: **to drink**

24. 酒 (jiǔ)　　*N*: **wine or liquor**

李先生喜歡喝酒嗎？

Lǐ Xiānshēng xǐhuān hē jiǔ ma ?

Does Mr. Li like to drink ?

SUPPLEMENTARY VOCABULARY

25. 寫字 (xiězì)　　*VO*: **to write characters**

你喜不喜歡寫中國字？

Nǐ xǐ bùxǐhuān xiě Zhōngguó zì ?

Do you like to write Chinese characters?

寫 (xiě)　　*V*: **to write**

他不會寫中國字。

Tā búhuì xiě Zhōngguó zì .

He can't write Chinese characters.

字 (zì)　　*N*: **character**

26. 做事 (zuòshì)

VO: **to take care of things, to do things, to do work**

他很能做事。

Tā hěn néng zuòshì.

He is very capable.

做 (zuò)　　*V*: **to do, to make**

他在做什麼？

Tā zài zuò shénme？

What is he doing？

事 (shì)　　*N*: **affair, work**

你有什麼事？

Nǐ yǒu shénme shì.

What can I do for you？/ What's your problem?

27. 做飯 (zuòfàn)　　*VO*: **to cook food**

王太太很會做飯。

Wáng Tàitai hěn huì zuòfàn.

Mrs. Wang can really cook. (Mrs. Wang is a good cook.)

28. 畫畫兒 (huàhuàr)　　*VO*: **to paint, to draw**

那個孩子很喜歡畫畫兒。

Nèige háizi hěn xǐhuān huàhuàr.

That child likes to paint (painting).

畫 (huà)　　*V*: **to paint, to draw**

畫兒 (huàr)　　*N*: **painting, picture** (*M*: 張 zhāng)

29. 快 (kuài)　　*SV/A*: **to be fast; quickly**

老師寫字，寫得很快。

Lǎoshī xiězì, xiěde hěn kuài.

The teacher writes characters very quickly.

3. SYNTAX PRACTICE

Ⅰ. *Verb Object Compounds (VO)*

When certain English verbs are translated into Chinese, their Chinese equivalents usually appear in the VO form. For example, the English verb "to speak" is translated as 說話, the literal meaning of which in Chinese is "to speak words".

V	(Mod.)	O
說		話
to speak (words)		
說	中國	話
to speak Chinese (words)		

看書	read (lit. look at book)
念書	study (lit. read aloud book)
寫字	write (lit. write word)
唱歌兒	sing (lit. sing song)
吃飯	eat (lit. eat meal)
喝酒	drink wine or alcohol
做事	work (lit. do thing)
做飯	cook (lit. make meal)
教書	teach (lit. teach book)
畫畫兒	paint (lit. paint picture)
跳舞 (tiàowǔ)*	dance (lit. jump dance)

1. 有的學生不喜歡念書。
2. 我會說中國話，可是不會寫中國字。
3. 你唱歌兒，他跳舞，好不好？
4. 小孩子不會做飯，只會吃飯。

---

*跳舞 (tiàowǔ) : dance

5. 他想看書，不想做事。

☞Answer the following questions:

1. 你（不）喜歡做什麼？
2. 你（不）會做什麼？

Ⅱ. *Progressive Aspect*

If progressive marker 在 is in front of the verb, it means the action is currently in progress. Sometimes the particle 呢 is placed at the end of the sentence indicating that the situation or state of affairs is being sustain.

S	在	V	O	(呢)?
你	在	做	什麼	(呢)?
What are you doing?				

1. 你們在做什麼（呢）？
   我們在跳舞（呢）。
2. 孩子在做什麼（呢）？
   孩子在念書（呢）。
3. 你聽，誰在唱歌兒？
   我不知道誰在唱歌兒。
4. 你在寫字嗎？
   不，我在畫畫兒（呢）。

☞Answer the questions below:

1. 王太太在做什麼？
2. 誰在寫字？
3. 王先生在看什麼呢？
4. 小狗在跳ㄊㄠˋ舞ㄨˇ (tiàowǔ)嗎？

Ⅲ. *Verb Object as the Topic*

V	O	Comment
學	中文	不難。
It's not difficult to learn Chinese.		

1. 吃飯不難，做飯難。
2. 看電影很有意思。
3. 畫畫兒他不太喜歡。
4. 跳舞我會，唱歌兒我不會。

☞Give the following sentences a verb object topic:

1. ＿＿＿＿＿＿＿＿＿＿＿＿＿沒有意思。
2. ＿＿＿＿＿＿＿＿＿＿＿＿＿我很喜歡。
3. ＿＿＿＿＿＿＿＿＿＿＿＿＿很難。
4. ＿＿＿＿＿＿＿＿＿＿＿＿＿我會。

Ⅳ. 好 *and* 難 *as Adverbial Prefixes*

（Ⅰ）good or bad to look / listen / eat / drink……etc.

好看	難看
好聽	難聽
好吃	難吃
好喝	難喝

（Ⅱ）easy or difficult to understand / study / do / write……etc.

好懂	難懂
好學	難學
好做	難做
好寫	難寫

1. 中國字，有的好寫，有的不好寫。
2. 他覺得德國酒真好喝。
3. 這個歌兒好唱，也不難聽。
4. 法國飯好吃，可是不好做。

☞Use 好 or 難 as adverbial prefixes to complete the following sentences:

1. Michael Jackson 的歌兒＿＿＿＿＿＿。
2. 中國菜＿＿＿＿＿＿。
3. 法國酒＿＿＿＿＿＿。
4. 那個字＿＿＿＿＿＿。
5. Picasso 的畫兒＿＿＿＿＿＿。

6. 漢堡 (hànbǎo) _____ 。

7. 德國話_____ 。

8. 日本車_____ 。

V. *Predicative Complements (describing the manner or the degree of the action)*

（I）

S	V-	得	(A)	SV
你	做	得	很	好。
You do / did (something) very well.				

1. 他畫得真好。

2. 你寫得太小。

3. 她唱得很好聽。

（II）S-V-O as the Topic

S	V	O	，	V-	得	(A)	SV
他	說	中國話，		說	得	很	好。
He speaks Chinese very well.							

1. 我說話，說得很快。

2. 他喝酒，喝得太多。

3. 你看中文書，看得很慢。

（III） Subject as the Topic

S	，	O	V-得	(A)	SV
他，		中國話	說得	很	好。
His spoken Chinese is very good.					

1. 我，中國字寫得不很好。

2. 你那位朋友，歌兒唱得很好聽。

3. 他兒子，書念得很好。

(Ⅳ) S 的 O as the Topic

| S 的 | O | , | V-得 (A) | SV |
| 他 的 | 中國話, | | 說 得 | 很 好。 |

His Chinese is very good.

1. 王小姐的法文，說得真好。
2. 你的中國字，寫得太小。
3. 李老師的中國畫兒，畫得很好看。

☞Answer the questions below:

1. 你媽媽做飯，做得怎麼樣 (zěnmeyàng)？
2. 你的中國歌兒，唱得怎麼樣？
3. 你畫畫兒，畫得怎麼樣？
4. 你的中國字，寫得怎麼樣？
5. 你的舞 (wǔ)，跳 (tiào) 得怎麼樣？

4. COMBINATION PRACTICE

Ⅰ. *Each person should talk about their interests and talents.*

Ⅱ. *One person performs the action below. The other students describe his / her actions and give the actor an appraisal.*

（唱歌兒，跳舞，畫畫兒，說中國話，寫中國字，吃飯，etc.）

ex: 他在跳舞。

他跳舞（他的舞），跳得很好。

Ⅲ. *Situations*

1. Two classmates talk about their families members' hobbies, habits
   and talents.

2. A student invites another student out to dinner, to dance, to watch a
   movie, etc.

IV. *Try to sing*

兩隻老虎
Liǎngzhī Lǎohǔ
TWO TIGERS

兩 隻 老 虎　兩 隻 老 虎　跑 得 快　跑 得 快

一 隻 沒 有 耳 朵　一 隻 沒 有 眼 睛　真 奇 怪　真 奇 怪

兩隻老虎，　兩隻老虎，　跑得快！　跑得快！
Liǎngzhī lǎohǔ, liǎngzhī lǎohǔ, pǎode kuài ! Pǎode kuài !
Two tigers, two tigers, running fast, running fast!

一隻沒有耳朵，一隻沒有眼睛，真奇怪！真奇怪！
Yìzhī méiyǒu ěrduo, yì zhī méiyǒu yǎnjīng, zhēnqíguài! Zhēnqíguài!
One doesn't have ears, one doesn't have eyes, very strange! Very strange!

This song is the same as the French song "Frere Jacques". It was adapted into Chinese and, as its French version, is a popular children's song.

耳朵 (ěr duo) : ear　　　　老虎 (lǎohǔ) : tiger
眼睛 (yǎnjīng) : eye　　　　跑 (pǎo) : to run
奇怪 (qíguài) : to be strange

5. NOTES

1. V-得 complement: 得 is placed directly after the verb or between the verb and its complement and indicates the manner or degree of the action.

   ex: 他寫得很好。　He writes well.

   　　我做得很快。　I do it very quickly.

2. 可以，能，會 can all be translated into English as "can", but their meanings are not the same in Chinese. 可以 (can; may) is generally used to indicate something is permitted.

   ex: 我想請你吃飯，可以嗎？　May I invite you for a dinner?

   　　老師，我現在可以說英文嗎？

   　　Teacher, may I speak English now?

   能 (can; be able to) is used to indicate physical ability or the possibility of something.

   ex: 你能喝多少酒？　How much (alcohol) can you drink?

   　　一百塊錢能買多少東西？

   　　How much can I buy for one hundred dollars?

   　　我沒有筆，不能寫字。　I don't have a pen so I can't write.

   　　Note that 能 sometimes can also take the place of 可以.

   　　Also, when the verb is omitted in a simple response to a question then 可以 is used.

   ex: 你能不能給我一杯茶？　Can you give me a cup of tea?

   　　可以。　　　　　　　　I can.

   　　會(can; know how to) : indicates acquired ability or learned ability through practice.

   ex: 我會說一點兒中國話。　I can speak a little Chinese.

第八課　這是我們新買的電視機

1. DIALOGUE

—— I ——

A：這是你們新買的電視機嗎？

B：是啊。

A：你常①看電視嗎？

B：常看，我最②愛③看王ㄨㄤˊ英ㄧㄥ英ㄧㄥ(Wáng Yīngyīng)＊，唱歌兒。

A：對啊，她唱的歌兒都很好聽。

B：她跳舞④也跳得不錯⑤。

A：她穿⑥的衣服⑦，我也喜歡。

B：聽說⑧她還會唱不少外國歌兒，她的英文、法文也⑨都說得很好。

A：我想她一定⑩有很多外國朋友。

＊ 王ㄨㄤˊ英ㄧㄥ英ㄧㄥ (WángYīngyīng) : a Chinese name

—— II ——————————————————

A：你在學中國畫兒嗎？

B：是啊，你看，這張就是我畫的。⑪

A：你畫的這張畫兒真好看。

B：謝謝。

A：教你中國畫兒的老師姓什麼？

B：他姓錢。他是很有名的畫家。⑫

A：噢，我知道他，他也教書法，對不對？⑬　　　⑭

B：對了，他也教我書法。⑮

A：你為什麼要學書法？⑯

B：因為我覺得中國書法很美，所以我想學學。⑰　　　　　　　　　⑱

ㄉㄧˋ ㄅㄚ ㄎㄜˋ　　ㄓㄜˋ ㄕˋ ㄨㄛˇ ㄇㄣ˙ ㄒㄧㄣ ㄇㄞˇ ㄉㄜ˙ ㄉㄧㄢˋ ㄕˋ ㄐㄧ

――― I ―――――――――――――――――――――――――

A： ㄓㄜˋ ㄕˋ ㄋㄧˇ ㄇㄣ˙ ㄒㄧㄣ ㄇㄞˇ ㄉㄜ˙ ㄉㄧㄢˋ ㄕˋ ㄐㄧ ㄇㄚ˙ ？

B： ㄕˋ ㄚ˙ 。

A： ㄋㄧˇ ㄔㄤˊ ㄎㄢˋ ㄉㄧㄢˋ ㄕˋ ㄇㄚ˙ ？

B： ㄔㄤˊ ㄎㄢˋ ， ㄨㄛˇ ㄗㄨㄟˋ ㄞˋ ㄎㄢˋ ㄑㄧㄥˊ ㄑㄧㄥ ㄔㄤˋ ㄍㄜ˙ ㄦ 。

A： ㄆㄡˊ ㄚ˙ ， ㄊㄚ ㄔㄤˋ ㄉㄜ˙ ㄍㄜ ㄦ ㄆㄡˋ ㄏㄠˇ ㄊㄧㄥ 。

B： ㄊㄞˋ ㄊㄠˊ ㄨㄟˋ ㄝˋ ㄊㄠ ㄉㄜ˙ ㄅㄨˋ ㄊㄨㄛ 。

A： ㄊㄞˇ ㄔㄤˊ ㄉㄢˋ ㄧˋ ㄈㄨˊ ， ㄊㄚ ㄧㄝˇ ㄒㄧㄡˇ ㄏㄠˇ 。

B： ㄊㄚ ㄗㄨㄛˊ ㄊㄞ ㄞ ㄏㄨ˙ ㄔㄡˊ ㄨ ㄕㄨˇ ㄉㄞ ㄕㄜˋ ㄍㄜˇ ㄦ ， ㄊㄞ ㄉㄜ˙ ㄍㄥ ㄧㄢ 、 ㄈㄟˊ ㄋㄥˊ ㄝˋ ㄆㄡˊ ㄉㄜ˙ ㄏㄣˇ ㄏㄠˇ 。

A： ㄨㄛˇ ㄒㄧㄤˇ ㄊㄞ ㄧˋ ㄉㄧㄥˇ ㄇㄟˇ ㄋㄧˇ ㄆㄡˋ ㄓㄜˇ ㄍㄜ ㄆㄡˋ ㄡ 。

――― II ―――――――――――――――――――――――――

A： ㄋㄧˇ ㄕㄞ ㄒㄩㄝ ㄓㄠˋ ㄍㄜˇ ㄏㄨㄟˋ ㄦ ㄇㄚ˙ ？

B： ㄕˋ ㄚ˙ ， ㄋㄧˇ ㄎㄢˋ ， ㄓㄜˋ ㄓㄤ ㄐㄧㄡˋ ㄕˋ ㄨㄛˇ ㄔㄠˊ ㄉㄜ˙ 。

A： ㄋㄧˇ ㄏㄠˇ ㄉㄜ˙ ㄓㄠˋ ㄓㄤ ㄏㄨㄟˋ ㄦ ㄓㄣ ㄏㄠˇ ㄎㄢˋ 。

B： ㄒㄧㄝˋ ㄒㄧㄝˋ 。

A： ㄐㄧㄠ ㄋㄧˇ ㄓㄠˋ ㄍㄨㄟˋ ㄏㄨㄟˋ ㄦ ㄉㄜ˙ ㄌㄠˇ ㄕˋ ㄒㄧㄥˊ ㄕˋ ㄇㄚ˙ ？

B： ㄊㄚ ㄒㄧㄥˊ ㄑㄧㄢˊ ， ㄊㄚ ㄕˋ ㄋㄧˇ ㄏㄡˊ ㄇㄧㄢ ㄉㄜ˙ ㄏㄡˇ ㄐㄧㄚ 。

A： ㄡˋ ， ㄊㄚ ㄓ ㄉㄠˋ ㄊㄞ ， ㄊㄚ ㄧㄝˇ ㄐㄧㄠ ㄕㄨ ㄏㄡˊ ， ㄆㄡˋ ㄆㄨˇ ㄆㄡˊ ？

B： ㄆㄡˊ ㄉㄜ˙ ， ㄊㄚ ㄧㄝˇ ㄐㄧㄠ ㄊㄚ ㄕㄨ ㄏㄡˊ 。

A： ㄋㄧˇ ㄨㄟˊ ㄕㄜˊ ㄇㄜ˙ ㄏㄠˇ ㄒㄧㄤˊ ㄕㄨ ㄒㄧㄚ ？

B： ㄎㄣˇ ㄨㄟˋ ㄊㄚ ㄐㄧㄝˊ ㄉㄜ˙ ㄓㄠˋ ㄍㄨ ㄎㄢˋ ㄏㄡˊ ㄆㄟˇ ， ㄙㄡˊ ㄧ ㄨㄛˇ ㄒㄧˇ ㄒㄧㄤ ㄒㄧㄝˊ ㄒㄧㄝˊ 。

Dì Bā Kè Zhè Shì Wǒmen Xīn Mǎi De Diàn shìjī

— I ——————————————————

A: Zhè shì nǐmen xīn mǎi de diànshìjī ma?

B: Shì a.

A: Nǐ cháng kàn diànshì ma?

B: Cháng kàn, wǒ zuì ài kàn Wáng Yīngyīng chànggēr.

A: Duì a, tā chàng de gēr dōu hěn hǎotīng.

B: Tā tiàowǔ, yě tiàode búcuò.

A: Tā chuān de yīfú, wǒ yě xǐhuān.

B: Tīngshuō tā hái huì chàng bùshǎo wàiguó gēr, tāde Yīngwén, Fàwén yě dōu shuōde hěnhǎo.

A: Wǒ xiǎng tā yídìng yǒu hěn duō wàiguó péngyǒu.

— II ——————————————————

A: Nǐ zài xué Zhōngguó huàr ma?

B: Shì a, nǐ kàn, zhèizhāng jiùshì wǒ huà de.

A: Nǐ huà de zhèizhāng huàr zhēn hǎokàn.

B: Xièxie.

A: Jiāo nǐ Zhōngguó huàr de lǎoshī xìng shénme?

B: Tā xìng Qián. Tā shì hěn yǒumíngde huàjiā.

A: Òu, wǒ zhīdào tā, tā yě jiāo shūfǎ, duì búduì?

B: Duìle, tā yě jiāo wǒ shūfǎ.

A: Nǐ wèishénme yào xué shūfǎ?

B: Yīnwèi wǒ juéde Zhōngguó shūfǎ hěn měi, suǒyǐ wǒ xiǎng xuéxué.

LESSON 8 THIS IS OUR NEWLY PURCHASED TELEVISION

— I —

A: Is this the new TV set you just bought?

B: Yes.

A: Do you often watch television?

B: Quite often. I like watch Wang Yingying sing the most.

A: All the songs she sings are nice to listen to.

B: Her dancing is also pretty good.

A: I also like the clothes she wears.

B: I heard she can sing quite a few foreign songs. She speaks English and French very well.

A: I'm certain she has lot of foreign friends.

— II —

A: Are you studying Chinese painting?

B: Yes! Look, here is one of my paintings.

A: The painting you painted is really beautiful.

B: Thank you.

A: What's the name of your Chinese painting teacher?

B: His last name is Qian. He is a very famous painter.

A: Oh, I know him, he also teaches calligraphy, right?

B: Right! He also teaches me calligraphy.

A: Why do you want to study calligraphy?

B: I think calligraphy is very beautiful, so I want to study it.

2. VOCABULARY

1. 常ㄔㄤ (常ㄔㄤ) [cháng (cháng)]　　*A*: **often, usually, generally**

他ㄊㄚ 常ㄔㄤ (常ㄔㄤ) 說ㄕㄨㄛ 他ㄊㄚ 很ㄏㄣ 忙ㄇㄤ 。

Tā cháng (cháng) shuō tā hěn máng .

He often says he's very busy.

2. 最ㄗㄨㄟ (zuì)　　*A*: **the most, -est**

我ㄨㄛ 覺ㄐㄩㄝ 得ㄉㄜ 學ㄒㄩㄝ 法ㄈㄚ 文ㄨㄣ 最ㄗㄨㄟ 難ㄋㄢ 。

Wǒ juéde xué Fàwén zuì nán.

I think that studying French is the most difficult.

3. 愛ㄞ (ài)　　*V/AV*: **to love / be apt to**

我ㄨㄛ 很ㄏㄣ 愛ㄞ 小ㄒㄧㄠ 孩ㄏㄞ 子ㄗ 。

Wǒ hěn ài xiǎohái zi.

I love children.

他ㄊㄚ 最ㄗㄨㄟ 愛ㄞ 吃ㄔ 中ㄓㄨㄥ 國ㄍㄨㄛ 菜ㄘㄞ 。

Tā zuì ài chī Zhōngguó cài .

He loves to eat Chinese food most of all.

4. 跳ㄊㄧㄠ 舞ㄨ (tiàowǔ)　　*VO*: **to dance**

他ㄊㄚ 說ㄕㄨㄛ 他ㄊㄚ 想ㄒㄧㄤ 學ㄒㄩㄝ 跳ㄊㄧㄠ 舞ㄨ 。

Tā shuō tā xiǎng xué tiàowǔ .

He said he wants to learn to dance.

5. 不ㄅㄨ 錯ㄘㄨㄛ (b úcuò)　　*SV*: **to be not bad, pretty good**

王ㄨㄤ 先ㄒㄧㄢ 生ㄕㄥ 唱ㄔㄤ 歌ㄍㄜ 兒ㄦ ， 唱ㄔㄤ 得ㄉㄜ 不ㄅㄨ 錯ㄘㄨㄛ 。

Wáng Xiānshēng chànggēr , chàngde b úcuò .

Mr. Wang sings well.

錯ㄘㄨㄛ (cuò)　　*SV/N*: **to be wrong / mistake**

這ㄓㄜ 是ㄕ 我ㄨㄛ 的ㄉㄜ 錯ㄘㄨㄛ 。

Zhè shì wǒde cuò .

This is my mistake.

6. 穿 (chuān)　　*V*: **to wear, to put on**

7. 衣服 (yīfú)　　*N*: **clothes, clothing** (*M*:件 jiàn)

　　我沒有很多衣服。

　　　　Wǒ méiyǒu hěn duō yīfú.

　　　　I don't have many clothes.

8. 聽說 (tīngshuō)　　*IE*: **hear, hear it said**

　　我聽說他很會做飯。

　　　　Wǒ tīngshuō tā hěn huì zuòfàn.

　　　　I heard he really knows how to cook.

9. 外國 (wàiguó)　　*N*: **foreign, foreign country**

　　學外國話有意思嗎？

　　　　Xué wàiguó huà yǒuyìsī ma?

　　　　Is studying foreign languages interesting?

　　外 (wài)　　*L*: **outside, exterior**

　　　　外文 (wàiwén)　　*N*: **foreign language**

10. 一定 (yídìng)　　*A*: **certainly, indeed, surely**

　　我想他一定是美國人。

　　　　Wǒ xiǎng tā yídìng shì Měiguórén.

　　　　I think he must be an American.

　　不一定 (bùyídìng)

　　A: **uncertain, not for sure, not necessarily**

　　　　貴的東西不一定好。

　　　　　Guìde dōngxī bùyídìng hǎo.

　　　　　Expensive things are not necessarily good.

11. 就 (jiù)　　*A*: **just, exactly, only**

　　A: 請問，哪位是李小姐？

B: 我就是。

    A: Qǐngwèn, něiwèi shì Lǐ Xiǎojiě?

    B: Wǒ jiù shì.

        A: Excuse me, who is Miss Lee?

        B: I am. (I'm exactly that person)

我就有一塊錢。

    Wǒ jiù yǒu yíkuài qián.

        I only have one dollar.

12. 畫家 (huàjiā)　　*N*: **a painter (as in an artist)**

他哥哥是一個畫家。

    Tā gēge shì yíge huàjiā.

        His older brother is a painter.

13. 噢 (òu)　　*INT*: **Oh!**

14. 書法 (shūfǎ)　　*N*: **calligraphy**

張小姐的書法寫得很好。

    Zhāng Xiǎojiěde shūfǎ xiěde hěn hǎo.

        Miss Zhang's calligraphy is very good.

15. 對了 (duìle)　　*IE*: **right, correct**

    A: 請問，您是張先生嗎？

    B: 對了，我就是。

        A: Qǐngwèn, nín shì Zhāng Xiānshēng ma?

        B: Duìle, wǒ jiù shì.

            A: Excuse me, are you Mr. Zhang?

            B: Yes, I am.

16. 為什麼 (wèishénme)　　*MA*: **why**

他為什麼不念書？

    Tā wèishénme bú niànshū?

        Why doesn't he study?

17. 因為 (yīnwèi)　　*MA*: **because**

我不能寫字，因為我沒有筆。

Wǒ bùnéng xiězì, yīnwèi wǒ méiyǒu bǐ.

I can't write (characters) because I don't have a pen.

18. 所以 (suǒyǐ)　　*MA*: **therefore, so**

因為他是畫家，所以他很會畫畫兒。

Yīnwèi tā shì huàjiā, suǒyǐ tā hěn huì huàhuàr.

Because he is a painter, he really knows how to paint.

SUPPLEMENTARY VOCABULARY

19. 母親 (mǔqīn)　　*N*: **mother**

我母親很喜歡買外國東西。

Wǒ mǔqīn hěn xǐhuān mǎi wàiguó dōngxi.

My mother really likes to buy foreign things.

母 (mǔ)　　*N*: **mother, female**

親 (qīn)　　*BF*: **blood relation, relative**

20. 父母 (fùmǔ)　　*N*: **parents**

我父母都很忙。

Wǒ fùmǔ dōu hěn máng.

My parents are both very busy.

父 (fù)　　*N*: **father, male relative**

父親 (fùqīn)　　*N*: **father**

21. 生意 (shēngyì)　　*N*: **business, trade**

那個人很會做生意。

Nèige rén hěn huì zuò shēngyì.

That person can really do business.

22. 有錢 (yǒuqián)　　*SV*: **to have money, to be rich**

做生意的都有錢嗎？

Zuò shēngyì de dōu yǒuqián ma ?

Are all businessmen rich ?

23. 件 (jiàn)　　*M*: **measure word for clothes, things, affairs, etc.**

這件衣服很好看。

Zhèijiàn yīfú hěn hǎokàn.

This outfit looks nice.

24. 茶 (chá)　　*N*: **tea**

外國人都喜歡喝中國茶嗎？

Wàiguó rén dōu xǐhuān hē Zhōngguó chá ma ?

Do all foreigners like to drink Chinese tea ?

25. 水 (shuǐ)　　*N*: **water**

請給我一杯熱水。

Qǐng gěi wǒ yìbēi rè shuǐ.

Please give me a cup of hot water.

26. 容易 (róngyì)　　*SV*: **to be easy**

我覺得跳舞容易，唱歌兒難。

Wǒ juéde tiàowǔ róngyì, chànggēr nán.

I think dancing is easy, but singing is difficult.

我的中文名字很容易寫。

Wǒde Zhōngwén míngzì hěn róngyì xiě.

My Chinese name is very easy to write.

3. SYNTAX PRACTICE

Ⅰ. *Nouns Modified by Clauses with* 的

In Chinese the modifying clause must be placed before the noun it is modifying. In addition, 的 is added after the modifying clause.

（Ⅰ）

S	V	的	N
他	畫	的	畫兒

the painting which he painted

1. 老師說的話，我都懂。
2. 小孩子看的書都不難。
3. 他們賣的衣服都太貴。
4. 我最喜歡吃我母親做的菜。
5. 父母喜歡的東西，孩子不一定喜歡。

（Ⅱ）

(AV)	V	O	的	N
喜歡	畫	畫兒	的	人

the person who enjoys painting

1. 愛看電視的孩子很多。
2. 懂中文的外國人不多。
3. 做生意的人不都有錢。
4. 說英文的人不都是美國人。
5. 喜歡唱歌兒的人不都喜歡跳舞。

☞Answer the questions below:

1. 你做的菜好吃嗎？
2. 你寫的中國字好看嗎？
3. 你會唱的歌兒多不多？

4. 你買的東西，你父母都喜歡嗎？

5. 你最喜歡的中國菜叫什麼？

6. 想學中文的美國人多不多？

7. 會說哪種外國話的美國人最多？

8. 喜歡看書的人都常買書嗎？

9. 會做衣服的美國小姐多不多？

10. 會說中國話的人都會教中文嗎？

Ⅱ. *Specified Nouns Modified by Clauses with* 的

When a noun is already specified by a demonstrative pronoun such as 這 or 那，the modifying clause is often in front of the demonstrative pronoun.

（Ⅰ）

S　V　的　DEM(NU)-M　　N
你　唱　的　這　　　個　歌兒
the song that you are singing

1. 她穿的那件衣服很好看。

2. 你喝的那杯茶是英國茶。

3. 他寫的那兩本書都不錯。

4. 我很喜歡你照的這張像片兒。

5. 我買的這個照像機是日本貨。

（Ⅱ）

(AV)　V　O　的　DEM(NU)-M　N
愛　唱　歌兒　的　那　　兩個孩子
those two children who enjoy singing

1. 喝酒的那位先生要一個杯子。

2. 賣畫兒的那個人也賣筆。

3. 教書法的那位老師，畫兒也畫得不錯。

4. 會說中國話的那個美國學生有很多中國朋友。

5. 跳舞的那兩個人，一個是我哥哥，一個是他女朋
友。

☞Look at the pictures and answer the following questions:

1. 唱歌兒的這位小姐是中國人嗎？
她唱的這個歌兒是哪國歌兒？你會不會唱？
她穿的這件衣服，你覺得好看嗎？

2. 教中文的這位老師姓什麼？
他寫的那些中國字你都會念嗎？
學中文的這三個學生都是好學生嗎？

3. 念書的這個孩子是男的還是女的？
他念的這本中文書叫什麼名字？

4. 這兩個孩子，哪個胖？

5. 我買的這輛車，你喜歡嗎？

Ⅲ. *Clausal Expressions which Have Become Independent Nouns*

Some modifying clauses with 的, such as those used to represent a profession, can function as nouns. However, the nouns to derived are often not used in formal situations.

做生意的	a businessman
賣報的	a newspaper vendor
做飯的	a cook
唱歌兒的	a singer

1. 聽說那個賣報的有七個孩子。
2. 那兩個做生意的都很有錢。
3. 那個做飯的只會做中國菜。
4. 那個賣書的，中國話說得不錯。
5. 那個唱歌兒的叫什麼名字？

☞Fill in the blanks with "VO 的"：

1. ＿＿＿＿＿＿＿＿常說：「我們賣的東西都好，也便宜」。
2. 那個＿＿＿＿＿＿＿＿問我要不要買報。
3. ＿＿＿＿＿＿＿＿問我：「我做的菜，你喜歡嗎？」
4. 那個＿＿＿＿＿＿＿問我：「你要買什麼錶？」
5. 那個＿＿＿＿＿＿＿會唱很好聽的歌兒。

IV. *Adverbs* 因為……所以 *Used as Correlative Conjunctions*

If the topic's subjects in a preceding and following clause are the same, then the topic subject of the second clause can be omitted and the topic subject of the first clause placed at the beginning of the sentence.

1. 因為我喜歡看書，所以（我）常常買書。
2. 他因為很熱，所以要喝水。
3. 因為這個歌兒很容易，所以我們都會唱。
4. 因為她母親是法國人，所以她會說法國話。
5. 因為他有很多中國朋友，所以他中國話說得不錯。

☞Answer the questions below using the 因為……所以 pattern：

1. 你為什麼要學中文？
2. 你為什麼不喜歡那個人？
3. 你為什麼要買新電視機？
4. 為什麼你的錢常常不夠？
5. 那種車為什麼很貴？

4. COMBINATION PRACTICE

Ⅰ. *Insert the words given below into sentences:*

ex:東西很貴。

那個　　　　　　　　　那個東西很貴。

小　　　　　　　　　　那個小東西很貴。

他買的　　　　　　　　他買的那個小東西很貴。

1. 孩子很有意思。

那個　　　　　　　--------------------------------

男　　　　　　　　--------------------------------

小　　　　　　　　--------------------------------

美國　　　　　　　--------------------------------

很胖的　　　　　　--------------------------------

喜歡說話的　　　　--------------------------------

2. 書叫什麼名字？

那本　　　　　　　--------------------------------

日文　　　　　　　--------------------------------

很有意思的　　　　--------------------------------

你看的　　　　　　--------------------------------

Ⅱ. *Talk about your favorite person, thing and song, or about your least favorite song, activities, etc.*

我最喜歡的人是＿＿＿＿＿＿＿＿＿。

我最喜歡的車是＿＿＿＿＿＿＿＿＿。

我最（不）喜歡看的電視節ㄐㄧㄝ目ㄇㄨˋ(jiémù)* 是＿＿＿＿＿＿。

我最（不）喜歡吃的（東西）是＿＿＿＿＿＿。

———————————————

* 節ㄐㄧㄝ目ㄇㄨˋ (jiémù) : program

Ⅲ. *Every person should give their own opinion on the follow-ing topics.*

_____的人很多。

_____的人很少。

_____的人沒有錢。

_____的學生是好學生。

_____的老師是好老師。

_____的父母是好父母。

_____的太太是好太太。

第九課　你們學校在哪裡①？②

1. DIALOGUE

—— I ——

A：你們學校在哪裡？

B：在大學路③。

A：學生多不多？

B：不太多，只有五、六千個學生。

A：有宿舍 (sùshè)* 嗎？

B：有，圖書館④後面⑤的大樓就⑥是學生宿舍。

A：你常在宿舍裡看書⑦嗎？

B：不，宿舍裡人太多，我常在圖書館看書。

A：學校附近⑧有書店⑨嗎？

*宿舍 (sùshè) : dormitory

B：有，學校外面有兩家書店⑩，學生都喜歡⑪在那兒買
書。⑫

A：那麼⑬，學生看書、買書都很方便⑭。

B：是啊。

—— Ⅱ ——————————

A：請問，您這所⑮房子要賣⑯嗎？

B：是的。

A：我可不可以看看？

B：可以，可以。這是客廳⑰。飯廳⑱在那邊⑲。飯廳旁邊⑳
的那間㉑屋子㉒是廚房（chúfáng）*。

A：樓上㉓有幾間屋子？

B：樓上有四間屋子，都很大。

A：附近㉔有小學嗎？

B：有，離這兒不遠㉕㉖。

A：在什麼地方㉗？

B：就在東一路。

A：這所房子賣多少錢？

B：三十萬。

A：這所房子不錯，可是有
一點兒貴，我要再想一

---

*廚房（chúfáng）：kitchen

想，謝謝您。再見。

B：再見。

ㄅㄧˇ ㄐㄧㄡˋ ㄎㄜ　　ㄋㄧˇ ㄇㄣ˙ ㄒㄩㄝˊ ㄒㄧㄠˋ ㄗㄞˋ ㄋㄚˇ ㄌㄧˇ？

—— I ——————————

A：ㄋㄧˇ ㄇㄣ˙ ㄒㄩㄝˊ ㄒㄧㄠˋ ㄗㄞˋ ㄋㄚˇ ㄌㄧˇ？

B：ㄗㄞˋ ㄅㄞˇ ㄒㄩㄝˊ ㄌㄨˋ。

A：ㄒㄩㄝˊ ㄙㄥ ㄅㄛ ㄅㄨˋ ㄅㄛ？

B：ㄅㄨˋ ㄊㄞˋ ㄅㄛ，ㄓㄧˋ ㄧㄡˇ ㄨˇ、ㄌㄧㄡˋ ㄑㄧˇ ㄍㄜ˙ ㄒㄧㄥ ㄙㄥ。

A：ㄧㄡˇ ㄙㄥ ㄗ˙ ㄇㄚ？

B：ㄧㄡˇ，ㄊㄚ ㄕㄨˋ ㄍㄨㄢ ㄧㄡˇ ㄇㄢˇ ㄉㄜ˙ ㄅㄚˇ ㄌㄧˇ ㄐㄧ ㄒㄧㄥ ㄙㄥ ㄗˇ ㄜ。

A：ㄋㄧˇ ㄤˊ ㄗㄞˋ ㄙㄥ ㄗ˙ ㄌㄧˇ ㄉㄢ ㄕㄨ˙ ㄇㄚ？

B：ㄅㄨˋ，ㄙㄥ ㄗㄜ ㄌㄧˇ ㄇㄢ ㄊㄞˊ ㄅㄛ，ㄨㄛ ㄔˊ ㄗㄞˋ ㄊㄞˊ ㄕ˙ ㄍㄢ ㄕㄨ。

A：ㄒㄧㄝˊ ㄒㄧㄠˋ ㄈㄨˋ ㄐㄧㄣ ㄧㄡˇ ㄕㄨ ㄌㄧㄢˋ ㄇㄚ？

B：ㄧㄡˇ，ㄒㄧㄝˊ ㄒㄧㄠˋ ㄞˊ ㄇㄢˋ ㄇㄟˋ ㄌㄧˇ ㄐㄧㄚ ㄕ˙ ㄅㄢ，ㄒㄧㄝˊ ㄕ˙ ㄧㄡˇ ㄒㄧˇ ㄏㄨ ㄗㄞˊ ㄋㄧㄦ ㄇㄞˇ ㄕㄨ。

A：ㄋㄚˇ ㄇㄜ˙，ㄒㄧㄝˊ ㄕ˙ ㄎㄞ ㄕㄨ、ㄇㄞˇ ㄕㄨ ㄅㄛ ㄇㄟˋ ㄅㄢ。

B：ㄕˋ ㄚˋ。

— II —

A： ㄑㄧㄥ ㄨㄣˋ，ㄋㄧㄢˊ ㄓㄜˋ ㄊㄠˊ ㄈㄤˊ ㄗ˙ ㄠˋ ㄇㄞˋ ㄇㄚ˙？

B： ㄕˋ ㄉㄜ˙。

A： ㄊㄠˊ ㄎㄜˇ ㄅㄨˋ ㄎㄜˇ ㄧˇ ㄎㄢˋ ㄎㄢˋ？

B： ㄎㄜˇ ㄧˇ，ㄎㄜˇ ㄧˇ。ㄓㄜˋ ㄕˋ ㄎㄜˋ ㄊㄧㄥ。ㄉㄧㄢˋ ㄊㄧ ㄗㄞˋ ㄋㄟˋ ㄅㄧㄢ。ㄉㄧㄢˋ ㄊㄧ ㄆㄤˊ ㄅㄧㄢ ㄉㄜ˙ ㄐㄧㄢ
ㄨ ㄕˋ ㄕㄨ ㄈㄤˊ。

A： ㄉㄡ ㄕㄤˋ ㄧㄡˇ ㄐㄧ ㄐㄧㄢ ㄨ ㄗ˙？

B： ㄉㄡ ㄕㄤˋ ㄧㄡˇ ㄙㄢ ㄐㄧㄢ ㄨ ㄗ˙，ㄅㄨˋ ㄏㄣˇ ㄉㄚˋ。

A： ㄈㄨˊ ㄐㄧㄣ ㄧㄡˇ ㄒㄧㄠˋ ㄒㄩㄝˊ ㄇㄚ？

B： ㄧㄡˇ，ㄌㄧˇ ㄓㄜˋ ㄦˊ ㄅㄨˋ ㄩㄢˇ。

A： ㄗㄞˋ ㄕˋ ㄇㄜ˙ ㄇㄧˊ ㄈㄤˊ？

B： ㄐㄧㄡˋ ㄗㄞˋ ㄅㄨˋ ㄧˊ ㄌㄨˋ。

A： ㄓㄜˋ ㄍㄠˋ ㄈㄤˊ ㄗ˙ ㄇㄞˋ ㄆㄠˋ ㄕㄠˇ ㄑㄧㄢˊ？

B： ㄙㄢ ㄕˊ ㄨㄢˋ。

A： ㄓㄜˋ ㄍㄠˋ ㄈㄤˊ ㄗ˙ ㄅㄨˋ ㄊㄞˋ，ㄎㄜˇ ㄕˋ ㄧㄡˇ ㄧ ㄉㄧㄢˇ ㄦ ㄍㄨㄟˋ，ㄊㄜˋ ㄠˋ ㄗㄞˋ ㄒㄧㄤˇ ㄧ ㄒㄧㄤˇ。ㄒㄧㄝˋ ㄒㄧㄝ˙
ㄋㄧㄣˊ，ㄗㄞˋ ㄐㄧㄢˋ。

B： ㄗㄞˋ ㄐㄧㄢˋ。

Dì Jiǔ Kè　Nǐmen Xuéxiào Zài Nǎlǐ?

— I —

A： Nǐmen xuéxiào zài nǎlǐ?

B： Zài Dàxué Lù.

A： Xuéshēng duō bùduō?

B： Bútài duō, zhǐyǒu wǔ, liùqiān ge xuéshēng.

A： Yǒu sùshè ma?

B： Yǒu, túshūguǎn hòumiànde dàlóu jiùshì xuéshēng sùshè.

A： Nǐ cháng zài sùshèlǐ kànshū ma?

B: Bù, sùshèlǐ rén tài duō, wǒ cháng zài túshūguǎn kànshū.

A: Xuéxiào fùjìn yǒu shūdiàn ma？

B: Yǒu, xuéxiào wàimiàn yǒu liǎngjiā shūdiàn, xuéshēng dōu xǐhuān zài nàr mǎishū.

A: Nàme, xuéshēng kànshū, mǎi shū dōu hěn fāngbiàn.

B: Shì a.

— II ——————————————————

A: Qǐngwèn, nín zhèisuǒ fángzi yào mài ma？

B: Shìde.

A: Wǒ kě bùkěyǐ kànkàn？

B: Kěyǐ, kěyǐ. Zhè shì kètīng. Fàntīng zài nèibiān. Fàntīng pángbiānde nèijiān wūzi shì chúfáng.

A: Lóushàng yǒu jǐjiān wūzi？

B: Lóushàng yǒu sìjiān wūzi, dōu hěn dà.

A: Fùjìn yǒu xiǎoxué ma？

B: Yǒu, lí zhèr bùyuǎn.

A: Zài shénme dìfāng？

B: Jiù zài Dōngyī Lù.

A: Zhèisuǒ fángzi mài duōshǎo qián？

B: Sānshíwàn.

A: Zhèisuǒ fángzi búcuò, kěshì yǒuyīdiǎnr guì, wǒ yào zài xiǎng yì xiǎng. Xièxie nín, zàijiàn.

B: Zàijiàn.

LESSON 9　WHERE IS YOUR SCHOOL?

— I ——————————————————

A:　Where is your school?

B:　It's on University Road.

A:　Does your school have many students?

B:　Not very many. It only has five to six thousand students.

A: Does it have dormitories?

B: Yes, it does. The big building behind the library is the student dormitory.

A: Do you often read in the dormitory?

B: No, there are too many people in the dormitory, I often go to the library to read.

A: Is there a bookstore near the school?

B: Yes, outside of the school there are two bookstores. All the students like to buy books there.

A: Well, in that case, it's very convenient for students to read and buy books.

B: Yes.

— II —

A: Excuse me, do you want to sell this house?

B: Yes.

A: May I take a look at it?

B: You certainly can. This is the living room. The dining room is over there. The room next to the dining room is the kitchen.

A: How many rooms are there upstairs?

B: Upstairs there are four rooms, all very large.

A: Is there an elementary school nearby?

B: Yes there is, it's not far from here.

A: Where is it?

B: On First East Road.

A: How much is this house selling for?

B: Three hundred thousand dollars.

A: This house is nice, but it's a little expensive. I want to think it over. Thank you, good-bye.

B: Good-bye.

2. NARRATION

我父親的書房㉘在樓下㉙。

書房裡有很多書，有中文的，也有外文的。

屋子當ㄉㄤ中ㄓㄨㄥ (dāngzhōng)*有一張大桌子㉚，桌子旁邊有一個椅子㉛。

我父親常在這兒看書。

桌子上有筆，有杯子，還有一些小東西。椅子後面的牆ㄑㄧㄤ(qiáng)*上有一張很好看的中國畫兒。

現在書房裡沒有人，可是我們的小貓兒在桌子底下㉜。

---

*當ㄉㄤ中ㄓㄨㄥ (dāngzhōng) : in the middle of, the center

*牆ㄑㄧㄤ (qiáng) : wall

ㄨㄛˇ ㄈㄨˋ ㄑㄧㄣ ㄉㄜ˙ ㄕㄨ ㄈㄤˊ ㄗㄞˋ ㄌㄡˊ ㄒㄧㄚˋ。

ㄕㄨ ㄈㄤˊ ㄌㄧˇ ㄧㄡˇ ㄏㄣˇ ㄉㄨㄛ ㄕㄨ，ㄧㄡˇ ㄓㄨㄥ ㄨㄣˊ ㄉㄜ˙，ㄧㄝˇ ㄧㄡˇ ㄨㄞˋ ㄨㄣˊ ㄉㄜ˙。

ㄨ ㄗ˙ ㄉㄤ ㄓㄨㄥ ㄧㄡˇ ㄧ ㄓㄤ ㄉㄚˋ ㄓㄨㄛ ㄗ˙，ㄓㄨㄛ ㄗ˙ ㄆㄤˊ ㄅㄧㄢ ㄧㄡˇ ㄧˊ ㄍㄜˋ ㄧˇ ㄗ˙。

ㄨㄛˇ ㄈㄨˋ ㄑㄧㄣ ㄔㄤˊ ㄗㄞˋ ㄓㄜˋ ㄦ ㄎㄢˋ ㄕㄨ。

ㄓㄨㄛ ㄗ˙ ㄕㄤˋ ㄧㄡˇ ㄅㄧˇ，ㄧㄡˇ ㄅㄟ ㄗ˙，ㄏㄞˊ ㄧㄡˇ ㄧ ㄒㄧㄝ ㄒㄧㄠˇ ㄉㄨㄥ ㄒㄧ。ㄧˇ ㄗ˙ ㄏㄡˋ ㄇㄧㄢˋ ㄉㄜ˙ ㄑㄧㄤˊ ㄕㄤˋ ㄧㄡˇ ㄧ ㄓㄤ ㄏㄣˇ ㄏㄠˇ ㄎㄢˋ ㄉㄜ˙ ㄓㄨㄥ ㄍㄨㄛˊ ㄏㄨㄚˋ ㄦ。

ㄒㄧㄢˋ ㄗㄞˋ ㄕㄨ ㄈㄤˊ ㄇㄟˊ ㄧㄡˇ ㄖㄣˊ，ㄎㄜˇ ㄕˋ ㄨㄛˇ ㄇㄣ˙ ㄉㄜ˙ ㄒㄧㄠˇ ㄇㄠ ㄦ ㄗㄞˋ ㄓㄨㄛ ㄗ˙ ㄉㄧˇ ㄒㄧㄚˋ。

Wǒ fùqīnde shūfáng zài lóuxià.

Shūfánglǐ yǒu hěn duō shū, yǒu Zhōngwénde, yě yǒu wàiwénde.

Wūzi dāngzhōng yǒu yìzhāng dà zhuōzi, zhuōzi pángbiān yǒu yíge yǐzi.

Wǒ fùqīn cháng zài zhèr kànshū.

Zhuōzishàng yǒu bǐ, yǒu bēizi, hái yǒu yìxiē xiǎo dōngxī.

Yǐzi hòumiàn de qiángshàng yǒu yìzhāng hěn hǎokànde Zhōngguó huàr.

Xiànzài shūfáng méiyǒu rén, kěshì wǒmende xiǎo māor zài zhuōzi dǐxià.

My father's study is downstairs.

There are many books in the study, Chinese as well as foreign books.

In the middle of the room there is a big desk, and at the side of the desk there is a chair. My father often reads here.

On the desk are pens and cups and a few other small things.

On the wall behind the chair there is a beautiful Chinese painting.

Right now there is no one in the study, but our little cat is under the desk.

3. VOCABULARY

1. 在（zài）　　*V/CV*: **to be (at, in, on, etc.)**

2. 哪裡／哪兒（nǎlǐ / nǎr）　　*N(QW)*: **where**

   你家在哪裡？
   Nǐ jiā zài nǎlǐ?
   Where is your home?

3. 路（lù）　　*N*: **road**（*M*:條 tiáo）

   這是東一路。
   Zhè shì Dōngyī Lù.
   This is lst East Road.

4. 圖書館（túshūguǎn）　　*N*: **library**

   她不在圖書館。
   Tā búzài túshūguǎn.
   She's not at the library.

5. 後面（hòumiàn）　　*N(PW)*: **behind, back**

   你後面是張先生。
   Nǐ hòumiàn shì Zhāng Xiānshēng.
   Behind you is Mr. Zhang.

   後（hòu）　　*L*: **after, behind**

   面（miàn）　　*N*: **face, surface, side**

6. 大樓（dàlóu）　　*N*: **big building, skyscraper**（*M*:座 zuò）

   樓（lóu）　　*N*: **floor, story**

   他家在二樓。
   Tā jiā zài èrlóu.
   His home is on the second floor.

7. 裡 (lǐ)　　*L*: **in**

圖書館裡有很多書。

Túshūguǎnlǐ yǒu hěn duō shū.

There are many books in the library.

裡面 (lǐmiàn)　　*N(PW)*: **inside**

誰在裡面？

Shéi zài lǐmiàn ?

Who is inside ?

8. 附近 (fùjìn)　　*N(PW)*: **nearby**

我家附近沒有大學。

Wǒ jiā fùjìn méiyǒu dàxué.

There is no university near my home.

近 (jìn)　　*SV*: **to be near**

9. 書店 (shūdiàn)　　*N*: **bookstore**

那家書店裡有很多學生。

Nàijiā shūdiànlǐ yǒu hěn duō xuéshēng.

There are many students in that bookstore.

店 (diàn)　　*N/BF*: **store, shop**

10. 外面 (wàimiàn)　　*N(PW)*: **outside**

他在外面。

Tā zài wàimiàn.

He is outside.

11. 家 (jiā)　　*M*: **measure word for stores**

那家書店就賣中文書。

Nàijiā shūdiàn jiù mài Zhōngwén shū.

That bookstore sells Chinese books only.

12. 那兒／那裡 (nàr / nàlǐ)　　*N(PW)* : **there**

你的衣服不在那兒。

Nǐde yīfú búzài nàr.

Your clothes are not there.

13. 那麼 (nàme)　　*A*: **well, in that case**

A: 他不在客廳。

B: 那麼，他一定在書房。

A: Tā búzài kètīng .

B: Nàme, tā yídìng zài shūfáng.

　　A: He's not in the living room.

　　B: Well, he must be in the study then.

14. 方便 (fāngbiàn)　　*SV*: **to be convenient**

我家附近有很多書店，所以買書很方便。

Wǒ jiā fùjìn yǒu hěn duō shūdiàn, suǒ yǐ mǎi shū hěn fāng-biàn .

　　Near my home there are many bookstores; therefore, buying books is very convenient.

15. 所 (suǒ)　　*M*: **measure word for building**

東一路有一所學校。

Dōng yī Lù yǒu yìsuǒ xuéxiào .

There is a school on First East Road.

16. 房子 (fángzi)　　*N*: **house** (*M*: 所 suǒ)

那所房子很大。

Nèisuǒ fángzi hěn dà.

That house is very big.

17. 客廳 (kètīng)　　*N*: **living room**

　　我家的客廳不大。

　　Wǒ jiāde kètīng búdà.

　　　　The living room in my home is not very large.

18. 飯廳 (fàntīng)　　*N*: **dining room**

　　他們在飯廳吃飯呢。

　　Tāmen zài fàntīng chīfàn nē.

　　　　They are in the dining room eating.

19. 那邊 (nèibiān)　　*N(PW)*: **there, over there**

　　那邊沒有房子。

　　Nèibiān méiyǒu fángzi.

　　　　There is no house over there.

　　邊 (biān)　　*N(PW)*: **side**

　　這邊 (zhèibiān)　　*N(PW)*: **here, over here**

20. 旁邊 (pángbiān)　　*N(PW)*: **beside**

　　她在我旁邊。

　　Tā zài wǒ pángbiān.

　　　　She is beside me.

21. 間 (jiān)　　*M*: **measure word for rooms**

　　那間是客廳。

　　Nèijiān shì kètīng.

　　　　That room is the living room.

　　房間 (fángjiān)　　*N*: **room**

　　這是我妹妹的房間。

　　Zhè shì wǒ mèimeide fángjiān.

　　　　This is my younger sister's room.

22. 屋ㄨ子ㄗ (wūzi)　　*N*: **room**

那ㄋㄟ間ㄐㄧㄢ屋ㄨ子ㄗ裡ㄌㄧ有ㄧㄡ人ㄖㄣ。

Nèijiān wūzilǐ yǒu rén.

There are people in that room.

23. 樓ㄌㄡ上ㄕㄤ (lóushàng)　　*N(PW)*: **upstairs**

我ㄨㄛ的ㄉㄜ書ㄕㄨ房ㄈㄤ在ㄗㄞ樓ㄌㄡ上ㄕㄤ。

Wǒde shūfáng zài lóushàng .

My study is upstairs.

上ㄕㄤ (shàng)　　*L*: **up, on**

上ㄕㄤ面ㄇㄧㄢ (shàngmiàn)　　*N(PW)*: **above, up there**

上ㄕㄤ面ㄇㄧㄢ有ㄧㄡ很ㄏㄣ多ㄉㄨㄛ畫ㄏㄨㄚ兒ㄦ。

Shàngmiàn yǒu hěn duō huàr.

There are many paintings up there.

24. 小ㄒㄧㄠ學ㄒㄩㄝ (xiǎoxué)　　*N*: **elementary school**

那ㄋㄟ個ㄍㄜ小ㄒㄧㄠ學ㄒㄩㄝ有ㄧㄡ很ㄏㄣ多ㄉㄨㄛ學ㄒㄩㄝ生ㄕㄥ。

Nèige xiǎoxué yǒu hěn duō xuéshēng.

That elementary school has many students.

25. 離ㄌㄧ (lí)　　*CV*: **be away from, apart from, separated from**

我ㄨㄛ家ㄐㄧㄚ離ㄌㄧ他ㄊㄚ家ㄐㄧㄚ很ㄏㄣ近ㄐㄧㄣ。

Wǒ jiā lí tā jiā hěn jìn.

My home is very close to his.

26. 遠ㄩㄢ (yuǎn)　　*SV*: **to be far from**

中ㄓㄨㄥ國ㄍㄨㄛ離ㄌㄧ美ㄇㄟ國ㄍㄨㄛ很ㄏㄣ遠ㄩㄢ。

Zhōngguó lí Měiguó hěn yuǎn.

China is far from America.

27. 地方 (dìfāng)　　*N*: **place**

你家在什麼地方？

Nǐjiā zài shénme dìfāng?

Where is your home?

地 (dì)　　*N*: **the earth, land, soil**

SUPPLEMENTARY VOCABULARY

28. 書房 (shūfáng)　　*N*: **study**

他在書房裡看書呢。

Tā zài shūfánglǐ kànshū ne.

He is studying in the study.

29. 樓下 (lóuxià)　　*N(PW)*: **downstairs**

下 (xià)　　*L*: **down, under**

下面 (xiàmiàn)　　*N(PW)*: **under, below**

你的筆在書下面。

Nǐde bǐ zài shū xiàmiàn.

Your pen is under the book.

30. 桌子 (zhuōzi)　　*N*: **table**

你的書在那張桌子上。

Nǐde shū zài nèizhāng zhuōzishàng.

Your book is on that table.

桌 (zhuō)　　*BF*: **table**

書桌 (shūzhuō)　　*N*: **desk**

31. 椅子 (yǐzi)　　*N*: **chair**

32. 底下 (dǐxià)　　　N(PW): **underneath, below, beneath**

椅子底下沒有東西。

Yǐ zi dǐxià méiyǒu dōngxī.

There is nothing under the chair.

33. 前面 (qiánmiàn)　　　N(PW): **front, ahead**

我家就在前面。

Wǒ jiā jiù zài qiánmiàn.

My home is just ahead.

前 (qián)　　　L: **front, forward, before**

34. 這裡／這兒 (zhèlǐ / zhèr)　　　N(PW): **here**

他的書在這兒。

Tāde shū zài zhèr.

His book is here.

35. 飯館兒 (fànguǎnr)　　　N: **restaurant**

那家飯館兒是新的。

Nèijiā fànguǎnr shì xīnde.

That restaurant is new.

36. 商店 (shāngdiàn)　　　N: **store**

我家附近有很多商店。

Wǒ jiā fùjìn yǒu hěn duō shāngdiàn.

Near my home there are many stores.

4. SYNTAX PRACTICE

Ⅰ. *Place Words*

(Ⅰ) Proper Noun used as a Place Word

中國、美國、日本、臺ㄊㄞˊ灣ㄨㄢ (Táwān)*、

臺ㄊㄞˊ北ㄅㄟˇ (Táiběi)*、紐ㄋㄡˇ約ㄩㄝ (Niǔyuē)*, etc.

(Ⅱ) Positional Noun used as a Place Word

上面、下面、裡面、外面、前面、後面、上邊、下
邊、裡邊、外邊、前邊、後邊、旁邊、這裡、那裡、
當中、底下, etc.

(Ⅲ) Noun + Positional Noun used as a Place Word

桌子上（面）、房子裡（面）、學校前面、
椅子底下、我家後面、我這兒、你旁邊, etc.

Ⅱ. 在 *as Main Verb (with place word as complement), is used to indicate "Y is located at X".*

S	在	PW
書	在	哪兒？
Where is the book?		
書	在	桌子上。
The book is on the table.		

1. 我父母都在日本。
2. 請問，洗ㄒㄧˇ手ㄕㄡˇ間ㄐㄧㄢ (xǐshǒujiān)*在哪裡？
   洗手間在那邊。
3. 他的東西在椅子底下。
4. 你的筆在我這兒。

---

*臺ㄊㄞˊ灣ㄨㄢ (Táiwān) : Taiwan
*臺ㄊㄞˊ北ㄅㄟˇ (Táiběi) : Taipei
*紐ㄋㄡˇ約ㄩㄝ (Niǔyuē) : New York
*洗ㄒㄧˇ手ㄕㄡˇ間ㄐㄧㄢ (xǐshǒujiān) : bathroom, toilet, rest room

5. 現在他不在家，他在學校裡。

6. 爸爸不在書房，也不在客廳。

☞Look at the picture and answer the questions below:

1. 大衛在哪裡？

2. 書在哪兒？

3. 筆在哪兒？

4. 狗在哪兒？

5. 桌子在哪裡？

Ⅲ. *Existence in a Place*

When 有 (there is) is used after a place word, the meaning conveyed is "in X there is Y".

PW	有	N
哪兒	有	中文報？
Where are the Chinese newspapers.		
圖書館裡有		中文報。
In the library there are Chinese newspapers.		

1. 樓上有三個房間。

2. 桌子上有一個杯子。

3. 我家那兒沒有好飯館兒。

4. 學校附近有很多商店。

5. 那間屋子裡沒有人。

6. 那邊有很多房子。

☞Look at the picture and answer the questions below:

1. 椅子底下有什麼？

2. 桌子上面有什麼東西？

3. 桌子旁邊有幾個人？

4. 屋子裡有什麼？

IV. 在 *as a Coverb of Location*

在, which is used as a coverb to show where the action of the subject is taking place, is generally placed together with its object in front of the main verb.

S	在	PW	V	O
他	在	大學	念	書。

He is studying at (the) university.

1. 父親在書房裡看書呢。
2. 我不常在飯館兒吃飯。
3. 你現在在哪裡做事？
   我在大學教書。
4. 媽媽在客廳裡看電視呢。
5. 他哥哥姐姐都在美國念書。
6. 他們在大樓前面說話呢。

☞Look at the picture and complete the sentences below:

1. 父親在＿＿＿＿＿＿＿＿＿＿＿＿＿＿。
2. 母親在＿＿＿＿＿＿＿＿＿＿＿＿＿＿。
3. 哥哥在＿＿＿＿＿＿＿＿＿＿＿＿＿＿。
4. 姐姐在＿＿＿＿＿＿＿＿＿＿＿＿＿＿。
5. 妹妹在＿＿＿＿＿＿＿＿＿＿＿＿＿＿。
6. 弟弟在＿＿＿＿＿＿＿＿＿＿＿＿＿＿。

V. *Nouns Modified by Place Expressions*

(在)　　PW　　的　　N
(在) 桌子上 的　那本書
that book on the table

1. 前面的那個人是我朋友。
2. 東一路的那些房子都很貴。
3. 在你家前面的那輛汽車是我的。
4. 我家附近的飯館兒都不錯。
5. 他家在學校後面（的）那個大樓的五樓。
6. 你前面（的）那本書上的那枝筆是他的。

☞Look at the picture and complete the sentences below:

1. ＿＿＿＿＿＿＿＿＿＿＿的那位先生是張先生。
2. ＿＿＿＿＿＿＿＿＿＿＿的那位太太是張太太。
3. ＿＿＿＿＿＿＿＿＿＿＿的那個孩子是張先生的女兒。

4. ＿＿＿＿＿＿＿＿＿的那個人是張先生的朋友。

5. ＿＿＿＿＿＿＿＿＿的那輛車是張家的。

6. ＿＿＿＿＿＿＿＿＿的那輛車是張家朋友的。

7. ＿＿＿＿＿＿＿＿＿的那隻狗很大。

VI. *Distance with Coverb* 離

The coverb 離 is used to indicate the distance from one place to another (ex: X 離 Y 遠／近).

N　離　　N　(A)　　　遠／近
我家離 學校 不很遠。
My home is not very far from school.

1. 中國離美國真遠。

2. 我家離他家不近。

3. 那個飯館兒離這兒不遠。

4. 他買的那所房子離學校不太遠，也不太近。

5. 圖書館離宿舍 (sùshè)很近。

☞Look at the picture and complete the sentences below:

1. 我家離飯館兒＿＿＿＿＿＿。

2. 我家離圖書館＿＿＿＿＿＿。

3. 老師家離圖書館＿＿＿＿＿＿。

4. 我家離老師家＿＿＿＿＿＿。

5. 書店離我家＿＿＿＿＿＿。

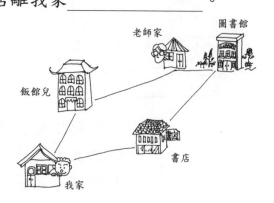

5. COMBINATION PRACTICE

Ⅰ. *Describe what things are in your classroom, and describe where they are located. (The teacher may want to write the names of the objects on the objects themselves.)*

Ⅱ. *Draw a picture describing your room.*

Ⅲ. *One student orally describes objects in the room in the picture, and the other students listen and draw another picture. Compare pictures when finished.*

黑板 (hēibǎn) : blackboard
門 (mén) : door
窗 (chuāng) : window
床 (chuáng) : bed

檯燈 (táidēng) : desk lamp
書架 (shūjià) : bookshef
衣櫃 (yīguì) : wardrobe

IV. *Situations*

Take a friend along and describe your new house to him or her.

6. NOTES

1. Positional suffix 面, can be interchanged with 頭, or 邊.

    ex:　上面 ＝ 上頭 ＝ 上邊　　above, on top of
    　　　下面 ＝ 下頭 ＝ 下邊　　below, under
    　　　裡面 ＝ 裡頭 ＝ 裡邊　　inside
    　　　外面 ＝ 外頭 ＝ 外邊　　outside
    　　　前面 ＝ 前頭 ＝ 前邊　　front, in front of
    　　　後面 ＝ 後頭 ＝ 後邊　　back, behind

2. Positional Nouns such as 上面，外面，底下, etc., can be used like any other noun: they can also be added on to the end of other nouns. When they are used in this way, with the Chinese words for 上 "on" or 裡 "in" for example, the suffix 面／頭 and 邊 are often omitted.

    ex:　下面有筆。

    There are pens below. / There are pens on the bottom.

    他在外面。

    He is outside.

    你的書在桌子上(面)。

    Your book is on the table.

    屋子裡（頭）的那個人是我弟弟。

    That person who is inside the room is my younger brother.

3. If city, country or proper nouns occur after 在 they never take the positional suffix 裡面 or 裡.

    ex：　在中國有很多有名的畫家。

    There are many famous painters in China.

    在中國裡有很多有名的畫家。(incorrect)

    在中國裡面有很多有名的畫家。(incorrect)

Note that some place nouns such as 家, or 學校 that occur after 在 can also omit the localizer 裡.

ex:　　我媽媽不在家。

My mother isn't at home.

王先生在不在學校？

Is Mr. Wang at school?

4. "是的" is translated as "right" in English, however, it is more formal in meaning than "是啊" which also means "right".

5. 屋子 and 房間 both mean "room" in English. However their usages are slightly different. 屋子 is generally used to describe any kind of room whereas 房間 is usually used to describe room in a home, a hotel or a dormitory etc.

第十課　我到日本去了①②

1. DIALOGUE

— I —

A：聽說你到日本去了。

B：是啊。

A：你是為什麼去的？

B：我是去玩兒③的。

A：你是一個人去的
嗎？

B：不是，我是跟兩個④
朋友一塊兒⑤去的。

A：你們是怎麼⑥去的？坐⑦飛機⑧還是坐船⑨？

B：我們是坐飛機去的。坐船太慢了。

A：現在到日本去玩兒的人多不多？飛機票⑩好買嗎？

B：現在去的人不太多，飛機票不難買。

A：你們玩兒得⑪怎麼樣？

B：我們玩兒得很好。

A：你們是什麼時候⑫回來⑬的？

B：我們是昨天⑭晚上⑮回來的，所以現在很累⑯。

—— II ——————————————

A：你到哪兒去？

B：我到學校去。

A：你走路^⑰去啊？

B：是啊。

A：為什麼不開車^⑱去呢？

B：這個時候，在學校裡停車^⑲的地方不好找^⑳。

A：走路去不累嗎？

B：還好^㉑。我們學校離這兒不遠。

ㄅㄟˋ ㄕˊ ㄎㄜˊ　ㄨㄛˇ ㄉㄠˋ ㄖ ㄅㄣˇ ㄑㄩˋ ㄌㄜ˙

— I —

A：ㄊㄥ ㄕㄨㄛ ㄋㄧˇ ㄉㄠˋ ㄖ ㄅㄣˇ ㄑㄩˋ ㄌㄜ˙ 。

B：ㄕˋ ㄚ˙ 。

A：ㄋㄧˇ ㄕˋ ㄨㄟˋ ㄕㄜˊ ㄇㄜ˙ ㄑㄩˋ ㄌㄜ˙ ？

B：ㄨㄛˇ ㄕˋ ㄑㄩˋ ㄨㄢˊ ㄦ ㄌㄜ˙ 。

A：ㄋㄧˇ ㄕˋ ㄧˊ ㄍㄜˋ ㄖㄣˊ ㄑㄩˋ ㄌㄜ˙ ㄇㄚ˙ ？

B：ㄅㄨˊ ㄕˋ，ㄨㄛˇ ㄕˋ ㄍㄣ ㄉㄧㄤˋ ㄆㄡˊ ㄧˊ ㄎㄨㄞˋ ㄦ ㄑㄩˋ ㄌㄜ˙ 。

A：ㄋㄧˇ ㄇㄣ˙ ㄕˋ ㄗㄣˇ ㄇㄜ˙ ㄑㄩˋ ㄌㄜ˙ ？ㄗㄨㄛˋ ㄈㄟ ㄐㄧ ㄏㄞˊ ㄕˋ ㄗㄨㄛˋ ㄔㄨㄢˊ ？

B：ㄨㄛˇ ㄇㄣ˙ ㄕˋ ㄗㄨㄛˋ ㄈㄟ ㄐㄧ ㄑㄩˋ ㄌㄜ˙ 。ㄗㄨㄛˋ ㄔㄨㄢˊ ㄊㄞˋ ㄇㄢˋ ㄌㄜ˙ 。

A：ㄒㄧㄢ ㄗㄞˋ ㄉㄠˋ ㄖ ㄅㄣˇ ㄑㄩˋ ㄨㄢˊ ㄦ ㄌㄜ˙ ㄖㄣˊ ㄅㄨˋ ㄅㄨˊ ㄉㄨㄛ ？ㄈㄟ ㄐㄧ ㄆㄧㄠˋ ㄏㄠˇ ㄇㄞˇ ㄇㄚ˙ ？

B：ㄒㄧㄢ ㄗㄞˋ ㄑㄩˋ ㄌㄜ˙ ㄖㄣˊ ㄅㄨˋ ㄉㄨㄛ ，ㄈㄟ ㄐㄧ ㄆㄧㄠˋ ㄏㄨㄟˊ ㄉㄨㄛ ㄋㄢˊ ㄇㄞˇ 。

A：ㄋㄧˇ ㄇㄣ˙ ㄨㄢˊ ㄦ ㄌㄜ˙ ㄗㄣˇ ㄇㄜ˙ ㄧㄤˋ ？

B：ㄨㄛˇ ㄇㄣ˙ ㄨㄢˊ ㄦ ㄌㄜ˙ ㄏㄣˇ ㄏㄠˇ 。

A：ㄋㄧˇ ㄇㄣ˙ ㄕˋ ㄗㄨㄛˊ ㄇㄜ˙ ㄕˊ ㄏㄡˋ ㄏㄨㄟˊ ㄌㄞˊ ㄌㄜ˙ ？

B：ㄨㄛˇ ㄇㄣ˙ ㄕˋ ㄗㄨㄛˊ ㄊㄧㄢ ㄨㄢˇ ㄕˋ ㄏㄡˊ ㄏㄨㄟˊ ㄌㄞˊ ㄌㄜ˙ ，ㄙㄨㄛˇ ㄧˇ ㄒㄧㄢ ㄗㄞˋ ㄏㄣˇ ㄌㄟˋ 。

— II —

A：ㄋㄧˇ ㄉㄠˋ ㄋㄚˇ ㄦ ㄑㄩˋ ？

B：ㄨㄛˇ ㄉㄠˋ ㄒㄧㄝˊ ㄒㄧㄠˋ ㄑㄩˋ 。

A：ㄋㄧˇ ㄗㄜˇ ㄉㄨˋ ㄑㄩˋ ㄚ˙ ？

B：ㄕˋ ㄚ˙ 。

A：ㄨㄟˊ ㄕㄜˊ ㄇㄜ˙ ㄅㄨˊ ㄎㄞ ㄔㄜ ㄑㄩˋ ㄋㄜ˙ ？

B：ㄓㄜˋ ㄍㄜˊ ㄕˊ ㄏㄡˋ ，ㄗㄜˋ ㄒㄩㄝˊ ㄒㄧㄠˇ ㄊㄥ ㄔㄜ ㄉㄜ˙ ㄅㄟˊ ㄅㄨˋ ㄏㄠˇ ㄓㄠˇ 。

A：ㄗㄡˋ ㄌㄨˊ ㄑㄩˋ ㄅㄨˋ ㄌㄟˋ ㄇㄚ˙ ？

B：ㄏㄞˊ ㄏㄠˇ 。ㄨㄛˇ ㄇㄣ˙ ㄒㄩㄝˊ ㄒㄧㄠˋ ㄌㄧˊ ㄓㄜˋ ㄦ ㄅㄨˋ ㄩㄢˇ 。

Dì Shí Kè　Wǒ Dào Rìběn Qù le

— I

A: Tīngshuō nǐ dào Rìběn qùle.

B: Shì a .

A: Nǐ shì wèishénme qù de?

B: Wǒ shì qù wánr de.

A: Nǐ shì yíge rén qù de ma ?

B: Búshì, wǒ shì gēn liǎngge péngyǒu yíkuàir qù de.

A: Nǐmen shì zěnme qù de? Zuò fēijī háishì zuò chuán ?

B: Wǒmen shì zuò fēijī qù de. Zuò chuán tài màn le.

A: Xiànzài dào Rìběn qù wánr de rén duō bùduō? Fēijī piào hǎo mǎi ma?

B: Xiànzài qù de rén bútài duō, fēijī piào bùnán mǎi.

A: Nǐmen wánrde zěnmeyàng ?

B: Wǒmen wánrde hěn hǎo .

A: Nǐmen shì shénme shíhòu huílái de?

B: Wǒmen shì zuótiān wǎnshàng huílái de, suǒyǐ xiànzài hěn lèi.

— II

A: Nǐ dào nǎr qù?

B: Wǒ dào xuéxiào qù.

A: Nǐ zǒulù qù a ?

B: Shì a.

A: Wèishénme bùkāichē qù ne ?

B: Zhège shíhòu, zài xuéxiàolǐ tíngchē de dìfāng bùhǎo zhǎo.

A: Zǒulù qù búlèi ma ?

B: Háihǎo. Wǒmen xuéxiào lí zhèr bùyuǎn.

LESSON 10　I WENT TO JAPAN

— I

A:　I heard you went to Japan.

B:　Right.

A:　Why did you go?

B:　I went for fun.

A:　Did you go by yourself?

B:　No, I went together with two friends.

A:　How did you get there? Did you take a plane or a ship?

B:　We went by plane. It is too slow to go by ship.

A:　Right now are there many people going to Japan for pleasure? Are airplane tickets easy to buy?

B:　Right now there aren't many people going. Airplane tickets aren't difficult to buy.

A:　How was the trip?

B:　We had a lot of fun.

A:　When did you come back?

B:　We came back last night, so now we're very tired.

— II

A:　Where are you going?

B:　I'm going to school.

A:　Are you walking?

B:　Right.

A:　Why don't you drive?

B:　Now, a parking place at school is hard to find.

A:　Don't you get tired from walking?

B:　It's O.K. Our school is not far from here.

2. NARRATION

大明：

　　昨天早上我跟父母一塊兒坐飛機從臺灣到日本來了。我們是在飛機上吃的午飯，飛機上的飯很好吃。這兩天，我們開汽車到很多地方去玩兒。我父親開車，開得不錯。現在我還不知道什麼時候回國。我母親說日本離臺灣不遠，她要坐船回去。可是我父親覺得坐船太慢，船票也不便宜。我想坐飛機跟坐船都好，都很方便。

美美上

ㄉㄚˋ ㄇㄧㄥˊ：

　　ㄗㄨㄛˊ ㄊㄧㄢ ㄗㄠˇ ㄕㄤˋ ㄨㄛˇ ㄍㄣ ㄈㄨˋ ㄇㄨˇ ㄧˊ ㄎㄨㄞˋ ㄦ ㄗㄨㄛˋ ㄈㄟ ㄐㄧ ㄘㄨㄥˊ ㄊㄞˊ ㄨㄢ ㄉㄠˋ ㄖˋ ㄅㄣˇ ㄌㄞˊ ㄌㄜ。ㄨㄛˇ ㄇㄣ˙ ㄕˋ ㄗㄞˋ ㄈㄟ ㄐㄧ ㄕㄤˋ ㄔ ㄉㄜ˙ ㄨˇ ㄈㄢˋ，ㄈㄟ ㄐㄧ ㄕㄤˋ ㄉㄜ˙ ㄈㄢˋ ㄏㄣˇ ㄏㄠˇ ㄔ。ㄓㄜˋ ㄌㄧㄤˇ ㄊㄧㄢ，ㄨㄛˇ ㄇㄣ˙ ㄎㄞ ㄑㄧˋ ㄔㄜ ㄉㄠˋ ㄏㄣˇ ㄉㄨㄛ ㄉㄧˋ ㄈㄤ ㄑㄩˋ ㄨㄢˊ ㄦ。ㄨㄛˇ ㄈㄨˋ ㄑㄧㄣ ㄎㄞ ㄔㄜ，ㄎㄞ ㄉㄜ˙ ㄅㄨˊ ㄘㄨㄛˋ。ㄒㄧㄢˋ ㄗㄞˋ ㄨㄛˇ ㄏㄞˊ ㄅㄨˋ ㄓ ㄉㄠˋ ㄕㄣˊ ㄇㄜ˙ ㄕˊ ㄏㄡˋ ㄏㄨㄟˊ ㄍㄨㄛˊ。ㄨㄛˇ ㄇㄨˇ ㄑㄧㄣ ㄕㄨㄛ ㄖˋ ㄅㄣˇ ㄌㄧˊ ㄊㄞˊ ㄨㄢ ㄅㄨˋ ㄩㄢˇ，ㄊㄚ ㄧㄠˋ ㄗㄨㄛˋ ㄔㄨㄢˊ ㄏㄨㄟˊ ㄑㄩˋ。ㄎㄜˇ ㄕˋ ㄨㄛˇ ㄈㄨˋ ㄑㄧㄣ ㄐㄩㄝˊ ㄉㄜ˙ ㄗㄨㄛˋ ㄔㄨㄢˊ ㄊㄞˋ ㄇㄢˋ，ㄔㄨㄢˊ ㄆㄧㄠˋ ㄧㄝˇ ㄅㄨˋ ㄆㄧㄢˊ ㄧˊ。ㄨㄛˇ ㄒㄧㄤˇ ㄗㄨㄛˋ ㄈㄟ ㄐㄧ ㄍㄣ ㄗㄨㄛˋ ㄔㄨㄢˊ ㄉㄡ ㄏㄠˇ，ㄉㄡ ㄏㄣˇ ㄈㄤ ㄅㄧㄢˋ。

ㄇㄟˇ ㄇㄟˇ ㄕㄤˋ

Dàmíng：

　　Zuótiān zǎoshàng wǒ gēn fùmǔ yíkuàir zuò fēijī cóng Táiwān dào Rìběn láile. Wǒmen shì zài fēijīshàng chī de wǔfàn, fēijīshàngde fàn hěn hǎochī. Zhè liǎngtiān, wǒmen kāi qìchē dào hěn duō dìfāng qù wánr. Wǒ fùqīn kāichē, kāide búcuò. Xiànzài wǒ hái bùzhīdào shénme shíhòu huí guó. Wǒ mǔqīn shuō Rìběn lí Táiwān bùyuǎn, tā yào zuò chuán huí qù. Kěshì wǒ fùqīn juéde zuò chuán tài màn, chuán piào yě bùpiányí. Wǒ xiǎng zuò fēijī gēn zuò chuán dōu hǎo, dōu hěn fāngbiàn.

Měiměi shàng

Daming:

Yesterday morning my parents and I arrived in Japan by airplane from Taiwan. We ate lunch on the plane. The food was quite good. In Japan we drove to many places. My father drove quite well. Right now I still don't know when I will be coming back. My mother says Japan is not far from Taiwan, so she wants to come back by ship. But my father thinks a ship is too slow and the tickets aren't cheap. By plane or by ship is fine with me. They are both convenient.

Meimei

3. VOCABULARY

1. 到ㄉㄠˋ (dào)   *V/CV*: **to reach, to arrive; to leave for**

他ㄊㄚ 已ㄧˇ經ㄐㄧㄥ 到ㄉㄠˋ 家ㄐㄧㄚ 了ㄌㄜ 。
Tā yǐjīng dào jiā le .
He arrived home, already.

我ㄨㄛˇ 到ㄉㄠˋ 學ㄒㄩㄝˊ 校ㄒㄧㄠˋ 去ㄑㄩˋ 。
Wǒ dào xuéxiào qù .
I am going to school.

2. 了ㄌㄜ (le)

P: **It indicates the completion of the action, it can sometimes be translated as past tense in English.**

張ㄓㄤ 太ㄊㄞˋ太ㄊㄞˋ 到ㄉㄠˋ 美ㄇㄟˇ 國ㄍㄨㄛˊ 去ㄑㄩˋ 了ㄌㄜ 。
Zhāng Tàitai dào Měiguó qùle .
Mrs. Chang went to America.

3. 玩ㄨㄢˊ兒ㄦ (wánr)   *V*: **to play, to enjoy**

小ㄒㄧㄠˇ孩ㄏㄞˊ子ㄗ 都ㄉㄡ 很ㄏㄣˇ 喜ㄒㄧˇ歡ㄏㄨㄢ 玩ㄨㄢˊ兒ㄦ 。
Xiǎoházi dōu hěn xǐhuān wánr .
All small children like to play.

4. 跟ㄍㄣ (gēn)   *CV/CONJ*: **with; and**

我ㄨㄛˇ不ㄅㄨˊ要ㄧㄠˋ 跟ㄍㄣ 他ㄊㄚ 一ㄧˊ塊ㄎㄨㄞˋ兒ㄦ 去ㄑㄩˋ 日ㄖˋ本ㄅㄣˇ 。
Wǒ búyào gēn tā yíkuàir qù Rìběn .
I don't want to go to Japan with him.

5. 一ㄧˊ塊ㄎㄨㄞˋ兒ㄦ (yíkuàir)   *A*: **together, together with, with**

6. 怎ㄗㄣˇ麼ㄇㄜ (zěnme)   *A(QW)*: **how**

你ㄋㄧˇ的ㄉㄜ 名ㄇㄧㄥˊ字ㄗˋ 怎ㄗㄣˇ麼ㄇㄜ 寫ㄒㄧㄝˇ ?
Nǐde míngzì zěnme xiě ?
How do you write your name?

7. 坐 (zuò)

V/CV: to sit , to travel "sit" on a plane, boat or train, etc., (to go) by

我爸爸是坐飛機到法國去的。

Wǒ bàba shì zuò fēijī dào Fàguó qù de.

My father went to France by airplane.

請坐 (qǐng zuò)　　*IE*: **sit down, please, have a seat**

8. 飛機 (fēijī)　　*N*: **airplane** (*M*: 架 jià)

他說坐飛機很有意思。

Tā shuō zuò fēijī hěn yǒuyìsī.

He said flying is very interesting.

飛 (fēi)　　*V*: **to fly**

9. 船 (chuán)　　*N*: **ship, boat** (*M*: 艘 sāo ，隻 zhī，條 tiáo)

我不喜歡坐船。

Wǒ bùxǐ huān zuò chuán .

I don't like traveling by ship.

10. 票 (piào)　　*N*: **ticket** (*M*: 張 zhāng)

電影票一張多少錢？

Diànyǐng piào yì zhāng duōshǎo qián ?

How much for one movie ticket?

11. 怎麼樣 (zěnmeyàng)

IE: **How about……? How's everything?**

那個飯館兒的菜怎麼樣？

Nèige fànguǎnrde cài zěnmeyàng ?

How is the food at that restaurant?

12. 什麼時候（shénmeshíhòu）

MA(QW): **when, what time**

他什麼時候去美國？

Tā shénme shíhòu qù Měiguó ?

When will he go to America?

時候（shíhòu）　　*N*: **time**

13. 回來（huílái）　　*V*: **to return, to come back**

回（huí）　　*V*: **to return**

回去（huíqù）　　*V*: **to leave, to go back**

你現在要回去嗎？

Nǐ xiànzài yào huíqù ma ?

Do you want to go back now?

來（lái）　　*V*: **to come**

我朋友很想到這兒來。

Wǒ péngyǒu hěn xiǎng dào zhèr lái.

My friend wants very much to come here.

14. 昨天（zuótiān）　　*MA/N(TW)*: **yesterday**

他昨天沒到學校來。

Tā zuótiān méidào xuéxiào lái.

He didn't come to school yesterday.

天（tiān）　　*N/M*: **day, sky, heaven**

15. 晚上（wǎnshàng）　　*MA/N(TW)*: **evening**

昨天晚上你念書了嗎？

Zuótiān wǎnshàng nǐ niànshūle ma ?

Did you study last night ?

晚（wǎn）　　*SV*: **to be late**

晚飯（wǎnfàn）　　*N*: **dinner, supper**

王先生不常在家吃晚飯。

Wáng Xiānshēng bùcháng zài jiā chī wǎnfàn.

Mr. Wang doesn't eat dinner at home very often.

16. 累 (lèi)　　*SV*: **to be tired**

今天我覺得很累。

Jīntiān wǒ juéde hěn lèi.

I feel very tired today.

17. 走路 (zǒulù)　　*VO*: **to walk (in the road or street)**

他很喜歡走路。

Tā hěn xǐhuān zǒulù.

He likes walking a lot.

走 (zǒu)　　*V*: **to walk**

他很累，所以走得很慢。

Tā hěn lèi, suǒyǐ zǒude hěn màn.

He's very tired, so he's walking very slowly.

18. 開車 (kāichē)　　*VO*: **to drive (a car)**

李小姐開車開得很快。

Lǐ Xiǎojiě kāichē kāide hěn kuài.

Miss Lee drives very fast.

開 (kāi)　　*V*: **to drive, to open, to turn on**

19. 停車 (tíngchē)　　*VO*: **to park a car**

這兒不可以停車。

Zhèr bùkěyǐ tíngchē.

No parking is allowed here.

停 (tíng)　　*V*: **to stop**

20. 找 (zhǎo)　　*V*: **to look for, to search**

你在找什麼？

Nǐ zài zhǎo shénme ?

What are you looking for ?

21. 還好 (háihǎo)　　*IE*: **OK, nothing special**

SUPPLEMENTARY VOCABULARY

22. 早上 (zǎoshàng)　　*MA/N(TW)*: **morning**

他明天早上不做事。

Tā míngtiān zǎoshàng búzuòshì .

Tomorrow morning he is not working.

早飯 (zǎofàn)　　*N*: **breakfast**

23. 從 (cóng)　　*CV*: **from**

那個學生不是從日本來的。

Nèige xuéshēng búshì cóng Rìběn lái de.

That student is not from Japen.

24. 午飯／中飯 (wǔfàn / zhōngfàn)　　*N*: **lunch**

午 (wǔ)　　*BF*: **noon, midday**

上午 (shàngwǔ)　　*NA/N(TW)*: **before noon, morning**

他明天上午不能來這兒。

Tā míngtiān shàngwǔ bùnéng lái zhèr .

Tomorrow morning he can't come here.

中午 (zhōngwǔ)　　*MA/N(TW)*: **noon**

下午 (xiàwǔ)　　*MA/N(TW)*: **afternoon**

25. 火車 (huǒchē)　　　*N*: **train** (*M*: 列 liè)

我們要坐火車去。

Wǒmen yào zuò huǒchē qù.

We want to travel by train.

火 (huǒ)　　*N*: **fire**

26. 公共汽車 (gōnggòngqìchē)　　*N*: **city bus** (*M*: 輛 liàng)

從我家到學校有很多公共汽車。

Cóng wǒ jiā dào xuéxiào yǒu hěn duō gōnggòngqìchē.

There are a lot of buses from my house to school.

公車 (gōngchē)　　*N*: **city bus**

27. 明天 (míngtiān)　　*MA/N(TW)*: **tomorrow**

明天我不去他那兒。

Míngtiān wǒ búqù tā nàr.

Tomorrow I am not going to his place.

28. 已經 (yǐjīng)　　*A*: **already**

王老師已經回國了。

Wáng lǎoshī yǐjīng huíguó le.

Teacher Wang already returned to her (or his) country.

29. 看見 (kànjiàn)　　*V*: **to see**

你昨天看見珍妮了嗎？

Nǐ zuótiān kànjiàn Zhēnní le ma.

Did you see Jenny yesterday?

30. 今天 (jīntiān)　　*MA/N(TW)*: **today**

4. SYNTAX PRACTICE

I. *Coming and Going*

Verbs 來 and 去 both indicate motion (come / go) and direction. 來 indicates motion towards the speaker, whereas 去 indicates motion towards some point away from the speaker.

(I) From and To

從 and 到 are coverbs that indicate motion and direction. 從 indicates motion away from some point, whereas 到 indicates motion towards a point.

S(Neg-)從／到 PW 來／去
我　　從　　　　家裡　來。
I came from home.
你　　　　到　哪兒　　　去？
Where are you going.

1. 請你到我這兒來。
2. 你從哪兒來？
   我從東一路來。
3. 我們不從家裡去，我們從學校去。
4. 我從樓上到樓下來吃晚飯。

(II) Means of Travel or Conveyance

坐 is a coverb indicating conveyance. 坐 and its object precede the main verb and usually mean getting or travelling from the place to another.

S (Neg-) by means of 來／去
我　　坐火車　　　　去。
I (will) go by train.

1. 你怎麼去？

我坐公共汽車去。

2. 他坐船來嗎？

　　不，他坐飛機來。

3. 你們開車去還是坐飛機去？

　　我們坐飛機去。

4. 你坐公車到學校來嗎？

　　不，我走路到學校來。

（Ⅲ） Purpose of Coming and Going

The reason, or purpose, for coming or going is placed either immediately before or after the main verb 來 or 去.

If 來 or 去 appears before the verb phrase, it then emphasizes "purpose".

If 來 or 去 appears after the verb phrase, it then emphasizes "direction".

a.

S (Neg-) 來／去	Purpose
我　　來　　　學中文。	
I came in order to study Chinese.	

b.

S (Neg-) Purpose	來／去
我　　學中文　來。	
I came (here) to study Chinese.	

1. 你去做什麼？

　　我去買報。

2. 他買什麼去？

　　他買筆去。

3. 她到你家來做什麼？

　　她來念書。

　　4. 我明天要到圖書館看書去，你去不去？
　　　好，我也去。

☞**Have a conversation based on the picture:**

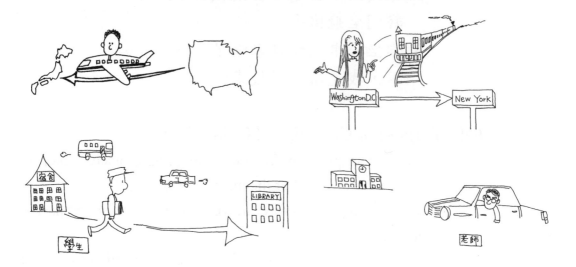

II. *The Particle* 了 *Indicating the Completion of the Action or of the Predicate.*

(I) Sentences with the Particle 了 as a Sentence Final

When the particle 了 is used as a sentence final, it usually indicates the action or the affair has already taken place.

S	(A)	V	(O)	了
他	已經	來		了。

He has already come.

我	昨天	看見	他	了。

Yesterday I saw him.

1. 她已經走了。
2. 他們都已經回家了。
3. 我昨天去看電影了。
4. 我們今天早上學中文了。
5. 孩子昨天念書了，也寫字了。

（Ⅱ）Sentences with the particle 了 as Both a Verb Suffix and a Sentence Final.

If a verb in a sentence carries a simple object, then 了 can be placed both after the main verb and at the end of the sentence. This usage often indicates the action has "already" been completed.

S	(A)	V 了	O	了
我	已經	吃了	飯	了。
I have already eaten.				

1. 我已經買了書了。
2. 爸爸已經看了報了。
3. 媽媽已經做了飯了。
4. 你昨天已經給了我錢了。

☞Answer the questions below:

1. 你昨天做什麼了？　(Give five different answers at least.)
2. 今天你已經做了什麼事了？
3. 昨天你到哪兒去了？

Ⅲ. *Negation of Completed Action with* 沒（有）

S	(A)	沒	V	O
我	今天	沒	吃	早飯。
I did't eat breakfast today.				

1. 我昨天沒看電視。
2. 他今天早上沒到學校來。
3. 昨天我們沒唱歌兒，也沒跳舞。
4. 昨天下午我沒在圖書館看書。

☞Answer the questions below:

1. 你昨天沒做什麼？ (Give a minimum of five actions.)
2. 你昨天沒到哪兒去？

IV. *Negated and Suspended Action with* 還 沒（有）⋯⋯（呢）

S 還沒- V O 呢
我 還沒 吃 午飯 呢。
I haven't eaten lunch yet.

1. 我還沒寫字呢。
2. 我還沒給你錢呢。
3. 老師還沒回去呢。
4. 今天的報，我還沒看呢。

☞Answer the questions below:

1. 什麼事是你要做，可是還沒做的？
2. 什麼地方是你要去，可是還沒去的？

V. *Types of Questions of Completed Action*

a.

S V O 了 嗎
你 看 書 了 嗎？
Have / Did you read the book?

b.

S 沒-V O 嗎
你 沒看 書 嗎？
Haven't / Didn't you read the book?

c.

S　V　O　了　沒有
你　看　書　了　沒有？
Have / Did you read the book, or not ?

d.

S　V　O　了沒 V
你　看　書　了　沒看？
Have / Did you read the book or not?

1. a.他昨天來了嗎？

　b.他昨天沒來嗎？

　c.他昨天來了沒有？

　d.他昨天來了沒來？

2. a.你吃早飯了嗎？

　b.你沒吃早飯嗎？

　c.你吃早飯了沒有？

　d.你吃早飯了沒吃？

☞Ask your classmates if they did or have already done something.

VI. 是……的 *Construction Stressing Circumstances Connected with the Action of the Main Verb*

When you want to emphasize the time when an action is occurring, the place where the action is occurring, the starting point of the action, the place to which the person or thing went, the means of conveyance used, the purpose of coming (or going) etc., then place 是 in front of the words you want to stress, and 的 at the end of the sentence or after the main verb.

This pattern is often used when the action took place in the past.

In a positive sentence 是 can be omitted from the pattern, but in a negative sentence it cannot.

S/O (Neg-) 是	Subject/Time/Place/Means	V	(O)	的	(O)
我 是	昨天	買		的	書。
Yesterday I bought the book.					
我 是	在那家書店	買		的	書。
I bought the book at that bookstore.					
我 是	跟我姐姐去	買		的	書。
Iwent with my old sister to buy the book.					
這本書 是	我	買		的。	
I bought the book.					

1. 這本書是誰寫的？
2. 你是不是坐汽車來的？
3. 我是從法國來的，不是從英國來的。
4. 他是昨天中午來的，不是晚上來的。
5. 我昨天是在飯館兒吃的晚飯。
6. 今天我是跟朋友一塊兒吃的中飯。

☞One student asks questions according to the sentences given by the teacher and other students answer the questions:

1. 王老師買房子了。
2. 李小姐跳舞了。
3. 張先生去中國了。
4. 趙太太有一個新錶。

5. COMBINATION PRACTICE

Ⅰ. *Each person should describe how they passed the time yesterday.*

For example: What did they do ? What did they eat ? Where did they go to eat ? Where did they go ? How did they get there? etc.

Ⅱ. *Each person should describe their plan for the day.*

For example: What do they want to do in the morning ? Where Do they want to go ? Where do they want to eat lunch ? What do they want to do in the afternoon? etc.

Ⅲ. *Situations*

1. Two students meet on a Friday and inquire about plans for the weekend.

2. Two students meet on a Monday and ask each other what they did over the weekend.

6. NOTES

When using 從，到，or 在 if there is no place word after the noun (the object of the sentence), then 這兒 or 那兒 must be added after the noun or the object.

ex: 請在我這兒吃飯。　　　Please eat at my place.

你要不要到他那兒去？　Do you want to go to his place or not?

第十一課　你幾點鐘下課？①②

1. DIALOGUE

—— I ——

A：今天下午你有課嗎？

B：有，下午我有兩個鐘頭③的課。

A：你幾點鐘下課？

B：三點半。

A：我也是三點半下課。聽說有一個電影不錯，
　　我們一起④去看，好不好？

B：好啊！電影是幾點鐘的？

A：五點一刻⑤。我想下了課，馬上就⑥⑦去買票。

B：那麼，我三點四十分⑧在學校門口⑨等⑩你，好嗎？

A：好啊！下午見。

── II ──────────────────────────

(at the hotel counter)

A：您好。今天玩兒得好吧⑪？

B：很好。可是太累了。現在幾點鐘了？

A：已經十點過⑫七分了。明天早上⑬要叫您起床⑭嗎？

B：要。請您差五分⑮七點叫我。

A：您在房間吃早飯嗎？

B：不，我七點半到樓下來吃早飯。吃了早飯，就到火車站去⑯。

A：您坐幾點鐘的火車？

B：我坐八點二十分的火車。

A：票已經買了嗎？

B：已經買了。

A：那一定沒問題⑰。明天見。

B：明天見。

ㄉㄧˋ ㄕˊ ㄧ ㄎㄜˋ　　ㄋㄧˇ ㄐㄧˇ ㄉㄧㄢˇ ㄓㄨㄥ ㄒㄧㄚˋ ㄎㄜˋ？

——— I ———

A：ㄐㄧㄣ ㄊㄧㄢ ㄒㄧㄚˋ ㄨˇ ㄋㄧˇ ㄧㄡˇ ㄎㄜˋ ㄇㄚ˙？

B：ㄧㄡˇ，ㄒㄧㄚˋ ㄨˇ ㄨㄛˇ ㄧㄡˇ ㄌㄧㄤˇ ㄍㄜ˙ ㄓㄨㄥ ㄊㄡˊ ㄎㄜˋ。

A：ㄋㄧˇ ㄐㄧˇ ㄉㄧㄢˇ ㄓㄨㄥ ㄒㄧㄚˋ ㄎㄜˋ？

B：ㄙㄢ ㄉㄧㄢˇ ㄅㄢˋ。

A：ㄨㄛˇ ㄧㄝˇ ㄕˋ ㄙㄢ ㄉㄧㄢˇ ㄅㄢˋ ㄒㄧㄚˋ ㄎㄜˋ。ㄊㄥˊ ㄨˇ ㄧㄡˇ ㄧˊ ㄍㄜ˙ ㄅㄢˋ ㄥˊ ㄅㄣ ㄊㄤˊ，ㄊㄥˊ ㄇㄣ ㄧ ㄑㄧˇ ㄑㄩˋ ㄎㄢˋ，ㄏㄠˇ ㄅㄨˋ ㄏㄠˇ？

B：ㄏㄠˇ ㄚ˙！ㄅㄢˋ ㄥˊ ㄕˋ ㄐㄧˇ ㄉㄧㄢˇ ㄓㄨㄥ ㄉㄢˋ？

A：ㄨˇ ㄉㄧㄢˇ ㄧˊ ㄎㄜˋ。ㄨㄛˇ ㄒㄧㄢ ㄒㄧㄚˋ ㄉㄢˋ ㄎㄜˋ，ㄚ ㄤˇ ㄅㄨˋ ㄐㄩ ㄇㄞˋ ㄊㄠˋ。

B：ㄋㄚˋ ㄇㄜ˙，ㄨㄛˇ ㄙㄢ ㄉㄧㄢˇ ㄙㄨˋ ㄕˋ ㄈㄣ ㄗㄞ ㄒㄧㄝˊ ㄒㄧㄢ ㄎㄡˇ ㄉㄟˇ ㄋㄧˇ，ㄏㄠˇ ㄇㄚ˙？

A：ㄏㄠˇ ㄚ˙！ㄒㄧㄚˋ ㄨˇ ㄐㄧㄢˋ。

——— II ———

(at the hotel counter)

A：ㄋㄧㄣˊ ㄏㄠˇ。ㄐㄧㄣ ㄊㄧㄢ ㄨㄟˋ ㄦˊ ㄉㄜ˙ ㄏㄠˋ ㄅㄚˋ？

B：ㄋㄧㄣˊ ㄏㄠˇ。ㄎㄜˋ ㄕˋ ㄊㄞˊ ㄌㄟˇ ㄉㄜ˙。ㄒㄧㄢˇ ㄗㄞˋ ㄐㄧˇ ㄉㄧㄢˇ ㄓㄨㄥ ㄌㄜˋ？

A：ㄧˊ ㄐㄩˋ ㄕˊ ㄉㄧㄢˇ ㄍㄨㄛ ㄑㄧ ㄈㄣ ㄌㄜˋ。ㄇㄜˊ ㄊㄞ ㄗㄠˇ ㄕㄤˋ ㄍㄠˋ ㄐㄧˇ ㄋㄧㄢˊ ㄑㄧ ㄔㄤˊ ㄇㄚˋ？

B：ㄧㄠˋ。ㄑㄧ ㄋㄧㄢˊ ㄔㄚˊ ㄨˇ ㄈㄣ ㄑㄧ ㄅㄢˋ ㄓㄡˋ。

A：ㄋㄧㄣˊ ㄗㄞˋ ㄈㄤˊ ㄐㄧㄢ ㄔ ㄗㄠˇ ㄈㄢˋ ㄇㄚˋ？

B：ㄅㄨˋ，ㄊㄥˊ ㄑㄧ ㄧ ㄅㄢˇ ㄅㄢ ㄉㄠˋ ㄉㄧㄤˋ ㄒㄧㄞˋ ㄔ ㄗㄠˇ ㄈㄢˋ。ㄔ ㄌㄜˋ ㄗㄠˇ ㄈㄢˋ，ㄐㄧㄡˇ ㄉㄠˋ ㄏㄨㄟˇ ㄔ ㄓㄢ ㄑㄩˋ。

A：ㄋㄧㄣˊ ㄗㄨㄣˋ ㄐㄧˇ ㄉㄧㄢˇ ㄓㄨㄥ ㄌㄜˋ ㄔㄜˇ？

B：ㄊㄨㄛˋ ㄗㄠˇ ㄅㄚ ㄉㄧㄢˇ ㄦˋ ㄕˊ ㄈㄣ ㄌㄜˋ ㄏㄨㄟˇ ㄔㄜˇ。

A：ㄊㄠˋ ㄧˇ ㄐㄧㄥ ㄇㄢˇ ㄌㄜˋ ㄇㄚˋ？

B：ㄧˇ ㄐㄧㄥ ㄇㄢˇ ㄌㄜˋ。

A：ㄋㄚˊ ㄧˋ ㄆㄠˋ ㄇㄣˊ ㄙㄨˋ ㄊㄚ 。 ㄇㄣˊ ㄊㄡˊ ㄐㄧㄢ 。

B：ㄇㄣˊ ㄊㄡˊ ㄐㄧㄢ 。

Dì Shíyī Kè　Nǐ Jǐdiǎnzhōng Xiàkè ?

―― I ――――――――――

A: Jīntiān xiàwǔ nǐ yǒu kè ma ?

B: Yǒu, xiàwǔ wǒ yǒu liǎngge-zhōngtóu-de kè.

A: Nǐ jǐdiǎnzhōng xiàkè?

B: Sāndiǎn-bàn.

A: Wǒ yě shì sāndiǎn-bàn xiàkè. Tīngshuō yǒu yíge diànyǐng búcuò, wǒ-men yìqǐ qù kàn, hǎo bùhǎo?

B: Hǎo a! Diànyǐng shì jǐdiǎnzhōng-de ?

A: Wǔdiǎn yíkè. Wǒ xiǎng xiàle kè, mǎshàng jiù qù mǎi piào.

B: Nàme, wǒ sāndiǎn-sìshífēn zài xuéxiào ménkǒu děng nǐ, hǎo ma?

A: Hǎo a ! Xiàwǔ jiàn.

―― Ⅱ ――――――――――

(at the hotel counter)

A: Nín hǎo. Jīntiān wánrde hǎo ba?

B: Hěn hǎo. Kěshì tài lèi le. Xiànzài jǐdiǎnzhōng le?

A: Yǐjīng shídiǎn guò qīfēn le. Míngtiān zǎoshàng yào jiào nín qǐchuáng ma ?

B: Yào. Qǐng nín chà wǔfēn qīdiǎn jiào wǒ.

A: Nín zài fángjiān chī zǎofàn ma ?

B: Bù, wǒ qīdiǎn-bàn dào lóuxià lái chī zǎofàn. Chīle zǎofàn, jiù dào huǒchēzhàn qù.

A: Nín zuò jǐdiǎnzhōng-de huǒchē ?

B: Wǒ zuò bādiǎn-èrshífēn-de huǒchē.

A: Piào yǐjīng mǎile ma ?

B: Yǐjīng mǎile.

A: Nà yídìng méi wèntí. Míngtiān jiàn.

B: Míngtiān jiàn.

LESSON 11 WHEN DO YOU GET OUT OF CLASS?

— I —

A: Do you have class this afternoon?

B: Yes, this afternoon I have two hours of class.

A: What time / when do you get out of class?

B: 3:30 p.m.

A: I also get out of class at 3:30. I heard there's a pretty good movie (showing). Let's go see it together, OK ?

B: Great! When is the movie (starting)?

A: 5:15. I think after class (I'll / we'll) go buy tickets right away.

B: In that case I'll wait for you at the school entrance at 3:40, OK ?

A: OK. See you this afternoon.

— II —

(at the hotel counter)

A: Hello, did you have a good time today?

B: Very good, but too tiring. What time is it now?

A: Seven minutes past ten. Do you want me to wake you up tomorrow morning?

B: Yes. Please call me at five minutes to seven.

A: Will you be eating breakfast in your room?

B: No. At seven thirty I will come downstairs to eat breakfast.

A: Which (lit. What time) train are you catching?

B: I'm taking the eight twenty train.

A: Have you already bought your ticket?

B: Yes, I have.

A:　　 Well, then you won't have any problems. See you tomorrow.

B:　　 See you tomorrow.

2. NARRATION

我每天早上七點鐘起床。七點一刻吃早飯。吃了飯，看了報，就開車到公司去。我們公司九點上班，下午五點下班。中午休息一個鐘頭。

晚上回家吃了晚飯，有的時候看一會兒電視，有的時候看看書，做做別的事。差不多十一點半睡覺。

ㄨㄛˇ ㄇㄟˇ ㄊㄧㄢ ㄗㄠˇ ㄕㄤˋ ㄑㄧ ㄉㄧㄢˇ ㄓㄨㄥ ㄑㄧˇ ㄔㄨㄤˊ，ㄑㄧ ㄉㄧㄢˇ ㄧˊ ㄎㄜˋ ㄔ ㄗㄠˇ ㄈㄢˋ，ㄔ ㄌㄜ˙ ㄈㄢˋ，ㄎㄢˋ ㄌㄜ˙ ㄅㄠˋ，ㄐㄧㄡˋ ㄎㄞ ㄔㄜ ㄉㄠˋ ㄍㄨㄥ ㄙ ㄑㄩˋ。ㄨㄛˇ ㄇㄣ˙ ㄍㄨㄥ ㄙ ㄐㄧㄡˇ ㄉㄧㄢˇ ㄕㄤˋ ㄅㄢ，ㄒㄧㄚˋ ㄨˇ ㄨˇ ㄉㄧㄢˇ ㄒㄧㄚˋ ㄅㄢ。ㄓㄨㄥ ㄨˇ ㄒㄧㄡ ㄒㄧˊ ㄧˊ ㄍㄜ˙ ㄓㄨㄥ ㄊㄡˊ。

Wǒ měitiān zǎoshàng qīdiǎnzhōng qǐchuáng. Qīdiǎn yíkè chī zǎofàn. Chīle fàn, kànle bào, jiù kāichē dào gōngsī qù. Wǒmen gōngsī jiǔdiǎn shàngbān, xiàwǔ wǔdiǎn xiàbān. Zhōngwǔ xiū xí yíge-zhōngtóu.

　Wǎnshàng huíjiā chīli wǎnfàn, yǒude shíhòu kàn yìhuǐr diànshì, yǒude shíhòu kànkàn shū, zuòzuò biéde shì. Chàbùduō shíyīdiǎn-bàn shuìjiào.

I get up every morning at seven o'clock. I eat breakfast at seven fifteen. After eating breakfast and reading the newspaper, I drive to the company. Our company starts work at nine o'clock, and ends work at five o'clock, with an hour break at noon for lunch.

In the evening after eating dinner, I sometimes watch a little television, do some reading, or do some other things. I go to sleep about eleven thirty.

3. VOCABULARY

1. 點 (鐘) [diǎn (zhōng)]　　M: **o'clock**

我今天下午一點 (鐘) 有課。

Wǒ jīntiān xiàwǔ yìdiǎn(zhōng) yǒu kè.

I have class this afternoon at one o'clock.

點 (diǎn)　　M/N: **o'clock; point, spot**

現在是三點半。

Xiànzài shì sāndiǎn bàn.

It is now three thirty.

鐘 (zhōng)　　N: **clock**

2. 下課 (xiàkè)　　*VO/IE*: **to get out of class, end of class**

我們還沒下課呢。

Wǒmen háiméi xiàkè ne.

We have not finished class yet.

下 (xià)　　*V*: **to disembark, to get off**

你在哪裡下車？

Nǐ zài nǎlǐ xià chē？

Where do you get off？

課 (kè)　　*N/M*: **class; measure word for lessons**

我明天沒有課。

Wǒ míngtiān méiyǒu kè.

I don't have any classes tomorrow.

這課不太難。

Zhèikè bútàinán.

This lesson isn't very difficult.

3. 鐘頭 (zhōngtóu)　　*N*: **hour** (小時 xiǎoshí)

我每天學兩個鐘頭的中文。

Wǒ měitiān xué liǎngge-zhōngtóu-de Zhōngwén.

Everyday I study Chinese for two hours.

4. 一起 (yìqǐ)　　*A*: **together**

他是跟朋友一起來的。

Tā shì gēn péngyǒu yìqǐ lái de.

He came together with his friends

5. 刻 (kè)　　*M*: **a quarter of an hour**

現在是五點一刻。

Xiànzài shì wǔdiǎn yíkè.

It is now five fifteen.

6. 馬上（mǎshàng）　　*A*: **immediately**

　　請等一會兒，他馬上來。

　　Qǐng děng yìhuǐr, tā mǎshàng lái.

　　　　Please wait a moment. He'll come immediately.

7. 就（jiù）　　*A*: **then, right away**

　　昨天你下了課，就回家了嗎？

　　Zuótiān nǐ xiàle kè, jiù huí jiā le ma?

　　　　Yesterday after you got out of class, did you (then) go
　　　　home?

8. 分（鐘）[fēn (zhōng)]　　*M(-N)*: **minute**

　　現在是六點十分。

　　Xiànzài shì liùdiǎn-shífēn.

　　　　It is now six ten.

　　一刻鐘有十五分鐘。

　　Yíkèzhōng yǒu shíwǔfēnzhōng.

　　　　There are fifteen minutes in a quarter of an hour.

9. 門口（ménkǒu）　　*N*: **entrance, doorway**

　　門（mén）　　*N*: **door, gate**

10. 等（děng）　　*V*: **to wait**

　　她在那裡等誰？

　　Tā zài nàlǐ děng shéi?

　　　　For whom is she waiting there?

11. 吧（ba）　　*P*: **question particle, implying probability**

　　你們昨天玩兒得好吧？

　　Nǐmen zuótiān wánrde hǎo ba?

　　　　You enjoyed yourselves yesterday, didn't you?

12. 過（guò）　　*V*: **to pass**

現在是九點過三分。

Xiànzài shì jiǔdiǎn guò sānfēn.

It is now three minutes past nine o'clock.

A:八點半到了嗎？

B:已經過了。

A: Bādiǎn-bàn dàole ma?

B: Yǐjīng guòle.

A: Is it 8:30 yet?

B: It is already after 8:30.

13. 上（shàng）　　*V*: **to go to, to get on, to board**

你上哪兒去？

Nǐ shàng nǎr qù?

Where are you going?

我去上課。

Wǒ qù shàngkè.

I'm going to the class.

他已經上飛機了。

Tā yǐjīng shàng fēijī le.

He already boarded the plane.

14. 起床（qǐchuáng）　　*VO*: **to get up**

我今天早上是六點起床的。

Wǒ jīntiān zǎoshàng shì liùdiǎn qǐchuáng de.

This morning I got up at six o'clock.

床（chuáng）　　*N*: **bed** (*M*: 張 zhāng)

15. 差（chà）　　*V*: **to lack, to be short of**

我的錢不夠，還差十塊錢。

Wǒde qián búgòu, hái chà shíkuài qián.

I don't have enough money. I'm still ten dollars short.

現在是差十分五點。

Xiànzài shì chà shífēn wǔdiǎn.

It is now ten minutes to five.

差不多 (chàbùduō)　　*A*: **about, almost**

他說的話，我差不多都懂。

Tā shuō de huà, wǒ chàbùduō dōu dǒng.

I almost understand all he says.

16. 火車站 (huǒchēzhàn)　　*N*: **train station**

我家離火車站很遠。

Wǒ jiā lí huǒchēzhàn hěn yuǎn.

My home is very far from the train station.

站 (zhàn)　　*V/N*: **to stand ; (train, bus) station**

公車站 (gōngchēzhàn)　　*N*: **bus stand, bus stop**

17. 沒問題 (méiwèntí)　　*IE*: **no problem**

A:你明天能來嗎？

B:沒問題，我一定能來。

A: Nǐ míngtiān néng lái ma ?

B: Méi wèntí, wǒ yídìng néng lái.

A: Can you come tomorrow ?

B: No problem, I can definitely come.

問題 (wèntí)　　*N*: **problem / question**

我有一個問題想請問您。

Wǒ yǒu yíge wèntí xiǎng qǐngwèn nín.

I have a question I want to ask you.

SUPPLEMENTARY VOCABULARY

18. 每 (měi)　　*DEM*: **every**

我弟弟每天七點起床。

Wǒ dìdi měitiān qīdiǎn qǐchuáng.

My younger brother gets up every day at seven o'clock.

19. 公司 (gōngsī)　　*N*: company (*M*: 家 jiā)

他的公司在什麼路？

Tāde gōngsī zài shénme lù ?

What road is his company on?

20. 上班 (shàngbān)

VO: to begin work, to start work, to go to work

你每天幾點上班？

Nǐ měitiān jǐdiǎn shàngbān ?

What time do you go to work every day?

班 (bān)　　*N/M*: class, measure word for a group

21. 休息 (xiūxí)　　*V*: to rest

我要休息十分鐘。

Wǒ yào xiūxí shífēnzhōng.

I want to rest for 10 minutes.

22. 一會兒 (yìhuǐr)

MA/N: a moment, a short while (一下 yíxià)

請你在這兒等一會兒／一下。

Qǐng nǐ zài zhèr děng yìhuǐr / yíxià .

Please wait here a moment.

23. 別的 (biéde)　　*N*: other

我就有一張桌子，沒有別的。

Wǒ jiù yǒu yìzāng zhuōzi , méiyǒu biéde.

I only have one table. I don't have any others.

別(的)人 (bié (de) rén)　　*N*: other people.

別 (bié)　　*A*: don't

別說英文！

Bié shuō Yīngwén !

Don't speak English!

24. 睡覺 (shuìjiào)　　*VO*: **to sleep**

你昨天睡了幾個鐘頭的覺？

Nǐ zuótiān shuìle jǐge-zhōngtóu-de jiào.

How many hours did you sleep yesterday?

睡 (shuì)　　*V*: **to sleep**

覺 (jiào)　　*N*: **sleep**

25. 夜裡 (yèlǐ)　　*MA/N(TW)*: **night**

昨天夜裡很冷。

Zuótiān yèlǐ hěn lěng.

Last night it was very cold.

夜 (yè)　　*M*: **night**

26. 對不起 (duìbùqǐ)　　*IE*: **I'm sorry; Excuse me.**

對不起，我不能去。

Duìbùqǐ, wǒ bùnéng qù.

Sorry, I can not go.

對不起，請問現在幾點鐘？

Duìbùqǐ, qǐngwèn xiànzài jǐdiǎnzhōng?

Excuse me, could you tell me what time it is?

4. SYNTAX PRACTICE

I. *Time Expressions by the Clock*

(I) Time When, by the Clock

三點鐘	three o'clock (3:00)
三點（零／過）五分	five minutes past three (3: 05)
三點十分	three-ten (3:10)
三點十五分（or 三點一刻）	three-fifteen (3:15)

三點二十（分）	three-twenty (3:20)
三點三十分（or 三點半）	three-thirty (3:30)
三點四十五（分）or 三點 三刻 or 差一刻四點 or 四點 差一刻	three forty-five (3:45), or fifteen minutes till four (3: 45)
三點五十（分）or 差十分 四點 or 四點差十分	three-fifty (3:50), or ten minutes to four (3:50)
三點多鐘	past three o'clock, between three and four o'clock
三、四點鐘	three or four o'clock

(Ⅱ) Time Spent, by the Clock

一分鐘	one minute
兩、三分鐘	two or three minutes
十分鐘	ten minutes
十幾分鐘（or 十多分鐘）	more than ten minutes (11-19 minutes)
十五分鐘（or 一刻鐘）	fifteen minutes, a quarter of an hour
三十分鐘（or 半個鐘頭）	thirty minutes, half an hour
四十五分鐘（or 三刻鐘）	forty-five minutes, three quarters of an hour
一個鐘頭	one hour
一個鐘頭零五分鐘	one hour and five minutes
一個半鐘頭	one and a half hours
一個多鐘頭	more than one hour (1-2 hours)

兩、三個鐘頭　　　　　two or three hours

十幾個鐘頭　　　　　over ten hours (11-19 hours)

II. *Time When Precedes the Verb*

(S)	Time When	(S) V	O

你 什麼時候 吃 晚飯？

When do you eat dinner?

我 六點半 吃 晚飯。

I eat dinner at 6:30

1. 你每天幾點鐘起床？

   我每天七點鐘起床。

2. 你明天下午幾點鐘來？

   我兩點十分來。

3. 你們什麼時候到他家去？

   我們今天下午去。

4. 她幾點鐘上課？

   她九點鐘上課。

5. 昨天他是幾點鐘睡覺的？

   夜裡一點多。

☞Look at the pictures and answer the questions below:

1. 他早上什麼時候起床？
2. 他幾點鐘吃午飯？
3. 他的火車幾點鐘開？
4. 他幾點鐘回家？

Ⅲ. *Time Spent Stands after the Verb*

（Ⅰ）

S	V	Time Spent
請　你	坐	一會兒。
Please have a seat for a moment.		

1. 我要休息十分鐘。
2. 對不起，請您等一會兒。

（Ⅱ）a.

S	(A)	V　Time Spent	（的）　O
我	每天	寫一個鐘頭	的中國字。
Every day I practice writing Chinese characters for one hour.			

b.

S	(A)	V	O，	V	Time Spent
我	每天	寫	中國字，	寫	一個鐘頭。
Every day I practice writing Chinese characters for one hour.					

1. *a.* 你每天上幾個鐘頭的中文課？
   　　我每天上兩個鐘頭的中文課。
   b. 你每天上中文課，上幾個鐘頭？
   　　我每天上中文課，上兩個鐘頭。
2. *a.* 我今天要教一個鐘頭的英文。
   b. 我今天教英文，要教一個鐘頭。
3. *a.* 他每天睡六、七個鐘頭的覺。
   b. 他每天睡覺，睡六、七個鐘頭。

☞Answer the questions below:

    1. 你每天睡幾個鐘頭的覺？

    2. 你每天上幾個鐘頭的中文課？

    3. 你每天看幾個鐘頭的電視？

    4. 現在你要休息幾分鐘？

IV. *SV 了 O as a Dependent Clause*

When the sentence pattern S V 了 O appears, it generally means that the sentence is unfinished. In this case there must follow a subsequent statement serving as the main clause that completes the sentence. Such a main clause is usually introduced by the fixed adverb 就. When this type of sentence pattern is used, the initial action in the beginning of the sentence is followed almost immediately by a second action.

a. Past

(TW)　S V_1　了　O_1,(S_2)　就　V_2 O_2 了
(昨天)我下 了 課，　就 回家了。
(Yesterday) after I got out of class, I went home.

b. Habitual Action

(TW)　　S　V_1 了 O_1,(S_2)　就　　V_2 O_2
(每天) 我 下了課，　就 回家。
(Everyday) after I get out of class, I go home.

c. Future

(TW)　S　V_1 了 O_1,　(S_2)就 (要) V_2　O_2
(今天)我下了課，　就 (要)回 家。
(Today) when I get out of class, I'll go home.

1. a.今天我吃了早飯，就到學校來了。
　　b.每天我吃了早飯，就到學校來。
　　c.明天我吃了早飯，就要到學校來。
2. a.她昨天吃了晚飯，就念書了。
　　b.她每天吃了晚飯，就念書。
　　c.她今天吃了晚飯，就要念書。
3. a.昨天下了班，我們就去喝酒了。
　　b.每天下了班，我們就去喝酒。
　　c.今天下了班，我們就要去喝酒。
4. a.那個孩子昨天到了家，就看電視了。
　　b.那個孩子每天到了家，就看電視。
　　c.那個孩子說他到了家，就要看電視。
5. a.昨天我很累，吃了飯，就睡覺了。
　　b.每天我都很累，吃了飯，就睡覺。
　　c.今天我很累，吃了飯，就要睡覺。

☞Please complete the following sentences:

1. 我每天早上看了報，＿＿＿＿＿＿＿＿＿＿。
2. 他昨天回了家，＿＿＿＿＿＿＿＿＿。
3. 我今天下了課，＿＿＿＿＿＿＿＿＿。
4. ＿＿＿＿＿＿＿＿＿，就休息了。
5. ＿＿＿＿＿＿＿＿＿，就回家。
6. ＿＿＿＿＿＿＿＿＿＿，就要去買東西。

5. COMBINATION PRACTICE

I . *Every one use*"你每天Ｖ多少時候的Ｏ？"*and* "你每天Ｖ
Ｏ，Ｖ多少時候？" *to ask a classmate questions. After he/
she has answered all the questions, then everybody should*

say his / her daily schedule.

Ⅱ. *Everyone use* "昨天你是幾點鐘ＶＯ的？" *to ask a classmate, the someone will give a composite description of what happened to him / her yesterday.*

Ⅲ. *Use* "S V₁, 了 O₁, 就 V₂ O₂" *sentence pattern, to say something one after another about one student's daily schedule.*

Ⅳ. *Situation*

Two students plan to go see a movie, play basketball (打ㄉㄚˇ籃ㄌㄢˊ球ㄑㄧㄡˊ dǎlánqiú) or watch a basketball game (看ㄎㄢˋ籃ㄌㄢˊ球ㄑㄧㄡˊ賽ㄙㄞˋ kàn lánqiú sài), etc.

6. **NOTES**

1. The units for measuring clock time in Chinese are: 點 (for hours) 刻 (for quarters on hour), 分 (for minutes). If one wishes to indicate the exact time, then 鐘 (clock) is often added after 點. However, in cases where the fractional time indicated is often omitted.

ex:　三點鐘	3:00
三點一刻	3:15
三點五十分	3:50

Note that when telling time, if the unit of time is over ten minutes, then 分 can be omitted.

| ex:　三點四十 | 3:40 |
| 五點十七 | 5:17 |

When telling time and the time unit after the hour is under ten minutes, a 零 (zero) or 過 (to pass) can be inserted.

| ex:　三點零五分 | 3:05 |
| 五點過五分 | 5:05 |

If only a few minutes remaining before the hour, say "差 X 分 Y 點" or "Y 點差 X 分"

| ex:　差三分十點／十點差三分 | 9:57 |

2. When expressing the time of day in Chinese the English word "hour" can be indicated by either 鐘頭 or 小時. One important difference between the two is that 鐘頭 must always use the measure word 個, whereas 小時 does not usually need this measure word. The reason that 小時 does not need 個 is because 小時 itself can act as a measure word. Also, of these two units for "hour" in Chinese, 小時 is often used in written Chinese, whereas 鐘頭 is not.

| ex:　一個鐘頭 | one hour |
| 一（個）小時 | one hour |

第十二課　我到外國去了八個多月^①

1. DIALOGUE

— I —

A：好久不見，聽說你到歐洲^②去了。

B：是啊，我到歐洲去了八個多月。

A：你都到了哪些國家^③？

B：我去了德國、英國，還有法國。

A：明年^④我也想到德國去旅行^⑤，什麼時候去最好？

B：我想從六月到十月天氣都不錯。冬天太冷了。^⑥

A：春天呢？

B：春天^⑦有的地方常下雨^⑧。

A：那，我應該^⑨夏天^⑩去。

B：對啊，夏天去最好。

Germany　France　England

— II ——————————

A：最近都沒看到你，你到哪兒去了？

B：我跟父母到日本去了一個星期，昨天剛回來的。
我們什麼時候考試，你知道嗎？

A：下星期三。

B：一共考多少課？

A：老師說一共考十二課。

B：你念了幾課了？

A：我已經念了七課了，你呢？

B：我在日本只看了兩課，還有十課沒看呢，怎麼
辦？

A：別著急，還有一星期呢。我現在要到圖書館去看
書，你去不去？

B：好啊，我跟你一起去。

ㄉㄟˋ ㄕˊ ㄦˋ ㄎㄜˋ　　ㄨㄛˇ ㄉㄠˋ ㄨㄞˋ ㄍㄨㄛˊ ㄑㄩˋ ㄌㄜ˙ ㄅㄚ ㄍㄜ˙ ㄉㄨㄛ ㄩㄝˋ

— I —

A：ㄏㄠˇ ㄐㄧㄡˇ ㄅㄨˋ ㄐㄧㄢˋ，ㄊㄥ ㄕㄨㄟˋ ㄋㄧˇ ㄉㄡ ㄓㄨ ㄑㄩˋ ㄌㄜ˙。

B：ㄕˋ ㄚ，ㄊㄛ ㄍㄠˋ ㄨ ㄓㄨ ㄑㄩˋ ㄌㄜ˙ ㄅㄚ ㄍㄜ˙ ㄩㄝˋ。

A：ㄋㄟˇ ㄉㄡ ㄉㄠˋ ㄌㄜ˙ ㄋㄧˇ ㄒㄧㄝ ㄍㄨㄛˊ ㄐㄧㄚ？

B：ㄊㄛ ㄑㄩˋ ㄌㄜ˙ ㄉㄜ˙ ㄍㄨㄛˊ、ㄧㄥ ㄍㄨㄛˊ，ㄈㄚˇ ㄧㄡ ㄈㄟ ㄍㄨㄛˊ。

A：ㄇㄥ ㄋㄢˊ ㄊㄛ ㄧㄝ ㄒㄧㄤ ㄉㄠˋ ㄍㄨㄛˊ ㄑㄩˋ ㄌㄧㄥ，ㄕˋ ㄇㄚ˙ ㄕˊ ㄋㄡ ㄑㄩˋ ㄍㄨㄛˋ ㄍㄠˇ？

B：ㄊㄛ ㄒㄧㄤˊ ㄊㄢˊ ㄉㄠˋ ㄐㄩ ㄉㄠˋ ㄕˋ ㄐㄩ ㄊㄢ ㄑㄧˋ ㄅㄡ ㄅㄣ ㄎㄣˋ。ㄅㄛ ㄊㄧㄢ ㄊㄢ ㄌㄥˇ ㄌㄜ˙。

A：ㄔ ㄊㄢ？

B：ㄔ ㄊㄢ ㄈㄟ ㄉㄜ˙ ㄅㄛ ㄈㄤ ㄤ ㄒㄧㄚ ㄩˇ。

A：ㄋㄚˋ，ㄊㄛ ㄥˊ ㄍㄞˇ ㄒㄧㄚ ㄊㄢ ㄑㄧㄣ。

B：ㄅㄨˋ ㄚˋ，ㄒㄧㄚ ㄊㄢ ㄑㄩˋ ㄨㄟˇ ㄏㄠˇ。

— II —

A：ㄗㄨ ㄐㄧㄣ ㄅㄨˋ ㄇㄟˇ ㄎㄢˋ ㄉㄠˋ ㄋㄧˇ，ㄋㄟˇ ㄍㄠˋ ㄋㄚˇ ㄦˊ ㄑㄩˋ ㄌㄜ˙？

B：ㄊㄛ ㄍㄨˋ ㄈㄨˋ ㄇㄟˇ ㄉㄠˋ ㄇㄣ ㄑㄩˋ ㄌㄜ˙ ㄧˇ ㄍㄜ˙ ㄒㄧㄥ ㄑㄧ，ㄗㄨˊ ㄊㄧㄢ ㄤ ㄨㄟˇ ㄌㄞˊ ㄌㄜ˙。ㄊㄛ ㄇㄣˋ ㄕˋ ㄇㄜˋ ㄕˊ ㄏㄡˇ ㄎㄞˇ ㄕˇ，ㄋㄧˇ ㄓ ㄉㄠˋ ㄇㄚ˙？

A：ㄒㄧㄚ ㄒㄧㄥ ㄑㄧ ㄙㄢ。

B：ㄧˇ ㄍㄨㄥˇ ㄎㄢˇ ㄅㄛ ㄕㄠˇ ㄊㄧㄢ？

A：ㄉㄠˋ ㄕˋ ㄕㄨˊ ㄧˇ ㄍㄨㄥˇ ㄉㄠˋ ㄕˊ ㄦˋ ㄎㄢˇ。

B：ㄋㄧˇ ㄎㄢˋ ㄌㄜ˙ ㄐㄧˇ ㄎㄢˇ ㄌㄜ˙？

A：ㄊㄛ ㄧˇ ㄐㄧㄢ ㄋㄧˇ ㄌㄞˋ ㄑㄧ ㄎㄜˇ ㄌㄜ˙，ㄋㄟˇ ㄋㄜ˙？

B：ㄊㄛ ㄗㄞˋ ㄇㄣ ㄅㄣ ㄓㄜ ㄎㄢˇ ㄌㄜ˙ ㄉㄤ ㄊㄢ，ㄌㄞˇ ㄧㄡ ㄕˊ ㄍㄜ˙ ㄇㄢˊ ㄎㄢˇ，ㄕㄣˇ ㄇㄜ˙ ㄅㄣˇ？

A：ㄅㄧㄝˊ ㄓㄠ ㄐㄧˊ，ㄏㄞˇ ㄧㄡ ㄧˇ ㄒㄧㄥ ㄑㄧ ㄋㄢˊ。ㄊㄛ ㄒㄧㄢ ㄗㄞˇ ㄧˇ ㄉㄠˋ ㄊㄤ ㄕˋ ㄍㄨㄥˇ ㄑㄧㄢˇ ㄕㄨˋ，ㄋㄧˇ ㄍㄨˋ ㄅㄨˋ ㄍㄨˋ？

B：ㄏㄠˇ ㄚˋ，ㄊㄛ ㄍㄣ ㄋㄧˇ ㄧˇ ㄑㄧˇ ㄍㄨˋ。

Dì Shíèr Kè　Wǒ Dào Wàiguó Qùle Bāge-Duō Yuè

―― I ――

A: Hǎo jiǔ bújiàn, tīngshuō nǐ dào Ōuzhōu qùle.

B: Shì a, wǒ dào Ōuzhōu qùle bāge-duō yuè.

A: Nǐ dōu dàole něixiē guójiā?

B: Wǒ qùle Déguó, Yīngguó, háiyǒu Fàguó.

A: Míngnián wǒ yě xiǎng dào Déguó qù lǚxíng, shénme shíhòu qù zuì hǎo?

B: Wǒ xiǎng cóng liùyuè dào shíyuè tiānqì dōu búcuò. Dōngtiān tài lěng le.

A: Chūntiān ne?

B: Chūntiān yǒude dìfāng cháng xiàyǔ.

A: Nà, wǒ yīnggāi xiàtiān qù.

B: Duì a, xiàtiān qù zuì hǎo.

―― II ――

A: Zuìjìn dōu méikàndào nǐ, nǐ dào nǎr qùle?

B: Wǒ gēn fùmǔ dào Rìběn qùle yíge xīngqí, zuótiān gāng huílái de. Wǒ men shénme shíhòu kǎoshì, nǐ zhīdào ma?

A: Xià xīngqísān.

B: Yígòng kǎo duō shǎo kè?

A: Lǎoshī shuō yígòng kǎo shíèrkè.

B: Nǐ niànle jǐkè le?

A: Wǒ yǐjīng niànle qīkè le, nǐ ne?

B: Wǒ zài Rìběn zhǐ kànle liǎngkè, hái yǒu shíkè méikàn ne, zěnme bàn?

A: Bié zhāojí, hái yǒu yìxīngqí ne. Wǒ xiànzài yào dào túshūguǎn qù kànshū, nǐ qù búqù?

B: Hǎo a, wǒ gēn nǐ yìqǐ qù.

LESSON 12

I WENT ABROAD FOR MORE THAN EIGHT MONTHS

— I —

A: Long time no see. I heard you went to Europe.

B: Yes, I went to Europe for more than eight months.

A: Which countries did you go to?

B: I went to Germany, England, and France, too.

A: I am also thinking to take a trip to Germany next year. What's the best time to go?

B: I think from June to October the weather is pretty good. Winter is too cold.

A: How about spring?

B: In spring it rains quite often in some places.

A: Well, in that case I'll go in summer.

B: Right, it's best to go in summer.

— II —

A: I haven't seen you recently, where did you go?

B: I went to Japan for a week with my parents, and just came back yesterday. When are we going to have our test, do you know?

A: Next Wednesday.

B: How many chapters did the teacher say were going to be on the test?

A: Twelve chapters.

B: How many chapters have you read?

A: I've already read seven chapters. I still have five chapters left.

B: I only read two chapters in Japan. I still have ten chapters left.

A: Don't be nervous. You still have one week. I want to go to the library now to study. Do you want to go?

B: OK, I'll go with you.

2. NARRATION

　　今年八月張老師在歐洲旅行了兩個星期，去了很多有名的地方，覺得很有意思。他說歐洲的夏天天氣很好，旅行的人最多。冬天太冷，秋天不冷不熱，可是有的地方常下雨[18]，所以到歐洲去旅行，春天、夏天是最好的季節[19]。

　　張老師在歐洲只去了德國、法國兩個國家，他還想到別的地方去看看，可是時間不夠[20]，明年春天他要再到歐洲去，他聽說那裡的春天風景[21]很美。

　　ㄐㄧㄣ ㄋㄧㄢˊ ㄅㄚ ㄩㄝˋ ㄓㄤ ㄌㄠˇ ㄕ ㄗㄞˋ ㄡ ㄓㄡ ㄌㄩˇ ㄒㄧㄥˊ ㄌㄜ˙ ㄌㄧㄤˇ ㄍㄜ˙ ㄒㄧㄥ ㄑㄧ，ㄑㄩˋ ㄌㄜ˙ ㄏㄣˇ ㄉㄨㄛ ㄧㄡˇ ㄇㄧㄥˊ ㄉㄜ˙ ㄉㄧˋ ㄈㄤ，ㄐㄩㄝˊ ㄉㄜ˙ ㄏㄣˇ ㄧㄡˇ ㄧˋ ㄙ˙。ㄊㄚ ㄕㄨㄛ ㄡ ㄓㄡ ㄉㄜ˙ ㄒㄧㄚˋ ㄊㄧㄢ ㄊㄧㄢ ㄑㄧˋ ㄏㄣˇ ㄏㄠˇ，ㄌㄩˇ ㄒㄧㄥˊ ㄉㄜ˙ ㄖㄣˊ ㄗㄨㄟˋ ㄉㄨㄛ。ㄉㄨㄥ ㄊㄧㄢ ㄊㄞˋ ㄌㄥˇ，ㄑㄧㄡ ㄊㄧㄢ ㄅㄨˋ ㄌㄥˇ ㄅㄨˊ ㄖㄜˋ，ㄎㄜˇ ㄕˋ ㄧㄡˇ ㄉㄜ˙ ㄉㄧˋ ㄈㄤ ㄔㄤˊ ㄒㄧㄚˋ ㄩˇ，ㄙㄨㄛˇ ㄧˇ ㄉㄠˋ ㄡ ㄓㄡ ㄑㄩˋ ㄌㄩˇ ㄒㄧㄥˊ，ㄔㄨㄣ ㄊㄧㄢ、ㄒㄧㄚˋ ㄊㄧㄢ ㄕˋ ㄗㄨㄟˋ ㄏㄠˇ ㄉㄜ˙ ㄐㄧˋ ㄐㄧㄝˊ。

　　ㄓㄤ ㄌㄠˇ ㄕ ㄗㄞˋ ㄡ ㄓㄡ ㄓˇ ㄑㄩˋ ㄌㄜ˙ ㄉㄜˊ ㄍㄨㄛˊ、ㄈㄚˇ ㄍㄨㄛˊ ㄌㄧㄤˇ ㄍㄜ˙ ㄍㄨㄛˊ ㄐㄧㄚ，ㄊㄚ ㄏㄞˊ ㄒㄧㄤˇ ㄉㄠˋ

ㄅㄟˊ ㄉ˙ ㄅㄧ ㄉㄨㄛˋ ㄩㄢˊ ㄅㄢˇ ㄅㄢˇ , ㄎㄜˇ ㄕˋ ㄕˊ ㄐㄧㄢ ㄅㄨˊ ㄍㄡˋ , ㄇㄧㄥˊ ㄋㄧㄢˊ ㄔㄨㄣ ㄊㄧㄢ ㄊㄚ ㄧㄠˋ ㄗㄞˋ ㄉㄠˋ ㄡ ㄓㄡ ㄑㄩˋ , ㄊㄚ ㄊㄧㄥ ㄕㄨㄛ ㄋㄚˋㄌㄧˇ ㄉ˙ ㄔㄨㄣ ㄊㄧㄢ ㄈㄥ ㄐㄧㄥˇ ㄏㄣˇ ㄇㄟˇ 。

Jīnnián bāyuè Zhāng lǎoshī zài Ōuzhōu lǚxíngle liǎngge xīngqí, qù-le hěn duō yǒumíng de dìfāng, juéde hěn yǒuyìsī. Tā shuō Ōuzhōude xiàtiān tiānqì hěn hǎo, lǚxíngde rén zuì duō. Dōngtiān tài lěng, qiūtiān bùlěng búrè, kěshì yǒude dìfāng cháng xiàyǔ, suǒyǐ dào Ōuzhōu qù lǚ-xíng, chūntiān, xiàtiān shì zuì hǎode jìjié.

Zhāng lǎoshī zài Ōuzhōu zhǐ qùle Déguó, Fàguó liǎngge guójiā, tā hái xiǎng dào biéde dìfāng qù kànkàn, kěshì shíjiān búgòu, míngnián chūntiān tā yào zài dào Ōuzhōu qù, tā tīngshuō nàlǐde chūntiān fēngjǐng hěn měi.

In August of this year Teacher Zhang took a trip to Europe for two weeks, visiting many famous places and thinking it was very interesting. He said the weather in Europe is best in the summer and that's when the most people travel. It's too cold in winter. Fall is neither hot nor cold; however in some places it rains quite often. So spring and summer are the best times to travel in Europe.

Teacher Zhang only visited Germany and France. He wished he could see other places, but there wasn't enough time. Next year he wants to go back to Europe again. He heard that spring time is very beautiful there.

3. VOCABULARY

1. 月 (yuè)　　*N*: month

現在是幾月？
Xiànzài shì jǐyuè?
What month is it?

2. 歐洲 (Ōuzhōu)　　　*N*: **Europe**

明年我想到歐洲去。

Míngnián wǒ xiǎng dào Ōuzhōu qù .

Next year I want to go to Europe.

3. 國家 (guójiā)　　　*N*: **nation, country**

中國是一個很大的國家。

Zhōngguó shì yíge hěn dàde guójiā .

China is a very large country.

4. 明年 (míngnián)　　　*MA/N(TW)*: **next year**

明年你要到哪兒去？

Míngnián nǐ yào dào nǎr qù?

Where do you want to go next year?

年 (nián)　　　*N/M*: **year**

一年有十二個月。

Yìnián yǒu shíèrge yuè .

There are twelve months in a year.

去年 (qùnián)　　　*MA/N(TW)*: **last year**

今年 (jīnnián)　　　*MA/N(TW)*: **this year**

新年 (xīnnián)　　　*MA/N(TW)*: **new year**

5. 旅行 (lǚxíng)　　　*V/N*: **to travel, to take a trip**

我很喜歡旅行。

Wǒ hěn xǐhuān lǚxíng .

I love traveling.

旅館 (lǚguǎn)　　　*N*: **hotel, inn** (*M*: 家 jiā)

行 (xíng)　　　*SV*: **to be OK, to be permitted**

明天去，行不行？

Míngtiān qù, xíng bùxíng ?

Would it be OK to go tomorrow?

6. 冬天（dōngtiān）　　*MN/N(TW)*: **winter, wintertime**

　美國冬天的天氣怎麼樣？
　　Měiguó dōngtiānde tiānqì zěnmeyàng?
　　What's the winter weather like in America?

7. 春天（chūntiān）　　*MA/N(TW)*: **spring, springtime**

　明年春天我要去法國旅行。
　　Míngnián chūntiān wǒ yào qù Fàguó lǚxíng.
　　I want to travel to France next spring.

8. 下雨（xiàyǔ）　　*VO*: **to rain**

　外面在下雨呢。
　　Wàimiàn zài xiàyǔ ne.
　　It's raining outside.

　雨（yǔ）　　*N*: **rain** (*M*:場 chǎng)

9. 應該（yīnggāi）　　*AV*: **should, ought to**

　你每天應該念三個鐘頭的書。
　　Nǐ měitiān yīnggāi niàn sānge zhōngtóu-de shū.
　　You should study every day for three hours.

　該（gāi）　　*AV*: **should**

10. 夏天（xiàtiān）　　*MA/N(TW)*: **summer, summertime**

　夏天去旅行的人最多。
　　Xiàtiān qù lǚxíng de rén zuì duō.
　　Summertime is when the most people go traveling.

11. 最近（zuìjìn）　　*MA*: **recently, lately**

　最近這兒常下雨。
　　Zuìjìn zhèr cháng xiàyǔ.
　　Recently it has often rained here.

12. 看到 (kàndào)　　*V*: **to see**

你是什麼時候看到他的？
Nǐ shì shénme shíhòu kàndào tā de?
When did you see him ?

13. 星期 (xīngqí)　　　*N*: **week** (禮拜 lǐbài)

一個月有四個多星期。
Yíge yuè yǒu sìge-duō xīngqí .
　　One month contains a little more than four weeks.

期 (qí)　　*M*: **measure word for school semesters**

學期 (xuéqí)　　*N/M*: **semester**

14. 剛 (gāng)　　*A*: **just, recently**

那個學生剛從英國來。
Nèige xuéshēng gāng cóng Yīngguó lái .
　　That student just came from England.

剛剛 (gānggāng)　　*MA(TW)/A*: **just now**

剛剛你說什麼？
Gānggāng nǐ shuō shénme ?
　　What did you say just now?

15. 考試 (kǎoshì)　　*VO/N*: **to take a test; test, exam**

學生都不喜歡考試。
Xuéshēng dōu bùxǐhuān kǎoshì .
　　All students don't like tests.

考 (kǎo)　　*V*: **to test**

我明天要考英文。
Wǒ míngtiān yào kǎo Yīngwén .
　　Tomorrow I have an English test.

試 (shì)　　*V*: **to try**

試試看 (shìshìkàn)　　*IE*: **to try and see**

這ㄓㄜ枝ㄓ筆ㄅ一很ㄏㄣ好ㄏㄠ，你ㄋ一試ㄕ試ㄕ看ㄎㄢ。

Zhèizhī bǐ hěn hǎo, nǐ shìshìkàn .

This pen is very good, try it.

口ㄎㄡ試ㄕ（kǒushì）　　*N*: **oral test**

筆ㄅ一試ㄕ（bǐshì）　　*N*: **written test**

16. 怎ㄗㄣ麼ㄇㄜ辦ㄅㄢ（zěnmebàn）

IE: **What now? What am I supposed to do now? What happens……?**

我ㄨㄛ的ㄉㄜ錢ㄑ一ㄢ不ㄅㄨ夠ㄍㄡ，怎ㄗㄣ麼ㄇㄜ辦ㄅㄢ？

Wǒde qián búgòu, zěnmebàn ?

I haven't got enough money, what am I supposed to do now?

辦ㄅㄢ（bàn）　　*V*: **to handle, to manage**

這ㄓㄜ件ㄐ一ㄢ事ㄕ，你ㄋ一辦ㄅㄢ得ㄉㄜ很ㄏㄣ好ㄏㄠ。

Zhèijiàn shì, nǐ bànde hěn hǎo.

You handled this affair very well.

17. 著ㄓㄠ急ㄐ一（zhāojí）　　*SV*: **to be nervous, anxious**

因一ㄣ為ㄨㄟ錢ㄑ一ㄢ不ㄅㄨ夠ㄍㄡ，所ㄙㄨㄛ以一他ㄊㄚ很ㄏㄣ著ㄓㄠ急ㄐ一。

Yīnwèi qián búgòu, suǒyǐ tā hěn zhāojí .

Because the money was not enough, he was nervous.

急ㄐ一（jí）　　*SV*: **to be anxious, rushing**

還ㄏㄞ早ㄗㄠ呢ㄋㄜ，急ㄐ一什ㄕㄣ麼ㄇㄜ？

Hái zǎo ne, jí shénme ?

It's still early, what are you rushing about for?

SUPPLEMENTARY VOCABULARY

18. 秋ㄑ一ㄡ天ㄊ一ㄢ（qiūtiān）　　*MA/N(TW)*: **autumn, fall**

19. 季ㄐ一節ㄐ一ㄝ（jìjié）　　*N*: **season**

季ㄐ一（jì）　　*N/M*: **season**

一年有四季。

Yìnián yǒu sìjì.

One year has four seasons.

春季(chūnjì)　　*MA/N(TW)*: **spring**

夏季(xiàjì)　　*MA/N(TW)*: **summer**

秋季(qiūjì)　　*MA/N(TW)*: **autumn, fall**

冬季(dōngjì)　　*MA/N(TW)*: **winter**

雨季(yǔjì)　*MA/N(TW)*: **rainy season, monsoon season**

節(jié)　　*N/M*: **festival; section (for classes)**

節日(jiérì)　　*N*: **holiday**

春節(chūnjié)

N: **Spring Festival (Chinese new year)**

中秋節(Zhōngqiūjié)　　*N*: **Mid Autumn Festival**

20. 時間(shíjiān)　　*N*: **time**

我很忙，沒有時間看電視。

Wǒ hěn máng, méiyǒu shíjiān kàn diànshì.

I'm very busy, I don't have time to watch TV.

21. 風景(fēngjǐng)　　*N*: **scenery, view, landscape**

她說那兒秋天的風景很美。

Tā shuō nàr qiūtiānde fēngjǐng hěn měi.

She said the fall scenery is very pretty there.

22. 號(hào)　　*M*: **measure word for numbers and dates**

今天是幾月幾號？

Jīntiān shì jǐyuè jǐhào?

What is today's month and date?

23. 輛ㄌㄧㄤ (liàng)　　*M*: **measure for cars, buses, etc.**

24. 好ㄏㄠ幾ㄐㄧ (hǎojǐ)　　*A-NU*: **quite a few**

我ㄨㄛ有ㄧㄡ好ㄏㄠ幾ㄐㄧ個ㄍㄜ法ㄈㄚ國ㄍㄨㄛ朋ㄆㄥ友ㄧㄡ。

Wǒ yǒu hǎo jǐ ge Fàguó　péngyǒu.

I have quite a few French friends.

25. 住ㄓㄨ (zhù)　　*V*: **to stay, to live**

我ㄨㄛ在ㄗㄞ這ㄓㄜ兒ㄦ住ㄓㄨ了ㄌㄜ十ㄕ年ㄋㄧㄢ了ㄌㄜ。

Wǒ zài zhèr zhùle shíniánle.

I've living here for ten years.

4. SYNTAX PRACTICE

Ⅰ. *Time Expressions with Year, Month, Day, and Week*

（Ⅰ） Time When with Year, Month, Day and Week

a. 年 The Year

一千九百年／一九〇〇年	1900
一千八百零五年／一八〇五年	1805
一千九百九十年／一九九〇年	1990
一千七百八十九年／一七八九年	1789
去年	last year
今年	this year
明年	next year
哪年？	which year?

b. 月 The Month

一月	January
二月	February
三月	March

四月	April
五月	May
六月	June
七月	July
八月	August
九月	September
十月	October
十一月	November
十二月	December
幾月？	which month (of the 12)?
上（個）月	last month
這（個）月	this month
下（個）月	next month
哪（個）月？	which month?

c. 號 The Day

一號	first
二號	second
十號	tenth
十五號	fifteenth
三十一號	thirty first
幾號？	which day (of the 31)?
昨天	yesterday
今天	today
明天	tomorrow
哪天？	which day?

d. 星期 The Week

星期天／星期日	Sunday
星期一	Monday
星期二	Tuesday

星期三	Wednesday
星期四	Thursday
星期五	Friday
星期六	Saturday
星期幾？	Which day (of the week)?

上（個）星期 last week

這（個）星期 this week

下（個）星期 next week

哪（個）星期 which week?

(Ⅱ) Time Spent with Year, Month, Day and Week

a. 年 Year(s)

半年	half a year
一年	one year
一年半	one and a half year
一年多	more than one but less than two years
兩、三年	two or three years
十幾年	more than ten years (11-19 years)
幾年？	how many years?

b. 月 Month(s)

半個月	half a month
一個月	one month
兩個半月	two and a half months
三個多月	more than three but less than four months
五、六個月	five or six months
幾個月？	how many months?

c. 星期 Week(s)

一（個）星期	one week
兩個多星期	more than two but less than

three weeks

三、四（個）星期　　three or four weeks

幾（個）星期？　　　how many weeks?

d. 天 Day(s)

半天　　　　　half a day

一天　　　　　one day

一天半　　　　one and a half days

一天多　　　　more than one but less than two days

七、八天　　　even or eight days

二十幾天　　　more than twenty days (21-29 days)

幾天？　　　　how many days?

Ⅱ. *Single and Double* 了 *with Quantified Objects*

When the object is quantified, 了 can be used after the verb, or can be placed both after the verb and at the end of the sentence.

a. Single 了 with Quantified Objects

When 了 is used only once in the sentence, after the verb, it indicates that the action was completed at some certain time in the past.

S	(A)	V 了	NU-M	O
我	昨天	學 了	二十個	中國字。

Yesterday I learned twenty Chinese characters.

b. Double 了 with Quantified Objects

When 了 occurs both after the verb and at the end of the sentence, it means that a certain quantified action has so far already been completed.

S	(A)	V 了	NU-M	O	了
我	已經	學 了	三百個	中國字了。	

I've already learned three hundred Chinese characters.

1. *a.*我上星期買了三本書。

　　*b.*我已經看了兩本了。

2. *a.*你昨天晚上喝了幾杯酒？

　　*b.*你已經喝了三杯酒了，你還要喝嗎？

3. *a.*這本書，上個月我念了四課。

　　*b.*這個月我們已經念了三課了。

4. *a.*他去年買了一輛汽車。

　　*b.*他已經買了一輛汽車了，為什麼還要買一輛？

5. *a.*我一共給了他二十塊錢，請他去買一點兒吃的東西。

　　*b.*我已經給了他二十塊錢了，還不夠嗎？

☞Insert the given word using proper sentence pattern:

a. 1. 我昨天喝咖啡了。（兩杯）

　　2. 她那天晚上唱歌兒了。三首 (shǒu)*

　　3. 他上個月買照像機了。（一個）

　　4. 我們剛剛說話了。（很多）

b. 1. 我寫中國字。（已經一百個）

　　2. 我們念書。（已經十一課）

　　3. 她唱歌兒。（已經好幾首）

　　4. 她買衣服。（已經很多）

Ⅲ. *Single and Double* 了 *with Time Spent*

a. When 了 is used only once in the clause or sentence, after the verb, it indicates that the action went on for some time at some certain time in the past.

b. If 了 occurs both after the verb and at the end of the clause or sentence, it means that the action has so far already been going on for some time.

---

*首 (shǒu) : measure word for songs

（Ⅰ）

	S	(A)	V 了 Time Spent (了)	
a.	我們	只	休息了十分鐘。	
	We only rested for ten minutes.			
b.	我們	已經	休息了半個鐘頭了，你還累嗎？	
	We've already rested for half an hour, and are you still tired？			

1. a.他等了十分鐘，就走了。

　　b.我已經等了一個鐘頭了。

2. a.去年，他在這兒住了半年。

　　b.我已經在這兒住了半年了。

3. a.我們走了二十分鐘，就到了。

　　b.我們已經走了二十分鐘了，還沒到嗎？

4. a.他回來了一個星期，就走了。

　　b.他已經回來了一個星期了。

（Ⅱ）

	S	(A)	V 了 Time Spent	(的) O (了)
a.	我	去年	學了 三個月	的中文。
	Last year I studied Chinese for three months.			
b.	我	已經	學了 三個月	的中文了。
	I've already studied Chinese for three months.			

1. a.昨天我上了五個鐘頭的課。

　　b.今天我已經上了三個鐘頭的課了。

2. a.去年夏天我做了兩個月的事。

　　b.我已經做了十年的事了。

3. a.昨天我畫了一天的畫兒。

　　b.你畫了一天的畫兒了，休息一會兒吧。

(Ⅲ)

	S	V	O,	V	了	Time Spent	(了)
a.	我去年學		中文，	學	了	三個月	。
	Last year I studied Chinese for thee months.						
b.	我		學中文，	已經學了		三個月	了。
	I've already studied Chinese for three months.						

1. *a.* 昨天我開車，開了六個鐘頭。

　　b. 我開車，已經開了六年了。

2. *a.* 昨天你看電視，看了幾個鐘頭？

　　b. 他看電視，已經看了好幾個鐘頭了。

3. *a.* 去年我在中國教英文，教了六個多月。

　　b. 我教英文，教了十幾年了。

☞Insert the given words, using proper sentence pattern:

a.

　　1. 去年夏天，我到紐約去了（十天）

　　2. 昨天我學日文了。　　　　（兩個鐘頭）

　　3. 上個月他上課了。　　　　（二十天）

　　4. 今天早上我們跳舞了。　　（一個鐘頭）

b.

　　1. 孩子在外面玩兒。　　　　　（已經半天）

　　2. 我學中文。　　　　　　　　（已經四個月）

　　3. 他們說話。　　　　　　　　（已經半個鐘頭）

　　4. 你們跳舞，不累嗎？　　　　（已經三個鐘頭）

5. COMBINATION PRACTICE

Ⅰ. *Each students use "last year", "last month", "last week" or "yesterday" to describe an activity which was going on up to a certain point, in the past.*

ex:我去年教了八個月的中文。

Last year I taught eight months of Chinese.

我昨天寫了一百多個中國字。

Yesterday I wrote more than 100 Chinese characters.

Ⅱ. *Each student describes an activity which has been in progress up to present.*

ex:我在這個大學已經念了半年多了。

I've already studied at this university over half a year.

這本書，我已經念了十二課了。

I've already read 12 chapters of this book.

Ⅲ. *Situations*

1. Use vacation a student has taken as a conversation topic to practice sentence patterns.

2. Teacher and students discuss test material, test date and testing method.

3. Two students use the four seasons as a conversation topic.

6. NOTES

1. When time-when expressions such as the date, the day of the week, etc. are used as a predicate, the verb 是 (shì)can be omitted.

ex:明天（是）幾號？　　　　　　　What's the date tomorrow?

今天（是）星期五。　　　　　Today is Friday.

2. In Chinese, when talking about dates, addresses, etc., terms with larger scope always precede those with smaller scope, and 的(de) need not be inserted between numbers or time words.

ex:一九〇〇年十二月二號早上八點鐘

8:00 a.m. December 22nd, 1900

今天早上　　　　　　　　　　　this morning

東三路三十號　　　　　　　　　#30, East 3rd Rd.

3. When telling the day of the week, 禮拜 can be substituted for 星期, but 星期 is the more commonly used written form.

ex:星期五　　　　　Friday

禮拜五　　　　　Friday

4. 半天 can mean either "half day" or a "long time".

ex:我星期六只做半天的事。

I only work half a day on Saturday.

我說了半天，他還是不懂。

I talked to him for a long time, but he still didn't understand.

5. 一天 can mean either "a day" or "an entire day".

ex:他只能來一天。　　He can only come for a day.

今天我玩兒了一天，現在很想睡覺。

I played all day today and now I really want to go to sleep.

Note that 一 can sometimes have the meaning of "whole".

ex:他們一家人都很忙。　　Their whole family is very busy.

6. 好 can be used as an adverb.

ex:我來了好幾天了。　　I've been here for quite a few days.

外面有好多人。　　There are a lot of people outside.

今天好熱啊!　　It's really hot today!

Note that 好 has been used for emphasis.

第十三課　　我生病了^①

1. DIALOGUE

—— I ——————————————————————

A：這個週末^②，你到哪兒去了？

B：我沒到哪兒去。我生病了。

A：你怎麼了^③？哪兒不舒服^④？

B：上個禮拜^⑤我常常覺得很累，也不太想吃東西。

A：看醫生^⑥了嗎？

B：看了。

A：醫生怎麼說？

B：他說是感冒^⑦，沒什麼關係^⑧，不必^⑨吃藥^⑩，休息幾天
　就沒事兒^⑪了^⑫。

A：現在覺得怎麼樣？

B：差不多好了^⑬，謝謝。

── II ────────────────────

A：你感冒好了沒有？

B：早就好了。

A：新年快到了，我們有二十幾天的假^⑭，你打算^⑮做什麼？

B：還不一定。我有一個朋友，他家在鄉下^⑯，我也許^⑰到他那兒住幾天，你呢？

A：我可能^⑱跟朋友到山^⑲上去滑雪^⑳。

B：你們怎麼去呢？

A：我們開車去。

B：天氣太冷，開車得特別^㉑小心^㉒啊^㉓！

A：放心^㉔，我開車開了快三年了，我開得很好。

ㄉㄧˋ ㄕˊ ㄙㄢ ㄎㄜ˙　ㄨㄛˇ ㄕㄥ ㄅㄧㄥˋ ㄌㄜ˙

── I ────────────────────────────

A：ㄓㄤ ㄍㄜ˙ ㄓㄜ ㄇㄛ˙，ㄋㄧˇ ㄠ ㄋㄟˇ ㄦ ㄑㄩˋ ㄌㄜ˙？

B：ㄨㄛˇ ㄇㄟ ㄅㄠˇ ㄋㄧㄚ ㄦ ㄑㄩˋ。ㄨㄛˇ ㄕㄥ ㄅㄧㄥˋ ㄌㄜ˙。

A：ㄋㄧˇ ㄕㄣ ㄇㄜ˙ ㄌㄜ˙？ㄋㄧˇ ㄦ ㄅㄨˋ ㄕㄨ ㄈㄨˊ？

B：ㄕㄤ ㄍㄜ˙ ㄅㄞ ㄉㄞˇ ㄊㄛ ㄊㄛ ㄝ ㄐㄧㄝ ㄌㄢˇ ㄟˋ，ㄝ ㄅㄣ ㄊㄞ ㄒㄧㄤ ㄔ ㄉㄨㄥ ㄒㄧ。

A：ㄎㄢ ㄧ ㄕㄥ ㄌㄜ˙ ㄇㄚ？

B：ㄎㄢ ㄌㄜ˙。

A：ㄧ ㄕㄥ ㄕㄣ ㄇㄜ˙ ㄕㄨㄛ？

B：ㄊㄚ ㄕㄨㄛ ㄕˇ ㄍㄢˇ ㄇㄠˋ，ㄇㄟˇ ㄕㄣ ㄇㄜ˙ ㄍㄨㄢ ㄒㄧ，ㄉㄨㄛ ㄅㄟˇ ㄔ ㄠˋ，ㄧㄡ ㄒㄧ ㄐㄧ ㄊㄧㄢ ㄓㄨˋ ㄇㄟ ㄕˇ ㄦ ㄌㄜ˙。

A：ㄒㄧㄢ ㄗㄞˋ ㄐㄩㄝ ㄉㄜˊ ㄗㄣ ㄇㄜ˙ ㄧㄤˊ？

B：ㄔㄚ ㄅㄨ ㄉㄨㄛ ㄏㄠˇ ㄌㄜ˙，ㄒㄧㄝ ㄒㄧㄝ。

── Ⅱ ────────────────────────────

A：ㄋㄧˇ ㄍㄞ ㄇㄠ ㄍㄠˋ ㄌㄜ˙ ㄇㄟ ㄧㄡˇ？

B：ㄕㄠ ㄐㄧㄡˋ ㄏㄠˇ ㄌㄜ˙。

A：ㄒㄧㄣ ㄋㄧㄢ ㄎㄞ ㄅㄠˇ ㄌㄜ˙，ㄔㄤ ㄇㄣ ㄧㄡˋ ㄦ ㄕˋ ㄐㄧㄝ ㄊㄜˊ ㄌㄜ˙ ㄐㄩˋ，ㄋㄧˇ ㄉㄚˊ ㄙㄨㄢ ㄗㄣ ㄇㄜ˙？

B：ㄏㄞˊ ㄇㄟ ㄧ ㄉㄧㄥˋ。ㄔㄤ ㄧㄡˇ ㄧˇ ㄍㄜ˙ ㄆㄥˊ ㄧㄡˇ，ㄊㄚ ㄐㄩˋ ㄚ ㄒㄧㄣ ㄒㄧ，ㄔㄤ ㄒㄧㄝˇ ㄒㄧㄣ ㄊㄜ˙ ㄋㄧㄚ ㄦ ㄓㄨˋ ㄐㄧ ㄊㄧㄢ，ㄋㄧˇ ㄋㄜˊ？

A：ㄨㄛˇ ㄎㄜ ㄋㄥˊ ㄍㄣ ㄨㄛˇ ㄇㄟ ㄅㄠˇ ㄕˇ ㄕㄤ ㄑㄩ ㄏㄞˇ ㄒㄧㄝ˙。

B：ㄋㄧˇ ㄇㄣ ㄕㄣ ㄇㄜ˙ ㄑㄩˊ ㄌㄜ˙？

A：ㄨㄛˇ ㄇㄣ ㄎㄞ ㄔㄜ ㄑㄩˊ。

B：ㄊㄞˊ ㄍㄨㄥ ㄊㄞ ㄌㄜ˙，ㄎㄞ ㄔㄜ ㄅㄟ ㄊㄜˊ ㄅㄧㄝˊ ㄒㄧㄠˇ ㄒㄧㄣ ㄚ！

A：ㄉㄨㄛ ㄒㄧㄝ˙，ㄨㄛˇ ㄎㄞ ㄔㄜ ㄎㄞ ㄌㄜ˙ ㄉㄨㄢ ㄙㄢ ㄋㄧㄢ ㄌㄜ˙，ㄨㄛˇ ㄎㄞ ㄉㄜˊ ㄏㄣˇ ㄏㄠˇ。

Dì Shísān Kè Wǒ Shēngbìngle

—— I ——

A: Zhèige zhōumò, nǐ dào nǎr qùle ?

B: Wǒ méidào nǎr qù. Wǒ shēngbìng le.

A: Nǐ zěnmele? Nǎr bùshūfú ?

B: Shàngge lǐbài wǒ chángcháng juéde hěn lèi, yě bútài xiǎng chī dōngxi.

A: Kàn yīshēng le ma ?

B: Kànle.

A: Yīshēng zěnme shuō ?

B: Tā shuō shì gǎnmào, méi shénme guānxì, búbì chī yào, xiūxí jǐtiān
jiù méi shìr le.

A: Xiànzài juéde zěnmeyàng ?

B: Chàbùduō hǎole, xièxie.

—— II ——

A: Nǐ gǎnmào hǎole méiyǒu ?

B: Zǎo jiù hǎole.

A: Xīnnián kuài dào le, wǒmen yǒu èrshíjǐtiān de jià, nǐ dǎsuàn zuò shén-
me ?

B: Hái bùyídìng. Wǒ yǒu yíge péngyǒu, tā jiā zài xiāngxià, wǒ yěxǔ dào
tā nàr zhù jǐtiān, nǐ ne ?

A: Wǒ kěnéng gēn péngyǒu dào shānshàng qù huáxuě.

B: Nǐmen zěnme qù ne ?

A: Wǒmen kāichē qù.

B: Tiānqì tài lěng, kāichē děi tèbié xiǎoxīn a !

A: Fàngxīn, wǒ kāichē kāile kuài sānnián le. Wǒ kāide hěn hǎo.

LESSON 13   I WAS SICK

— I

A: Where did you go this weekend ?

B: I didn't go anywhere. I was sick.

A: What was wrong with you ? Where didn't you feel well ?

B: Last week I often felt very tired and I didn't really feel like eating.

A: Did you see a doctor ?

B: Yes, I did.

A: What did the doctor say ?

B: He said it was a cold, nothing serious. I didn't have to take medicine. Just rest for a few days and everything would be fine.

A: How do you feel now ?

B: Almost normal, thanks.

— II

A: Is your cold better ?

B: I got over it a long time ago.

A: The New Year is coming soon. We have more than twenty days of vacation. What are you planning to do ?

B: I'm still not sure. I have a friend whose home is in the country. I might go there for a few days. How about you?

A: I might go skiing in the mountains with a friend.

B: How are you getting there ?

A: We're driving.

B: When the weather is very cold, you better be especially careful when driving!

A: Don't worry. I've been driving for three years now. I drive very well.

2. NARRATION

　　上個星期放假，我到山上去滑雪。山上的天氣很冷，我覺得不太舒服，我想也許是生病了。回了家，就馬上去看醫生。醫生說我是感冒，沒什麼關係，休息休息就好了。他還說因為最近天氣冷，感冒的人特別多。我聽了他的話，就放心了，打算到鄉下去住幾天。

　　ㄕㄤˋㄍㄜ˙ㄒㄧㄥㄑㄧˊㄈㄤˋㄐㄧㄚˋ，ㄨㄛˇㄉㄠˋㄕㄢㄕㄤˋㄑㄩˋㄏㄨㄚˊㄒㄩㄝˇ。ㄕㄢㄕㄤˋㄉㄜ˙ㄊㄧㄢㄑㄧˋㄏㄣˇㄌㄥˇ，ㄨㄛˇㄐㄩㄝˊㄉㄜ˙ㄅㄨˊㄊㄞˋㄕㄨㄈㄨˊ，ㄨㄛˇㄒㄧㄤˇㄧㄝˇㄒㄩˇㄕˋㄕㄥㄅㄧㄥˋㄌㄜ˙。ㄏㄨㄟˊㄌㄜ˙ㄐㄧㄚ，ㄐㄧㄡˋㄇㄚˇㄕㄤˋㄑㄩˋㄎㄢˋㄧㄒㄥ。ㄧㄒㄥㄕㄨㄛㄨㄛˇㄕˋㄍㄢˇㄇㄠˋ，ㄇㄟˊㄕㄣˊㄇㄜ˙ㄍㄨㄢㄒㄧˋ，ㄒㄧㄡˊㄒㄧˊㄒㄧㄡˊㄒㄧˊㄐㄧㄡˋㄏㄠˇㄌㄜ˙。ㄊㄚㄏㄞˊㄕㄨㄛㄧㄣㄨㄟˋㄗㄨㄟˋㄐㄧㄣˋㄊㄧㄢㄑㄧˋㄌㄥˇ，ㄍㄢˇㄇㄠˋㄉㄜ˙ㄖㄣˊㄊㄜˋㄅㄧㄝˊㄉㄨㄛ。ㄨㄛˇㄊㄧㄥㄌㄜ˙ㄊㄚㄉㄜ˙ㄏㄨㄚˋ，ㄐㄧㄡˋㄈㄤˋㄒㄧㄣㄌㄜ˙，ㄉㄚˇㄙㄨㄢˋㄉㄠˋㄒㄧㄤㄒㄧㄚˋㄑㄩˋㄓㄨˋㄐㄧˇㄊㄧㄢ。

　　Shàngge xīngqí fàngjià, wǒ dào shānshàng qù huáxuě. Shānshàngde tiānqì hěn lěng, wǒ juéde bútài shūfú, wǒ xiǎng yěxǔ shì shēngbingle .

Huíle jiā, jiù mǎshàng qù kàn yīshēng. Yīshēng shuō wǒ shì gǎnmào,
méi shénme guānxì, xiūxí xiūxí jiù hǎole. Tā hái shuō yīnwèi zuìjìn tiān-
qì lěng, gǎnmào de rén tèbié duō. Wǒ tīngle tāde huà, jiù fàngxīnle, dǎ-
suàn dào xiāngxià qù zhù jǐtiān.

Last week I was on vacation. I went to the mountains to ski. The
weather in the mountains was very cold and I felt a little uncomfort-
able. I thought perhaps I was getting sick, so when I got back, I im-
mediately went to see a doctor. The doctor said I caught a cold, noth-
ing serious, but that I should rest for a few days. He also said that re-
cently the weather has been cold and that many people have colds.
When I heard what he said I stopped worrying and made plans to go
to the countryside for a few days.

3. VOCABULARY

1. 生病 (shēngbìng)　　*VO*: **to become ill, to be sick**

   你生的是什麼病?
   Nǐ shēng de shì shénme bìng ?
   What illness did you catch ?

   病 (bìng)　　*N*: **illness, disease**

   病了 (bìngle)　　*V*: **to become ill**

   他病了,所以沒有來。
   Tā bìngle, suǒyǐ méiyǒu lái.
   He's sick, so he didn't come.

2. 週末 (zhōumò)　　*N*: **weekend**

   她下個週末要去德國。
   Tā xiàge zhōumò yào qù Déguó .
   She will go to Germany next weekend.

3. 怎麼了 (zěnmele)   *IE*: **what's wrong?**

> *A*:你怎麼了？
>
>   Nǐ zěnmele ?
>
>   What's wrong with you?
>
> *B*:我有一點兒不舒服。
>
>   Wǒ yǒuyìdiǎnr bùshūfú .
>
>   I'm a little uncomfortable.

4. 舒服 (shūfú)   *SV*: **to be comfortable**

> 你哪兒不舒服？
>
>   Nǐ nǎr bùshūfú ?
>
>   Where don't you feel well?

5. 禮拜 (lǐbài)   *N*: **week**

> 我在日本玩兒了三個禮拜。
>
>   Wǒ zài Rìběn wánrle sānge lǐbài .
>
>   I had fun in Japan for three weeks.
>
> 禮拜天 (lǐbàitiān)   *N*: **Sunday**

6. 醫生 (yīshēng)   *N*: **doctor**

> 他爸爸是醫生。
>
>   Tā bàba shì yīshēng .
>
>   His father is a doctor.
>
> 醫 (yī)   *V*: **to cure, to treat (an illness)**

7. 感冒 (gǎnmào)   *V/N*: **to have a cold; cold, flu**

> 冬天很容易感冒。
>
>   Dōngtiān hěn róngyì gǎnmào .
>
>   It's easy to get a cold in the winter.

8. 沒關係 (méiguānxì)

IE: **no problem, never mind, it doesn't matter**

A:對不起。

B:沒關係。

  A: Duìbùqǐ.

  B: Méiguān xì.

    A:Sorry.

    B:No problem.

9. 不必 (búbì)　　A: **don't have to, need not**

我家離學校很近，不必坐公車。

  Wǒ jiā lí xuéxiào hěn jìn, búbì zuò gōngchē .

    My house is very near school, so I don't have to take a bus.

10. 藥 (yào)　　　N: **medicine** (*M*: 顆 kē)

小孩子不喜歡吃藥。

  Xiǎoháizi bùxǐhuān chī yào .

    Children don't like to take medicine.

11. 就 (jiù)　　A: **(indicating immediacy)**

他下個月就要回國了。

  Tā xiàge yuè jiù yào huí guó le .

    He will go back home as early as next month.

12. 沒事兒 (méishìr)

IE: never mind, it doesn't matter, it's nothing, that's all right

A:怎麼了？不舒服嗎？

B:沒事兒。

  A: Zěnmele? Bùshūfú ma ?

  B: Méishìr.

    A:What's wrong with you? Don't you feel well?

    B:It doesn't matter.

13. 好了（hǎole）　　*SV*: **to be well again, recover**

我已經好了。

Wǒ yǐjīng hǎole .

I recovered.

14. 假（jià）　　*N*: **vacation, holiday**

我一年有二十天的假。

Wǒ yìnián yǒu èrshítiānde jià .

I have a paid leave for twenty days a year.

15. 打算（dǎsuàn）　　*V*: **to plan**

明年他打算去法國。

Míngnián tā dǎsuàn qù Fàguó .

He's planning to go to France next year.

打（dǎ）　　*V*: **to hit, to beat, to strike**

算（suàn）　　*V*: **to calculate**

16. 鄉下（xiāngxià）　　*N*: **countryside**

我家不在鄉下。

Wǒ jiā búzài xiāngxià .

My home is not in the countryside.

17. 也許（yěxǔ）　　*MA*: **perhaps, maybe, might**

明天我也許不來。

Míngtiān wǒ yěxǔ bùlái.

I may not come tomorrow.

許（xǔ）　　*V*: **to allow, to permit**

媽媽不許我一個人去旅行。

Māma bùxǔ wǒ yíge rén qù lǚxíng .

Mother won't allow me to travel by myself.

18. 可能 (kěnéng)

A/SV/N: **possibly / to be possible / possibility**

他覺得不舒服，可能感冒了。

Tā juéde bùshūfú, kěnéng gǎnmào le.

He feels uncomfortable. It's possible he has a cold.

19. 山 (shān)　　*N*: **mountain** (*M*: 座 zuò)

20. 滑雪 (huáxuě)　　*VO*: **to ski**

他滑雪滑得很好。

Tā huáxuě huáde hěn hǎo.

He skies very well.

雪 (xuě)　　*N*: **snow** (*M*: 場 chǎng)

下雪 (xiàxuě)　　*VO*: **to snow**

21. 得 (děi)　　*A*: **must, have to**

太晚了，我得走了。

Tài wǎn le, wǒ děi zǒu le.

It's too late, I must go.

22. 特別 (tèbié)　　*A/SV*: **especially; to be special**

她做的中國菜特別好吃。

Tā zuò de Zhōngguó cài tèbié hǎochī.

The Chinese food she makes is especially good.

23. 小心 (xiǎoxīn)　　*SV*: **to be careful**

他做事很小心。

Tā zuòshì hěn xiǎoxīn.

He does things very carefully.

心 (xīn)　　*N*: **heart**

24. 放心 (fàngxīn)   *SV/VO*: **to be at ease, not worry**

他爸爸不放心他去外國。

    Tā bàba búfàngxīn tā qù wàiguó .

      His father is worried about his going to a foreign country.

放 (fàng)   *V*: **to put, to release**

放假 (fàngjià)   *VO*: **to have a holiday, vacation**

我們什麼時候放假?

    Wǒmen shénme shíhòu fàngjià ?

      When do we have our vacation?

SUPPLEMENTARY VOCABULARY

25. 壞了 (huàile)

    SV: **to be broken, ruined, out of order, spoiled**

我的車壞了。

    Wǒde chē huàile.

      My car has broken down.

壞 (huài)   *SV*: **to be bad**

26. 忘 (wàng)   *V*: **to forget**

我忘了他姓什麼了。

    Wǒ wàngle tā xìng shénme le .

      I forgot what his surname is.

4. SYNTAX PRACTICE

I . *Question Words as Indefinites*

In Chinese question words are often used as indefinites to mean "anything", "anyone", or "anywhere". These indefinites can also be used in a negative form like "nothing", "not much / not many", "not very" etc. in English.

1. 你說什麼？	What did you say?
我沒說什麼。	Nothing.
2. 你有什麼事嗎？	Anything do you want me to help?
我沒什麼事。	Nothing.
3. 你這個週末要到哪 　兒去玩兒？	Where do you want to go play this weekend?
我不想到哪兒去玩兒， 　我要在家休息　　。	I don't want to go anyplace. 　I want to stay homc.
4. 有誰要喝咖啡嗎？	Does anyone want to drink coffee?
我要喝，請你給我一杯。	I want to. Please give me a cup.
5. 你們學校有多少中國學生？	How many Chinese students are 　in your school?
沒有多少。	Not many.
6. 他給了你多少錢？	How much money did he give you?
沒給多少。	He didn't give me much.
7. 你有幾個外國朋友？	How many foreign friends do you have?
沒有幾個。	Not many.
8. 那幾個學生在做什麼？	What are those (few) students do ing?
他們在跳舞。	They are dancing.
9. 那兒夏天熱不熱？	Is the summer hot there?
不怎麼熱。	Not very hot.
10.你喜歡看電視嗎？	Do you like to watch TV ?
我不怎麼喜歡。	Not very much.

☞Answer the following questions using question words as in-
definites:

1. 你要到哪兒去？

2. 你有什麼東西？

3. 你有多少錢？

4. 你喜歡吃日本菜嗎？

5. 你跟誰去看電影了？

6. 你有幾輛車？

7. 那兒很冷嗎？

8. 你買了多少書？

9. 昨天你到哪兒去玩兒了？

10.你在做什麼？

II. *Change Status with Particle* 了

The addition of 了 to any type of stative verb or verb in their positive
or negative forms indicates that a new condition or state of affairs has
appeared.

（I）

N	(Neg-)SV	了
天氣	熱	了。
The weather is hot (now).		

1. 東西都貴了。

2. 他的孩子都大了。

3. 我的錶壞了，所以我來晚了。

4. 我昨天覺得不舒服，今天好了。

5. 醫生說她沒什麼病，我就放心了。

(Ⅱ)

S	(Neg-)	(AV)	V	(O)	了
他	不		教	英文	了。

He doesn't teach English anymore.

| 我 | | 會 | 唱 | 這個歌兒了。 |

I can sing this song (now).

1. 我忘了他姓什麼了。
2. 你還要嗎？
   謝謝，我不要了。
3. 現在我會說一點兒中國話了。
4. 時候不早了，我得走了。
5. 你還有別的事嗎？
   沒有了。

☞Answer the following questions with change status 了：

1. 你明天還來嗎？
2. 天氣還熱嗎？
3. 他還不會寫中國字嗎？
4. 你還會唱那個歌兒嗎？
5. 他們還要喝酒嗎？
6. 你還不會開車嗎？
7. 你還喜歡跳舞嗎？
8. 你還不舒服嗎？
9. 外面還下雨嗎？
10. 現在還放假嗎？

Ⅲ. *Imminent Action with Particle* 了

If you want to indicate that an action or affair will soon occur, then add a 了 at the end of the sentence. In addition, 快，快要，要 or 就（要）

are often placed in front of the verb.

（Ⅰ）

(S)	快／快要／要	V (O)了
我們	快要	放假了。
We'll soon have vacation.		

1. 快要上課了。
2. 冬天快到了。
3. 他要回國了。
4. 火車快要開了。

（Ⅱ）When there is a time word before the verb, 就（要） can
be used.

This usage indicates that the speaker thinks that the action occur-
red earlier, perhaps earlier than expected.

S	(Time When)	就 (要) V (O)了
他	明天	就 要 回國了。
He is going back home tomorrow.		

1. 爸爸就要回來了。
2. 我們馬上就要下課了。
3. 學校下個星期就要放假了。
4. 他下個月就要到歐洲去了。

☞Use a sentence to describe each picture:

5. COMBINATION PRACTICE

Ⅰ. *Please imitate the teacher's sentence. Each student say one sentence.*

　1. 我沒做什麼。（Ｓ沒Ｖ什麼）

　2. 他沒什麼事。（Ｓ沒什麼Ｏ）

　3. 我沒買多少東西。（Ｓ沒Ｖ多少Ｏ）

　4. 那個電影不怎麼好看。（Ｎ不怎麼ＳＶ）

Ⅱ. *Each student talk about recent circumstances compared with previous situations.*

　ex: 現在汽車多了，東西貴了，我是大學生了，etc.

Ⅲ. *Each student talk about something that has already happened or about to happen.*

　ex: 已經上課了。快要下課了。

IV. *Situations*

1. Conversation between doctor and patient.

2. Two students discuss summer or winter vacation plans.

咳嗽 (késòu) : to cough
頭痛 (tóutòng) : headache
游泳 (yóuyǒng) : to swim

爬山 (páshān) : to hike (lit, to climb mountain)
打工 (dǎgōng) : to have a part time job

第十四課　到那兒去怎麼走？

1. DIALOGUE

——— I ———————————

A：請問離這兒最近的郵局①在什麼地方？

B：你往②前面一直③走，到了第二個④十字路口⑤往右⑥轉⑦，經過⑧一家百貨公司⑨，再走一會兒⑩就到了。

A：走路去遠不遠？

B：不太遠。要是走得快⑪，只要十分鐘就夠了。

A：從這兒到那兒去有公共汽車嗎？

B：有，你可以坐三號公車。車站就在那邊。

A：謝謝你。

B：不謝。

—— II ——

(at the travel agency)

A：您好，請坐。

B：我打算下個月十號到美國去旅行，請您幫^⑫我買機票。

A：您要到哪些城市^⑬？

B：我要先到西部的洛^⑭杉磯（Luòshānjī）*，再到東部^⑮的紐約 跟華盛頓（Huáshèngdùn）*。

A：好，我看看。七月十號有飛機從臺北經過^⑯日本飛洛杉磯。

B：對不起，有沒有直飛洛杉磯的？

A：有，可是是十一號上午的。

B：那也行。

A：然後^⑰你再坐飛機到紐約去嗎？

B：是的，請你們也先幫我^⑱買票。

A：好的。那您從紐約到華盛頓呢？

B：我跟紐約的朋友一塊兒開車去。八月五號離開^⑲華盛頓回臺北。

---

*洛杉磯（Luòshānjī）：Los Angeles
*華盛頓（Huáshèngdùn）：Washington D. C.

A：沒問題。八月五號下午三點從華盛頓起飛^⑳，好嗎？

B：好的，謝謝。

A：不客氣^㉑。

ㄅㄟˊ　ㄕˊ　ㄙˋ　ㄎㄜˋ　　ㄉㄠˋ　ㄋㄚˇㄦ　ㄑㄩˋ　ㄗㄣˇㄇㄜ˙　ㄗㄡˇ？

— I ——————————————————————

A：ㄑㄧㄥˇ　ㄨㄣˋ　ㄉㄠˋ　ㄓㄜˋㄦ　ㄨㄟˋ　ㄐㄧㄢ　ㄉㄧㄢˋ　ㄗㄡˇ　ㄐㄧㄞˇ　ㄕˊ　ㄇㄜ˙　ㄉㄤˋ？

B：ㄋㄧˇ　ㄨㄤˇ　ㄑㄧㄢˊ　ㄇㄧㄢˊ　ㄧ　ㄓˊㄗㄡˇ，ㄉㄠˋ　ㄉㄜˋ　ㄉㄧˋㄦ　ㄍㄜˋ　ㄕˊ　ㄗˋ　ㄌㄨˋㄎㄡˇ　ㄨㄤˇ　ㄗㄨㄛˇ，ㄐㄧㄥˇ　ㄍㄨㄛˇ　ㄧ　ㄐㄧㄚ　ㄅㄢˇ　ㄍㄨㄥ　ㄙㄨ，ㄗㄞˋ　ㄗㄡˇ　ㄧ　ㄍㄨㄛˋㄦ　ㄐㄧㄡˋ　ㄉㄠˋ　ㄉㄜˋ。

A：ㄗㄡˇ　ㄌㄨˋ　ㄑㄩˋ　ㄐㄧㄣˋ　ㄅㄨˊ　ㄐㄧㄣˋ？

B：ㄅㄨˊ　ㄊㄞˋ　ㄐㄧㄣˋ。ㄋㄠˋ　ㄕˋ　ㄗㄡˇㄌㄨˇ　ㄎㄨˋ，ㄓㄜˋ　ㄖㄠˇ　ㄕˊ　ㄈㄣ　ㄓㄨㄥ　ㄐㄧㄡˋ　ㄍㄡˋ　ㄌㄜˋ。

A：ㄊㄨㄥˇ　ㄓㄜˋㄦ　ㄅㄠˇ　ㄐㄧㄚ　ㄦ　ㄑㄩˋ　ㄨㄟˇ　ㄍㄡˋ　ㄍㄨㄛˋ　ㄑㄧ　ㄔㄜˋ　ㄇㄚ˙？

B：ㄨㄟˇ，ㄋㄧˇ　ㄎㄠˇ　ㄧ　ㄗㄠˋ　ㄙㄢˊ　ㄍㄠˋ　ㄍㄨㄛˋ　ㄔㄜˋ。ㄔㄜˋ　ㄓㄢˋ　ㄐㄧㄡˋ　ㄗㄞˋ　ㄋㄟˇ　ㄅㄧㄢ。

A：ㄒㄧㄝˋ　˙ㄒㄧㄝ　ㄋㄧˇ。

B：ㄅㄨˊ　ㄒㄧㄝˋ。

— II ——————————————————————

(at the travel agency)

A：ㄋㄧㄣˊ　ㄏㄠˇ，　ㄑㄧㄥˇ　ㄗㄨㄛˋ。

B：ㄊㄨㄥˋ　ㄍㄠˋ　ㄙㄨ　ㄒㄧㄚˋ　ㄐㄧㄝˋ　ㄩˋ　ㄏㄠˇ　ㄍㄨㄛˋ　ㄇㄟˇ　ㄍㄨㄛˋ　ㄑㄩˋ　ㄉㄧˊ　ㄒㄧㄥˊ，ㄑㄧㄥˇ　ㄋㄧㄣˊ　ㄅㄤ　ㄓㄤˇ　ㄉㄞˋ　ㄐㄧ　ㄏㄠˋ。

A：ㄋㄧㄣˊ　ㄏㄠˇ　ㄉㄠˋ　ㄋㄟˇ　ㄒㄧㄢˊ　ㄔㄜˋ　ㄕˋ？

B：ㄊㄨㄥˋ　ㄍㄠˋ　ㄒㄧㄢˊ　ㄏㄠˇ　ㄒㄧㄚˊ　ㄉㄧˋ　ㄅㄢˇ　ㄗㄢ　ㄐㄧ，ㄗㄞˇ　ㄍㄠˋ　ㄘㄨㄣˊ　ㄆㄨˊ　ㄉㄜ˙　ㄋㄩˇ　ㄍㄨㄟ　ㄏㄢˇ　ㄆㄨㄥˇ　ㄉㄚˋ。

A：ㄏㄠˇ，ㄊㄨㄥˇ　ㄎㄢˇ　ㄎㄢˇ。ㄑㄧ　ㄐㄧㄝˋ　ㄕˋ　ㄗˋ　ㄗㄡˇ　ㄈㄣ　ㄐㄧ　ㄊㄨㄥˊ　ㄌㄢˋ　ㄗㄡˋ　ㄍㄨˇ　ㄇㄣˊ　ㄅㄣˇ　˙ㄊㄨㄥ　ㄗㄢ　ㄐㄧˇ。

B：ㄆㄨˊ　ㄅㄨˋ　ㄙㄥˋ，ㄗㄡˇ　ㄇㄟ　ㄗㄡˇ　ㄓˋ　ㄈㄨˊ　ㄐㄩˊ　ㄗㄢ　ㄐㄧ　ㄌㄜ˙？

A：ㄗㄡˋ，ㄎㄢˇ　ㄕˋ　ㄕˋ　ㄕˊ　ㄧ　ㄏㄠˋ　ㄕㄤˊ　ㄨˇ　ㄉㄜ˙。

B: ㄋㄚˋ ㄝ ㄒㄧㄥˊ 。

A: ㄖㄢˊ ㄏㄡˋ ㄋ ㄞˋ ㄨㄤˊ ㄅㄟˇ ㄐㄧ ㄉㄠˋ ㄋㄡˇ ㄩ ㄑㄩˋ ㄇㄚˊ ？

B: ㄕˋ ㄉㄜ˙ ，ㄑㄧㄥˊ ㄋㄧ ㄇㄝ ㄒㄧㄢ ㄅㄢˊ ㄤ ㄜˊ ㄞˋ ㄇㄠˋ 。

A: ㄏㄠˇ ㄉㄜ˙ 。ㄋㄚ ㄅㄢˊ ㄘˋ ㄋㄡˇ ㄝ ㄏㄠˋ ㄅ ㄙㄥˊ ㄌㄢˊ ㄅㄜ˙ ？

B: ㄘˋ ㄍㄣ ㄋㄩ ㄉㄜ˙ ㄆㄡˋ ㄟ ㄧˊ ㄇ ㄦ ㄅㄞ ㄊ ㄑㄩ 。ㄅ ㄩ ㄨˇ ㄏㄠˋ ㄉ ㄞˊ ㄏㄟˊ ㄕˋ ㄅㄜ˙ ㄏㄛˊ
ㄊㄞˊ ㄆㄟ 。

A: ㄇ ㄨㄣ ㄊ 。ㄅ ㄩ ㄨˇ ㄏㄠˋ ㄒㄧㄚ ㄨˇ ㄙㄣ ㄉㄞˊ ㄊ ㄏㄟˊ ㄕˋ ㄅㄜ˙ ㄙㄥ ㄅㄟ ，ㄅㄠˇ ㄇㄚ ？

A: ㄏㄠˇ ㄉㄜ˙ ，ㄒㄧㄝ ㄒㄧㄝ˙ 。

B: ㄅ ㄎ ㄑㄧ 。

Dì Shísì Kè Dào Nàr Qù Zěnme Zǒu ?

─ I ──────────────────────────────

A: Qǐngwèn lí zhèr zuìjìnde yóujú zài shénme dìfāng?

B: Nǐ wǎng qiánmiàn yìzhí zǒu, dàole dièr ge shízì lùkǒu wǎng yòu zhuǎn, jīngguò yìjiā bǎihuògōngsī, zài zǒu yìhuǐr jiù dàole.

A: Zǒulù qù yuǎn bùyuǎn ?

B: Bútài yuǎn. Yàoshì zǒude kuài, zhǐ yào shífēnzhōng jiù gòule.

A: Cóng zhèr dào nàr qù yǒu gōnggòngqìchē ma?

B: Yǒu, nǐ kěyǐ zuò sānhào gōngchē. chēzhàn jiù zài nèibiān .

A: Xièxie nǐ.

B: Búxiè .

─ II ──────────────────────────────

(at the travel agency)

A: Nín hǎo, qǐng zuò.

B: Wǒ dǎsuàn xiàge yuè shíhào dào Měiguó qù lǚxíng, qǐng nín bāng wǒ mǎi jīpiào.

A: Nín yào dào něixiē chéngshì ?

B: Wǒ yào xiān dào xībùde Luòshānjī , zài dào dōngbùde Niǔyuē gēn

Huáshèngdùn .

A: Hǎo, wǒ kànkàn. Qīyuè shíhào yǒu fēijī cóng Táiběi jīngguò Rìběn fēi Luòshānjī.

B: Duìbùqǐ, yǒu méiyǒu zhí fēi Luòshānjī de?

A: Yǒu, kěshì shì shíyīhào shàngwǔde.

B: Nà yě xíng .

A: Ránhòu nǐ zài zuò fēijī dào Niǔyuē qù ma ?

B: Shìde, qǐng nǐmen yě xiān bāng wǒ mǎi piào .

A: Hǎode. Nà nín cóng Niǔyuē dào Huáshèngdùn nē ?

B: Wǒ gēn Niǔyuēde péngyǒu yíkuàir kāichē qù. Bāyuè wǔhào líkāi Huáshèngdùn huí Táiběi.

A: Méi wèntí. Bāyuè wǔhào xiàwǔ sāndiǎn cóng Huáshèngdùn qǐfēi, hǎo ma?

A: Hǎode, xièxie.

B: Búkèqì .

LESSON 14　　HOW DO YOU GET THERE?

——— I ———

A:　Excuse me, where is the nearest post office from here?

B:　You go straight ahead to the second intersection, turn right and go past a department store, then, keep going a little farther and you're there.

A:　Is it far to walk?

B:　Not very far. If you walk fast you can get there in only ten minutes.

A:　Is there a bus from here to there?

B:　Yes. You can take the number three bus. The bus stop is over there.

A:　Thank you.

B:　Don't mention it.

─ II ─

(at the travel agency)

A: Hello, please sit down.

B: On the tenth of next month I'm planning to go to America to travel. Please help me purchase my airplane tickets.

A: What city do you want to go to?

B: First I want to go to Los Angeles on the West Coast and then to New York and Washington on the East Coast.

A: Fine, I'll have a look. On the tenth of July there is a flight from Taipei via Japan to Los Angeles.

B: I'm sorry. Is there a direct flight to Los Angeles?

A: Yes, but it's on the morning of the eleventh.

B: Well, that's OK.

A: Then you want to take another plane to New York?

B: Yes, please help me book a seat in advance.

A: Fine. How about your flight from New York to Washington?

B: I'm going to drive there with a friend from New York. I'll leave Washington and return to Taipei on August the fifth.

A: No problem. August the fifth at three o'clock in the afternoon there's a flight leaving Washington. Is that all right?

B: Fine, thanks.

A: You're welcome.

2. NARRATION

美國是一個很大的國家。北邊是加ㄐㄧㄚ拿ㄋㄚˊ大ㄉㄚˋ(Jiānádà)*，南邊是墨ㄇㄛˋ西ㄒㄧ哥ㄍㄜ(Mòxīgē)*，東邊、西邊都是海。美

---

* 加ㄐㄧㄚ拿ㄋㄚˊ大ㄉㄚˋ(Jiānádà)：Canada
* 墨ㄇㄛˋ西ㄒㄧ哥ㄍㄜ(Mòxīgē)：Mexico

國有很多高山、大河^㉔，最大的一條河在中部，叫密ㄇㄧˋ西ㄒㄧ西ㄒㄧ比ㄅㄧˇ（Mìxīxībǐ）*河。大城市也很多，東部的紐約、華盛頓，西部的洛杉磯都是有名的大城。要是你坐飛機從東部到西部去，不經過中部的城市，直飛五個鐘頭就到了，很方便。要是開車，就要七、八天了。

Měiguó shì yíge hěn dàde guójiā. Běibiān shì Jiānádà, nánbiān shì Mòxīgē, dōngbiān, xībiān dōu shì hǎi. Měiguó yǒu hěn duō gāo shān, dà hé, zuìdàde yìtiáo hé zài zhōngbù, jiào Mìxīxībǐ hé. Dà chéngshì yě hěn duō, dōngbùde Niǔyuē, Huáshèngdùn, xībùde Luòshānjī dōu shì yǒu míngde dà chéng. Yàoshì nǐ zuò fēijī cóng dōngbù dào xībù qù, bùjīng guò zhōngbùde chéngshì, zhí fēi wǔge zhōngtóu jiù dàole, hěn fāngbiàn. Yàoshì kāichē, jiù yào qī, bātiān le.

America is a very large country. In the north is Canada, in the south is Mexico, and ocean on both the east and west coasts. America has many high mountains, and long rivers. The largest of which is located in the middle part and is called the Mississippi. There are also many large cities. In the east are New York and Washington, and in the west is Los Angeles. All of these cities are quite well-known. If you take a flight from the east to the west without stopping in any of the cities in the middle part of the country, it takes about five hours. It's very convenient. If you go by car, it will take seven or eight days at least.

3. VOCABULARY

1. 郵局 (yóujú)　　*N*: **post office**

我家附近沒有郵局。

Wǒ jiā fùjìn méiyǒu yóujú.

There is no post office near my home.

2. 往 (wǎng)　　*CV*: **to go toward**

中國字應該從上往下寫。

Zhōngguó zì yīnggāi cóng shàng wǎng xià xiě.

Chinese characters should be written from the top to the bottom of the page.

3. 一直 (yìzhí)　　*A*: **straight; constantly, continuously**

往前面一直走，就到了。

Wǎng qiánmiàn yìzhí zǒu, jiù dàole.

Go straight ahead and you'll get there.

我一直想到歐洲去旅行。

Wǒ yìzhí xiǎng dào Ōuzhōu qù lǚxíng .

I've been constantly thinking about going to Europe to travel.

直 (zhí)　　*SV/A*: **to be straight / continuously**

4. 第 (dì)　　*DEM*: **a prefix for ordinal numbers**

這課是第十四課。

Zhèikè shì dì shísì kè.

This is the fourteenth lesson.

5. 十字路口 (shízìlùkǒu)　　*N(PW)*: **intersection**

路口 (lùkǒu)　　*N*: **street entrance**

6. 右 (yòu)　　*N*: **right**

7. 轉 (zhuǎn)　　*V*: **to turn**

前面十字路口往右轉，就到他家了。

Qiánmiàn shízì lùkǒu wǎng yòu zhuǎn, jiù dào tā jiā le .

At the intersection up ahead turn right and you'll be at his house.

8. 經過 (jīngguò)　　*V*: **to pass by, to pass through**

我每天都經過那家書店。

Wǒ měitiān dōu jīngguò nèijiā shūdiàn .

I go past that bookstore everyday.

9. 百貨公司 (bǎihuògōngsī)

   N: department store (*M*: 家 jiā)

10. 再 (zài)   *A*: then

    吃了飯，再休息一會兒，我就要走了。

    　　　　Chī le fàn, zài xiūxí yìhuǐr, wǒ jiù yào zǒu le.

    　　　　After eating, and then resting for a while, I'll leave.

11. 要是 (yàoshì)   *MA*: if

    要是他去，我就去。

    　　　　Yàoshì tā qù, wǒ jiù qù.

    　　　　If he goes, then I'll go.

12. 幫 (bāng)   *V*: to help, to assist

    請你幫我買一張電影票。

    　　　　Qǐng nǐ bāng wǒ mǎi yìzhāng diànyǐng piào.

    　　　　Please help me buy a movie ticket.

    幫忙 (bāngmáng)

    VO: to help someone do something

    請你幫我一個忙，好不好？

    　　　　Qǐng nǐ bāng wǒ yíge máng, hǎo bùhǎo?

    　　　　Could you please do me a favor?

13. 城市 (chéngshì)   *N*: city

    美國有哪些大城市？

    　　　　Měiguó yǒu něixiē dà chéngshì ?

    　　　　What large cities are there in America?

    城 (chéng)   *N*: city, city wall

    市 (shì)   *BF*: city municipality, market

14. 西部 (xībù)　　*N(PW)*: **western part, western area**

他打算去西部旅行。

Tā dǎsuàn qù xībù lǚxíng.

He is planning to travel to the western area.

西 (xī)　　*N*: **west**

部 (bù)　　*BF*: **part, area; department**

15. 東部 (dōngbù)　　*N(PW)*: **eastern part, eastern area**

東 (dōng)　　*N*: **east**

16. 臺北 (Táiběi)　　*N*: **Taipei**

臺北是一個大城市。

Táiběi shì yíge dà chéngshì .

Taipei is a large city.

北 (běi)　　*N*: **north**

17. 然後 (ránhòu)　　*A*: **afterwards, then**

18. 先 (xiān)　　*A*: **first, in advance, before**

我先念書，然後再看電視。

Wǒ xiān niànshū , ránhòu zài kàn diànshì .

I'm going to study first, then watch TV.

19. 離開 (líkāi)　　*V*: **to leave**

他什麼時候要離開德國？

Tā shénme shíhòu yào líkāi Déguó ?

When is he going to leave Germany?

20. 起飛 (qǐfēi)　　*V*: **to take off**

他坐的飛機下午三點起飛。

Tā zuò de fēijī xiàwǔ sāndiǎn qǐfēi.

His flight leaves at three o'clock in the afternoon.

21. 不客氣 (búkèqì)　　*IE*: **you're welcome**

A: 謝謝你。

B: 不客氣／不謝。

Xièxie nǐ.

Búkèqì / Búxiè .

Thank you.

You're welcome.

客氣 (kèqì)　　*SV*: **to be polite**

那個人很客氣。

Nèige rén hěn kèqì.

That person is very polite.

SUPPLEMENTARY VOCABULARY

22. 南 (nán)　　*N*: **south**

他家在美國南部。

Tā jiā zài Měiguó nánbù.

His home is in the southern part of the United States.

23. 海 (hǎi)　　*N*: **ocean, sea**

海上有很多船。

Hǎishàng yǒu hěn duō chuán.

There are many ships on the ocean.

24. 高 (gāo)　　*SV*: **to be tall, to be high**

那座山很高。

Nèizuò shān hěn gāo .

That mountain is very high.

25. 河 (hé)　　*N*: **river**

26. 條̌ (tiáo)

　　M: **measure word for long narrow things such as rivers, roads, fish, etc.**

27. 左̌ (zuǒ)　　　*N*: **left**

28. 街̄ (jiē)　　*N*: **street**

　　　過̌了̌那̌條̌街̄，就̌到̌了̌。

　　　　　Guòle nàitiáo jiē, jiù dàole.

　　　　　　Cross that street and you'll be there.

29. 吧̌ (ba)　　*P*: **sentence suffix, indicating a request**

　　　我̌們̌走̌吧̌！

　　　　　Wǒmen zǒu ba！

　　　　　　Let's go！

4. SYNTAX PRACTICE

Ⅰ. *Motion toward a Place or a Direction with Coverb* 往

(從 PW/Direction) 往 PW/Direction V
從　飛機上　往 下(面) 看，很有意思。
Looking down from an aiplane is very interesting.

1. 中國字應該從左往右，從上往下寫。
2. 到紐約去，得往東飛。
3. 從我家的客廳往外看，可以看見大海。
4. 這些車都是往南(部)去的。
5. 你往右轉，過兩條街，就到了。

☞State direction of car according to the picture:

II. 部 *and* 邊 *Contrasted*

The character 部 means part or section. It can not refer to regions beyond the border. The character 邊 means side or border or region; therefore it is not possible to say 中邊。

部	東部	南部	西部	北部	中部	--	--
邊	東邊	南邊	西邊	北邊	--	右邊	左邊

1. 美國中部的大城市不多。
2. 我是南部人，不是北部人。
3. 我聽說美國東北部鄉下風景很好。
4. 加拿大在美國北邊，墨西哥在南邊。
5. 郵局在我家旁邊。
6. 左邊的那本書是我的，右邊的是你的。
7. 夏天到海邊去玩兒的人不少。
8. 中國的東邊有海，西邊沒有。

☞Please give geographic positions of cities, countries, and oceans:

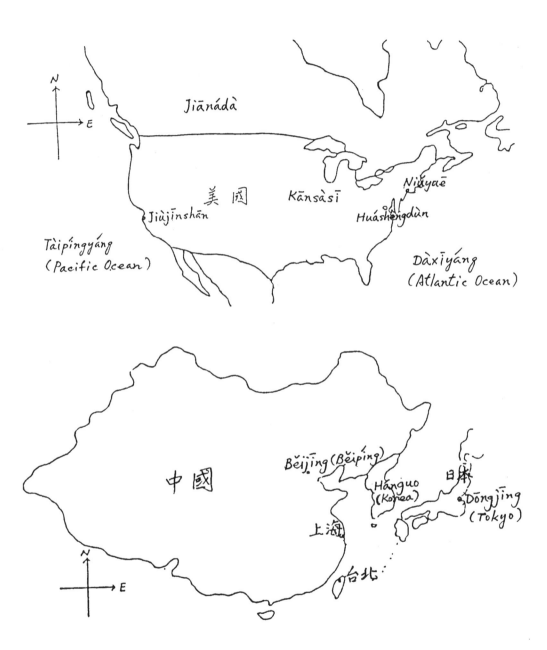

III. *Adverb Used as Correlative Conjunctions*

（Ⅰ）要是……就……(if……then……)

In Chinese rhetorical sentences, the "if" clause usually occurs before the main clause. In English sentences "if" is essential, but the Chinese equivalent for "if" 要是 can be omitted; however in Chinese 就 is not left out very often. An exception to this trend is when the main statement is a question. In this case 就 is often omitted.

(要是)	S_1	V_1 ,	S_2	就	V_2
要是	你	去，	我	就	去。

If you go, then I'll go.

1. 要是下雨，我就不去了。
2. 要是不在右邊，就一定在左邊。
3. 要是我到美國去，我就去看你。
4. 要是你現在沒有事，請你幫我一個忙，好嗎？
   好，你有什麼事？請說。
5. 你要是生病了，你怎麼辦？
   要是我生病了，我就去看醫生。

☞Answer the following questions:

1. 要是你有很多錢，你要做什麼？

2. 要是你不知道公車站在哪兒，你怎麼問別人？

3. 要是你是老師，學生不喜歡念書，你怎麼辦？

4. 要是你要到郵局去，可是不知道怎麼走，你怎麼問別人？

5. 要是明天有考試，今天你還看電視嗎？

6. 要是你不懂老師說的話，你怎麼辦？

(Ⅱ). 先……再……(first……then……)

a.

S　先　V₁　，再　V₂
我　先　吃飯，再　念書。
First I'm going to eat, then I'll study.

b.

S₁　先 V,　S₂　再　V
你　先說，我　再　說。
You speak first, then I'll speak.

1. 我們先喝一點兒酒，再吃飯吧。

2. 你應該先買票，再上車。

3. 我想先休息一會兒，再做。

4. 我先給你錢，你再去買吧。

5. 你先教我，我再教他，好不好？

☞Use「先……再……」to connect the 2 parts of each following sentence:

1. 你說「請問」，問問題。

2. 我回家，吃飯。

3. 你想想，說話。

4. 老師說，學生說。

5. 你上車，我上車。
6. 爸爸教哥哥，哥哥教弟弟。

5. COMBINATION PRACTICE

Ⅰ. *Look at the map and give directions.*

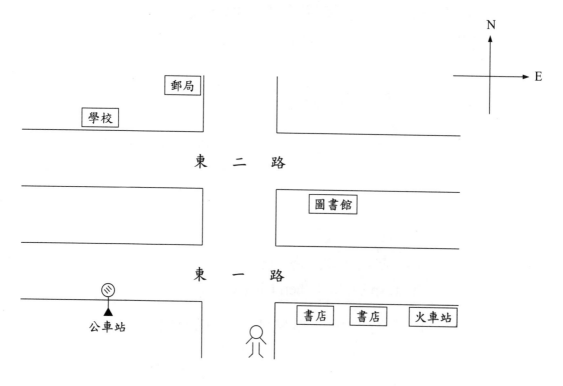

1. 請問，公車站在哪裡？
2. 請問，到火車站去怎麼走？
3. 請問，圖書館在哪裡？
4. 請問，到郵局去怎麼走？
5. 請問，到學校去怎麼走？

Ⅱ. *Where do you come from? Please describe the place's location and geographic circumstances.*

Ⅲ. *Please make a tour plan.*

IV. *Situation*

Ask a bystander for directions.

6. NOTES

Compass direction: In Chinese, compass directions are expressed differently than in English. In fact 東南(east-south)，西北(west-north) are the opposite of English. Look at the chart below:

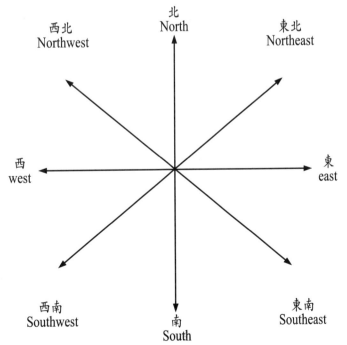

第十五課　請您給我們介紹①幾個菜②

1. DIALOGUE

— I —

（在飯館兒裡）

謝③：錢先生④，您喜歡吃什麼？您點菜⑤，好嗎？

錢：我什麼都吃，您點吧。

謝：我聽說這家飯館兒的魚做得⑥非常⑦好。

錢：那麼，我們就點一個魚吧。

謝（對服務生(fúwùshēng)*⑧）：先生，您能再給我們介紹幾個菜嗎？

服務生：好的，你們喜歡吃牛肉⑨嗎？我們做的牛肉很有名。

謝：我們點一個魚，一個牛肉，一個青菜⑩，再點一個雞湯⑪⑫，夠不夠？

錢：夠了，夠了。

謝：錢先生，您這個月在中國玩兒得好吧？

錢：太好了，朋友們都對我太客氣了。

謝：回了美國，別忘了給我們寫信⑬，也請您替我們問⑭錢太太好⑮。

錢：一定，一定。

---

*服務生（fúwùshēng）：waiter, waitress

────── Ⅱ ──────────────────────

（在張家）

張先生：請坐，請坐。方先生，您想喝點兒什麼酒？

方先生：什麼酒都行。

張先生：方太太，您呢？[16]

方太太：謝謝，我一點兒酒都不能喝。

方先生：這麼多菜都是張太太您自己做的嗎？[17][18]

張太太：是啊，可是做得不好。

張先生：沒什麼菜，你們多吃一點兒。

方太太：您別客氣，我們自己來。

方先生：張太太，您這些菜做得真好吃。

張太太：哪裡，哪裡。這個牛肉，您吃了沒有？[19]

方先生：我已經吃了很多了。

張太太：那麼，您再喝碗熱湯吧。方太太，您也來一[20]

　　　　碗，好不好？

方太太：謝謝，我吃飽了㉑，大家慢用㉒㉓。

張先生：那麼，您吃點兒水果吧㉔。

ㄅ˙ㄧ　ㄕˊ　ㄨˇ　ㄎㄜˋ　　ㄑㄧㄥˇ　ㄋㄧㄣˊ　ㄍㄟˇ　ㄨㄛˇ　ㄇㄣ˙　ㄐㄧㄝˋ　ㄕㄠˋ　ㄐㄧˇ　ㄍㄜ˙　ㄘㄞˋ

── I ────────────────────────

（ㄗㄞˋ　ㄈㄤ　ㄍㄜˊㄦ˙　ㄌㄧˇ）

ㄒㄧㄝˋ：ㄑㄧㄢˇㄒㄧㄣ　ㄕㄥ，ㄋㄧˊ　ㄧˇ　ㄏㄠˇ　ㄔ　ㄕ˙ㄇㄜ˙？ㄋㄧˊ　ㄉㄧㄢˇ　ㄘㄞˋ，ㄏㄠˇㄇㄚ˙？

ㄑㄧㄢˇ：ㄨㄛˇ　ㄕ˙ㄇㄜ˙ㄉㄡ　ㄔ，ㄋㄧˊ　ㄉㄧㄢˇ　ㄅㄚ˙。

ㄒㄧㄝˋ：ㄨㄛˇ　ㄊㄧㄥˊ　ㄕㄨㄛ　ㄐㄧㄚ　ㄅㄢˇ　ㄍㄜˊㄦ˙ ㄌㄩ　ㄗㄨㄛˋ　ㄉㄜ˙ ㄅㄟˊ　ㄔㄞˋ　ㄏㄠˇ。

ㄑㄧㄢˇ：ㄋㄚˋ　ㄇㄜ˙，ㄨㄛˇ　ㄇㄣˊ　ㄐㄧㄡˋ　ㄧˋ　ㄩˊ　ㄋㄧˇ　ㄅㄚ˙。

ㄒㄧㄝˋ（ㄉㄨㄟˋ　ㄨˇ　ㄕㄥ）：ㄒㄧㄢ　ㄕㄥ，ㄋㄧˊ　ㄋㄥˊ　ㄅㄨˋ　ㄋㄥˊ　ㄍㄟˇ　ㄨㄛˇ　ㄇㄣˊ　ㄐㄧㄝˋ　ㄕㄠˋ　ㄐㄧˇ　ㄍㄜ˙ ㄘㄞˋ　ㄇㄚ˙？

ㄈㄨˊ　ㄨˇ　ㄕㄥ：ㄏㄠˇㄉㄜ˙，ㄋㄧˊ　ㄇㄣˊ　ㄒㄧˊ　ㄏㄨㄢ　ㄔ　ㄋㄚˇ　ㄖㄡˋ　ㄇㄚ˙？ㄨㄛˇ　ㄇㄣˊ ㄗㄞˋ　ㄉㄡ　ㄋㄧˇ　ㄨㄟˊ　ㄇㄥˊ。

ㄒㄧㄝˋ：ㄨㄛˇ　ㄇㄣˊ　ㄉㄧㄢˇ　ㄧˋ　ㄍㄜ˙ ㄩˊ，ㄧˋ　ㄍㄜ˙ ㄋㄚˇ　ㄖㄡˋ，ㄧˋ　ㄍㄜ˙ ㄑㄧㄥˊ　ㄘㄞˋ，ㄗㄞˋ　ㄉㄧㄢˇ　ㄧˋ　ㄍㄜ˙ ㄐㄧ　ㄊㄤ，
　　　　ㄍㄡˋ　ㄅㄨ˙ ㄍㄡˋ？

ㄑㄧㄢˇ：ㄍㄡˋ　ㄌㄜ˙，ㄍㄡˋ　ㄌㄜ˙。

ㄒㄧㄝˋ：ㄑㄧㄢˇㄒㄧㄢ　ㄕㄥ，ㄋㄧˊ　ㄓㄜˋ　ㄐㄩ˙ ㄧㄝˋ　ㄗㄞˋ　ㄓㄨㄛˋ　ㄍㄡˊㄦ˙ ㄉㄜ˙ ㄏㄠˇ　ㄋㄧˊ？

ㄑㄧㄢˇ：ㄊㄞˋ　ㄏㄠˇ　ㄌㄜ˙，ㄆㄛˊ　ㄇㄟˇ　ㄇㄣˊ　ㄅㄨˋ　ㄔㄤˊ　ㄊㄞˊ　ㄎㄥˋ ㄌㄞˊ。

ㄒㄧㄝˋ：ㄏㄨˊ　ㄌㄞˊ　ㄇㄟˊ　ㄍㄜˊ，ㄅㄨ　ㄨㄤˊ　ㄌㄜ˙ ㄍㄡˋ ㄇㄣˊ　ㄒㄧˊ　ㄒㄧㄥ，ㄧㄝˋ　ㄑㄧㄥˊ　ㄋㄤˊ　ㄊㄨㄛˊ　ㄇㄣˊ　ㄨㄣˊ　ㄑㄧㄣˊ ㄊㄞ

　　　　ㄊㄞ　ㄏㄠˇ。

ㄑㄧㄢˊ：　一ˊ ㄅㄠˋ，一 ㄅㄥˋ。

— II ——————————————————————

（ㄗㄞˋ ㄓㄤ ㄐㄧㄚ）

ㄓㄤ ㄒㄧㄢ ㄕㄥ：　ㄑㄧㄥˇ ㄗㄨㄛˋ，ㄑㄧㄥˇ ㄗㄨㄛˋ。ㄅㄚˋ ㄒㄧㄢ ㄕㄥ，ㄋㄧㄣˊ ㄒㄧㄤˇ ㄏㄜ ㄅㄧㄠˇㄦ ㄕㄜˊ ㄇㄜ˙ ㄐㄧㄡˇ？

ㄅㄚˋ ㄒㄧㄢ ㄕㄥ：　ㄕㄜˊ ㄇㄜ˙ ㄐㄧㄡˇ ㄉㄡ ㄒㄧㄥˊ。

ㄓㄤ ㄒㄧㄢ ㄕㄥ：　ㄅㄤ ㄊㄞˊ ㄊㄞ，ㄋㄧˇ ㄋㄜ˙？

ㄅㄚˋ ㄊㄞˊ ㄊㄞ：　ㄒㄧㄝˋ ㄒㄧㄝˋ，ㄨㄛˇ 一 ㄅㄠˇㄦ ㄐㄧㄡˇ ㄅㄨˊ ㄏㄨㄟ ㄋㄜ˙。

ㄅㄚˋ ㄒㄧㄢ ㄕㄥ：　ㄓㄜˋ ㄇㄜ˙ ㄅㄨㄛˊ ㄊㄞ ㄅㄟ ㄕˋ ㄓㄜˋ ㄊㄞˊ ㄊㄞ ㄋㄧˊ ㄕˋ ㄐㄧㄡˇ ㄉㄜ˙ ㄚ？

ㄓㄤ ㄊㄞˊ ㄊㄞ：　ㄕˋ ㄚ，ㄎㄟˇ ㄕˋ ㄨㄛˇ ㄉㄨㄛ ㄅㄨˊ ㄏㄠˇ。

ㄓㄤ ㄒㄧㄢ ㄕㄥ：　ㄇㄟˊ ㄕˋ ㄇㄜ˙ ㄊㄞ，ㄋㄧㄣˊ ㄇㄣˊ ㄅㄨㄛˊ ㄔ 一 ㄅㄟˇㄦ。

ㄅㄚˋ ㄊㄞˊ ㄊㄞ：　ㄋㄧㄣˊ ㄅㄨˊ ㄎㄜˋ ㄑㄧ，ㄨㄛˇ ㄇㄣˊ ㄕˋ ㄐㄧㄡˇ ㄉㄞˋ。

ㄅㄚˋ ㄒㄧㄢ ㄕㄥ：　ㄓㄤ ㄊㄞˊ ㄊㄞ，ㄋㄧㄣˊ ㄓㄣ ㄒㄧㄝ ㄎㄜˋ ㄓㄜ˙ ㄕㄣ ㄏㄠˇ ㄔ。

ㄓㄤ ㄊㄞˊ ㄊㄞ：　ㄋㄚˇ ㄌㄧˇ，ㄋㄚˇ ㄌㄧˇ。ㄓㄜ ㄍㄜ˙ ㄋㄡˋ ㄖㄨˋ，ㄋㄧˊ ㄔˋ ㄉㄜ˙ ㄇㄨㄣˊ ㄇㄟˇ ㄡ？

ㄅㄚˋ ㄒㄧㄢ ㄕㄥ：　ㄨㄛˇ 一 ㄐㄧㄥ ㄔ ㄉㄜ˙ ㄏㄣˇ ㄅㄠˇ ㄉㄜ˙。

ㄓㄤ ㄊㄞˊ ㄊㄞ：　ㄧㄚ ㄇㄜ˙，ㄋㄧㄣˊ ㄗㄞˋ ㄏㄨㄛ ㄖㄨˋ ㄊㄤ ㄢˋ。ㄅㄚˋ ㄊㄞˊ ㄊㄞ，ㄋㄧㄣˊ ㄧㄝˇ ㄌㄞˊ 一 ㄨㄢˇ，
　　　　　　　ㄏㄠˇ ㄅㄨˋ ㄏㄠˇ？

ㄅㄚˋ ㄊㄞˊ ㄊㄞ：　ㄒㄧㄝˋ ㄒㄧㄝˋ，ㄨㄛˇ ㄔˋ ㄅㄠˇ ㄌㄜ˙，ㄅㄨˊ ㄐㄧㄚˋ ㄇㄣˊ ㄌㄜ˙。

ㄓㄤ ㄒㄧㄢ ㄕㄥ：　ㄋㄚˇ ㄇㄜ˙，ㄋㄧㄣˊ ㄔˋ ㄅㄠˇㄦ ㄏㄨㄛˇ ㄌㄜ˙。

Dì Shíwǔ Kè　Qǐng Nín Gěi Wǒmen Jièshào Jǐge Cài

— I ——————————————————————

（zài fànguǎnr lǐ）

Xiè：　Qián Xiānshēng, nín xǐ huān chī shénme? Nín
　　　　diǎn cài, hǎo ma?

Qián：	Wǒ shénme dōu chī, nín diǎn ba.
Xiè：	Wǒ tīngshuō zhèijiā fànguǎnrde yú zuòde fēi cháng hǎo.
Qián：	Nàme, wǒmen jiù diǎn yíge yú ba.
Xiè (duì fúwùshēng)：	Xiānsheng, nín néng zài gěi wǒmen jièshào jǐge cài ma?
Fú wùshēng ：	Hǎode, nǐmen xǐhuān chī niúròu ma? Wǒmen zuò de niúròu hěn yǒumíng .
Xiè：	Wǒmen diǎn yíge yú, yíge niúròu, yíge qīngcài, zài diǎn yíge jītāng, gòu búgòu ?
Qián：	Gòule, gòule.
Xiè：	Qián Xiānsheng, nín zhèige yuè zài Zhōngguó wánrde hǎo ba?
Qián：	Tài hǎo le , péngyǒumen dōu duì wǒ tài kèqì le.
Xiè：	Huíle Měiguó, bié wàngle gěi wǒmen xiě xìn, yě qǐng nín tì wǒmen wèn Qián Tàitai hǎo .
Qián：	Yídìng,Yídìng .

— Ⅱ ————————————————

（zài Zhāng jiā）

Zhāng Xiānsheng ：	Qǐng zuò, qǐng zuò. Fāng Xiānsheng, nín xiǎng hē diǎnr shénme jiǔ?
Fāng Xiānsheng ：	Shénme jiǔ dōu xíng.
Zhāng Xiānsheng ：	Fāng Tàitai, nín ne?
Fāng Tàitai ：	Xièxie, wǒ yìdiǎnr jiǔ dōu bùnéng hē.
Fāng Xiānsheng ：	Zhème duō cài dōu shì Zhāng Tàitai nín zìjǐ zuò de ma?
Zhāng Tàitai：	Shì a , kěshì zuòde bùhǎo.
Zhāng Xiānsheng ：	Méi shénme cài, nǐmen duō chī yìdiǎnr.
Fāng Tàitai ：	Nín bié kèqì, wǒmen zìjǐ lái.
Fāng Xiānsheng ：	Zhāng Tàitai, nín zhèixiē cài zuòde zhēn hǎochī.
Zhāng Tàitai：	Nǎlǐ, nǎlǐ. Zhèige niúròu, nín chī le méiyǒu?
Fāng Xiānsheng ：	Wǒ yǐjīng chī le hěn duō le.

Zhāng Tàitai :	Nàme, nín zài hē wǎn rè tāng ba. Fāng Tàitai, nín yě lái yì wǎn, hǎo bùhǎo?
Fāng Tàitai :	Xièxie, wǒ chī bǎo le, dàjiā màn yòng.
Zhāng Xiānshēng :	Nàme, nín chī diǎnr shuǐ guǒ ba.

LESSON 15   PLEASE SUGGEST SOME DISHES TO US

— I ———————————————

(in a restaurant)

Xie:	Mr. Qian, what would you like to eat? Please order yourself, OK ?
Qian:	I'm not picky. Go ahead and order.
Xie:	I heard that the fish in this restaurant is prepared very well.
Qian:	Well then, let's order a fish.
Xie:	Sir, could you suggest a few dishes to us ?
Waiter:	Very well. Do you like beef ? Our beef dishes are very famous here.
Xie:	If we order a fish, a beef dish, a vegetable dish and a chicken soup, will that be enough ?
Qian:	Yes, that will be enough.
Xie:	Mr. Qian, did you enjoy yourself in China this month ?
Qian:	It was great. All my friends were very nice to me.
Xie:	When you return to America, don't forget to write us a letter and give our best regards to Mrs. Qian.
Qian:	Of course, of course.

— II ———————————————

(at the Zhang's home)

Mr. Zhang:	Please sit down. Mr. Fang, what kind of wine would you

like to drink？

Mr. Fang:	Anything is fine.
Mr. Zhang:	And you, Mrs. Fang？
Mrs. Fang:	Thank you. I can't drink any wine at all.
Mr. Fang:	Mrs. Zhang, did you cook all of this food yourself？
Mr. Zhang:	Yes, but it isn't very good.
Mr. Zhang:	There's not much food. Please eat as much as you want.
Mrs. Fang:	Don't be so polite. We can help ourselves.
Mr. Fang:	Mrs. Zhang, this food you cooked is really delicious.
Mr. Zhang:	No, no. Did you try some of this beef？
Mr. Fang:	I've already had a lot.
Mr. Zhang:	Well, have another bowl of hot soup. Mrs. Fang, would you also like a bowl？
Mrs. Fang:	Thank you. I've had enough. Everyone please take your time.
Mr. Zhang:	Well then, have some fruit.

2. NARRATION

　　我有一個法國朋友，他非常喜歡吃中國菜，可是他一點兒中文都不懂，也不會點菜。要是他一個人到中國飯館兒去，他就請飯館兒裡的服務生給他介紹好吃的菜。因為他不會用筷子[25]，所以用刀叉[26]跟湯匙[27]吃飯。有一天，我跟他一塊兒去吃飯，我替他點了牛肉跟青菜，他都很愛吃，他跟我說中國人都對他很客氣，也常常幫他很多忙。

ㄨㄛˇ ㄧㄡˇ ㄧˊ ㄍㄜ˙ ㄈㄚˋ ㄍㄨㄛˊ ㄆㄥˊ ㄧㄡˇ, ㄊㄚ ㄈㄟ ㄔㄤˊ ㄒㄧˇ ㄏㄨㄢ ㄔ ㄓㄨㄥ ㄍㄨㄛˊ ㄘㄞˋ, ㄎㄜˇ ㄕˋ ㄊㄚ ㄧˋ ㄉㄧㄢˇ
ㄦˇ ㄓㄨㄥ ㄨㄣˊ ㄉㄡ ㄅㄨˋ ㄉㄨㄥˇ, ㄧㄝˇ ㄅㄨˊ ㄏㄨㄟˋ ㄉㄧㄢˇ ㄘㄞˋ。 ㄧㄠˋ ㄕˋ ㄊㄚ ㄧˊ ㄍㄜ˙ ㄖㄣˊ ㄉㄠˋ ㄓㄨㄥ ㄍㄨㄛˊ ㄈㄢˋ ㄍㄨㄢˇ
ㄩˋ, ㄊㄚ ㄐㄧㄡˋ ㄑㄧㄥˇ ㄈㄢˋ ㄍㄨㄢˇ ㄦˇ ㄉㄜ˙ ㄈㄨˊ ㄨˋ ㄕㄥ ㄍㄟˇ ㄊㄚ ㄐㄧㄝˋ ㄕㄠˋ ㄏㄠˇ ㄔ ㄉㄜ˙ ㄘㄞˋ。 ㄧㄣ ㄨㄟˋ ㄊㄚ
ㄅㄨˊ ㄏㄨㄟˋ ㄩㄥˋ ㄎㄨㄞˋ ㄗ˙, ㄙㄨㄛˇ ㄧˇ ㄩㄥˋ ㄉㄠ ㄔㄚ ㄍㄣ ㄊㄤ ㄔˊ ㄔ ㄈㄢˋ。 ㄧㄡˇ ㄧˋ ㄊㄧㄢ, ㄨㄛˇ ㄍㄣ ㄊㄚ ㄧˊ
ㄎㄨㄞˋ ㄦˇ ㄑㄩˋ ㄔ ㄈㄢˋ, ㄨㄛˇ ㄊㄧˋ ㄊㄚ ㄉㄧㄢˇ ㄌㄜ˙ ㄋㄧㄡˊ ㄖㄡˋ ㄍㄣ ㄑㄧㄥ ㄘㄞˋ, ㄊㄚ ㄉㄡ ㄏㄣˇ ㄞˋ ㄔ, ㄊㄚ ㄍㄣ
ㄨㄛˇ ㄕㄨㄛ ㄓㄨㄥ ㄍㄨㄛˊ ㄖㄣˊ ㄉㄡ ㄉㄨㄟˋ ㄊㄚ ㄏㄣˇ ㄎㄜˋ ㄑㄧˋ, ㄧㄝˇ ㄔㄤˊ ㄔㄤˊ ㄅㄤ ㄊㄚ ㄏㄣˇ ㄉㄨㄛ ㄇㄤˊ。

Wǒ yǒu yíge Fàguó péngyǒu, tā fēicháng xǐhuān chī Zhōngguó cài, kěshì tā yìdiǎnr Zhōngwén dōu bùdǒng, yě búhuì diǎn cài. Yàoshì tā yíge rén dào Zhōngguó fànguǎnr qù, tā jiù qǐng fànguǎnrlǐ de fúwùshēng gěi tā jièshào hǎochīde cài. Yīnwèi tā búhuì yòng kuàizi, suǒyǐ yòng dāochā gēn tāngchí chīfàn. Yǒu yìtiān, wǒ gēn tā yíkuàir qù chīfàn, wǒ tì tā diǎnle niúròu gēn qīngcài, tā dōu hěn ài chī, tā gēn wǒ shuō Zhōng-guó rén dōu duì tā hěn kèqì, yě chángcháng bāng tā hěn duō máng.

I have a French friend who loves to eat Chinese food, but he doesn't speak any Chinese at all, and can't order Chinese food. If he goes to a Chinese restaurant to eat, he asks the waiter in the restaurant to suggest some good dishes to him. Because he doesn't know how to use chopsticks, he uses knife, fork and spoon to eat. One day, I went out to eat with him and ordered a bccf dish and some vegetables for him which he really enjoyed. He said to me that Chinese people were always very friendly to him and often helped him very much.

3. VOCABULARY

1. 給 (gěi)　　*CV*: **for (the benefit), to**

   媽媽給孩子買了很多書。

   Māma gěi háizi mǎile hěn duō shū .

   Mama bought many books for her children.

2. 介紹 (jièshào)　　*V*: **to introduce, to suggest**

   我給你們介紹介紹吧。

   Wǒ gěi nǐ men jièshào jièshào ba.

   Let me introduce you to each other.

3. 謝 (Xiè)　　*N*: **Hsieh (a Chinese surname)**

4. 錢 (Qián)　　*N*: **Chien (a Chinese surname)**

5. 點菜 (diǎncài)　　*VO*: **to order food**

   他點的那個菜叫什麼？

   Tā diǎn de nàige cài jiào shénme ?

   What is that food he ordered called?

6. 魚 (yú)　　*N*: **fish** (*M*:條 tiáo)

7. 非常 (fēicháng)　　*A*: **very, extremely**

   臺北的夏天非常熱。

   Tái běide xiàtiān fēicháng rè .

   Summer in Taipei is very hot.

8. 對 (duì)　　*CV*: **to, toward, for**

他對人很客氣。
Tā duì rén hěn kèqì.
He is very polite to people.

9. 牛肉 (niúròu)　　*N*: **beef**

你愛吃牛肉嗎？
Nǐ ài chī niúròu ma ?
Do you love to eat beef ?

　　牛 (niú)　　*N*: **cow, cattle** (*M*:頭 tóu)

　　肉 (ròu)　　*N*: **meat**

10. 青菜 (qīngcài)　　*N*: **vegetables, green vegetables**

11. 雞 (jī)　　*N*: **chicken** (*M*:隻 zhī)

12. 湯 (tāng)　　*N*: **soup**

你喝湯了沒有？
Nǐ hē tāng le méiyǒu ?
Have you had your soup ?

13. 信 (xìn)　　*N*: **letter** (*M*:封 fēng)

你常常給朋友寫信嗎？
Nǐ chángcháng gěi péngyǒu xiě xìn ma ?
Do you often write letters to your friends?

14. 替 (tì)　　*CV*: **for, in place of, a substitute for**

請你替我點菜，好嗎？
Qǐng nǐ tì wǒ diǎn cài, hǎo ma ?
Please order food for me, OK?

15. 問ㄨㄣˋ······好ㄏㄠˇ（wèn ······ hǎo）

IE: **to wish someone well, to send best regards to someone**

張ㄓㄤ先ㄒㄧㄢ生ㄕㄥ問ㄨㄣˋ您ㄋㄧㄣˊ好ㄏㄠˇ。

Zhāng Xiānshēng wèn nín hǎo .

Mr. Zhang sends his best wishes to you.

16. 方ㄈㄤ（Fāng）　　*N*: **a Chinese surname**

17. 這ㄓㄜˋ麼ㄇㄜ（zhème）　　*A*: **so, like this**

這ㄓㄜˋ個ㄍㄜ東ㄉㄨㄥ西ㄒㄧ這ㄓㄜˋ麼ㄇㄜ貴ㄍㄨㄟˋ，我ㄨㄛˇ不ㄅㄨˊ要ㄧㄠˋ買ㄇㄞˇ。

Zhèige dōngxī zhème guì, wǒ búyào mǎi .

This stuff is so expensive. I don't want to buy it.

那ㄋㄚˋ麼ㄇㄜ（nàme）　　*A*: **like that, in that way**

18. 自ㄗˋ己ㄐㄧˇ（zìjǐ）　　*N*: **oneself, by oneself**

這ㄓㄜˋ件ㄐㄧㄢˋ衣ㄧ服ㄈㄨˊ是ㄕˋ你ㄋㄧˇ自ㄗˋ己ㄐㄧˇ做ㄗㄨㄛˋ的ㄉㄜ嗎ㄇㄚ？

Zhèjiàn yīfú shì nǐ zìjǐ zuò de ma ?

Did you make this outfit yourself?

19. 哪ㄋㄚˇ裡ㄌㄧˇ（nǎlǐ）　　*IE*: **an expression of modest denial "NO, no"**

A: 你ㄋㄧˇ畫ㄏㄨㄚˋ的ㄉㄜ畫ㄏㄨㄚˋ兒ㄦ真ㄓㄣ好ㄏㄠˇ看ㄎㄢˋ。

B: 哪ㄋㄚˇ裡ㄌㄧˇ，哪ㄋㄚˇ裡ㄌㄧˇ。

Nǐ huà de huàr zhēn hǎokàn .

Nǎlǐ, nǎlǐ.

The picture you painted is beautiful.

No, no.

20. 碗ㄨㄢˇ（wǎn）　　*M/N*: **measure word for servings of food; bowl**

我ㄨㄛˇ昨ㄗㄨㄛˊ天ㄊㄧㄢ買ㄇㄞˇ了ㄌㄜ十ㄕˊ個ㄍㄜ新ㄒㄧㄣ碗ㄨㄢˇ。

Wǒ zuótiān mǎile shíge xīn wǎn .

I bought ten new bowls yesterday.

我已經吃了兩碗飯了。

Wǒ yǐjīng chī le liǎngwǎn fàn le.

　　I've already eaten two bowls of rice.

21. 飽 (bǎo)　　*SV*: **to be full (after eating)**

我吃飽了。

Wǒ chī bǎole.

　　I've had enough to eat.

22. 大家 (dàjiā)　　*N*:**everyone**

我們大家都去，好不好？

Wǒmen dàjiā dōu qù, hǎo bùhǎo?

　　Let's all go, OK?

23. 慢用 (mànyòng)　　*IE*: **eat slowly (enjoy your meal)**

用 (yòng)　　*V/CV*: **to use; using, with**

我不會用筷子。

Wǒ búhuì yòng kuàizi.

　　I don't know how to use chopsticks.

我用原子筆 (yuánzibǐ)*寫字。

Wǒ yòng yuánzibǐ xiězì.

　　I use a ball-point pen to write characters.

有用 (yǒuyòng)　　*SV*: **to be useful**

這個字很有用。

Zhèige zì hěn yǒuyòng.

　　This word is very useful.

24. 水果 (shuǐguǒ)　　*N*: **fruit**

誰都喜歡吃水果。

Shéi dōu xǐhuān chī shuǐguǒ.

　　Everyone likes to eat fruit.

---

*原子筆 (yuánzibǐ) : ball-point pen

SUPPLEMENTARY VOCABULARY

25. 筷子 (kuàizi)　　　*N*: **chopsticks** (*M*: 雙 shuāng)

中國人用筷子吃飯。
Zhōngguó rén yòng kuàizi chīfàn.
Chinese people use chopsticks to eat .

26. 刀叉 (dāochā)　　*N*: **knife and fork**

刀 (dāo)　　*N*: **knife** (*M*: 把 bǎ)

刀子 (dāozi)　　*N*: **knife**

叉 (chā)　　*BF*: **fork**

叉子 (chāzi)　　*N*: **fork** (*M*: 把 bǎ)

27. 湯匙 (tāngchí)　　*N*: **soup spoon**

28. 句 (jù)　　*M*: **measure word for sentences, phrase**

這句話，你說得不對。
Zhèi jù huà, nǐ shuōde búduì.
You said this phrase incorrectly.

句子 (jùzi)　　*N*: **sentence**

請你用這個字做一個句子。
Qǐng nǐ yòng zhèige zì zuò yíge jùzi.
Please make a sentence using this word.

29. 封 (fēng)　　*M*: **measure word for letters**

30. 毛筆 (maóbǐ)　　*N*: **brush pen** (*M*: 枝 zhī)

4. SYNTAX PRACTICE

I. *Inclusiveness and Exclusiveness (with question words as indefinites)*

If one wants to express an inclusive such as "everywhere", "every-one", and "everything", or an exclusive like "nowhere", "no one", and "nothing", then he must use a question word in conjunction with the adverb 都. In negative expressions the adverb 也 can be used in place of 都.

a.

(S)	QW	(S)都	V
他	什麼	都	知道。
He knows everything.			

b.

(S)	QW(S)	都／也	Neg-V
他	什麼	都／也	不知道。
He doesn't know anything.			

1. 誰都喜歡好東西。
2. 哪兒都有好人。
3. 他什麼時候都在家。
4. 你哪天去都行。
5. 這個菜，怎麼做都好吃。
6. 誰都不喜歡考試。
7. 昨天我哪兒也沒去。
8. 那些房子，哪所都不便宜。

☞Transform the following sentences into inclusive or exclusive forms:

1. 我們都喜歡錢。
2. 這兒有中國飯館兒，那兒也有中國飯館兒。
3. 這本書不便宜，那本書也不便宜。
4. 他有汽車、房子、電視……。
5. 她早上、中午、下午、晚上都在學校。
6. 那個城裡沒有書店。

Ⅱ. *Exclusiveness Intensified (not even, not at all)*

If one wants to express a high degree of exclusiveness equivalent to the phrases "not even a little", "not at all", then "一-M-N" or 一點兒 must be placed in front of 都 or 也 in order to signify a very small amount. This sentence pattern is used for negative expressions.

(Ⅰ)

(S) 一-M-N 都／也 Neg-(AV) V
我　一個歌兒　都／也　不　會唱。
I can't sing any songs at all.

1. 我一句德國話都不會說。
2. 現在家裡一個人都沒有。
3. 昨天我一個字也沒寫。
4. 今天我一點兒事也沒有。
5. 我一件新衣服也沒買。

(Ⅱ)

(S) 一點兒 都／也 Neg-SV
中文 一點兒 都／也 不難。
Chinese isn't hard at all.

1. 我一點兒也不累。

2. 今天一點兒都不熱。

3. 我覺得這所房子一點兒都不貴。

4. 我覺得這個電影一點兒也不好。

5. 我是八點鐘來的，一點兒也不晚。

☞Transform the following sentences into exclusiveness intensified:

1. 我沒有錢。

2. 他不會寫中國字。

3. 我們沒喝酒。

4. 我有很多時間，我不忙。

5. 那個東西不好吃。

III. 多 and 少 Used as Adverbs

Certain SV can be used as adverbs. When 多 becomes this kind of adverb, it means "more"; when 少 becomes an adverb it means "less".

多／少	V	(NU-M)	(O)
多	吃	一點兒	菜。
Eat a little more.			
少	喝	一點兒	酒。
Dirnk a little less wine.			

1. 你應該多看書，少看電視。

2. 老師叫我們多說中國話，少說英文。

3. 今天我要多做一點兒菜。

4. 我少買了一張票，我再去買一張。

5. 做這個菜，得多放一點兒糖 (táng)*

---

*糖 (táng)：sugar, candy

☞Give advice to these people with 多 or 少：

1. ＿＿＿＿吃＿＿＿＿＿＿＿飯。
2. ＿＿＿＿喝＿＿＿＿＿＿＿水。
3. ＿＿＿＿看＿＿＿＿＿＿＿書。
4. ＿＿＿＿吃＿＿＿＿＿＿＿糖。

Ⅳ. 跟 ， 給 ， 替 ， 用 *and* 對 *as Coverbs*

（Ⅰ）跟 (with, from, to) (lit. follow)

       1. 他很喜歡跟孩子們玩兒。

       2. 我不要跟她一塊兒去。

       3. 他的英文是跟英國老師學的。

       4. 孩子常跟父母要錢買東西吃。

       5. 他跟我說他明天不能來。

（Ⅱ）給〔for(the benefit of), to〕 (lit. to give)

       1. 父母給孩子買了很多書。

       2. 我給你做了一件衣服。

       3. 請你給我們介紹介紹。

       4. 她每天給她先生做早飯。

       5. 他給我寫了一封信。

（Ⅲ）替 (for) (lit. in place of, substitute)

       1. 你不能去，我替你去吧。

2. 我不能替你寫，你得自己寫。

3. 請你替我問她好。

4. 我不會點菜，請你替我點。

5. 明天我不能來，你能替我教書嗎？
    沒問題。

(IV) 用 (with) (lit. to use)

1. 中國人用筷子吃飯，美國人用刀叉吃飯。

2. 我不會用毛筆寫字。

3. 小孩子喜歡用湯匙吃飯。

4. 我還不會用中文寫信。

5. 你用那些錢買什麼了？
    我買了很多書。

(V) 對 (to, toward, for) (lit. facing)

1. 她對我說謝謝。

2. 他沒對我說什麼。

3. 他們對我們很好。

4. 那個人對我不太客氣。

5. 這本書對小孩子太難。

6. 這個東西對我很有用。

☞Complete each following sentence with a coverb:

1. 我_____張老師學中文。

2. 他_____你怎麼樣？

3. 誰_____你寫信？

4. 她_____筷子吃日本飯。

5. 這本書_____我們很容易。

6. 媽媽_____我們做了很多菜。

7. 我不能做那件事，請你_____我做。

8. 那輛汽車你是_____多少錢買的？

9. 這枝毛筆，是誰_____你買的？

10.我_____她一塊兒去看電影。

5. COMBINATION PRACTICE

Ⅰ. *Use "(S) QW／一-M-N／一點兒都(Neg-)V" structure to answer the teacher's question. The faster the better.*

1. 你有什麼？

2. 你喜歡吃什麼？

3. 什麼車便宜？

4. 你要到哪兒去？

5. 誰喜歡你？

6. 你要給誰？

7. 你在說什麼？

8. 他給你什麼了？

9. 我們什麼時候去？

10. 你喝酒嗎？

11. 你懂幾句日本話？

12. 誰知道他叫什麼名字？

13. 你會唱什麼歌兒？

14. 哪兒有好人？

15. 我應該怎麼辦？

16. 你要哪個？

17. 他有幾個弟弟？

18. 你們買什麼了？

19. 他什麼時候在家？

20. 你累不累？

21. 星期天誰來了？

22. 你什麼時候不忙？

23. 那兩個人，哪個是你的老師？

24. 誰看了今天的報了？

25. 你會不會跳舞？

Ⅱ. *Translate the following sentences into Chinese.*

1. I wrote her a letter.
2. The letter was written in Chinese.
3. Can you write a letter for me?
4. Why don't you speak to him?
5. Whom is he talking with?
6. I asked Miss Wang if she can teach for me tomorrow.
7. She said to me that she was very tired.
8. I live with two French students.
9. I don't know if it's convenient for you.
10. What do you eat Chinese food with?
11. Whom did you go to Japan with?
12. The book seller was very polite to me.

Ⅲ. *Situations*

1. Two customers discuss the menu with a waiter.

MENU	
宮保雞丁（gōngbǎo jī dīng）	Kung Baw Chicken
麻婆豆腐（mápó dòufǔ）	Spicy Tofu
木須肉（mùxūròu）	Mooshoo Pork
糖醋里肌（tángcù lǐjī）	Sweet & Sour Pork
炒飯（chǎofàn）	Fried Rice
炒麵（chǎomiàn）	Fried Noodles
水餃（shuǐjiǎo）	Dumpling
牛肉麵（niúròumiàn）	Beef Noodle
餛飩湯（húntúntāng）	Wang Tang Soup
酸辣湯（suān là tāng）	Hot Sour Soup

2. Conversation between host and guest

6. NOTES

1. 來 can be used as a substitute for a verb of concrete meaning.

   ex:　　　我自己來。　　I'll do it by myself.

   　　　　再來一碗。　　One more bowl.

2. "哪裡，哪裡" is used in reply to a compliment, meaning "not at all" or in response to an apology, meaning "it's nothing" conveying a polite response. " 哪兒的話 " can also be used to mean " don't mention it ". " 哪 " is pronounced here 2nd tone instead of 3rd, and " 裡 " is neutral.

第十六課　請她回來以後^①，給我打電話^②

1. DIALOGUE

—— I ——

李：喂^③，請問這裡是 321-1001 嗎？

妹：是的，請問您找哪一位？

李：王美英小姐在家嗎？

妹：對不起，她不在。您是哪位？

李：我是她的朋友李文德。你是美英的妹妹吧？

妹：是的，您好。

李：你姐姐到哪兒去了？

妹：她到圖書館借書去了。^④

李：她是什麼時候去的？

妹：她是十分鐘以前去的。^⑤

李：你知道她什麼時候回來嗎？

妹：大概五點半以後。^⑥

李：她到家的時候，麻煩你請她給我打一個電話^⑦，好嗎？

妹：好的。請問您的電話是……？

李：我的電話是 701-5426。麻煩你了，謝謝，再見。

妹：再見。

── II ──

王：喂，請問李文德在不在？

李：我就是。美英，你回家了啊？

王：是啊，我剛剛到家。我妹妹告訴我你來過電話⑧，⑨
有什麼事嗎？

李：我想學一點兒法文。我記得你學過法文⑩，對不
對？

王：對啊，我念中學⑪的時候學過，兩年以前我又⑫到法
國去學了兩個月。

李：不知道你能不能給我介紹一位法文老師。

王：沒問題，我認識好幾位⑬法文老師。你打算每星期
上幾次⑭課呢？

李：本來⑮我打算每星期上一次課，後來⑯我想一次恐怕⑰
不夠⑱，現在我決定每星期上兩次課，你覺得怎麼
樣？

王：我覺得很好。我替你問問，再給你打電話，好

嗎？

李：好的，謝謝，再見。

王：再見。

ㄅㄟˋ ㄕˊ ㄌㄡˋ ㄎㄜˋ　ㄑㄥˇ ㄊㄚ ㄏㄨㄞˊ ㄌㄞˊ ㄧˇ ㄏㄡˋ，ㄍㄟˇ ㄛˇ ㄉㄚˇ ㄉㄧㄢˋ ㄏㄨㄚˋ

— I —

ㄌㄟˇ：ㄟˋ，ㄑㄥ ㄨㄣˋ ㄓㄜˋ ㄌㄧ ㄕˋ 321-1001 ㄇㄚ˙？

ㄇㄟ：ㄕˋ ㄉㄜ˙，ㄑㄥ ㄨㄣˋ ㄋㄧㄣˊ ㄓㄠˇ ㄋㄚˇ ㄧ ㄨㄟˋ？

ㄌㄟˇ：ㄨㄤˊ ㄇㄟ ㄧㄥ ㄒㄧㄠˇ ㄐㄧㄝˇ ㄐㄧㄚ ㄇㄚ˙？

ㄇㄟ：ㄅㄨˋ ㄎㄨㄟˋ，ㄊㄚ ㄅㄨˊ ㄗㄞˋ。ㄋㄧˇ ㄕˋ ㄋㄟˇ ㄨㄟˋ？

ㄌㄟˇ：ㄨㄛˇ ㄕˋ ㄊㄚ ㄉㄜ˙ ㄆㄥˊ ㄧㄡˇ ㄌㄧ ㄨㄣ ㄅㄛˊ。ㄋㄧˊ ㄕˋ ㄇㄟ ㄧㄥ ㄉㄜ˙ ㄇㄟˋ ㄇㄟ˙ ㄇㄚ？

ㄇㄟ：ㄕˋ ㄉㄜ˙，ㄋㄧˊ ㄏㄠˇ。

ㄌㄟˇ：ㄋㄧˇ ㄐㄧ ㄐㄧㄡˋ ㄉㄠˋ ㄋㄚˇ ㄦˊ ㄑㄩˋ ㄌㄜ˙？

ㄇㄟ：ㄊㄚ ㄉㄠˋ ㄊㄨˊ ㄍㄨㄢˋ ㄐㄧㄝˋ ㄕㄨ ㄑㄩˋ ㄌㄜ˙。

ㄌㄟˇ：ㄊㄚ ㄕˋ ㄗˇ ㄇㄜ˙ ㄕˊ ㄏㄡˋ ㄑㄩˋ ㄌㄜ˙？

ㄇㄟ：ㄊㄚ ㄕˋ ㄕˊ ㄈㄣ ㄓㄨㄥ ㄧˇ ㄑㄧㄢˊ ㄑㄩˋ ㄌㄜ˙。

ㄌㄟˇ：ㄋㄧˇ ㄓ ㄉㄠˋ ㄊㄚ ㄕˊ ㄇㄜ˙ ㄕˊ ㄏㄡˋ ㄏㄨㄟˊ ㄌㄞˊ ㄇㄚ˙？

ㄇㄟ：ㄅㄚˋ ㄍㄞˇ ㄨˇ ㄅㄢˇ ㄎㄜˇ ㄧˇ ㄏㄨㄟˊ。

ㄌㄟˇ：ㄊㄚ ㄏㄨㄟˊ ㄐㄧㄚ ㄉㄜ˙ ㄕˊ ㄏㄡˋ，ㄇㄚ˙ ㄈㄢˊ ㄋㄧ ㄑㄧㄥˇ ㄊㄚ ㄍㄟˇ ㄨㄛˇ ㄉㄚˇ ㄧˊ ㄍㄜˋ ㄉㄧㄢˋ ㄏㄨㄚˋ，ㄏㄠˇ ㄇㄚ˙？

ㄇㄟ：ㄏㄠˇ ㄉㄜ˙。ㄑㄧㄥˇ ㄨㄣˋ ㄋㄧˊ ㄉㄜ˙ ㄉㄧㄢˋ ㄏㄨㄚˋ ㄕˋ……？

ㄉㄞˋ ： ㄊㄜˊ ㄅㄧˋ ㄅㄞˇ ㄏㄨ ㄕˋ 701-5426。 ㄚ ㄅㄣ ㄋㄧˇ ㄊㄜ˙ ， ㄒㄧㄝ ㄒㄧㄝ˙ ， ㄗㄞˋ ㄐㄧㄢˋ。
ㄇㄟ ： ㄗㄞˋ ㄐㄧㄢˋ。

——— II ———

ㄨㄤ ： ㄨㄟˊ ， ㄑㄧㄥˇ ㄨㄣˋ ㄉㄞˋ ㄋㄢˊ ㄅㄜˊ ㄗㄞˋ ㄅㄨˊ ㄗㄞˋ？
ㄉㄞˋ ： ㄊㄜˊ ㄐㄧˋ ㄕˋ。 ㄇㄟˊ ㄧㄥ ， ㄋㄧˇ ㄏㄠˇ ㄐㄧㄚˋ ㄚ˙？
ㄨㄤ ： ㄕˋ ㄚ ， ㄊㄜˊ ㄤ ㄍㄤˋ ㄍㄠˋ ㄐㄧㄚ。 ㄊㄜˊ ㄇㄣˊ ㄇㄣ ㄍㄠˋ ㄙㄨˋ ㄊㄜˊ ㄋㄧˇ ㄌㄞˊ ㄍㄨㄛˋ ㄅㄧ ㄏㄨ˙ ， ㄡˇ ㄗㄜˊ ㄊㄜ˙ ㄕˋ ㄚ？
ㄉㄞˋ ： ㄊㄜˊ ㄒㄧㄤ ㄒㄧㄝˋ ㄧ ㄅㄧㄢˋ ㄦˊ ㄅㄨˋ ㄕㄨˊ。 ㄊㄜˊ ㄐㄩ ㄊㄜˊ ㄋㄧˇ ㄒㄧㄝˋ ㄍㄨˋ ㄅㄧˇ ㄏㄨㄢˊ ， ㄅㄟˊ ㄅㄨˊ ㄅㄨˊ？
ㄨㄤ ： ㄅㄧˊ ㄚ ， ㄊㄜˊ ㄅㄢˊ ㄓㄨ ㄒㄧㄝˋ ㄉㄜ˙ ㄕˋ ㄧㄡ ㄒㄧㄝˊ ㄊㄜˊ ， ㄌㄜˊ ㄅㄧㄣˊ ㄧ ㄑㄧㄢˊ ㄊㄜˊ ㄨㄛˊ ㄍㄠˋ ㄅㄧˇ ㄅㄟˊ ㄙㄨ ㄒㄩㄝ ㄌㄜˊ ㄌㄜ ㄍㄜˋ ㄌㄜˊ。
ㄉㄞˋ ： ㄅㄧˊ ㄓˋ ㄉㄠ ㄋㄧˇ ㄅㄟˊ ㄋㄣˊ ㄑㄧˊ ㄊㄜˊ ㄐㄧㄝˊ ㄕˊ ㄧ ㄨㄟˊ ㄅㄧˊ ㄍㄠ ㄕˋ。
ㄨㄤ ： ㄇㄟˊ ㄋㄢˊ ㄊㄤ ， ㄊㄜˊ ㄖㄢ ㄕˋ ㄍㄠˋ ㄐㄩㄝˊ ㄅㄟˊ ㄋㄢˊ ㄍㄠˋ ㄕˋ。 ㄋㄧˇ ㄉㄞˋ ㄊㄜˊ ㄇㄟˊ ㄒㄧㄥ ㄑㄧˊ ㄕˋ ㄐㄩˇ ㄎㄢˋ ㄅㄜˊ ㄅㄜˊ？
ㄉㄞˋ ： ㄅㄣ ㄉㄞˋ ㄉㄠˇ ㄅㄨˋ ㄍㄜˊ ㄇㄟˊ ㄒㄧㄥ ㄑㄧˊ ㄤ ㄧ ㄅㄧㄢˊ ㄎㄢˇ ， ㄏㄡˋ ㄅㄞˊ ㄊㄜˊ ㄒㄧㄤ ㄧ ㄧㄢˊ ㄙㄨˊ ㄊㄜˊ ㄍㄨㄛˋ ， ㄒㄧㄢ ㄗㄞˋ ㄅㄜˊ ㄐㄩㄝˊ ㄍㄜˊ ㄇㄟˊ ㄒㄧㄥ ㄑㄧˊ ㄕㄨˊ ㄌㄜ ㄎㄢˇ ， ㄋㄧˇ ㄐㄩㄝˊ ㄉㄜ˙ ㄗㄞˋ ㄇㄜˊ ㄧㄤˊ？
ㄨㄤ ： ㄊㄜˊ ㄐㄩˊ ㄉㄜ˙ ㄏㄣˇ ㄍㄨˋ。 ㄊㄜˊ ㄊㄚ ㄋㄧˇ ㄖㄨˊ ， ㄗㄞˋ ㄍㄨㄛˊ ㄋㄧˇ ㄉㄠˇ ㄅㄨˋ ㄏㄨ˙ ， ㄏㄠˇ ㄇㄚ˙？
ㄉㄞˋ ： ㄏㄠˇ ㄉㄜ˙ ， ㄒㄧㄝ ㄒㄧㄝ˙ ， ㄗㄞˋ ㄐㄧㄢˋ。
ㄨㄤ ： ㄗㄞˋ ㄐㄧㄢˋ。

Dì Shíliù kè　Qǐng Tā Huílái Yǐhòu，Gěi Wǒ Dǎ Diànhuà

——— I ———

Lǐ:　　　Wéi, qǐngwèn zhèlǐ shì 321-1001 ma?

Mèi:　　Shìde, qǐngwèn nín zhǎo nǎyíwèi?

Lǐ:　　　Wáng Měiyīng Xiǎojiě zài jiā ma?

Mèi:　　Duìbùqǐ, tā búzài. Nín shì něiwèi?

Lǐ： Wǒ shì tā de péngyǒu Lǐ Wéndé. Nǐ shì Měiyīngde mèimei ba?

Mèi： Shìde, nín hǎo.

Lǐ： Nǐ jiějie dào nǎr qùle?

Mèi： Tā dào túshūguǎn jiè shū qùle.

Lǐ： Tā shì shénme shíhòu qù de?

Mèi： Tā shì shífēnzhōng yǐqián qù de.

Lǐ： Nǐ zhīdào tā shénme shíhòu huílái ma?

Mèi： Dàgài wǔdiǎnbàn yǐhòu.

Lǐ： Tā dào jiā de shíhòu, máfán nǐ qǐng tā gěi wǒ dǎ yíge diànhuà, hǎo ma?

Mèi： Hǎode. Qǐngwèn nínde diànhuà shì ……?

Lǐ： Wǒde diànhuà shì 701-5426. Máfán nǐ le, xièxie, zàijiàn.

Mèi： Zàijiàn.

—— II ————————————————————

Wáng： Wéi, qǐngwèn Lǐ Wéndé zài búzài?

Lǐ： Wǒ jiù shì. Měiyīng, nǐ huí jiā le a?

Wáng： Shì a, wǒ gānggāng dào jiā. Wǒ mèimei gàosù wǒ nǐ láiguò diànhuà, yǒu shénme shì ma?

Lǐ： Wǒ xiǎng xué yìdiǎnr Fàwén. Wǒ jìde nǐ xuéguò Fàwén, duì búduì?

Wáng： Duì a, wǒ niàn zhōngxué de shíhòu xuéguò, liǎngnián yǐqián wǒ yòu dào Fàguó qù xuéle liǎngge yuè.

Lǐ： Bùzhīdào nǐ néng bùnéng gěi wǒ jièshào yíwèi Fàwén lǎoshī.

Wáng： Méi wèntí, wǒ rènshì hǎo jǐwèi Fàwén lǎoshī. Nǐ dǎsuàn měi xīngqí shàng jǐcì kè ne?

Lǐ： Běnlái wǒ dǎsuàn měi xīngqí shàng yícì kè, hòulái wǒ xiǎng yícì kǒngpà búgòu, xiànzài wǒ juédìng měi xīngqí shàng liǎng cì kè, nǐ juéde zěnmeyàng?

Wáng： Wǒ juéde hěn hǎo. Wǒ tì nǐ wènwèn, zài gěi nǐ dǎ diànhuà, hǎo ma?

Lǐ： Hǎode, xièxie, zàijiàn.

Wáng： Zàijiàn.

LESSON 16　PLEASE TELL HER TO GIVE ME A CALL WHEN SHE GETS BACK

—— I ——

Li:	Hello, excuse me, is this 321-1001?
Sister:	Yes, may I ask who you are looking for?
Li:	Miss Meiying Wang. Is she at home?
Sister:	I'm sorry, she's not here. Who is calling, please?
Li:	I'm her friend, Wende Li. Are you Meiying's little sister?
Sister:	Yes. Hi.
Li:	Where did your big sister go?
Sister:	She went to the library to borrow some books.
Li:	When did she leave?
Sister:	She left ten minutes ago.
Li:	Do you know when she'll be back?
Sister:	Probably after five thirty?
Li:	When she comes home, would you please ask her to call me back?
Sister:	OK. May I have your telephone number, please?
Li:	My telephone number is 701-5426. I am troubling you. Thank-you, good-bye.
Sister:	Good-bye.

—— II ——

Wang:	Hello. Is Wende Li there?
Li :	Speaking. Meiying, you're back home?
Wang:	Yes, I just got back. My little sister told me you called.
Li :	I'm thinking of studying a little French. I remember you've

studied French, right?

Wang: That's right. I studied it when I was in middle school, and two years ago I also went to France to study for two months.

Li : I don't know if you are able to introduce me to a French teacher or not.

Wang: No problem. I know quite a few French teachers. How many classes a week do you want to take?

Li : Originally I thought I'd take one class a week, but then I was afraid that would not be enough, so now I want to take two classes a week. What do you think?

Wang: I think that's very good. I'll ask around for you and give you a call back,OK?

Li : Fine, thanks. Good-bye.

Wang: Good-bye.

2. NARRATION

　　今天下午王美英到圖書館借書去了。她不在家的時候，李文德給她打電話，是美英的妹妹接的。她告訴文德，美英五點半以後回來。文德麻煩她請美英回來的時候給他打一個電話，可是美英的妹妹六點鐘要去跟一個朋友見面⑳，她怕不能告訴美英這件事，所以給美英留㉑了一張字條㉒：

姐姐：

　　差不多四點鐘的時候，李文德來過電話，他請你回家以後，馬上給他打一個電話，我想他有事找你，請別忘了！他的電話㉓號碼是 701-5426。

　　　　　　　　　　妹留
　　　　　　　　　　5:20

ㄐㄧㄝˇ ㄐㄧㄝ˙：
　　ㄔㄚˋ ㄅㄨˊ ㄉㄨㄛ ㄙˋ ㄉㄧㄢˇ ㄓㄨㄥ ㄉㄜ˙ ㄕˊ ㄏㄡˋ，ㄌㄧˇ ㄨㄣˊ ㄉㄜˊ ㄌㄞˊ ㄍㄨㄛˋ ㄉㄧㄢˋ ㄏㄨㄚˋ，ㄊㄚ ㄑㄧㄥˇ ㄋㄧˇ ㄏㄨㄟˊ ㄐㄧㄚ ㄧˇ ㄏㄡˋ，ㄇㄚˇ ㄕㄤˋ ㄍㄟˇ ㄊㄚ ㄉㄚˇ ㄧˊ ㄍㄜ˙ ㄉㄧㄢˋ ㄏㄨㄚˋ，ㄨㄛˇ ㄒㄧㄤˇ ㄊㄚ ㄧㄡˇ ㄕˋ ㄓㄠˇ ㄋㄧˇ，ㄑㄧㄥˇ ㄅㄧㄝˊ ㄨㄤˋ ㄌㄜ˙！ㄊㄚ ㄉㄜ˙ ㄉㄧㄢˋ ㄏㄨㄚˋ ㄏㄠˋ ㄇㄚˇ ㄕˋ 701-5426。

ㄇㄟˋ ㄌㄧㄡˊ
5:20

Jīntiān xiàwǔ Wáng Měiyīng dào túshūguǎn jiè shū qùle. Tā búzài jiā de shíhòu, Lǐ Wéndé gěi tā dǎ diànhuà, shì Měiyīng de mèimei jiē de. Tā gàosù Wéndé, Měiyīng wǔdiǎnbàn yǐ hòu huílái. Wéndé máfán tā qǐng Měiyīng huílái de shíhòu gěi tā dǎ yíge diànhuà, kěshì Měiyīngde mèimei liùdiǎnzhōng yào qù gēn yíge péngyǒu jiànmiàn, tā pà bùnéng gàosù Měi yīng zhèjiàn shì, suǒyǐ gěi Měiyīng liúle yì zhāng zìtiáo：

Jiějie：
　　Chà bú duō sì diǎnzhōngde shíhòu, Lǐ Wéndé lái guò diànhuà, tā qǐng nǐ huí jiā yǐhòu, mǎshàng gěi tā dǎ yíge diànhuà, wǒ xiǎng tā yǒu shì zhǎo nǐ, qǐng bié wàngle！tāde diànhuà hàomǎ shì 701-5426.

Mèi liú
5:20

This afternoon Meiying Wang went to the library to borrow some books. While she was away, Wende Li called her, and Meiying's little sister took the call. She told Wende that Meiying would be back after 5:30. Wende asked her to ask Meiying to give him a call when she got back. However, Meiying's little sister wanted to go meet a friend at 6:00 and was afraid she wouldn't be able to tell Meiying this message, so she wrote this message to her:

Big sister:

    Around four o'clock Wende Lee called. He asked that you give him a call as soon as you get home. I think he wants to reach you for some thing. Please don't forget. His phone number is 701-5426.

Sister
5:20

---

3. VOCABULARY

1. 以後 (yǐhòu)　　*MA(TW)*: **afterwards, after**

> 三個鐘頭以後，請在這兒等我。
> Sāngezhōngtóu yǐhòu, qǐng zài zhèr děng wǒ .
> Wait for me here in three hours.

2. 打電話 (dǎdiànhuà)　　*VO*: **to make a phone call**

> 昨天我給他打了一個電話。
> Zuótiān wǒ gěi tā dǎle yíge diànhuà .
> Yesterday I gave him a call.

> 電話 (diànhuà)　　*N*: **telephone, call**

3. 喂 (wéi)　　*P*: **a common telephone or intercom greeting "hello"**

4. 借 (jiè)　　*V*: **to borrow, to lend**

> 我跟他借了一千塊錢。
> Wǒ gēn tā jièle yìqiānkuài qián .
> I borrowed a thousand dollars from him.

這ㄓㄜˋ枝ㄓ筆ㄅㄧˇ是ㄕˋ他ㄊㄚ借ㄐㄧㄝˋ我ㄨㄛˇ的ㄉㄜ。

Zhèizhī bǐ shì tā jiè wǒ de.

This pen he loaned to me.

5. 以ㄧˇ前ㄑㄧㄢˊ (yǐqián)　　*MA(TW)*: **before, ago, formerly**

以ㄧˇ前ㄑㄧㄢˊ他ㄊㄚ不ㄅㄨˋ會ㄏㄨㄟˋ說ㄕㄨㄛ中ㄓㄨㄥ國ㄍㄨㄛˊ話ㄏㄨㄚˋ。

Yǐqián tā búhuì shuō Zhōngguó huà .

He couldn't speak Chinese before.

6. 大ㄉㄚˋ概ㄍㄞˋ (dàgài)　　*MA*: **probably**

他ㄊㄚ大ㄉㄚˋ概ㄍㄞˋ已ㄧˇ經ㄐㄧㄥ來ㄌㄞˊ了ㄌㄜ。

Tā dàgài yǐjīng láile.

He probably came already.

7. 麻ㄇㄚˊ煩ㄈㄢˊ (máfán)

SV/V/N: **to be annoyed; to bother; an annoyance, troublesome**

寫ㄒㄧㄝˇ中ㄓㄨㄥ國ㄍㄨㄛˊ字ㄗˋ真ㄓㄣ麻ㄇㄚˊ煩ㄈㄢˊ。

Xiě Zhōngguó zì zhēn máfán.

It's really troublesome to write Chinese characters.

我ㄨㄛˇ不ㄅㄨˋ喜ㄒㄧˇ歡ㄏㄨㄢ麻ㄇㄚˊ煩ㄈㄢˊ別ㄅㄧㄝˊ人ㄖㄣˊ。

Wǒ bùxǐhuān máfán bié rén.

I don't like to bother other people.

煩ㄈㄢˊ (fán)　　*SV/V*: **to be vexed, annoyed; to annoy**

今ㄐㄧㄣ天ㄊㄧㄢ我ㄨㄛˇ覺ㄐㄩㄝˊ得ㄉㄜ很ㄏㄣˇ煩ㄈㄢˊ。

Jīntiān wǒ juéde hěnfán.

I feel annoyed today.

別ㄅㄧㄝˊ煩ㄈㄢˊ我ㄨㄛˇ。

Bié fán wǒ .

Don't bother me.

8. 告ㄍㄠˋ訴ㄙㄨˋ (gàosù)　　*V*: **to tell, to inform**

我ㄨㄛˇ已ㄧˇ經ㄐㄧㄥ告ㄍㄠˋ訴ㄙㄨˋ老ㄌㄠˇ師ㄕ，我ㄨㄛˇ明ㄇㄧㄥˊ天ㄊㄧㄢ不ㄅㄨˋ能ㄋㄥˊ來ㄌㄞˊ了ㄌㄜ。

Wǒ yǐjīng gàosù lǎoshī , wǒ míngtiān bùnéng lái le .

I already told the teacher I can't come tomorrow.

9. 過 (guò)

P: **a suffix indicating completion of an action, or completion of an action as an experience**

我沒去過德國。

Wǒ méi qùguò Déguó.

I've never been to Germany.

10. 記得 (jìde)   *V*: **to remember**

他不記得我了。

Tā bújìde wǒ le .

He doesn't remember me.

記 (jì)   *V*: **to record, to write, to jot down**

11. 中學 (zhōngxué)   *N*: **middle school**

12. 又 (yòu)   *A*: **again (in the past)**

他又生病了。

Tā yòu shēngbìng le.

He's sick again.

13. 認識 (rènshì)   *V*: **to recognize, to realize**

我不認識那個人。

Wǒ búrènshì nèige rén.

I don't recognize that person.

認得 (rènde)   *V*: **to know (as in to recognize)**

14. 次 (cì)   *M*: **measure word for action or affair's time**

這是我第二次來法國。

Zhè shì wǒ dìercì lái Fàguó.

This is the second time I've come to France.

15. 本來 (běnlái)　　*MA*: **originally**

他本來不會開車，現在會開了。

Tā běnlái búhuì kāichē, xiànzài huì kāi le.

Originally he didn't know how to drive, but now he does.

16. 後來 (hòulái)　　*MA(TW)*: **afterwards, later on**

他說他本來記得，可是後來忘了。

Tā shuō tā běnlái jìde, kěshì hòulái wàngle.

He said that originally he remembered it, but later on he forgot it.

17. 恐怕 (kǒngpà)　　*MA*: **(I'm) afraid that, perhaps, probably**

恐怕下午會下雨。

Kǒngpà xiàwǔ huì xiàyǔ.

I'm afraid it'll rain this afternoon.

怕 (pà)　　*V*: **to fear**

學生都怕老師嗎？

Xuéshēng dōu pà lǎoshī ma?

Are all students afraid of teachers?

18. 決定 (juédìng)　　*V*: **to decide**

我決定明年去美國念書。

Wǒ juédìng míngnián qù Měiguó niànshū.

I decided that next year I will go to America to study.

SUPPLEMENTARY VOCABULARY

19. 接 (jiē)　　*V*: **to receive, to meet, to come into contact with**

沒有人接電話，大概他們都不在家。

Méiyǒu rén jiē diànhuà, dàgài tāmen dōu búzài jiā.

No one is answering the phone, that probably means nobody is home.

20. 見面 (jiànmiàn) *VO*: **to meet someone, to see someone**

我跟他常見面。

Wǒ gēn tā cháng jiànmiàn.

I often meet with him.

21. 留 (liú) *V*: **to leave (message, thing, etc.), to stay, to remain**

22. 字條 (zìtiáo) *N*: **a note**

23. 號碼 (hàomǎ) *N*: **number**

請告訴我你的電話號碼。

Qǐng gàosù wǒ nǐde diànhuà hàomǎ.

Please tell me your telephone number.

24. 從前 (cóngqián) *MA(TW)*: **formerly, in the past, used to**

從前這裡的大樓不多。

Cóngqián zhèlǐde dà lóu bùduō.

In the past, there were not many buildings here.

25. 洗 (xǐ) *V*: **to wash**

我覺得洗衣服真麻煩。

Wǒ juédé xǐ yīfú zhēn máfán.

I feel that washing clothes is really a hassle.

26. 手 (shǒu) *N*: **hand** (*M*: 隻，雙)

27. 高興 (gāoxìng) *SV*: **to be happy**

今天你為什麼特別高興？

Jīntiān nǐ wèishénme tèbié gāoxìng？

Why are you so happy today？

28. 頭ㄊㄡ (tóu)　　*DEM/N*: **first, the top / head**

這ㄓㄜ是ㄕ我ㄨㄛ頭ㄊㄡ一ㄧ次ㄘ學ㄒㄩㄝ外ㄨㄞ文ㄨㄣ。

Zhè shì wǒ tóuyícì xué wàiwén.

This is the first time I've studied a foreign language.

29. 義ㄧ大ㄉㄚ利ㄌㄧ (Yìdàlì)　　*N*: **Italy**

30. 郵ㄧㄡ差ㄔㄞ (yóuchāi)　　*N*: **mail carrier, postman**

4. SYNTAX PRACTICE

I. *General Relative Time (as a Movable Adverb)*

從前、以前、本來、後來、現在、以後 are movable adverbs. They are used like other time words.

從前 (formerly)

以前 ((t)heretofore, previously)

本來 (originally)

後來 (afterwards, later on)

現在 (now, at present)

以後 ((t)hereafter, afterwards)

1. 那個地方從前人不多，現在是大城市了。

2. 他以前很喜歡跳舞，現在不喜歡了。

3. 我以前常到那兒去，後來太忙了，就不常去了。

4. 他本來沒有錢，後來有錢了，汽車、房子都買了。

5. 她現在學中文，以後要到中國去做事。

☞Complete the following sentences:

1. 我本來記得那件事，＿＿＿＿＿＿＿。
2. 她從前住在英國，＿＿＿＿＿＿＿。
3. ＿＿＿＿＿＿＿，後來他不寫信了。
4. 以前我不喜歡吃雞，＿＿＿＿＿＿＿。
5. ＿＿＿＿＿＿＿，以後就會點菜了。

II. *Specific Relative Time*

"Specific relative time" precedes the main verb in the sentence.

(I)

a. 以前(ago)

A Period of Time 以前
三個月　以前，他到日本去了。 He went to Japan three months ago.

b. 以前(before)

Time Word/Clause 以前
十月 以前，　天氣都很熱。 Before October the weather is very hot. 他來 以前，　給我打了一個電話。 He called me before he came.

1. 半年以前，我一句中國話也不懂。
2. 這件衣服是兩年以前買的。
3. 我每天七點鐘以前起來。
4. 我明天中午以前打電話告訴你。
5. 吃飯以前應該洗手。
6. 睡覺以前我常看一會兒書。

(Ⅱ) ……的時候(in / at, when, while)

Time Word/Clause　的時候
夏天（的時候）到海邊去玩兒的人最多。
Summertime is when the most people go to the beach.
我小的時候，很喜歡在外面玩兒。
When I was small, I loved to play outside.

1. 每天下午五、六點鐘的時候，街上的車最多。
2. 他高興的時候常常唱歌兒。
3. 吃飯的時候，不可以看電視。
4. 中國人接電話的時候，先說「喂」。
5. 放假的時候，我要去旅行。
6. 我們是念大學的時候認識的。

(Ⅲ)

a. 以後(after, later)

A Period of Time　以後
半年　　　以後　我要到法國去。
In half a year I will go to France.

b. 以後(after)

Time Word/Clause　以後
六點鐘　　　以後，我一定在家。
I'll be home after six o'lock for sure.
下(了)課　　　以後，我要去圖書館。
After class I will go to the library.

1. 請你十分鐘以後再來。
2. 一年以後，你的中國話一定說得很好了。
3. 九月以後，晚上就不熱了。
4. 我常常十二點鐘以後睡覺。

5. 吃了晚飯以後，她常常看電視。

6. 我下班以後就到他那兒去。

☞Use 以前／以後／的時候 to complete the following senten-
ces:

1. 開車＿＿＿＿＿＿＿＿＿不要開得太快。

2. 他睡覺＿＿＿＿＿＿＿＿＿喝一點兒酒。

3. 下課＿＿＿＿＿＿＿＿＿我要去吃午飯。

4. 兩年＿＿＿＿＿＿＿＿她學了一點中文。

5. 別人唱歌＿＿＿＿＿＿＿＿不要說話。

6. 旅行＿＿＿＿＿＿＿＿＿他們覺得累。

7. 買衣服＿＿＿＿＿＿＿＿得試試看。

8. 考試＿＿＿＿＿＿＿＿他念了很多書。

9. 我小＿＿＿＿＿＿＿＿喜歡看電視。

10.他借了我的東西＿＿＿＿＿很快就忘了。

Ⅲ. 次(or 回) as a Verbal Measure

（Ⅰ）"DEM-NU-次／回" follows the time-when pattern and
comes before the verb to indicate "which time".

S	DEM-NU-次	V
我	那 (一)次	去，沒看見他。
That time I went, I didn't see him.		

1. 我頭一次吃中國飯是在朋友家吃的。

2. 我每一次看見他，他都在念書。

3. 這是我第一次學外國話。

4. 下次你來以前，別忘了給我打個電話。

5. 我這次到這兒來玩兒得很高興。

(Ⅱ) "NU-次／回 can also follows the time-spent pattern and comes after the verb to indicate "how many times", but if the object is "a person" then how many times always comes after the object.

S　V NU-　　次(O)
請你再說　一次。
Please say it again.

1. 我跟他說了三次，他還是不記得。
2. 第一次做得不好，我又做了一次。
3. 她差不多每星期吃一次雞。
4. 他每年到美國來好幾次。
5. 我只教了他一次，他就會做了。

☞Answer the following sentences:

1. 你第一次吃法國飯，是在哪裡吃的？
2. 上次你感冒是什麼時候？
3. 下次你要到哪裡去旅行？
4. 這次你去看他，跟他說了什麼？
5. 你頭一次看見他，你喜歡他嗎？
6. 你每次去買衣服的時候，你跟誰去？
7. 你每個星期上幾次中文課？
8. 去年你病了幾次？
9. 去年冬天你滑了幾次雪？
10.上個禮拜你去圖書館借了幾次書？

Ⅳ. *Verbal Suffix* 過 *as a Marker of Experience*

(Ⅰ) It can indicate an experience in the past, translated into English as "have (ever) before". When used, 了 is not needed.

S (沒)	V - 過		O
我(沒)	吃	過	義大利菜。
I have (never) eaten Italian food.			

1. 你以前見過他嗎？

　　沒見過，這是我們第一次見面。

2. 你以前學過中文嗎？

　　我小的時候學過一點兒。

3. 他來過美國嗎？

　　他三年以前來過一次。

4. 你在鄉下住過沒有？

　　住過。

5. 你看過日本電影嗎？

　　我沒看過。

(Ⅱ) It has a slightly stronger meaning of completed action than an ordinary sentence with 了 on the end of it. It can also be used together with 了 in positive statements and in some questions.

S	(已經)	V-過	O	了。
我	(已經)	吃過	早飯	了。
I have (already) eaten breakfast				

1. 你跟他見過面了嗎？

　　見過了，他說他可以幫我忙。

2. 第十四課你們學過了嗎？

　　已經學過了，現在我們念第十五課了。

3. 今天郵差來過了沒有？

　　還沒來呢。

4. 你要不要看今天的報？

謝謝，我已經看過了。

5. 聽說那個電影不錯，你看了嗎？

我已經看過兩次了。

☞Look at the pictures and talk about your experience:

☞Answer the following questions according to this student's schedule:

SCHEDULE

7:00	吃早飯	2:00	到圖書館去
7:30	看報	5:00	跟美英見面
8:00	上中文課	6:00	吃晚飯
9:00	到郵局去	7:00	看電視
10:00	寫中國字	8:00	給父母打電話
12:00	吃中飯		

(現在是下午一點鐘)

1. 他吃過中飯了嗎？
2. 他今天到郵局去過了嗎？
3. 他已經跟美英見過面了嗎？
4. 今天他已經上過中文課了嗎？
5. 晚飯，他吃過了沒有？
6. 他今天到圖書館去過了嗎？
7. 今天的報，他看過了嗎？
8. 今天他看過電視了沒有？
9. 他給父母打過電話了嗎？
10. 今天他寫過中國字了沒有？

5. COMBINATION PRACTICE

Ⅰ. *Each student uses different time-expressions to answer the following questions.*

ex:　你什麼時候給他這本書？

　　●我明天給他。

　　●我下次跟他見面的時候給他。

●我一個星期以後給他。

●我明天上課以前給他。

1. 你每天什麼時候看報？
2. 你什麼時候要到中國去？
3. 你什麼時候給父母打電話？
4. 你什麼時候回家？
5. 你是什麼時候看見張老師的？

II. *Each student reveals 5 special experiences, (for example, travel, food, language, etc.), and 3 situations with no experience also.*

III. *Situation*

Call a friend on the phone, and pretend you encounter a possible situation. (For example, wrong number, the called person answers the phone, or some one else answers the phone, etc.)

第十七課　中國話跟法國話一樣好聽①

1. DIALOGUE

— I ——————————————————

A：你學過法文嗎？

B：學過。

A：有人說法國話是世界②上最好聽的語言③，你說呢？

B：我覺得中國話跟法國話一樣好聽。

A：中國話的語法④很容易學，法國話呢？

B：法國話的語法⑤比中國話難多了，可是法國字沒有中國字那麼難寫。

A：法文跟英文有很多字很像⑥，是嗎？

B：是啊，所以有的美國人覺得法文很容易學，就像日本人覺得中國字好寫一樣。

—— II ——

張：王先生，好久不見，您是什麼時候回來的？

王：我是上星期回來的。

張：這幾年您在國外一切⑦都好吧？

王：都好，您呢？

張：我也很好。

王：您好像⑧比以前瘦⑨了一點兒。

張：是嗎？也許因為最近比較忙⑩
　　吧。

王：張太太好嗎？

張：她很好，謝謝。

王：您的兩個孩子有多大了？

張：女兒十歲⑪，兒子八歲了。

王：日子⑫過得真快啊！他們的功課⑬都很好吧？

張：姐姐念書比弟弟念得好。弟弟聰明得很⑭，可是沒
　　有姐姐那麼用功⑮。

王：他還小，過幾年就好了。

ㄅㄟˋ ㄕˊ ㄑㄧ ㄎㄜ　　ㄓㄨㄥ ㄍㄨㄛˊ ㄏㄨㄚˋ ㄍㄣ ㄈㄚˇ ㄍㄨㄛˊ ㄏㄨㄚˋ ㄧˊ ㄧㄤˋ ㄏㄠˇ ㄊㄧㄥ

── I ────────────────────────────

A：ㄋㄧˇ ㄒㄩㄝˊ ㄍㄨㄛˊ ㄅㄧㄣ ㄎㄜˊ ㄇㄚ˙？

B：ㄒㄩㄝˊ ㄍㄨㄛˊ。

A：ㄧㄡˇ ㄖㄣˊ ㄕㄨㄛ ㄅㄚˇ ㄍㄨㄛˊ ㄏㄨㄚˋ ㄕˋ ㄕˋ ㄐㄧㄝˋ ㄕㄤˋ ㄍㄨㄟ ㄉㄠˋ ㄊㄜˊ ㄉㄜ˙ ㄩˇ ㄧㄢˊ，ㄋㄧˇ ㄕㄨㄛˊ ㄋㄜ˙？

B：ㄨㄛˇ ㄐㄩㄝˊ ㄉㄜ˙ ㄓㄨㄥ ㄍㄨㄛˊ ㄍㄣ ㄈㄚˇ ㄍㄨㄛˊ ㄧˊ ㄧㄤˋ ㄏㄠˇ ㄊㄧㄥ。

A：ㄓㄨㄥ ㄍㄨㄛˊ ㄉㄜ˙ ㄩˇ ㄧㄣˊ ㄖㄣˊ ㄧ ㄒㄧㄤ，ㄅㄚˇ ㄍㄨㄛˊ ㄏㄨˊ ㄋㄜ˙？

B：ㄈㄚˇ ㄍㄨㄛˊ ㄉㄜ˙ ㄩˇ ㄧㄣˊ ㄐㄧㄣ ㄓㄨㄥ ㄍㄨㄛˊ ㄋㄢˊ ㄆㄧㄢ ㄉㄜˋ，ㄎㄜˇ ㄕˋ ㄅㄚˇ ㄍㄨㄛˊ ㄗ ㄇㄟˇ ㄧㄡˇ ㄓㄨㄥ ㄍㄨㄛˊ ㄗˋ ㄋㄚˊ ㄇㄜ˙ ㄋㄢˊ ㄒㄧㄝˇ。

A：ㄈㄚˇ ㄨㄣˊ ㄍㄣ ㄧㄥ ㄨㄣˊ ㄧㄡˇ ㄍㄨㄢˇ ㄗˋ ㄐㄧㄣˋ ㄒㄧㄤ，ㄕˋ ㄇㄚˊ？

B：ㄕˋ ㄚˇ，ㄨㄛˇ ㄧ ㄧㄡˋ ㄉㄜ˙ ㄇㄟˊ ㄍㄨㄛˊ ㄖㄣˊ ㄐㄩㄝˊ ㄉㄜ˙ ㄈㄚˇ ㄨㄣˊ ㄍㄣˋ ㄧㄥ ㄧㄝ˙，ㄐㄩㄝˊ ㄒㄧㄤ ㄖㄣˊ ㄇㄣˊ ㄐㄩㄝˊ ㄉㄜ˙ ㄓㄨㄥ ㄍㄨㄛˊ ㄏㄠˇ ㄒㄧㄠˊ ㄧˊ ㄧㄤˊ。

── II ────────────────────────────

ㄓㄤ：ㄨㄤˊ ㄒㄧㄢ ㄕㄥ，ㄏㄠˇ ㄐㄧㄡ ㄅㄨˊ ㄐㄧㄢˋ，ㄋㄧˇ ㄕˋ ㄕˊ ㄇㄜ˙ ㄕˊ ㄏㄡˋ ㄍㄨㄟ ㄌㄞˊ ㄉㄜ˙？

ㄨㄤˊ：ㄨㄛˇ ㄕˋ ㄕㄤˋ ㄒㄧㄥ ㄑㄧ ㄏㄨㄟˊ ㄌㄞˊ ㄉㄜ˙。

ㄓㄤ：ㄓㄜˋ ㄐㄧ ㄋㄧㄢˊ ㄋㄧˇ ㄗㄞˋ ㄍㄨㄛˊ ㄨㄞˋ ㄧˊ ㄑㄧㄝˊ ㄧㄡ ㄏㄠˇ ㄚ？

ㄨㄤˊ：ㄅㄨ ㄏㄠˇ，ㄋㄧˇ ㄋㄜ˙？

ㄓㄤ：ㄨㄛˇ ㄧㄝˇ ㄏㄣˇ ㄏㄠˇ。

ㄨㄤˊ：ㄋㄧˇ ㄏㄠˇ ㄒㄧㄤ ㄆㄧˊ ㄧˊ ㄑㄧㄢˊ ㄕㄡˋ ㄌㄜ˙ ㄧˋ ㄉㄧㄢˇㄦ。

ㄓㄤ：ㄕˋ ㄇㄚˊ？ㄧㄝˇ ㄒㄩˇ ㄩㄢˊ ㄑㄧㄡˊ ㄗㄨㄛˋ ㄍㄨㄢ ㄅㄨˋ ㄐㄧㄠ ㄇㄚ˙ ㄋㄧㄢ。

ㄨㄤˊ：ㄓㄜˋ ㄊㄞˋ ㄊㄞˋ ㄏㄠˇ ㄇㄚˊ？

ㄓㄤ：ㄊㄚ ㄏㄣˇ ㄏㄠˇ，ㄒㄧㄝˋ ㄒㄧㄝˊ。

ㄨㄤˊ：ㄋㄧˇ ㄉㄧˋ ㄉㄧˊ ㄍㄜ ㄏㄞˊ ㄗˋ ㄇㄟˊ ㄍㄨㄛˊ ㄅㄧ ㄉㄜ˙？

ㄓㄤ：ㄋㄧˊ ㄦˊ ㄕˋ ㄙㄨㄟˋ，ㄦˊ ㄗˋ ㄐㄧㄚ ㄙㄨㄟˋ ㄌㄜ˙。

ㄨㄤˊ：ㄖˊ ㄗˋ ㄍㄨㄛˊ ㄉㄜ˙ ㄓㄣ ㄎㄨㄞˋ ㄚ！ㄊㄧ ㄇㄣˊ ㄉㄜ˙ ㄍㄨㄛˊ ㄎㄜˇ ㄅㄨˋ ㄏㄠˇ ㄋㄠˊ ㄚˇ？

張：ㄐㄧㄝˋ ㄐㄧㄡˋ ㄋㄧㄢˊ ㄋㄟˇ ㄗㄞˋ ㄉㄨㄛ ㄉㄞ ㄉㄨˊ ㄏㄠˇ。 ㄉㄞˋ ㄉㄧˋ ㄊㄛˊ ㄇㄧ ㄉㄜ ㄏㄣˇ， ㄎㄜˇ ㄧˇ ㄇㄟˊ ㄧㄡˇ ㄐㄧㄝˋ
　　ㄐㄧㄝˊ ㄐㄧㄚˇ ㄇㄢˊ ㄩㄥ ㄍㄨㄥˇ。

ㄨㄤˊ：ㄊㄚ ㄏㄣˇ ㄒㄧㄠˇ， ㄏㄛˊ ㄐㄧˇ ㄋㄧㄢˊ ㄐㄧ ㄏㄠˇ ㄉㄜ。

Dì Shíqī Kè   Zhōngguó Huà gēn Fàguó Huà Yí yàng Hǎotīng

─── I ───────────────────

A:　　Nǐ xuéguò Fàwén ma?

B:　　Xuéguò.

A:　　Yǒurén shuō Fàguó huà shì shìjièshàng zuìhǎotīngde yǔyán,
　　　nǐ shuō ne?

B:　　Wǒ juéde Zhōngguó huà gēn Fàguó huà yíyàng hǎotīng.

A:　　Zhōngguó huà de yǔfǎ hěn róngyì xué, Fàguó huà ne?

B:　　Fàguó huà de yǔfǎ bǐ Zhōngguó huà nánduō le, kěshì Fàguó
　　　zì méiyǒu Zhōngguó zì nàme nánxiě.

A:　　Fàwén gēn Yīngwén yǒu hěn duō zì hěnxiàng, shì ma?

B:　　Shì a, suǒyǐ yǒude Měiguó rén juéde Fàwén hěn róngyì xué,
　　　jiù xiàng Rìběn rén juéde Zhōngguó zì hǎo xiě yíyàng.

─── II ───────────────────

Zhāng :　Wáng Xiānshēng, hǎo jiǔ bújiàn, nín shì shénme shíhòu huí
　　　　lái de ?

Wáng :　Wǒ shì shàngxīngqí huílái de.

Zhāng :　Zhè jǐnián nín zài guówài yíqiè dōu hǎo ba ?

Wáng :　Dōu hǎo, nín nē?

Zhāng :　Wǒ yě hěn hǎo.

Wáng :　Nín hǎoxiàng bǐ yǐqián shòule yìdianr.

Zhāng :　Shì ma? Yěxǔ yīnwèi zuìjìn bǐjiào máng ba.

Wáng :　Zhāng Tàitai hǎo ma ?

Zhāng :　Tā hěn hǎo, xièxie.

Wáng： Nínde liǎngge háizi yǒu duó dà le？

Zhāng： Nǚér shísuì，érzi bā suì le．

Wáng： Rìzi guòde zhēn kuài a！Tāmende gōngkè dōu hěn hǎo ba？

Zhāng： Jiějie niànshū bǐ dìdi niànde hǎo．Dìdi cōngmíngde hěn，kěshì méiyǒu jiějie nàme yònggōng．

Wáng： Tā hái xiǎo，guò jǐnián jiù hǎole．

LESSON 17　CHINESE SOUNDS AS GOOD AS FRENCH

— I

A: Have you ever studied French before?

B: Yes, I have.

A: Some people say French is the most beautiful-sounding language in the world, what do you say?

B: I think Chinese sounds as good as French.

A: Chinese grammar is very easy to learn. What about French?

B: French grammar is much more difficult than Chinese grammar, but writing French isn't as difficult as writing Chinese.

A: Many words are similar in French and English, right?

B: That's right, so some Americans think French is very easy to learn, just like Japanese think Chinese is easy to write.

— II

Zhang: Mr. Wang, long time no see. When did you come back?

Wang: I came back last week.

Zhang: Has everything been all right for these last few years when you have been abroad?

Wang: Everything's been fine, and you?

Zhang: I've also been fine.

Wang: It seems like you are a little slimmer than before.

Zhang: Really? Perhaps it's because recently I've been busier than usual.

Wang: How is Mrs. Zhang?

Zhang: She is very well, thank you.

Wang: How old are your two kids now?

Zhang: My daughter is ten and my son is eight.

Wang: Boy! Time really flies. Is their schoolwork going well?

Zhang: Big sister is doing better than her little brother. Little brother is very smart, but he doesn't work as hard as his sister.

Wang: He's still too young, he'll be fine in a few years.

2. NARRATION

　　我朋友王大明的年紀⑯跟我一樣大，都是二十歲。他比我高，也比我瘦。最近，他學校的功課忙得不得了⑰，所以他更⑱瘦了。

　　王大明很聰明，也很用功，會說很多國語言。我

也跟他學了一點兒，可是沒有他說得那麼好。我喜歡
跟他一塊兒去旅行，因為他會說那麼多國語言，到世
界上很多地方去都很方便。

ㄨㄛˇ ㄆㄥˊ ㄧㄡˇ ㄨㄤˊ ㄉㄚˋ ㄇㄧㄥˊ ˙ㄉㄜ ㄋㄧㄢˊ ㄐㄧˋ ㄍㄣ ㄨㄛˇ ㄧˊ ㄧㄤˋ ㄉㄚˋ ，ㄉㄡ ㄕˋ ㄦˋ ㄕˊ ㄙㄨㄟˋ。ㄊㄚ ㄅㄧˇ ㄨㄛˇ
ㄍㄠ ，ㄧㄝˇ ㄅㄧˇ ㄨㄛˇ ㄕㄡˋ。ㄗㄨㄟˋ ㄐㄧㄣˋ，ㄊㄚ ㄒㄩㄝˊ ㄒㄧㄠˋ ˙ㄉㄜ ㄍㄨㄥ ㄎㄜˋ ㄇㄤˊ ˙ㄉㄜ ㄅㄨˋ ㄉㄜˊ ㄌㄧㄠˇ，ㄙㄨㄛˇ ㄧˇ ㄊㄚ
ㄍㄥˋ ㄕㄡˋ ˙ㄌㄜ。

ㄨㄤˊ ㄉㄚˋ ㄇㄧㄥˊ ㄏㄣˇ ㄘㄨㄥ ㄇㄧㄥˊ，ㄧㄝˇ ㄏㄣˇ ㄩㄥˋ ㄍㄨㄥ，ㄏㄨㄟˋ ㄕㄨㄛ ㄏㄣˇ ㄉㄨㄛ ㄍㄨㄛˊ ㄩˇ ㄧㄢˊ。ㄨㄛˇ ㄧㄝˇ ㄍㄣ ㄊㄚ
ㄒㄩㄝˊ ˙ㄌㄜ ㄧˋ ㄉㄧㄢˇ ㄦ，ㄎㄜˇ ㄕˋ ㄇㄟˊ ㄧㄡˇ ㄊㄚ ㄕㄨㄛ ˙ㄉㄜ ㄋㄚˋ ˙ㄇㄜ ㄏㄠˇ。ㄨㄛˇ ㄒㄧˇ ㄏㄨㄢ ㄍㄣ ㄊㄚ ㄧˊ ㄎㄨㄞˋ ㄦ
ㄑㄩˋ ㄌㄩˇ ㄒㄧㄥˊ，ㄧㄣ ㄨㄟˋ ㄊㄚ ㄏㄨㄟˋ ㄕㄨㄛ ㄋㄚˋ ˙ㄇㄜ ㄉㄨㄛ ㄍㄨㄛˊ ㄩˇ ㄧㄢˊ，ㄉㄠˋ ㄕˋ ㄐㄧㄝˋ ㄕㄤˋ ㄏㄣˇ ㄉㄨㄛ ㄉㄧˋ ㄈㄤ ㄑㄩˋ
ㄉㄡ ㄏㄣˇ ㄈㄤ ㄅㄧㄢˋ。

　　Wǒ péngyǒu Wáng Dàmíngde niánjì gēn wǒ yíyàng dà, dōu shì èr
shísuì. Tā bǐ wǒ gāo, yě bǐ wǒ shòu. Zuìjìn, tā xuéxiàode gōngkè máng
de bùbédliǎo, suǒyǐ tā gèng shòule .

　　Wáng Dàmíng hěn cōngmíng, yě hěn yònggōng, huì shuō hěn duō
guó yǔyán . Wǒ yě gēn tā xuéle yìdiǎnr, kěshì méiyǒu tā shuōde nàme
hǎo. Wǒ xǐhuān gēn tā yíkuàir qù lǚxíng, yīnwèi tā huì shuō nàme duō
guó yǔyán, dào shìjièshàng hěn duō dì fāng qù dōu hěn fāngbiàn.

　　My friend Daming Wang is the same age, twenty years old, as I.
He's taller and thinner than I. Recently he has been extremely busy
with his schoolwork, so he is even skinnier than usual.

　　Daming Wang is very intelligent and studious, and can speak
many languages. I've studied a little with him, but I can't speak as
well as he can. I like to travel with him because he can speak so many
languages and this makes it very easy to go many places all over the
world.

3. VOCABULARY

1. 一樣 (yíyàng)   *SV/A*: **to be the same, identical**

   這兩枝筆一樣。

   Zhè liǎngzhī bǐ yíyàng.

   These two pens are identical.

   我跟我哥哥一樣高。

   Wǒ gēn wǒ gēge yíyàng gāo .

   I'm as tall as my older brother. / I'm the same height as my brother.

   樣 (yàng)   *BF/M*: **appearance, shape; kind of, type of**

   樣子 (yàngzi)   *N*: **appearance, shape, model, pattern**

   這件衣服樣子很好看。

   Zhèjiàn yīfú yàngzi hěn hǎokàn .

   The pattern of this outfit is very beautiful.

2. 世界 (shìjiè)   *N*: **the world**

   世界上最高的大樓在哪兒？

   Shìjièshàng zuìgāode dàlóu zài nǎr?

   Where is the tallest building in the world?

3. 語言 (yǔyán)   *N*: **language**

   世界上最難學的語言是哪國話？

   Shìjièshàng zuì nánxué de yǔyán shì něiguó huà ?

   Which country has the world's most difficult language to learn?

4. 語法 (yǔfǎ)   *N*: **grammar**

   中國話的語法不難。

   Zhōngguó huà de yǔfǎ bùnán .

   Chinese grammar is not difficult.

   辦法 (bànfǎ)   *N*: **method, way of doing something**

他說的這個辦法不錯。

Tā shuō de zhèige bànfǎ búcuò.

The method he just stated is pretty good.

5. 比 (bǐ)　　*V/CV*: **to compare; compared to, than**

請你比一比這兩個地方的天氣。

Qǐng nǐ bǐ yì bǐ zhè liǎngge dìfāngde tiānqì.

Please compare the climate of these two areas.

他比我忙。

Tā bǐ wǒ máng.

He is busier than I.

6. 像 (xiàng)　　*SV/V*: **to be alike, to be like; to resemble**

我跟我父親很像。

Wǒ gēn wǒ fùqīn hěn xiàng.

I'm a lot like my father.

他像他父親。

Tā xiàng tā fùqīn.

He resembles his father.

7. 一切 (yíqiè)　　*N*: **all, everything**

我一切都好，請您放心。

Wǒ yíqiè dōu hǎo, qǐng nín fàngxīn.

I'm completely fine. Please put your mind at rest.

8. 好像 (hǎoxiàng)　　*MA/V*: **to seem, to be likely, to be like**

他好像很高興。

Tā hǎoxiàng hěn gāoxìng.

He seems very happy.

他說話好像小孩子。

Tā shuōhuà hǎoxiàng xiǎoháizi.

He sounds like a child when he talks.

9. 瘦 (shòu)　　*SV*: **to be thin**

天氣太熱，我吃得很少，所以瘦了。

Tiānqì tài rè, wǒ chīde hěn shǎo, suǒyǐ shòule .

I have been eating less because the weather has been hot,
so I have become thinner.

10. 比較 (bǐjiào)　　*A/V*: **comparatively; to compare**

今天好像比較冷。

Jīntiān hǎoxiàng bǐjiào lěng .

Seems like it's (comparatively) colder today.

11. 歲 (suì)　　*M*: **measure word for age, years old**

他兒子今年十歲了。

Tā érzi jīnnián shísuì le.

This year his son is ten years old.

12. 日子 (rìzi)　　*N*: **day (date), days (time)**

13. 功課 (gōngkè)　　*N*: **schoolwork, homework**

那個學生的功課很好。

Nèige xuéshēngde gōngkè hěn hǎo .

That student's schoolwork is very good.

14. 聰明 (cōngmíng)　　*SV*: **to be intelligent**

聰明的學生功課都好嗎？

Cōngmíngde xuéshēng gōngkè dōu hǎo ma ?

Do intelligent students always do well on their study?

15. 用功 (yònggōng)

SV: **to be studious, industrious, to be hard working**

老師喜歡用功的學生。

Lǎoshī xǐhuān yònggōngde xuéshēng.

Teachers like hard working students.

SUPPLEMENTARY VOCABULARY

16. 年紀 (niánjì)　　*N*: **age**

　　他父母年紀都大了。

　　Tā fùmǔ niánjì dōu dàle.

　　Both of his parents are old.

17. 不得了 (bùdéliǎo)

SV: **to be extremely, to be exceedingly (hot, cold, wet, etc.)**

　　外面熱得不得了。

　　Wàimiàn rède bùdéliǎo.

　　It is extremely hot outside.

18. 更 (gèng)　　*A*: **even more, still more**

　　這個菜很好吃，那個菜更好吃。

　　Zhèige cài hěn hǎochī, nèige cài gèng hǎochī.

　　This dish is delicious, (but) that dish is even better.

19. 極 (jí)　　*BF*: **utmost , extremely**

　　那個人瘦極了。

　　Nèige rén shòujíle.

　　That person is extremely thin.

20. 胖 (pàng)　　*SV*: **to be fat**

　　他以前很瘦，現在胖了。

　　Tā yǐqián hěn shòu, xiànzài pàngle.

　　Before he was very thin, now he's become fat.

21. 長 (cháng)　　*SV*: **to be long**

　　這條河比那條長。

　　Zhèitiáo hé bǐ nèitiáo cháng.

　　This river is longer than that one.

22. 矮 (ǎi)　　*SV*: **to be short** (opp. 高 gāo)

那兩個人，一個高，一個矮。

Nà liǎngge rén, yíge gāo, yíge ǎi.

Of those two people, one is tall, the other is short.

23. 多(麼)(duó(me))

A(QW) : **how SV? (often used in an exclamatory sentence indicating a high degree, "How ……" or "What a ……")**

你看，這件衣服多(麼)好看啊！

Nǐ kàn, zhèijiàn yīfú duó(me) hǎokàn a!

Look, how beautiful this outfit is!

你有多(麼)高？

Nǐ yǒu duó(mo) gāo?

How tall are you?

24. 公分 (gōngfēn)　　*M*: **centimeter**

這件衣服比那件長十公分。

Zhèijiàn yīfú bǐ nèijiàn cháng shígōngfēn.

This outfit is ten centimeters longer than that one.

25. 公里 (gōnglǐ)　　*M*: **kilometer**

里 (lǐ)　　*M*: **Chinese mile**

英里 (yīnglǐ)　　*M*: **mile (American measurement)**

26. 公尺 (gōngchǐ)　　*M*: **meter**

尺 (chǐ)　　*M/N*: **a unit for measuring length; a ruler**

英尺 (yīngchǐ)　　*M*: **foot**

27. 重 (zhòng)　　*SV*: **to be heavy**

這個桌子比那個重多了。

Zhèige zhuōzi bǐ nèige zhòngduōle.

This table is much heavier than that one.

28. 公斤 (gōngjīn)　　*N*: **kilogram**

29. 笨 (bèn)　　*SV*: **to be stupid**

30. 短 (duǎn)　　　*SV*: **to be short** (opp. 長 cháng)

他每次寫的信都很短。

Tā měicì xiě de xìn dōu hěn duǎn .

Every letter he writes is very short.

4. SYNTAX PRACTICE

I . *Stative Verbs with Intensifying Complements*

得很／極了／得不得了 can be placed on the end of stative verbs to indicate an extreme condition.

N	SV	Complement
他	高興	得很。
He is very happy.		
他	高興	極了。
He is extremely happy.		
他	高興	得不得了。
He is ecstatic.		

1. 這個菜好吃得很。

2. 他家離學校遠得很。

3. 那件事麻煩極了。

4. 她唱歌兒唱得好極了。

5. 他弟弟聰明得不得了。

6. 他小的時候胖得不得了。

☞Answer the following questions with SV+ Complement:

1. 那位醫生客氣嗎？
2. 學中文有意思嗎？
3. 跳舞容易不容易？
4. 這件衣服舒服嗎？
5. 那個電影好看嗎？
6. 他開車開得快不快？

II. *Similarity and Disparity*

(I) If you want to compare the difference between two or more people, affairs, or things, then the "A 跟 B (不) 一樣 SV" pattern is used.

a.

N₁(不) 跟 N₂(不)一樣(SV)
我　　跟他　　一樣高。
I'm as tall as he is.

我　　　他

b.

S₁ (VO)　　(V-得)跟／像 S₂(V-得)一樣 SV
他 寫字，寫得 跟　　你　　　一樣 好。
他 寫字，　　跟　　你寫得 一樣 好。
He writes as well as you do.

1. 今天的天氣跟昨天的一樣熱。
2. 這件衣服跟那件不一樣長。
3. 今天我來得跟你一樣早。
4. 他吃飯，吃得跟我一樣多，可是他不胖。
5. 我說日本話，能像日本人說得一樣快。
6. 他用筷子，跟中國人用得一樣好。

(Ⅱ) If you want to have a positive or negative comparison between the difference of two or more persons, affairs or things then the sentence pattern "A (沒)有／(不)像 B 這麼／那麼 SV" is used.

a.

N₁ (沒)有／(不)像 N₂ 那麼／這麼 SV
我 沒有　　　　他那麼　　　　高。
我　　　　不像他那麼　　　　高。
I'm not quite as tall as he is.

他　　　我

b.

S₁(VO)　(V-得)(沒)有／(不)像 S₂(V-得)那麼／這麼 SV
他 寫字寫得 沒有　　　　　　你　　　　　　這麼好。
他 寫字　　　　　不像你寫得　　　　這麼好。
He doesn't write quite as well as you do.

1. 這個屋子沒有那個那麼大。

2. 我姐姐不像我這麼瘦。

3. 你走路走得沒有他那麼快。

4. 去年下雨沒有今年下得這麼多。

5. 他說中國話，有你說得這麼好。

6. 女孩子吃飯，不像男孩子吃得那麼多。

☞Look at the pictures and complete the sentences below:

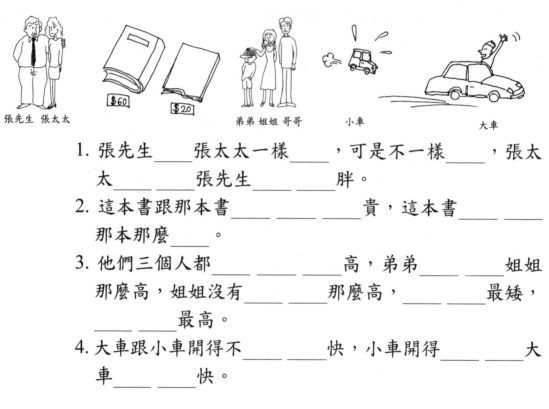

張先生　張太太　　　　　　弟弟 姐姐 哥哥　　　小車　　　　　　大車

1. 張先生＿＿張太太一樣＿＿＿，可是不一樣＿＿＿，張太
太＿＿＿＿＿張先生＿＿＿＿＿胖。

2. 這本書跟那本書＿＿＿ ＿＿＿ ＿＿＿貴，這本書＿＿＿ ＿＿＿
那本那麼＿＿＿。

3. 他們三個人都＿＿＿ ＿＿＿ ＿＿＿高，弟弟＿＿＿ ＿＿＿姐姐
那麼高，姐姐沒有＿＿＿ ＿＿＿那麼高，＿＿＿ ＿＿＿最矮，
＿＿＿ ＿＿＿最高。

4. 大車跟小車開得不＿＿＿ ＿＿＿快，小車開得＿＿＿ ＿＿＿大
車＿＿＿ ＿＿＿快。

Ⅲ. *Comparison*

a.

N₁(不) 比		N₂	SV
今天	比	昨天	冷。
Today is colder than yesterday.			

b.

S₁	(VO)	(V 得)	(不)比	S₂(V-得)	SV
你	說話	說得	比我		快。
你	說話，		比我	說得	快。

He speaks faster than I do.

1. 他比我忙，我沒有他那麼忙。
2. 雞肉貴，牛肉比雞肉更(or 還)貴。
3. 他不比我矮，他跟我一樣高。
4. 他寫字，寫得比我好。
5. 我學中文，比我朋友學得慢。
6. 你們兩個人，誰做飯做得好？
   她做得比我好。

☞Make sentences with 比:

1. 牛肉貴。
   魚便宜。
2. 中國大。
   日本小。
3. 南部熱。
   北部不熱。
4. 學中國話容易。
   學中國字難。
5. 他走得快。
   我走得慢。
6. 他八點鐘來。
   你十點鐘來。
7. 他們學得慢。
   我們學得快。

8. 哥哥吃得多。

   弟弟吃得少。

IV. *Measuring Age, Length, Height, Distance, etc.*

N（有）多（麼）/NU-M	SV
你　有　多（麼）	高？
How tall are you?	
我　有　　一百八十公分高。	
I'm 180cm.	

1. 你多大了？（你幾歲了？）

   我十八歲了。

2. 您有多大年紀了？

   我七十五歲了。

3. 那條河有多長？

   那條河有五百公里長。

4. 那個山有多高？

   有三千公尺高。

5. 你家離學校有多遠？

   差不多有兩英里。

6. 那個東西有多重？多大？

   有三公斤重，差不多這麼大。

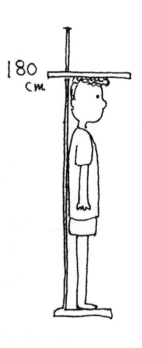

☞Make questions according to the answers given:

1. 這條路有二十公里長。

2. 我家離火車站有三公里遠。

3. 那個房子有三公尺高。

4. 他弟弟十六歲。

5. 那個孩子有八公斤。

6. 他父親七十歲了。

V. *Degree of Comparison*

If you want to compare the level of two or more persons, affairs or things, all sentence patterns are "A 比 B+SV+Complement"

N₁	比	N₂	SV	Complement
我	比	他	矮	五公分。
I'm five centimeters shorter than him (compared to him).				

1. 今天比昨天熱多了。
2. 他比我胖兩公斤。
3. 你家比我家大得多。
4. 我不笨，我比他們聰明多了。
5. 這件衣服比那件短很多。
6. 走這條路比那條近一點兒。
7. 舊車比新車便宜多少？
　　舊車比新車便宜兩千塊錢。
8. 你姐姐比你大幾歲？
　　她比我大三歲。

☞Look at the pictures and make sentences with 比:

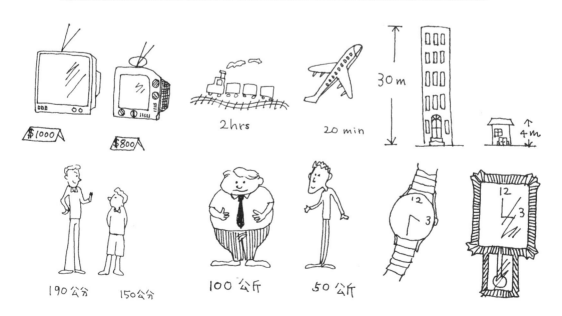

5. COMBINATION PRACTICE

Ⅰ. Student A use " N 有多 SV?"to ask a question. Student B answers and asks the student C a similar question.

Ⅱ. Compare and discuss the relative differences in the weight, dimension and age of people and / or objects in the classroom.

Ⅲ. Each student should draw four different figures on his paper, and give them names. Then the other students should ask questions and from the answers guess each figure's shape.

Ⅳ. Two students are from different places or countries and argue about which place is better in terms of climate, size, scenery, cost of living, etc.

第十八課　歡迎你們搬來①②

1. DIALOGUE

—— I ——

林③：您好。

陳④：您好。

林：您住在二樓啊？我是剛搬來的。我姓林。

陳：噢，歡迎，歡迎。我們姓陳。您住在幾樓？

林：我就住在三樓。您要出去嗎⑤？

陳：是啊，我去超級市場買點兒東西⑥。

林：您走路去嗎？遠不遠？

陳：不太遠，從這兒去，只要五分鐘，很方便。您也要出去嗎？

林：我到學校去接孩子。

陳：您每天自己接送孩子嗎⑦？

林：平常⑧早上我先生送他去，中午我去接他回來。

陳：那麼，您快去吧。

林：好的。有空的時候，歡迎你們上來坐坐⑨。

陳：一定，一定。有什麼需要我們幫忙的⑩，也請不要客氣。

林：好，謝謝。我走了，改天⑪再談⑫。

陳：再見。

—— II ——

A：請問，王大年先生住在這兒嗎？

B：您找王先生啊？他已經搬家了。

A：您知道他搬到哪兒去了嗎？

B：他搬到郊區⑬去了。我有他的新地址⑭，我上樓去給您拿⑮。請進來坐一會兒吧⑯。

A：我不進去了。我就在門口等吧。

B：那麼，請等一等，我馬上就拿給您。

A：謝謝。

ㄉㄟˋ ㄕˊ ㄅㄚ ㄎㄜˋ　ㄏㄨㄢ ㄥˊ ㄋㄧˇ ㄇㄣ˙ ㄅㄢ ㄌㄞˊ

— I —

ㄌㄢˊ：ㄋㄧˇ ㄏㄠˇ。

ㄔㄣˊ：ㄋㄧˇ ㄏㄠˇ。

ㄌㄢˊ：ㄋㄧˇ ㄓㄨˋ ㄗㄞˋ ㄦˋ ㄌㄡˊ ㄚ？ㄨㄛˇ ㄕˋ ㄍㄤ ㄅㄢ ㄌㄞˊ ㄉㄜ˙。ㄨㄛˇ ㄒㄧㄥˋ ㄌㄢˊ。

ㄔㄣˊ：ㄡ，ㄍㄠ ㄒㄧㄥˋ，ㄍㄠ ㄒㄧㄥˋ。ㄨㄛˇ ㄇㄧㄥˋ ㄒㄧㄥˊ。ㄋㄧˇ ㄓㄨˋ ㄗㄞˋ ㄐㄧˇ ㄌㄡˊ？

ㄌㄢˊ：ㄨㄛˇ ㄐㄧㄡˋ ㄓㄨˋ ㄗㄞˋ ㄢ ㄌㄡˊ。ㄋㄧˇ ㄍㄠˇ ㄔㄨ ㄑㄩˋ ㄇㄚ？

ㄔㄣˊ：ㄕˋ ㄚ，ㄨㄛˇ ㄑㄩˋ ㄔㄠ ㄐㄧˋ ㄕˋ ㄓㄤˇ ㄇㄞˇ ㄅㄢˇ ㄦˊ ㄉㄨㄥ ㄒㄧ。

ㄌㄢˊ：ㄋㄧˇ ㄗㄡˇ ㄉㄜˊ ㄑㄩˋ ㄇㄚ？ㄐㄧㄢˋ ㄅㄨˇ ㄐㄧㄢˋ？

ㄔㄣˊ：ㄅㄨˋ ㄊㄞˋ ㄐㄧㄢˇ，ㄊㄚˇ ㄓㄜˋ ㄦˊ ㄙㄥˊ，ㄓㄠˇ ㄠˋ ㄨㄣˇ ㄓㄨˋ，ㄏㄣˊ ㄈㄤˊ ㄅㄢˋ。ㄋㄧˇ ㄧㄝˇ ㄍㄠˋ ㄨ ㄑㄩˋ ㄇㄚ？

ㄌㄢˊ：ㄨㄛˇ ㄍㄠ ㄒㄧㄝˋ ㄒㄧㄠˊ ㄑㄩˋ ㄐㄧˇ ㄌㄞˊ ㄗ。

ㄔㄣˊ：ㄋㄧˇ ㄩˋ ㄊㄢˋ ㄦˋ ㄐㄧ ㄐㄧㄝˋ ㄍㄠˊ ㄌㄞˊ ㄗ ㄇㄚ？

ㄌㄢˊ：ㄠˋ ㄔㄤ ㄕㄤ ㄨㄛˇ ㄒㄧ ㄕㄥ ㄊㄤˋ ㄑㄩˋ，ㄓㄨˋ ㄨ ㄨㄛˇ ㄑㄩˋ ㄐㄧㄝˋ ㄊㄠ ㄨˇ ㄌㄞˊ。

ㄔㄣˊ：ㄋㄚˋ ㄇㄜ˙，ㄋㄧˇ ㄎㄨㄞˋ ㄑㄩˋ ㄢˇ。

ㄌㄢˊ：ㄏㄠˊ ㄉㄜ˙。ㄡˋ ㄎㄨㄥ ㄉㄜ˙ ㄕˊ ㄏㄡˋ，ㄏㄨㄢˊ ㄧㄥˊ ㄋㄧˇ ㄇㄣˇ ㄕㄤˋ ㄌㄞˊ ㄗㄨㄛˋ ㄗㄨㄛˋ。

ㄔㄣˊ：ㄧˊ ㄉㄧㄥˋ，ㄧˊ ㄉㄧㄥˋ。ㄡˋ ㄗˋ ㄇㄧㄢ ㄒㄧㄤˊ ㄑㄧㄣˋ ㄅㄟ ㄇㄤˊ ㄉㄜ˙，ㄧㄝˇ ㄑㄧㄥˇ ㄅㄨˊ ㄧㄠˋ ㄎㄜˋ ㄑㄧˋ。

ㄌㄢˊ：ㄏㄠˇ，ㄒㄧㄝˋ ㄒㄧㄝˋ。ㄡˇ ㄗㄡˇ ㄌㄜ˙，ㄗㄞˋ ㄐㄧㄢ ㄗㄞˋ ㄐㄧㄢ。

ㄔㄣˊ：ㄗㄞˋ ㄐㄧㄢ。

— II —

A：ㄑㄧㄥˇ ㄨㄣˋ，ㄊㄤˇ ㄚ ㄧㄢˊ ㄊㄧㄢ ㄙㄥ ㄓㄨˋ ㄗㄞˋ ㄓㄜˋ ㄦˊ ㄇㄚ？

B：ㄋㄧˇ ㄓㄠˇ ㄊㄤˊ ㄒㄧㄢˋ ㄕㄥ ㄚˊ？ㄊㄚ ㄧˇ ㄐㄧㄥ ㄅㄢ ㄐㄧㄚˋ ㄌㄜ˙。

A：ㄋㄧˇ ㄓ ㄉㄠˋ ㄊㄚ ㄅㄢ ㄉㄠˋ ㄋㄚˇ ㄦˊ ㄑㄩˋ ㄌㄜ˙ ㄇㄚ？

B：ㄊㄚˇ ㄅㄢˋ ㄉㄠˇ ㄐㄧ ㄑㄩㄥ ㄑㄩˋ ㄌㄜ˙。ㄨㄛˇ ㄡˇ ㄊㄚ ㄉㄜ˙ ㄒㄧㄢ ㄅㄢ ㄓˇ，ㄨㄛˇ ㄕˋ ㄌㄞˊ ㄑㄩˋ ㄍㄟˇ ㄋㄧˇ ㄋㄧˋ ㄚˋ。ㄑㄧㄥˇ ㄐㄧㄝˊ ㄌㄞˊ ㄗㄞˋ ㄧˊ ㄍㄟ ㄦˊ ㄅㄚˊ。

A：ㄊㄨˇ ㄅㄟˇ ㄐㄩㄝ ㄑㄩˋ ㄌㄜ˙。ㄊㄜˊ ㄐㄧㄠˇ ㄆㄞˊ ㄇㄣˊ ㄏㄡˋ ㄆㄥˊ ㄋㄚˊ。

B：ㄋㄚˊ ㄇㄜ˙，ㄑㄧㄥˊ ㄌㄞˊ ㄧˋ ㄌㄞˊ，ㄊㄜˋ ㄇㄣˊ ㄕㄤˇ ㄐㄧㄝ ㄋㄢˊ ㄍㄨㄟˇ ㄋㄧㄣˊ。

A：ㄒㄧㄝˊ ㄒㄧㄝ˙。

Dì Shíbā Kè　　Huānyíng Nǐmen Bānlái

──── I ────────────────────

Lín：　Nín hǎo.

Chén：　Nín hǎo.

Lín：　Nín zhùzài èrlóu a？Wǒ shì gāng bānlái de. Wǒ xìng Lín.

Chén：　Òu, huānyíng, huānyíng. Wǒmen xìng Chén. Nín zhù zài jǐlóu？

Lín：　Wǒ jiù zhùzài sānlóu. Nín yào chūqù ma？

Chén：　Shì a, wǒ qù chāojíshìchǎng mǎi diǎnr dōngxī.

Lín：　Nín zǒulù qù ma？Yuǎn bùyuǎn？

Chén：　Bútài yuǎn, cóng zhèr qù, zhǐ yào wǔfēnzhōng, hěn fāngbiàn.
　　　Nín yě yào chūqù ma？

Lín：　Wǒ dào xuéxiào qù jiē háizi.

Chén：　Nín měitiān zìjǐ jiē sòng háizi ma？

Lín：　Píngcháng zǎoshàng wǒ xiānshēng sòng tā qù, zhōngwǔ wǒ qù
　　　jiē tā huílái.

Chén：　Nàme, nín kuài qù ba.

Lín：　Hǎode. Yǒu kòng de shíhòu, huānyíng nǐmen shànglái zuòzuò.

Chén：　Yídìng, yídìng. Yǒu shénme xūyào wǒmen bāngmáng de, yě qǐng
　　　búyào kè qì.

Lín：　Hǎo, xièxie. Wǒ zǒule, gǎitiān zàitán.

Chén：　Zàijiàn.

──── II ────────────────────

A:　　Qǐngwèn, Wáng Dànián Xiānshēng zhùzài zhèr ma？

B:　　Nín zhǎo Wáng Xiānshēng a？Tā yǐjīng bānjiā le.

A:　　Nín zhīdào tā bāndào nǎr qùle ma？

B:　　Tā bāndào jiāoqū qùle. Wǒ yǒu tāde xīn dìzhǐ, wǒ shàng lóu qù gěi nín ná. Qǐng jìnlái zuò yìhuǐr ba.

A:　　Wǒ bújìnqùle. Wǒ jiù zài ménkǒu děng ba.

B:　　Nàme, qǐng děngyìděng, wǒ mǎshàng jiù nágěi nín.

A:　　Xièxie.

LESSON 18　WELCOME TO THE NEIGHBORHOOD

— I —

Lin:　Hello.

Chen:　Hello.

Lin:　Do you live on the second floor? I just moved here. My last name is Lin.

Chen:　Oh, welcome, welcome. We're the Chens. What floor do you live on?

Lin:　I live on the third floor. Are you going out?

Chen:　Yes, I'm going to the supermarket to buy a few things.

Lin:　Are you going to walk there? Is it far?

Chen:　Not very. It only takes about five minutes walking from here. It's very convenient. Are you also going out?

Lin:　I'm going to school to meet my child.

Chen:　Do you go by yourself everyday to pick up and send off your child?

Lin:　Normally my husband brings him to school in the morning, and at noon I bring him back.

Chen:　Well, you'd better get going.

Lin:　All right. When you have some free time, you are welcome to come up for a visit.

Chen:　Sure, sure. If you need any help, please don't hesitate to ask.

Lin: Fine, thank you. I'm off. See you another day.
Chen: Good-bye.

—— II ————————————————————————

A: Excuse me, does Mr. Danian Wang live here?
B: You're looking for Mr. Wang? He has already moved.
A: Do you know where he has moved to?
B: He moved to the suburbs. I have his new address. I'll go get it from upstairs. Please come in and sit down for a bit.
A: I won't go inside. I'll just wait here at the entrance.
B: In that case, please wait a minute. I'll go get it right away.
A: Thank you.

2. NARRATION

　　陳先生陳太太搬家了，他們的新家在郊區，可是買東西很方便，因為陳家附近有一個超級市場。平常他們都走路去買東西。

　　他們給了我他們的新地址，歡迎我過去坐坐。我也買了一些盤子、碗[17]，要送給他們。我想這些都是每

天要用的東西。可是最近家裡的事很多，我沒有空自己送去，所以我決定寄給他們。[18]

ㄔㄣ ㄒㄧㄢ ㄕㄥ ㄔㄣ ㄊㄞ ㄊㄞ ㄅㄢ ㄐㄧㄚ ㄌㄜ，ㄊㄚ ㄇㄣ ㄉㄜ ㄒㄧㄣ ㄐㄧㄚ ㄗㄞ ㄐㄧㄠ ㄑㄩ，ㄎㄜ ㄕ ㄇㄞ ㄉㄨㄥ ㄒㄧ ㄏㄣ ㄈㄤ ㄅㄧㄢ，ㄧ ㄨㄟ ㄔㄣ ㄐㄧㄚ ㄈㄨ ㄐㄧㄣ ㄧㄡ ㄧ ㄍㄜ ㄔㄠ ㄐㄧ ㄕ ㄔㄤ。ㄆㄧㄥ ㄔㄤ ㄊㄚ ㄇㄣ ㄉㄡ ㄗㄡ ㄌㄨ ㄑㄩ ㄇㄞ ㄉㄨㄥ ㄒㄧ。

ㄊㄚ ㄇㄣ ㄍㄟ ㄌㄜ ㄨㄛ ㄊㄚ ㄇㄣ ㄉㄜ ㄒㄧㄣ ㄉㄧ ㄓ，ㄏㄨㄢ ㄧㄥ ㄨㄛ ㄍㄨㄛ ㄑㄩ ㄗㄨㄛ ㄗㄨㄛ。ㄨㄛ ㄧㄝ ㄇㄞ ㄌㄜ ㄧ ㄒㄧㄝ ㄆㄢ ㄗ、ㄨㄢ，ㄧㄠ ㄙㄨㄥ ㄍㄟ ㄊㄚ ㄇㄣ。ㄨㄛ ㄒㄧㄤ ㄓㄜ ㄒㄧㄝ ㄉㄡ ㄕ ㄇㄟ ㄊㄧㄢ ㄧㄠ ㄩㄥ ㄉㄜ ㄉㄨㄥ ㄒㄧ。ㄎㄜ ㄕ ㄗㄨㄟ ㄐㄧㄣ ㄐㄧㄚ ㄌㄧ ㄉㄜ ㄕ ㄏㄣ ㄉㄨㄛ，ㄨㄛ ㄇㄟ ㄧㄡ ㄎㄨㄥ ㄗ ㄐㄧ ㄙㄨㄥ ㄑㄩ，ㄙㄨㄛ ㄧ ㄨㄛ ㄐㄩㄝ ㄉㄧㄥ ㄐㄧ ㄍㄟ ㄊㄚ ㄇㄣ。

Chén Xiānshēng Chén Tàitai bānjiā le. Tāmende xīn jiā zài jiāoqū, kěshì mǎi dōngxī hěn fāngbiàn, yīnwèi Chénjiā fùjìn yǒu yíge chāojíshì chǎng. Píngcháng tāmen dōu zǒulù qù mǎi dōngxi.

Tāmen gěile wǒ tāmende xīn dìzhǐ, huānyíng wǒ guòqù zuòzuò. Wǒ yě mǎile yìxiē pánzi, wǎn, yào sònggěi tāmen. Wǒ xiǎng zhèxiē dōu shì měitiān yào yòng de dōngxi. Kěshì zuìjìn jiālǐde shì hěn duō, wǒ méi yǒu kòng zìjǐ sòng qù, suǒyǐ wǒ juédìng jìgěi tāmen.

Mr. and Mrs. Chen have moved. Their new house is in the suburbs, but shopping is very convenient, because there is a supermarket near their home. Usually they walk there to buy things.

They gave me their new address and said I was welcome to come by for a visit. I bought some plates and bowls to give to them. I think these are things one can use around the house everyday. But recently I've had a lot to do around the house, so I haven't had any free time to bring them over myself. Therefore I've decided to mail them to them.

3. VOCABULARY

1. 歡迎 (huānyíng)   *V/IE*: **welcome**

我很歡迎你們來我家玩兒。

Wǒ hěn huānyíng nǐ men lái wǒ jiā wánr.

I very much welcome you to come to my home.

2. 搬 (bān)   *V*: **to move**

他已經搬到英國去了。

Tā yǐjīng bāndào Yīngguó qùle.

He has already moved to England.

搬家 (bānjiā)   *VO*: **to move (one's house)**

你什麼時候要搬家？

Nǐ shénme shíhòu yào bānjiā?

When are you going to move?

3. 林 (Lín)   *N*: **a common Chinese surname**

4. 陳 (Chén)   *N*: **a common Chinese surname**

5. 出去 (chūqù)   *DC*: **to go out, to leave**

他不在家，他剛出去了。

Tā búzài jiā , tā gāng chūqùle.

He's not home. He just went out.

出 (chū)   *DV*: **to go or come out**

出來 (chūlái)   *DC*: **to come out**

6. 超級市場 (chāojí shìchǎng)   *N*: **supermarket**

離這兒最近的超級市場在哪兒？

Lí zhèr zuìjìnde chāojí shìchǎng zài nǎr?

Where is the nearest supermarket from here?

市場 (shìchǎng)　　*N*: **market**

場 (chǎng)　　*BF*: **site, spot, field**

機場 (jīchǎng)　　*N*: **airport**

7. 送 (sòng)　　*V*: **to escort, to deliver, to send off, to present**

我開車送你回家吧。

Wǒ kāichē sòng nǐ huí jiā ba.

I'll drive you home.

這張畫兒，請你送到他家去。

Zhèizhāng huàr, qǐng nǐ sòngdào tā jiā qù.

Please send this painting to his home.

他到機場送朋友去了。

Tā dào jī chǎng sòng péngyǒu qù le.

He went to the airport to send off his friend.

這張畫兒是朋友送我的。

Zhèizhāng huàr shì péngyǒu sòng wǒ de.

This painting is the one my friend gave to me.

8. 平常 (píngcháng)

SV/MA: **to be ordinary / generally, ordinarily, usually**

平常晚上我十點睡覺。

Píngcháng wǎnshàng wǒ shídiǎn shuìjiào.

I usually go to bed at ten o'clock in the evening.

平 (píng)　　*SV*: **to be even, level**

9. 有空 (yǒukòng)　　*VO*: **to have free time, to be free**

有空的時候，我常畫畫兒。

Yǒu kòng de shíhòu, wǒ cháng huàhuàr.

In my free time I often paint.

空 (kòng)　　*N/SV*: **free time**

空 (kōng)　　*SV*: **to be empty**

10. 需要 (xūyào)

V/AV/N: **to need, to require; need to; need, requirement**

每個人都需要朋友。

Měige rén dōu xūyào péngyǒu.

Every person needs friends.

11. 改天 (gǎitiān)　　*MA (TW)*: **another day**

我得走了，改天再見。

Wǒ děi zǒu le, gǎitiān zàijiàn.

I've got to go. See you later.

改 (gǎi)　　*V*: **to change, to alter, to correct**

12. 談 (tán)　　*V*: **to talk about**

我不想談這件事。

Wǒ bùxiǎng tán zhèijiàn shì.

I don't want to talk about this affair.

談話 (tánhuà)　　*VO*: **to talk**

他們在那兒談話呢。

Tāmen zài nàr tánhuà ne.

They are talking there.

13. 郊區 (jiāoqū)　　*N*: **suburbs**

我要搬到郊區去住。

Wǒ yào bāndào jiāoqū qù zhù.

I want to move to the suburbs.

區 (qū)　　*N*: **district, area, region**

市區 (shìqū)　　*N*: **urban area, urban district**

14. 地址 (dìzhǐ)　　*N*: **address**

我沒有他的地址。

Wǒ méiyǒu tāde dìzhǐ.

I don't have his address.

15. 拿ㄋㄚˊ (ná)　　*V*: **to bring, to carry (in one's, or with one's hand)**

這ㄓㄜˋ些ㄒㄧㄝ東ㄉㄨㄥ西ㄒㄧ，請ㄑㄧㄥˇ你ㄋㄧˇ拿ㄋㄚˊ給ㄍㄟˇ她ㄊㄚ。

Zhèixiē dōngxī, qǐng nǐ nágěi tā.

Please give these things to her.

16. 進ㄐㄧㄣˋ來ㄌㄞˊ (jìnlái)　　*DC*: **come in**

請ㄑㄧㄥˇ進ㄐㄧㄣˋ來ㄌㄞˊ坐ㄗㄨㄛˋ坐ㄗㄨㄛ。

Qǐng jìnlái zuòzuo.

Please come in and sit for a while.

進ㄐㄧㄣˋ (jìn)　　*DV*: **move forward, enter**

進ㄐㄧㄣˋ去ㄑㄩˋ (jìnqù)　　*DC*: **go in**

請ㄑㄧㄥˇ進ㄐㄧㄣˋ (qǐngjìn)　　*IE*: **come in, please**

SUPPLEMENTARY VOCABULARY

17. 盤ㄆㄢˊ子ㄗ (pánzi)　　*N*: **plate**

盤ㄆㄢˊ (pán)　　*M*: **tray of, plate of, dish of**

18. 寄ㄐㄧˋ (jì)　　*V*: **to mail**

昨ㄗㄨㄛˊ天ㄊㄧㄢ你ㄋㄧˇ寄ㄐㄧˋ給ㄍㄟˇ媽ㄇㄚ媽ㄇㄚ什ㄕㄜˊ麼ㄇㄜ東ㄉㄨㄥ西ㄒㄧ？

Zuótiān nǐ jìgěi māma shénme dōngxi?

What things did you mail to your mother yesterday?

19. 跑ㄆㄠˇ (pǎo)　　*V*: **to run**

我ㄨㄛˇ跑ㄆㄠˇ得ㄉㄜ不ㄅㄨˊ快ㄎㄨㄞˋ。

Wǒ pǎode búkuài.

I don't run fast.

20. 出ㄔㄨ門ㄇㄣˊ (chūmén)

VO: **to go outside, to go out, to go out the door**

星_{ㄒㄧ}期_{ㄑㄧ}天_{ㄊㄧㄢ}我_{ㄨㄛ}不_{ㄅㄨ}常_{ㄔㄤ}出_{ㄔㄨ}門_{ㄇㄣ}。

Xīngqítiān wǒ bùcháng chūmén.

I don't often go out on Sundays.

21. 頁 (yè)　　*M*: **measure word for page**

22. 行 (háng)　　*M*: **measure word for lines, rows**

4. SYNTAX PRACTICE

I. *Directional Compounds (DC)*

來／去 can be suffixed to some verbs. In this case they lose their original meaning of "to come / to go"; rather, they indicate that the action is coming towards, or going away from the speaker.

(I) Action Verb ＋來／去

走來 walk (here),	走去 walk (there),
搬來 move (here),	搬去 move (there),
開來 drive (here),	開去 drive (there),
跑來 run (here),	跑去 run (there),
拿來 take (here),	拿去 take (there),
送來 send (here), etc.	送去 send (there), etc.

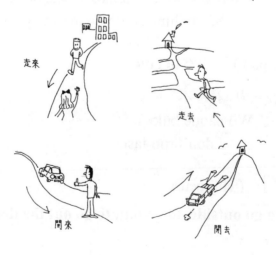

1. 我是昨天搬來的。

2. 他跑來告訴我這件事。

3. 我買的東西已經都送來了。

4. 這個東西，要是你喜歡，就拿去吧。

(Ⅱ) Directional Verb ＋來／去

上來 come up,　下來 come down,　進來 come in,

出來 come out,　過來 come over,　回來 come back,

起來 get up / rise,

上去 go up,　　下去 go down,　　進去 go in,

出去 go out,　　過去 go over,　　回去 go back

1. 現在你可以進去了。

2. 他從樓上下來跟我說了幾句話。

3. 他們在那兒做什麼？我們過去看看吧。

4. 有空的時候，請過來玩兒。

(Ⅲ) Verb ＋ Directional Verb ＋來／去

走回去 go back on foot,　跑進來 run in(here),

搬上去 move up(there),　拿起來 pick up,

站起來 stand up, etc.

走出來

跑上去

拿起來

站起來

1. 歡迎你搬回來。
2. 我是跑回來的。
3. 你應該站起來說話。
4. 下了課，孩子都跑出去玩兒了。

(IV) Verb ＋ Directional Verb

坐下 sit down,　放下 put down,　穿上 put on,
走開 leave / get out / go away,　拿走 take away, etc.

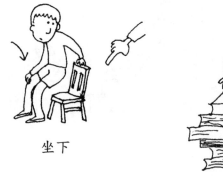
坐下

放下

穿上

1. 坐下！別站起來。
2. 他放下東西，就走了。
3. 這些東西，我還要用，請你別拿走。
4. 走開！別在這兒玩兒。

☞Look at the pictures and complete the sentences below:

1. 他從外頭_____。
2. 他從樓上_____。
3. 她從屋子裡_____。
4. 他從樓下_____。
5. 她要_____。
6. 她要_____。

☞Complete the following sentences with 來 or 去：

1. 要是你喜歡這個東西，就拿_____。
2. 我在家做事，不能出_____。
3. 他要搬_____跟我們住。
4. 他從樓上下_____跟我談話。
5. 我還要睡覺，不要起_____。
6. 她給我打電話，要我過_____。

7. 我現在需要那個東西，你能不能馬上送_____。

8. 他們在那間屋子裡等你進_____。

9. 請大家都站起_____。

10.沒有公車，我不能回_____。

II. *Directional Compounds with Objects*

When a directional compound occurs with an object, the object is often inserted between the directional verb and 來／去.

V+	DV	+N	+來／去(+Purpose)
我 走	回	家	來 　　吃飯。
I walked home for dinner.			

1. 她父母搬回鄉下去了。

2. 他跑上樓去找朋友了。

3. 你得過街去等車。

4. 她出門去買東西了。

5. 他拿起筆來寫了幾個字。

☞Insert the nouns given into the directional compounds:

1. 跑下來　　（樓）　　6. 走上去　　（五樓）

2. 搬回去　　（臺北）　7. 拿起來　　（書）

3. 開上去　　（山）　　8. 走過來　　（街）

4. 拿進去　　（客廳）　9. 回去　　　（英國）

5. 送回去　　（家）　　10.出去　　　（門）

III. 在，到，給 *Used as Post Verbs (PV)*

（I）Verb-在

When 在 is used as a suffix to some verbs, it refers to the place "in", "at" or "on" which that action takes place.

S	V-在	PW
他	住在	三樓。

He lives on the third floor.

1. 我就住在學校附近。

2. 上中文課，他常常坐在前面。

3. 高的站在後面，矮的站在前面。

4. 那個東西，你放在哪兒了？

(Ⅱ) Verb-到

When 到 is used as a suffix to verbs of action, it must take a place word or a time phrase for its object. If the object is a place word, 來／去 is often placed after the place word.

a.

S	V-到	PW	來／去
他	走到	學校	來。

He walks to school.

1. 你跑到哪兒去了？

2. 我要搬到郊區去。

3. 他已經回到德國去了。

4. 這些書，請你拿到書房去。

b.

S	V-到	PW
你們	念到	哪兒了？

How far have you read ?

1. 我們念到第十八課了。

2. 昨天我說到哪兒了？

3. 這本書我看到第九十八頁了。

4. 她唱到第三行，就不唱了。

c.

S	(VO)V-到	Time When
你 每天念書念到 幾點鐘？		
What time do you stay up studying everyday？		

1. 你們放假，放到幾號？
2. 昨天我看電視，看到十二點鐘。
3. 我玩兒到六點鐘，就得回家。
4. 他在那兒住到一九九一年，就搬家了。

(Ⅲ) Verb-給

S	V-給	Ind. O	Dir. O
他 送給 我 一本書。			
He gave me a book (as a gift).			

1. 我借給他十塊錢。
2. 這是他賣給我的，不是送給我的。
3. 那個東西，請你拿給我看看。
4. 這封信是陳先生寄給我的。

☞Fill in the blanks with 在，到 or 給：

1. 小弟弟跑＿＿＿＿外面去了。
2. 那三本書，我拿＿＿＿＿書房去了。
3. 你住＿＿＿＿哪裡？
4. 明天考試，考＿＿＿＿第十七課。
5. 她媽媽送＿＿＿＿她一輛汽車。
6. 我昨天念書，念＿＿＿＿夜裡一點鐘。
7. 他借＿＿＿＿我一本書。
8. 這封信，我要寄＿＿＿＿日本去。
9. 這些東西，我要寄＿＿＿＿我妹妹。
10.他喜歡坐＿＿＿＿後面。

11.那個歌兒，我唱_____他聽了。

12.我們放假放_____下個星期一。

Ⅳ. 快 *and* 慢 *in Imperative Mood*

一點兒 is often added to 快 or 慢 to express a greater or less degree.

(Ⅰ) As Adverbial

a.

快	V(O)
快	走！
Go faster! / Get going!	

b.

快／慢 一點兒	V(O)
快	一點兒 走！
Walk a little faster! / Get going!	

1. 不早了，快起來吧！

2. 別玩兒了，快做功課！

3. 別說話，快一點兒寫字。

4. 別急，慢一點兒說。

(Ⅱ) As predicate Complements

V	快／慢一點兒
走 快	一點兒！
Walk a little faster!	

1. 別開得太快，請你開慢一點兒。

2. 我的中國話不好，請你說慢一點兒。

☞What do you say when……?

1. 孩子吃飯吃得太慢，我對他說：「_____。」

2. 他開車開得太快，我對他說：「＿＿＿＿＿＿。」

3. 老師說得太快，我對老師說：「＿＿＿＿＿＿。」

4. 吃飯的時候到了，孩子還在看電視，我要他來吃飯，
   我對他說：　「＿＿＿＿＿＿。」

5. 時候不早了，他還在睡覺，我對他說：「＿＿＿＿＿
   ＿。」

6. 下雨了，他在房子外面，我對他說：「＿＿＿＿＿。」

5. COMBINATION PRACTICE

I. *Look at the following pictures and respond.*

II. *Situations*

1. An old and a new student meet at the dormitory entrance and talk.

2. You go to a friend's dormitory room. Your friend is not there. Talk
   to the student who opens the door.

第十九課　你要把這張畫兒掛在哪兒？

1. DIALOGUE

—— I ——

爸爸：文美，我們把沙發(shāfā)*放在客廳當中，你
　　　看怎麼樣？

媽媽：我覺得最好放在窗戶旁邊，那兒比較亮。

爸爸：好。那，我把電視機跟錄影機搬過來，放在沙
　　　發對面吧。

大明：媽，這張畫兒掛在哪裡呢？

媽媽：把它掛在樓上你的臥房裡。你把這個檯燈也帶
　　　上去。

大明：好。

爸爸：文美，盤子、
　　　碗，你都搬進
　　　來了嗎？

媽媽：已經都送到廚
　　　房，放在碗櫃
　　　裡了。

爸爸：我再把這個書架搬到書房去，就好了。

* 沙發 (shā fā) : sofa

大明：媽，我已經把畫兒掛上了，還有什麼需要搬的嗎？

媽媽：都搬得差不多了，天也快黑了，我們先一塊兒出去吃飯吧。⑯

大明：好極了，我已經餓得不得了了。⑰

媽媽：大明，你看你的手多髒啊！快去把手洗洗。⑱

爸爸：文美，把汽車鑰匙拿給我，我先到車房去把車⑲開出來。⑳

── II ──────────────

（從飯館兒回家以後）

爸爸：忙了一天了，文美，快坐下休息休息吧。

媽媽：好，我把廚房的燈關上就來。㉑

媽媽（從廚房走過來）：這是你的茶。要不要吃點兒水果？

爸爸：不用了，有茶就行了。㉒

媽媽：開開電視看看有什麼新聞吧。㉓㉔

爸爸：是啊，今天還沒看報呢。

大明：媽，下星期我可以把同學㉕帶回家來玩兒嗎？

媽媽：當然㉖可以，以後歡迎他們常來玩兒。

ㄅㄟˋ ㄕˋ ㄐㄡˋ ㄎㄜ　ㄋㄧˇㄠˋ ㄅㄚˇ ㄓㄜˋ ㄓㄤ ㄏㄨㄚˋ ㄦ ㄍㄨㄚˋ ㄗㄞˋ ㄋㄚˇ ㄚˋ ㄦ？

──Ⅰ──────────────

ㄅㄚˋ ㄅㄚ˙：ㄕㄣˋ ㄇㄟ，ㄜˋ ㄇㄧˇ ㄅㄚˋ ㄕˋ ㄈㄜˋ ㄉㄞˋ ㄎㄢˋ ㄊ ㄅㄜˋ ㄓ，ㄋㄧˇ ㄎㄢ ㄕㄣ ㄇ˙ ㄤ？

ㄇㄚ ㄇ˙：ㄜˋ ㄐㄩㄝˋ ㄉㄜˋ ㄠˋ ㄤ ㄉㄞˋ ㄏㄡˋ ㄅㄢˋ，ㄋ ㄦ ㄛˊ ㄐㄧˋ ㄉㄠ ㄤ。

ㄅㄚˋ ㄅㄚ˙：ㄏㄠˋ。ㄋㄚ，ㄜˋ ㄅㄟˋ ㄕˋ ㄐㄧˊ ㄍㄨ ㄉㄜˋ ㄐ ㄅㄣ ㄍㄨ ㄉㄞˋ，ㄈㄛˋ ㄗˋ ㄕˋ ㄈㄟˊ ㄇㄢˊ ㄋㄚ。

ㄅㄚˋ ㄇㄧˋ：ㄇㄚ，ㄓㄤ ㄍㄨ ㄦ ㄍㄨㄞˋ ㄋㄞˋ ㄉㄧˋ ㄎ ㄜ？

ㄇㄚ ㄇㄧˋ：ㄍㄠˋ ㄍㄨㄞˋ ㄉㄡˋ ㄤ ㄋㄜˊ ㄜˋ ㄈㄟˋ ㄉㄧ。ㄋㄧˇ ㄍㄛ ㄍㄨ ㄎㄢˊ ㄅㄛ ㄝ ㄉㄞ ㄑㄩˊ。

ㄅㄚˋ ㄅㄚ˙：ㄏㄠˋ。

ㄅㄚˋ ㄅㄚ˙：ㄕㄣˋ ㄇㄟ，ㄆㄞ ㄗˋ、ㄊㄞ，ㄋㄧˇ ㄡˋ ㄅㄢˊ ㄐ ㄉㄜˊ ㄇˇ ㄚˋ？

ㄇㄚ ㄇ˙：ㄧˊ ㄐㄧㄥ ㄅㄟˋ ㄍㄞ ㄉㄚ ㄔˊ ㄈㄛˊ，ㄊㄜˋ ㄅㄞ ㄎㄢ ㄍㄨ ㄉㄧ。

ㄅㄚˋ ㄅㄚ˙：ㄜˋ ㄗㄞˇ ㄅㄚˇ ㄓㄜ ㄍㄜˊ ㄕˋ ㄐㄩ ㄅㄢ ㄆㄛˋ ㄑㄩˊ，ㄐㄧˋ ㄏㄠˊ ㄉㄜˋ。

ㄅㄚˋ ㄇㄧˋ：ㄇㄚ，ㄜˋ ㄧˇ ㄐㄧㄠ ㄍㄚˇ ㄦ ㄍㄨㄞˊ ㄕˋ ㄉㄧ，ㄞˇ ㄋˇ ㄇˊ ㄒㄧˇ ㄠˇ ㄅㄢˊ ㄉㄚˊ ㄚˋ？

ㄇㄚ ㄇㄧˋ：ㄅㄡˇ ㄅㄢˊ ㄉㄜˊ ㄔㄨ ㄍㄨˊ ㄉㄜ˙，ㄊㄧˋ ㄧㄝˊ ㄏㄜˋ ㄉㄞˋ，ㄜˋ ㄇˊ ㄒㄧㄣ ㄧˇ ㄎㄞ ㄔ ㄑㄩˊ

ㄟ ㄌㄧㄥˊ ㄋㄚ˙ 。

ㄅㄚˋ ㄇㄧㄥˊ：ㄏㄠˇ ㄐㄧˊ ㄌㄜ˙，ㄊㄜ ㄧˊ ㄐㄧㄣ ㄜ ㄉㄜ˙ ㄅㄟ ㄆㄧ ㄆㄠˋ ㄌㄜ˙ 。

ㄇㄚ ㄇ˙：ㄅㄚˋ ㄇㄧㄥˊ，ㄋㄧˇ ㄎㄢ ㄋㄧˇ ㄉㄜ˙ ㄈㄨˇ ㄎㄜˋ ㄗ ㄚ˙！ ㄎㄞˋ ㄍㄟˇ ㄗㄨˇ ㄒㄧㄥ ㄒㄧㄥˇ 。

ㄉㄚˋ ㄇㄧㄥˊ：ㄨˇ ㄟˊ，ㄊㄜ ㄑㄧˊ ㄏㄠˊ ㄕ ㄋㄟˇ ㄍㄟ ㄊㄜ˙，ㄊㄜ ㄒㄧㄢ ㄏㄠˊ ㄔˊ ㄅㄨ ㄍㄟˇ ㄋㄟˇ ㄔ ㄎㄞ ㄨ ㄌㄞˊ 。

—— Ⅱ ——————————————————

（ㄊㄨㄥˊ ㄌㄢˊ ㄍㄟˋ ㄦ ㄗㄨˋ ㄐㄧㄚ ㄧ ㄟㄡˋ）

ㄅㄚˋ ㄅ˙：ㄇㄤˊ ㄌㄜ˙ ㄧ ㄊㄧㄢ ㄌㄜ˙，ㄗㄨˋ ㄟˊ，ㄨˇ ㄗㄚˋ ㄒㄧㄤˇ ㄒㄧˇ ㄒㄧˇ ㄒㄧㄢˇ 。

ㄇㄚ ㄇ˙：ㄏㄠˇ，ㄊㄜ ㄋㄧˇ ㄔˊ ㄈㄢˋ ㄌㄜ˙ ㄅㄨˇ ㄨㄤˋ ㄕㄤ ㄐㄧㄡˊ ㄌㄞˊ 。

ㄇㄚ ㄇ˙（ㄊㄜˊ ㄔ ㄈㄢˋ ㄗㄨˊ ㄍㄡ ㄌㄞˊ）：ㄓㄜˋ ㄕ ㄋㄧˇ ㄌㄜ˙ ㄔㄚˋ 。ㄋㄠ ㄨˋ ㄋㄠ ㄔˊ ㄅㄣˇ ㄦ ㄗㄟˇ ㄍㄜ˙ ？

ㄅㄚˋ ㄅ˙：ㄅㄨˇ ㄩㄥˋ ㄌㄜ˙，ㄟˋ ㄔ ㄐㄧㄡˋ ㄒㄧㄥˊ ㄌㄜ˙ 。

ㄇㄚ ㄇ˙：ㄎㄞˇ ㄎㄞˋ ㄅㄨ ㄕ ㄎㄞˇ ㄅㄧㄢ ㄟㄡˇ ㄗㄜˊ ㄇㄜ˙ ㄒㄧㄣ ㄋㄧˋ 。

ㄅㄚˋ ㄅ˙：ㄕ ㄚ˙，ㄐㄧㄣ ㄊㄧㄢ ㄏㄠˊ ㄇㄤˊ ㄎㄞ ㄎㄞˇ ㄋㄠˇ 。

ㄉㄚˋ ㄇㄧㄥˊ：ㄇㄚ，ㄒㄧㄢ ㄒㄧㄣˊ ㄑㄧˊ ㄨˇ ㄎㄞˇ ㄧˇ ㄔˊ ㄊㄜ˙ ㄒㄧˊ ㄉㄧˇ ㄏㄨˊ ㄐㄧㄚˊ ㄨㄟˊ ㄦ ㄅㄚ˙ ？

ㄇㄚ ㄇ˙：ㄅㄨˇ ㄢˊ ㄎㄢˇ ㄧ˙，ㄧˇ ㄟˊ ㄏㄜˇ ㄗㄨˊ ㄊㄜ ㄇ˙ ㄔˊ ㄉㄧˇ ㄨㄟˊ ㄦ 。

Dì Shíjiǔ Kè　Nǐ Yào Bǎ　Zhèizhāng Huàr Guà Zài Nǎr?

—— I ——————————————————

Bàba：　Wénměi, wǒmen bǎ shāfā fàngzài kètīng dāngzhōng, nǐ kàn zěnmeyàng?

Māma：　Wǒ juéde zuìhǎo fàngzài chuānghù pángbiān, nàr bǐjiào liàng.

Bàba：　Hǎo. Nà, wǒ bǎ diànshìjī gēn lù yǐngjī bānguòlái, fàngzài shāfā duìmiàn ba.

Dàmíng：Mā, zhèizhāng huàr guàzài nǎlǐ ne?

Māma：　Bǎ tā guàzài lóushàng nǐde wòfánglǐ. Nǐ bǎ zhèige táidēng yě dàishàngqù.

Dàmíng ：Hǎo.

Bàba ：Wénměi, pánzi, wǎn, nǐ dōu bānjìnláile ma?

Māma ：Yǐjīng dōu sòngdào chúfáng, fàngzài wǎnguìlǐ le.

Bàba ：Wǒ zài bǎ zhèige shūjià bāndào shūfáng qù, jiù hǎole.

Dàmíng ：Mā, wǒ yǐjīng bǎ huàr guàshàngle, háiyǒu shénme xūyào bān-de ma？

Māma ：Dōu bānde chàbùduōle, tiān yě kuài hēile, wǒmen xiān yí-kuàir chūqù chīfàn ba.

Dàmíng ：Hǎojíle, wǒ yǐjīng ède bùdéliǎole.

Māma ：Dàmíng, nǐ kàn nǐde shǒu duó zāng a！Kuài qù bǎ shǒu xǐxǐ.

Bàba ：Wénměi, bǎ qìchē yàoshi nágěi wǒ, wǒ xiān dào chēfáng qù bǎ chē kāichūlái.

— II ——————————————————

（ cóng fànguǎnr huíjiā yǐhòu ）

Bàba ：Mángle yìtiān le, Wénměi, kuài zuòxià xiūxí xiūxí ba.

Māma ：Hǎo, wǒ bǎ chúfángde dēng guānshàng jiù lái.

Māma（ cóng chúfáng zǒuguòlái ）：Zhèshì nǐde chá. Yào búyào chī diǎnr shuǐguǒ?

Bàba ：Búyòngle, yǒu chá jiù xíngle.

Māma ：Kāikāi diànshì kànkàn yǒu shénme xīnwén ba.

Bàba ：Shì a, jīntiān hái méi kàn bào ne.

Dàmíng ：Mā, xiàxīngqí wǒ kěyǐ bǎ tóngxué dài huí jiā lái wánr ma?

Māma ：Dāngrán kěyǐ, yǐhòu huānyíng tāmen cháng lái wánr.

LESSON 19　WHERE DO YOU WANT TO HANG THIS PAINTING ?

— I ——————————————————

Father:　　Wenmei, What do you think if we move the sofa to the center of the living room?

Mother: I think it would be best if we put it over by the window. It's brighter over there.

Father: OK, so I will move the TV and the VCR and put them opposite the sofa.

Daming: Mom, where do you want to hang this painting?

Mother: Hang it in your bedroom upstairs. Take this lamp up there also.

Daming: OK.

Father: Wenmei, did you bring in all the plates and bowls already?

Mother: I already sent them to the kitchen, and put them in the cabinet.

Father: I'll move this bookshelf into the study.

Daming: Mom, I already hang up the painting. What else still needs to be moved?

Mother: Just about everything has been moved in. It'll be getting dark soon. Let's first go out together for something to eat.

Daming: Great, I'm already really hungry.

Mother: Daming, look, how dirty your hands are! Go quickly and wash them.

Father: Wenmei, give me the car keys. I'll first go to the garage and drive the car out.

— II —

(after returning home from the restaurant)

Father: It's been a busy day. Wenmei, hurry up and come sit down to rest for a while.

Mother: OK. I'll be coming as soon as I turn off the kitchen light.

Mother   (after walking out of the kitchen): Here is your tea. Would you like to eat a little fruit?

Father: Don't bother. Tea is fine.

Mother: Turn on the television. See if there's any news on.

Father: Right, I still haven't read the paper today.

Daming: Mom, next week can I bring my classmates for a visit?

Mother: Of course you can. From now on, they are welcome to come over for a visit often.

2. NARRATION

　　我跟很多同學住在學校的宿舍㉗裡。有一個同學很麻煩，我們都不喜歡他。他常把衣服脫下來㉘，就扔在㉙地上、床上，不掛在衣櫃裡，書也不放在書架上，把燈開開了以後，就不記得關上，出去也不關門。

　　他喜歡在床上吃東西，吃飽了以後，就把髒盤子、髒碗都放在床底下。我們常常得幫他洗碗、掛衣服、關燈、關門。他給我們這麼多麻煩，當然我們都不喜歡跟他住在一塊兒。

ㄨㄛˇ ㄍㄣ ㄏㄣˇ ㄉㄨㄛ ㄊㄨㄥˊ ㄒㄩㄝˊ ㄓㄨˋ ㄗㄞˋ ㄒㄩㄝˊ ㄒㄧㄠˋ ㄉㄜ˙ ㄙㄨˋ ㄕㄜˋ ㄌㄧˇ。ㄧㄡˇ ㄧ ㄍㄜˋ ㄊㄨㄥˊ ㄒㄩㄝˊ ㄏㄣˇ ㄇㄚˊ ㄈㄢˊ，ㄨㄛˇ ㄇㄣ˙ ㄉㄡ ㄅㄨˋ ㄒㄧˇ ㄏㄨㄢ ㄊㄚ。ㄊㄚ ㄔㄤˊ ㄅㄚˇ ㄧ ㄈㄨˊ ㄊㄨㄛ ㄒㄧㄚˋ ㄌㄞˊ，ㄐㄧㄡˋ ㄖㄥ ㄗㄞˋ ㄉㄧˋ ㄕㄤˋ、ㄔㄨㄤˊ ㄕㄤˋ，ㄅㄨˋ ㄍㄨㄚˋ ㄗㄞˋ ㄧ ㄍㄨㄟˋ ㄌㄧˇ，ㄕㄨ ㄧㄝˇ ㄅㄨˋ ㄈㄤˋ ㄗㄞˋ ㄕㄨ ㄐㄧㄚˋ ㄕㄤˋ，ㄅㄚˇ ㄉㄥ ㄎㄞ ㄎㄞ ㄌㄜ˙ ㄧˇ ㄏㄡˋ，ㄐㄧㄡˋ ㄅㄨˊ ㄐㄧˋ ㄉㄜ˙ ㄍㄨㄢ ㄕㄤˋ，ㄔㄨ ㄑㄩˋ ㄧㄝˇ ㄅㄨˋ ㄍㄨㄢ ㄇㄣˊ。

ㄊㄚ ㄒㄧˇ ㄏㄨㄢ ㄗㄞˋ ㄔㄨㄤˊ ㄕㄤˋ ㄔ ㄉㄨㄥ ㄒㄧ，ㄔ ㄅㄠˇ ㄌㄜ˙ ㄧˇ ㄏㄡˋ，ㄐㄧㄡˋ ㄅㄚˇ ㄗㄤ ㄆㄢˊ ㄗ˙、ㄗㄤ ㄨㄢˇ ㄉㄡ ㄈㄤˋ ㄗㄞˋ ㄔㄨㄤˊ ㄉㄧˇ ㄒㄧㄚˋ。ㄨㄛˇ ㄇㄣ˙ ㄔㄤˊ ㄔㄤˊ ㄉㄟˇ ㄅㄤ ㄊㄚ ㄒㄧˇ ㄨㄢˇ、ㄍㄨㄚˋ ㄧ ㄈㄨˊ、ㄍㄨㄢ ㄉㄥ、ㄍㄨㄢ ㄇㄣˊ。ㄊㄚ ㄍㄟˇ ㄨㄛˇ ㄇㄣ˙ ㄓㄜˋ ㄇㄜ˙ ㄉㄨㄛ ㄇㄚˊ ㄈㄢˊ，ㄉㄤ ㄖㄢˊ ㄨㄛˇ ㄇㄣ˙ ㄉㄡ ㄅㄨˋ ㄒㄧˇ ㄏㄨㄢ ㄍㄣ ㄊㄚ ㄓㄨˋ ㄗㄞˋ ㄧ ㄎㄨㄞˋ ㄦ。

Wǒ gēn hěn duō tóngxué zhùzài xuéxiàode sùshèlǐ. Yǒu yíge tóng xué hěn máfán, wǒmen dōu bùxǐhuān tā. Tā cháng bǎ yīfú tuōxiàlái, jiù rēngzài dìshàng, chuángshàng, búguàzài yīguìlǐ. Shū yě búfàngzài shūjià shàng. Bǎ dēng kāikāi le yǐhòu, jiù bújìde guānshàng. Chūqù yě bùguān mén.

Tā xǐhuān zài chuángshàng chī dōngxī. Chībǎole yǐhòu, jiù bǎ zāng pánzi, zāng wǎn dōu fàngzài chuángdǐxià. Wǒmen chángcháng děi bāng tā xǐ wǎn, guà yīfú, guān dēng, guān mén. Tā gěi wǒmen zhème duō máfán, dāngrán wǒmen dōu bùxǐhuān gēn tā zhùzài yíkuàir.

I live with many classmates in the school dormitory. There is one classmate who is a real pain. None of us like him. When he takes off his clothes, he often throws them on the floor or on the bed. He doesn't hang them in the closet. He also never puts his books on the bookshelf. After he turns on the light, he forgets to turn it off, and when he goes out, he doesn't close the door.

He likes to eat in bed, and after eating he puts the dirty plates and bowls under the bed. We often help him clean his bowls, hang up his clothes, turn off the lights, and shut the door. He gives us so much trouble, so of course we don't like living with him.

3. VOCABULARY

1. 把 (bǎ)

   CV: "把" itself can not be translated directly into English. It is used to draw attention to the object, rather than the subject of a sentence.

   請你把這張畫兒拿出去。

   Qǐng nǐ bǎ zhèizhāng huàr náchūqù.

   Please take this painting out.

2. 掛 (guà)　　*V*: to hang

   你的衣服掛在哪兒了？

   Nǐde yīfú guàzài nǎr le?

   Where did you hang your clothes?

3. 當中 (dāngzhōng)　　*N(PW)* : middle, in the center

4. 最好 (zuìhǎo)　　*A*: best, better to

   這件事，最好別告訴他。

   Zhèijiàn shì, zuìhǎo bié gàosù tā.

   It's best not to tell him about this.

5. 窗戶 (chuānghù)　　*N*: window

6. 亮 (liàng)　　*SV*: to be sunny, to be bright

   外面還很亮呢。

   Wàimiàn hái hěn liàng ne.

   It's still very bright outside.

7. 錄影機 (lù yǐngjī)　　*N*: video machine (*M*:部 bù)

   錄 (lù)　　*V*: to record

8. 對面 (duìmiàn)　　*N(PW)* : the other side, place across from

9. 它ㄊㄚ (tā)　　*PN*: **it**

10. 臥ㄨㄛˋ房ㄈㄤˊ (wòfáng)　　　*N*: **bedroom** (*M*:間ㄐㄧㄢ jiān)

11. 檯ㄊㄞˊ燈ㄉㄥ (táidēng)　　　*N*: **lamp** (*M*: 盞ㄓㄢˇ zhǎn)

　　　燈ㄉㄥ (dēng)　　　*N*: **lamp, light**

12. 帶ㄉㄞˋ (dài)　　*V*: **to bring**

　　　今ㄐㄧㄣ天ㄊㄧㄢ我ㄨㄛˇ忘ㄨㄤˋ了ㄌㄜ帶ㄉㄞˋ錢ㄑㄧㄢˊ來ㄌㄞˊ。
　　　Jīntiān wǒ wàngle dài qián lái.
　　　　I forgot to bring my money with me today.

13. 廚ㄔㄨˊ房ㄈㄤˊ (chúfáng)　　　*N*: **kitchen**

14. 碗ㄨㄢˇ櫃ㄍㄨㄟˋ (wǎnguì)　　　*N*: **(kitchen) cabinet, cupboard**

　　　櫃ㄍㄨㄟˋ (guì)　　*BF*: **cabinet**

　　　衣-櫃ㄍㄨㄟˋ (yīguì)　　　*N*: **closet**

　　　櫃ㄍㄨㄟˋ子ㄗ˙ (guìzi)　　　*N*: **cabinet, sideboard**

15. 書ㄕㄨ架ㄐㄧㄚˋ (shūjià)　　　*N*: **bookshelf, bookcase**

　　　架ㄐㄧㄚˋ (jià)　　　*M*: **measure word for airplane, machine**

　　　架ㄐㄧㄚˋ子ㄗ˙ (jiàzi)　　　*N*: **frame, stand, rack, shelf**

16. 黑ㄏㄟ (hēi)　　*N/SV*: **black / to be black, to be dark**

　　　天ㄊㄧㄢ已ㄧˇ經ㄐㄧㄥ黑ㄏㄟ了ㄌㄜ，我ㄨㄛˇ們ㄇㄣ˙回ㄏㄨㄟˊ家ㄐㄧㄚ吧ㄅㄚ。
　　　Tiān yǐjīng hēile, wǒmen huíjiā ba.
　　　　It's already dark. Let's go home.

17. 餓ㄜˋ (è)　　*SV*: **to be hungry**

　　　我ㄨㄛˇ現ㄒㄧㄢˋ在ㄗㄞˋ還ㄏㄞˊ不ㄅㄨˋ餓ㄜˋ。

Wǒ xiànzài hái búè .

Right now I'm still not hungry.

18. 髒 (zāng)　　*SV*: **to be dirty**

你的手很髒，快去洗洗。

Nǐde shǒu hěn zāng, kuài qù xǐxǐ.

Your hands are very dirty. Go and wash them quickly.

19. 鑰匙 (yàoshi)　　*N*: **key** (*M*: 把 bǎ)

20. 車房 (chēfáng)　　*N*: **garage**

21. 關上 (guānshàng)　　*DC*: **to close, to shut; to turn off**

太冷了，請把窗戶關上。

Tài lěng le, qǐng bǎ chuānghù guānshàng.

It's too cold. Please shut the window.

關 (guān)　　*V*: **to close; to turn off**

22. 不用 (búyòng)　　*AV/V*: **need not, don't have to**

你不用說了，我已經知道了。

Nǐ búyòng shuō le, wǒ yǐjīng zhīdàole.

You don't have to say anything. I already know it.

我自己能去，不用你送我去。

Wǒ zìjǐ néng qù, búyòng nǐ sòng wǒ qù.

I can go by myself. You need not escort me.

23. 開開 (kāikāi)　　*DC*: **to turn on, to switch on**

天黑了，請把燈開開。

Tiān hēile, qǐng bǎ dēng kāikāi.

It's dark. Please turn on the light.

24. 新聞 (xīnwén)　　*N*: **news**

聞 (wén)　　*V*: **to smell, to listen**

25. 同學 (tóngxué)   *N/V*: **classmate; to be in the same class**

26. 當然 (dāngrán)   *MA*: **of course**

他忙了一天了，當然很累。

Tā mángle yìtiān le, dāngrán hěn lèi.

He has been busy all day. Of course he is tired.

SUPPLEMENTARY VOCABULARY

27. 宿舍 (sùshè)   *N*: **dormitory**

28. 脫下來 (tuōxiàlái)   *DC*: **to take off**

你穿的這件衣服很髒，快脫下來。

Nǐ chuān de zhèijiàn yī fú hěn zāng, kuài tuōxiàlái.

The clothes you are wearing are very dirty. Hurry up and take them off.

脫 (tuō)   *V*: **to peel, to take or to cast off, to escape**

29. 扔 (rēng)   *V*: **to throw, to toss, to cast**

別把衣服扔在椅子上。

Bié bǎ yīfú rēngzài yǐzishàng.

Don't throw your clothes on the chair.

4. SYNTAX PRACTICE

把 *Construction*

When the 把 construction is used, the main verb is always a transitive verb and takes an object. The object must be moved up in front of the main verb, and the main verb must be followed by a complement in order to call attention on the object rather than the subject.

The negative adverbs 別，沒，不 must be placed before 把 in a negative sentence. When you want to stress the result of having dealt with something, then 給 can be placed in front of the main verb.

In a sentence with the 把 construction, the object pointed out by 把 is usually a definite person, affair, or thing.

S	(Neg-)	(AV)	把	O	(給)	V Complement
你	不	可以	把	桌子		搬出去。

You may not move the desk out.

I.

S	把	O	V	了
他	把	房子	賣	了。

He sold the house.

1. 我已經把功課做了。
2. 誰把我的茶喝了？
   他把你的茶喝了。
3. 對不起，我把那件事給忘了。
4. 我把藥吃了，就睡覺了。

II.

S	把	O	V 來／去
我	把	那本書	帶來了。

I brought that book.

1. 請你把他叫來。
2. 我開車去把他接來了。
3. 她把你需要的東西都買來了。
4. 我已經替你把東西送去了。

Ⅲ.

S	把	O	V-DV-來／去
他	把	車	開回來了。

He drove the car back.

1. 請你把書拿起來。
2. 快把髒衣服脫下來洗洗。
3. 我把他說的都寫下來了。
4. 請把你的意思說出來。

Ⅳ.

S	把	O	V-DV-N	來／去
他	把	報	拿上樓	去了。

He brought the newspaper upstairs.

1. 我要把這本書帶回國去。
2. 你可以把車開進車房去。
3. 我去把孩子接回家來。
4. 她不舒服，我把她送回家去了。

Ⅴ.

S	把	O	V-DV
你	把	東西	放下吧。

Put the things down.

1. 請你把門關上。
2. 我把窗戶開開了。
3. 別把這些東西拿走。
4. 外面冷，快把衣服穿上！

VI.

S	把	O	V-在	PW
我	把	汽車	停在	路邊了。

I parked the car on the side of the street.

1. 你把那本書放在哪兒了？
　　放在書架上了。
2. 請你把名字跟地址寫在這兒。
3. 我把那張畫兒掛在飯廳裡了。
4. 別把衣服扔在床上。

VII.

S	把	O	V-到	PW	來／去
我	把	碗	拿到	廚房	去了。

I carried the bowls to the kitchen.

1. 我把孩子送到學校去。
2. 我們把這張床搬到樓上去吧。
3. 不可以把狗帶到學校來。
4. 爸爸把車開到公司去了。

VIII.

S	把	Dir. O	V-給	Ind. O	(V2)
他	把	那件事	說給	我	聽了。

He told me about that affair.

1. 我把那本書借給朋友了。
2. 他把舊車賣給同學了。
3. 她要把這張畫兒送給別人。
4. 麻煩您把那個東西拿給我看看。

IX.

S	把	Dir. O	V	Ind. O
請你	把	那枝筆	給	我。
Please give me that pen.				

1. 他把錢都給我了。
2. 我已經把書給他了。
3. 別把這件事告訴別人。
4. 請把你的名字告訴我。

X.

S	把	O	V(一)V
你	把	這些字	念(一)念。
Read these characters.			

1. 上課以前，把書看看。
2. 要是今天有空，我要把衣服洗一洗。
3. 把學過的那幾課再念一念。
4. 你應該再把這個問題想一想。

XI.

S	把	O	V NU-M
請你	把	這課	念一次。
Please read this lesson once.			

1. 他把話說了一半，就不說了。
2. 你再把這件事跟他說一次。
3. 我把每一個字寫了一百次。
4. 老師叫我把這些句子念幾次。

☞Change the following sentences into 把 construction:

1. 他拿起那個杯子來了。
2. 快接他來。
3. 窗戶，我都開開了。
4. 我忘了他的名字了。
5. 我可以借給你我的照像機。
6. 別拿走我們的東西。
7. 你應該看一看書。
8. 他吃了早飯，就去上班了。
9. 那個椅子，我要搬出去。
10.那件事，王先生沒說給我聽。
11.請你告訴我你的電話號碼，好不好？
12.那張畫兒，你掛在哪裡了？

 COMBINATION PRACTICE

I . *Every student gives a request about the pen by using the* 把 *construction. The other students will carry out the request while at the same time say what they do.*

II. *How do you say it?*

1. Ask a clerk to show you a camera.
2. Ask a friend to close the door when he leaves.
3. Ask your roommate to turn on the light.
4. Ask a classmate not to forget to bring the book to school the next day.
5. Ask your roommate to wash the fruit.

III. *Situation*

Three classmates rent an apartment. The conversation contains furniture arrangement.

6. NOTES

1. The 把 construction is a kind of disposal form of sentence pattern. It is used to stress or emphasize special objects and what is done to them.

> ex:他把車開到學校去了。　　He drove the car to school.
>
> 他開車到學校去了。　　He drove to school.

2. Verbs expressing feelings or emotions, sensory verbs, and verbs indicating being / existing or possession cannot use the 把 construction. The reason in this case is that it is impossible for the subject to dispose of the object in the manner indicated by the verb phrase.

> ex:　我喜歡他。　　　　I like him.
>
> ＊我把他喜歡。　　　(incorrect)
>
> 他沒看見我。　　　He didn't see me.
>
> ＊他把我沒看見。　　(incorrect)
>
> 他哥哥在家。　　　His elder brother is at home.
>
> ＊他哥哥把家在。　　(incorrect)
>
> 我有錢。　　　　　I have money.
>
> ＊我把錢有。　　　(incorrect)

第二十課　他們在樓下等著我們呢^①

1. DIALOGUE

────── Ⅰ ──────

真真：愛美，你好了沒有^②？文德他們已經來了，在樓
　　　下等著我們呢。

愛美：我在化妝^③，還沒換^④衣服呢。

真真：快一點兒吧！你要穿哪件衣服？要不要我幫你
　　　拿？

愛美：我想穿那件黃色的^⑤，在櫃子裡掛著呢。

真真：這件衣服真漂亮^⑥，是新的嗎？

愛美：不是，是我去年買的，很久沒穿了。

真真：你快去換吧。

愛美：好，請你在這兒等一等。

　　　（幾分鐘以後）

愛美：好了，我們可以走了，你看
　　　我穿這雙白皮鞋^{⑦⑧⑨}，可以嗎？

真真：可以，這雙鞋樣子不錯。

愛美：外面涼不涼^⑩？要不要帶外套^⑪？

真真：我想不用了。我們走吧。

—— II ——

李：趙太太，好久不見，請進，請進。您今天怎麼有
　　空來？

趙：我早就想來看你們了，可是總是⑫沒有時間⑬。

李：是啊，大家都忙。

趙：就您一個人在家嗎？李先生呢？

李：他出去買點兒東西，一會兒就回來。小兒子到同
　　學家去了。

趙：門口停著一輛⑭藍色的汽車，是你們的嗎？好漂亮
　　啊！

李：那是我們新買的⑮車，原來那輛⑯紅色的給大兒子開
　　了。

趙：我一年多沒看見您大兒子了。他現在念幾年級⑰？

李：他已經念大學二年級了。現在住校⑱，每學期只回
　　來一、兩次。

趙：您父母都好吧？還在南部住著嗎？

李：他們都好，夏天的時候來住了兩個多月，可是北
　　部冬天太冷，他們不願意住在這兒。[19]

趙：年紀大的人都怕冷，我父母也一樣。

ㄅㄟˋ ㄦˊ ㄕˋ ㄎㄜˊ　ㄊㄚ ㄇㄣ ㄗㄞˋ ㄌㄡˊ ㄒㄧㄚˋ ㄅㄧㄝˇ ㄓㄜ ㄨㄟˇ ㄇㄣ ㄋㄜˊ

— I —

ㄓㄠˋ：ㄋㄟˊ，ㄋㄧㄠˇ ㄌㄧ ㄇㄣ ㄡˋ？ㄅㄚ ㄎㄜˊ ㄊㄇ ㄧㄝˇ ㄐㄩㄥˊ ㄌㄧˊ ㄌㄜ，ㄗㄞˊ ㄅㄨˋ ㄒㄧㄚ ㄓㄜ ㄨㄟˇ ㄇㄣ ㄋㄜˊ。

ㄌㄟˊ：ㄨㄛˊ ㄗㄞˊ ㄏㄡˋ，ㄏㄟ ㄇㄣ ㄏㄡˊ ㄧˋ ㄆㄛˊ ㄋㄜˊ。

ㄓㄠˋ：ㄎㄨㄞˊ ㄧˊ ㄅㄧㄢ ㄦˊ ㄋㄣˊ！ㄋㄧㄠˇ ㄏㄢ ㄑㄧㄣˇ ㄐㄧㄝ ㄧˋ ㄧㄡˊ？ㄠˊ ㄅㄟˇ ㄜ ㄅㄣ ㄋㄧㄢˊ？

ㄌㄟˊ：ㄨㄛˊ ㄒㄧㄤ ㄑㄧㄣ ㄋㄧㄢ ㄐㄧㄝ ㄙㄥˊ ㄌㄜˊ，ㄗㄞˊ ㄍㄟ ㄉㄟˋ ㄍㄜˇ ㄓㄜˊ。

ㄓㄠˋ：ㄓㄢ ㄐㄧ ㄧˋ ㄧㄡˊ ㄓㄞ ㄅㄧㄠˇ ㄌㄜˊ，ㄕˋ ㄒㄧ ㄊㄚ ㄋㄚˊ？

ㄌㄟˊ：ㄅㄨˊ ㄕˋ，ㄕˊ ㄨㄛ ㄑㄧˋ ㄋㄞˊ ㄇㄝˇ，ㄏㄣ ㄐㄧㄡˇ ㄇㄟ ㄑㄧˊ ㄌㄟ。

ㄓㄠˋ：ㄋㄧˇ ㄎㄞ ㄑㄧㄥ ㄅㄚ。

ㄌㄟˊ：ㄏㄠˇ，ㄑㄧㄥˊ ㄋㄧˊ ㄗㄞ ㄓㄟ ㄦ ㄉㄥˇ ㄧˋ ㄉㄥˇ。

　　（ㄐㄩˋ ㄋˊ ㄓㄢ ㄧˇ ㄏㄡˋ）

ㄌㄟˊ：ㄏㄠˊ ㄌㄜˇ，ㄨㄛ ㄇㄣ ㄎㄜˊ ㄧˋ ㄗㄡ ㄌㄜˊ，ㄋㄧˇ ㄎㄞ ㄨㄛˊ ㄑㄧㄢˊ ㄓㄨˊ ㄅㄢ ㄆㄧㄝ，ㄎㄟˋ ㄧˊ ㄊㄜˇ

　　　　　　ㄇㄚ˙ ？

ㄓㄣ ㄓㄣ ： ㄎㄜˊ ㄧˋ， ㄓㄨㄤ ㄒㄧㄝˊ ㄤ ㄗ ㄨˊ ㄎㄨㄛ 。

ㄞˋ ㄇㄟˇ ： ㄨˇ ㄇㄢˊ ㄉㄤˋ ㄅㄛˊ ㄉㄛˊ ？ ㄍㄠˋ ㄇㄨˋ ㄍㄡˊ ㄅㄞˊ ㄉㄞˊ ㄊㄠˊ ？

ㄓㄣ ㄓㄣ ： ㄨˇ ㄒㄧㄤ ㄨˋ ㄩㄥ ㄉㄜ˙ 。 ㄎㄜˊ ㄇㄢˊ ㄖㄡˇ ㄇㄚ˙ 。

Ⅱ

ㄌㄟˇ ： ㄓㄠ ㄊㄞˊ ㄊㄞˊ˙， ㄏㄠ ㄐㄧㄡ ㄅㄨˋ ㄐㄧㄢˋ， ㄑㄧㄥ ㄐㄧㄣ， ㄑㄧㄥ ㄐㄧㄣ 。 ㄋㄧ ㄐㄧㄣ ㄊㄧㄢ ㄇㄢˇ ㄇㄜ˙ ㄡˇ ㄎㄡ ㄌㄞˊ ？

ㄓㄠ ： ㄨㄛˊ ㄍㄠˋ ㄐㄧ ㄒㄧㄤ ㄌㄧㄣ ㄋㄧˊ ㄇㄣˊ ㄌㄜ˙， ㄎㄜˊ ㄕˋ ㄨˇ ㄕˊ ㄇㄣˊ ㄇㄡˇ ㄕˊ ㄐㄧㄢ 。

ㄌㄟˇ ： ㄕˋ ㄚ， ㄅㄧ ㄐㄧㄚ ㄅㄨ ㄇㄤ˙ 。

ㄓㄠ ： ㄐㄧㄡ ㄋㄧㄢ ㄧˊ ㄍㄜ˙ ㄇㄢˊ ㄞˊ ㄐㄧㄚ ㄇㄣˊ ？ ㄌㄟˇ ㄒㄧㄢ ㄙ ㄋㄜ ？

ㄌㄟˇ ： ㄊㄚ ㄔ ㄑㄩ ㄇㄞˊ ㄊㄧㄣ ㄦˊ ㄨˇ ㄒㄧ， ㄧˊ ㄍㄨㄟ ㄦˊ ㄐㄧㄡ ㄏㄨˊ ㄌㄞˊ 。 ㄒㄧㄠ ㄦˊ ㄕˇ ㄓㄠ ㄊㄠˋ ㄒㄧㄝ ㄐㄧㄚ ㄑㄩ ㄌㄜ˙ 。

ㄓㄠ ： ㄇㄧㄡˇ ㄎㄢˇ ㄊㄜ˙ ㄓㄜ ㄧˊ ㄓㄠˊ ㄅㄢˊ ㄙㄨˋ ㄉㄜ˙ ㄑㄧㄝˊ， ㄕˋ ㄋㄧ ㄇㄣˊ ㄉㄜ˙ ㄇㄢˊ ？ ㄍㄡˋ ㄆㄧㄠ ㄌㄤˋ ㄚˊ ！

ㄌㄟˇ ： ㄋㄚ ㄕˋ ㄨㄛˊ ㄇㄣ ㄒㄧㄢˊ ㄉㄜ˙ ㄔㄜˊ， ㄩㄢˊ ㄌㄞˋ ㄋㄧ ㄉㄤ ㄙㄜˊ ㄍㄜ˙ ㄅㄧㄚ ㄦˊ ㄕˇ ㄎㄞ ㄌㄞˊ 。

ㄓㄠ ： ㄨㄛˇ ㄧˊ ㄋㄧㄢˊ ㄎㄨㄟ ㄇㄢˊ ㄉㄜ˙ ㄐㄧㄣ ㄆㄚ ㄦˊ ㄗ ㄌㄜ˙ 。 ㄊㄚ ㄒㄧㄢˊ ㄗㄞˇ ㄋㄧ ㄐㄧㄢ ㄐㄧˊ ？

ㄌㄟˇ ： ㄊㄚ ㄧˊ ㄐㄧㄥ ㄋㄧㄢˊ ㄆㄚ ㄒㄧㄝ ㄦˊ ㄋㄧㄢ ㄐㄧ ㄌㄜ˙ 。 ㄒㄧㄢˊ ㄗㄞˋ ㄨˋ ㄒㄧㄠˋ ㄇㄟ ㄒㄧㄝ ㄑㄧ ㄧˊ ㄏㄜ ㄌㄞˊ ㄧ， ㄌㄤ˙ ㄋㄧ 。

ㄓㄠ ： ㄋㄧㄢˊ ㄈㄡˊ ㄇㄟ ㄅㄨ ㄏㄡˊ ㄅㄚ ？ ㄏㄞˊ ㄗˋ ㄋㄢˊ ㄋㄧˊ ㄓㄜˊ ㄓㄜ ㄇㄢ ？

ㄌㄟˇ ： ㄊㄚ ㄇㄢˊ ㄅㄨˊ ㄍㄨㄥ˙， ㄒㄧ ㄊㄧㄢ ㄉㄜ˙ ㄕˊ ㄏㄡˋ ㄉㄞˊ ㄓㄠ ㄉㄜ˙ ㄎㄜˊ ㄩㄝ， ㄎㄞ ㄕ ㄒㄧ ㄨㄢ ㄅㄧㄥˋ ㄊㄢˊ ㄊㄞˋ ㄌㄜˊ， ㄊㄚ ㄇㄟ ㄐㄩㄢˊ ㄧˊ ㄨˇ ㄗㄞˋ ㄓㄠˊ ㄦˊ 。

ㄓㄠ ： ㄋㄧㄢˊ ㄐㄧ ㄅㄚ ㄉㄜˊ ㄇㄢ ㄅㄨˊ ㄆㄥˊ ㄌㄤˋ， ㄨㄛˊ ㄈㄡˊ ㄇㄟˊ ㄧㄝˊ ㄧ ㄧㄤˊ 。

Dì ÈrShí Kè　Tāmen Zài Lóuxià Děngzhe Wǒ
men Ne

Ⅰ

Zhēnzhēn ： Àiměi, nǐ hǎole méiyǒu? Wéndé tāmen yǐ jīng láile, zài lóu -
xià děngzhe wǒmen ne.

Àiměi：　Wǒ zài huàzhuāng, hái méihuàn yīfú ne.

Zhēnzhēn：Kuài yìdiǎnr ba! Nǐ yào chuān něijiàn yīfú? Yào búyào wǒ bāng nǐ ná?

Àiměi：　Wǒ xiǎng chuān nèijiàn huángsède, zài guìzilǐ guàzhe ne.

Zhēnzhēn：Zhèijiàn yīfú zhēn piàoliàng, shì xīnde ma?

Àiměi：　Búshì, shì wǒ qùnián mǎi de, hěn jiǔ méi chuān le.

Zhēnzhēn：Nǐ kuài qù huàn ba.

Àiměi：　Hǎo, qǐng nǐ zài zhèr děngyìděng.

　(jǐfēnzhōng yǐhòu)

Àiměi：　Hǎole, wǒmen kěyǐ zǒule. Nǐ kàn wǒ chuān zhèishuāng bái píxié, kěyǐ ma?

Zhēnzhēn：Kěyǐ, zhèishuāng xié yàngzi búcuò.

Àiměi：　Wàimiàn liáng bùliáng? Yào búyào dài wàitào?

Zhēnzhēn：Wǒ xiǎng búyòng le. Wǒmen zǒu ba.

—— II ——

Lǐ：　Zhào Tàitai, hǎo jiǔ bújiàn, qǐng jìn, qǐng jìn. Nín jīntiān zěnme yǒu kòng lái?

Zhào：　Wǒ zǎo jiù xiǎng lái kàn nǐmen le, kěshì zǒngshì méiyǒu shíjiān.

Lǐ：　Shì a, dàjiā dōu máng.

Zhào：　Jiù nín yíge rén zài jiā ma? Lǐ Xiānshēng ne?

Lǐ：　Tā chūqù mǎi diǎnr dōngxi, yìhuǐr jiù huílái. Xiǎo érzi dào tóngxué jiā qùle.

Zhào：　Ménkǒu tíngzhe yíliàng lánsède qìchē, shì nǐmende ma? Hǎo piàoliàng a!

Lǐ：　Nà shì wǒmen xīn mǎi de chē, yuánlái nèiliàng hóngsède gěi dà érzi kāi le.

Zhào：　Wǒ yìniánduō méi kànjiàn nín dà érzi le. Tā xiànzài niàn jǐniánjí?

Lǐ：　Tā yǐjīng niàn dàxué èrniánjí le. Xiànzài zhùxiào, měixuéqí zhǐ huílái yì, liǎngcì.

Zhào : Nín fùmǔ dōu hǎo ba? Hái zài nánbù zhùzhe ma?
Lǐ : Tāmen dōu hǎo, xiàtiānde shíhòu lái zhùle liǎnggeduō yuè,
       kěshì běibù dōngtiān tài lěng, tāmen búyuànyì zhùzài zhèr.
Zhào : Niánjì dàde rén dōu pà lěng, wǒ fùmǔ yě yíyàng.

LESSON 20   THEY ARE WAITING FOR US DOWNSTAIRS

— I —

Zhenzhen: Amy, are you ready? Wende and the group are already here. They are downstairs waiting for us.

Amy: I'm putting on make-up. I'm not dressed yet.

Zhenzhen: Hurry up! What do you want to wear? Do you want me to help you get it?

Amy: I think I will wear the yellow one. It is hanging in the closet.

Zhenzhen: This one is really pretty. Is it new?

Amy: No, I bought it last year. I haven't worn it in a long time.

Zhenzhen: Hurry and put it on.

Amy: OK. Please wait here a minute.
(after a few minutes)

Amy: OK, let's go. Look at this pair of white shoes I am wearing. Are they OK?

Zhenzhen: Yes, their style is good.

Amy: Is it cool outside? Should I bring a coat?

Zhenzhen: I don't think you need one. Let's go.

— II —

Lee: Mrs. Zhao, long time no see. Please come in. Come in. What brings you here today?

Zhao:	I've wanted to come see you for a long time, but I never have the time.
Lee:	Yes, everyone is very busy.
Zhao:	Are you the only one home? What about Mr. Lee?
Lee:	He went out to buy a few things, he'll be back soon. Our smallest son went over to a classmate's house.
Zhao:	There is a blue car parked at the entrance. Is it yours? It's beautiful!
Lee:	That's our newly purchased car. We gave our original red car to our eldest son to drive.
Zhao:	I haven't seen your eldest son for more than a year. What year of the school is he studying?
Lee:	He is already in his second year of college. He lives at school now, and only comes home once or twice a semester.
Zhao:	Are your parents well? Are they still living down south?
Lee:	They are both fine. During the summer they came live here for over two months, but the northern winters are too cold, so they don't want to live here.
Zhao:	All old people dread the cold. My parents are the same.

2. NARRATION

故　　事[20]

　　從前，在一個小城裡，住著一位老先生。他是一個很好的人，大家都喜歡他。有一天，他在家門口站著，一個穿著白衣服的人走過來，對他說：「我知道你是一個好人，現在我要給你一封介紹信[21]，明天你帶著這封信，往西一直走，就可以到一個最好的地方了。」

　　第二天，老人帶著他的東西跟這封信出門了。他在路上走著走著，忽然從路邊兒跑出來一個強盜(qiángdào)*，要老人把東西都給他。老人說：「我什麼都可以給你，可是這封信我不能給你。」老人把這封信的故事說給強盜聽。強盜聽了以後，也要這封信。老人沒辦法，只好說：「好吧，我撕(sī)*給你一部分。」

　　他們一塊兒在路上走著，強盜說：「我做過很多壞事，可是你給我的這一部分太小，你應該再給我一點兒。」老人說：「好吧，我再給你一點兒。」

　　他們到了一個地方，裡面非常漂亮，綠色的草地上開著很多顏色的花，門口站著一個人。老人把信拿給他看。那個人看了以後說：「歡迎，歡迎，請進。」強盜也把信拿出來，可是他不能進去。你知道為什麼嗎？

---

*強盜 (qiángdào) : robber

*撕 (sī) : to tear

ㄍㄨˋ　ㄕˋ

　　ㄆㄨˊ ㄑㄧㄢˊ，ㄗㄞˋ ㄧˋ ㄍㄜˋ ㄒㄧㄠˊ ㄔㄥˊ ㄌㄧˇ，ㄓㄨˋ ㄓㄜˋ ㄧˋ ㄍㄜˋ ㄌㄠˇ ㄒㄧㄢ ㄕㄥ。ㄊㄚ ㄕˋ ㄧˊ ㄍㄜˋ ㄏㄣˇ ㄏㄠˇ ㄉㄜˊ ㄖㄣˊ，ㄅㄚˊ ㄐㄧㄚ ㄅㄨˇ ㄒㄧˋ ㄏㄠˇ ㄊㄜˋ。ㄧㄡˇ ㄧˋ ㄊㄧㄢ，ㄊㄚ ㄗㄞˋ ㄐㄧㄝ ㄇㄣˊ ㄅㄞˇ ㄓㄜˋ，ㄧˋ ㄍㄜˋ ㄑㄩㄥˊ ㄓㄜˋ ㄅㄧˋ ㄧˊ ㄈㄨˇ ㄅㄢˋ ㄍㄨㄛˇ ㄌㄞˊ，ㄆㄚˋ ㄊㄚ ㄕㄨㄛ：「ㄨㄛˇ ㄓㄜˋ ㄅㄨˋ ㄋㄧˊ ㄕˋ ㄧˊ ㄍㄜˋ ㄏㄠˇ ㄖㄣˊ，ㄒㄧㄢ ㄗㄞˋ ㄨㄛˇ ㄧㄠˇ ㄍㄟˇ ㄋㄧˇ ㄈㄥˊ ㄐㄧˋ ㄒㄧㄢˊ，ㄇㄧㄥˊ ㄊㄧㄢ ㄋㄧˇ ㄌㄞˊ ㄓㄜˋ ㄈㄣˊ，ㄨㄤˇ ㄒㄧˊ ㄧˊ ㄓˊ ㄗㄡˇ，ㄐㄧㄡˋ ㄎㄢˇ ㄧˇ ㄉㄠˋ ㄧˊ ㄍㄜˋ ㄕˊ ㄏㄡˊ ㄉㄜˊ ㄆㄛˋ ㄈㄤˊ ㄌㄜ˙。」

　　ㄅㄟˋ ㄦˊ ㄊㄧㄢ，ㄌㄠˇ ㄅㄞ ㄓㄜˋ ㄉㄜˊ ㄆㄛˋ ㄑㄧˊ ㄍㄣ ㄈㄣˊ ㄒㄧˊ ㄔㄨ ㄇㄣˊ ㄌㄜ˙。ㄊㄚ ㄗㄞˋ ㄉㄨˋ ㄕㄤˋ ㄗㄡˇ ㄓㄜˋ ㄗㄡˇ ㄓㄜˋ，ㄏㄨ ㄖㄢˊ ㄊㄚˋ ㄌㄧˊ ㄅㄦ ㄆㄠˇ ㄔㄨ ㄌㄞˊ ㄧˊ ㄍㄜˋ ㄑㄧˊ ㄅㄠˋ，ㄧˊ ㄌㄚˇ ㄖㄣˊ ㄉㄜˊ ㄅㄨ ㄍㄨㄛˇ ㄧˊ ㄅㄡˇ ㄋㄧˇ ㄍㄟˊ ㄋㄧˊ。ㄌㄠˇ ㄅㄞ ㄕㄨㄛ：「ㄨㄛˇ ㄗˋ ㄇㄨˊ ㄅㄨˇ ㄎㄜˊ ㄧˊ ㄍㄟˊ ㄋㄧˇ，ㄎㄢˇ ㄕˋ ㄓㄜˋ ㄒㄧㄢ ㄨㄛˇ ㄔˊ ㄊㄜˊ ㄌㄧˊ。ㄑㄧㄝ ㄍㄨㄛˇ ㄊㄜˊ ㄌㄧˊ ㄧˊ ㄏㄡˇ，ㄧㄝˇ ㄐㄧㄠ ㄓㄜˋ ㄈㄨˊ ㄒㄧㄢ。ㄌㄠˇ ㄅㄞ ㄇㄣˊ ㄅㄣ，ㄓˊ ㄏㄠˇ ㄕㄨㄛ：「ㄏㄠˇ ㄅㄚ，ㄨㄛˇ ㄙㄨˋ ㄍㄟˊ ㄋㄧˇ ㄧˊ ㄅㄢ，ㄨˇ ㄅㄢˊ。」

ㄊㄚ ㄇㄣˊ ㄧ ㄞˇ ㄦ ㄞˋ ㄨ ㄤˋ ㄡˋ ㄓㄜ˙ ，ㄊㄤˊ ㄆㄠˋ ㄕㄠˊ ：「ㄨㄛˇ ㄠ ㄍㄡˋ ㄏㄣˇ ㄉㄨㄛ ㄏㄞˋ ㄕˋ ，
ㄎㄜˇ ㄕˋ ㄋㄧˇ ㄍㄟˇ ㄨㄛˇ ㄉㄜ˙ ㄓㄜ ㄧˊ ㄨˋ ㄈㄣˋ ㄊㄞˋ ㄒㄧㄠˇ ，ㄋㄧˇ ㄧㄥ ㄍㄞ ㄍㄟˇ ㄨㄛˇ ㄧ ㄉㄧㄢˇ ㄦ 。」ㄌㄠˇ
ㄖㄣˊ ㄕㄠ ：「ㄏㄠˇ ㄅㄚ ，ㄨㄛˇ ㄗㄞˋ ㄍㄟˇ ㄋㄧˇ ㄧ ㄉㄧㄢˇ ㄦ 。」

ㄊㄚ ㄇㄣˊ ㄉㄠˋ ㄌㄜ˙ ㄧˊ ㄍㄜ˙ ㄉㄧ ㄈㄤ ，ㄌㄧˇ ㄇㄧㄢˋ ㄈㄟ ㄔㄤˊ ㄆㄧㄠˋ ㄌㄧㄤˋ ，ㄌㄩˋ ㄙㄜˋ ㄉㄜ˙ ㄘㄠˇ ㄉㄧˋ ㄕㄤˋ ㄎㄞ
ㄓㄜ˙ ㄏㄣˇ ㄉㄨㄛ ㄧㄢˊ ㄙㄜˋ ㄉㄜ˙ ㄏㄨㄚ ，ㄇㄣˊ ㄎㄡˇ ㄓㄢˋ ㄓㄜ˙ ㄧˊ ㄍㄜ˙ ㄖㄣˊ 。ㄌㄠˇ ㄖㄣˊ ㄅㄚˇ ㄒㄧㄣˋ ㄋㄚˊ ㄍㄟˇ ㄊㄚ ㄎㄢˋ 。ㄋㄟˋ
ㄍㄜ˙ ㄖㄣˊ ㄎㄢˋ ㄌㄜ˙ ㄧˇ ㄏㄡˋ ㄕㄠ ：「ㄏㄨㄢ ㄧㄥˊ ，ㄏㄨㄢ ㄧㄥˊ 。ㄑㄧㄥˇ ㄐㄧㄣˋ 。」ㄑㄧㄤˊ ㄉㄠˋ ㄧㄝˇ ㄅㄚˇ ㄒㄧㄣˋ
ㄋㄚˊ ㄔㄨ ㄌㄞˊ ，ㄎㄜˇ ㄕˋ ㄊㄚ ㄅㄨˋ ㄋㄥˊ ㄐㄧㄣˋ ㄑㄩˋ 。ㄋㄧˇ ㄓ ㄉㄠˋ ㄨㄟˋ ㄕㄣˊ ㄇㄜ˙ ？

Gùshì

　　Cóngqián zài yíge xiǎo chénglǐ, zhùzhe yíwèi lǎo xiānshēng. Tā shì yíge hěn hǎode rén, dàjiā dōu xǐhuān tā. Yǒu yìtiān, tā zài jiā ménkǒu zhànzhe, yíge chuānzhe bái yīfú de rén zǒuguòlái, duì tā shuō: "Wǒ zhī dào nǐ shì yíge hǎo rén, xiànzài wǒ yào gěi nǐ yìfēng jièshàoxìn, míng tiān nǐ dàizhe zhèifēng xìn, wǎng xī yìzhí zǒu, jiù kěyǐ dào yíge zuìhǎo de dìfāng le."」

　　Dì èrtiān, lǎo rén dàizhe tāde dōngxi gēn zhèifēng xìn chūménle. Tā zài lùshàng zǒuzhe zǒuzhe, hūrán cóng lùbiānr pǎochūlái yíge qiángdào, yào lǎo rén bǎ dōngxi dōu gěi tā. Lǎo rén shuō: "Wǒ shénme dōu kě yǐ gěi nǐ, kěshì zhèifēng xìn wǒ bùnéng gěi nǐ." Lǎo rén bǎ zhèifēng xìnde gùshì shuō gěi qiángdào tīng. Qiángdào tīngle yǐhòu, yě yào zhèifēng xìn. Lǎo rén méi bànfǎ, zhǐhǎo shuō: "Hǎo ba, wǒ sīgěi nǐ yíbùfèn."

　　Tā men yíkuàir zài lùshàng zǒuzhe, qiángdào shuō: "Wǒ zuòguò hěn duō huài shì, kěshì nǐ gěi wǒ de zhè yíbùfèn tài xiǎo, nǐ yīnggāi zài gěi wǒ yìdiǎnr," Lǎo rén shuō: "Hǎo ba, wǒ zài gěi nǐ yìdiǎnr."

　　Tāmen dàole yíge dìfāng, lǐmiàn fēicháng piàoliàng, lǜsède cǎodì shàng kāizhe hěn duō yánsè de huā, ménkǒu zhànzhe yíge rén. Lǎo rén bǎ xìn nágěi tā kàn. Nèige rén kànle yǐhòu shuō: "Huānyíng, huān yíng, Qǐng jìn." Qiángdào yě bǎ xìn náchūlái, kěshì tā bù néng jìnqù. Nǐ zhīdào wèishénme ma?

STORY

A long time ago, in a small town lived an old man. He was a good man. Every one liked him. One day as he was standing in the doorway, a man dressed in white came. He said, " I know you are a good man. Now I want to give you a letter of introduction. Tomorrow take this letter, go straight west, and you can go to a better place."

The next day the old man carried his things and the letter and left. He was walking down the road when suddenly a robber ran from the side of the road, wanting the old man to give him his things. The old man said, " I can give you everything, but I cannot give you this letter." The old man told the robber the story about the letter. After the robber listened to the story, he also wanted the letter. The old man could do nothing, but say, "OK, I will tear it and give you part."

Together they walked down the road, the robber said, " I have done many bad things, but the piece you gave me is too small. You must give me more." The old man said, "OK, I will give you a little more."

They came to a place. Inside was very beautiful. Many colored flowers were blooming on the green lawn. A man stood of the gate. The old man gave him the letter. The man looked at it and said, "Welcome, welcome. Please come in." The robber also handed him the letter, but he could not go in. Do you know why?

3. VOCABULARY

1. 著 (zhe)

   P: **a verbal suffix, indicating the action or the state is continuing**

   他在外面站著呢。
   Tā zài wàimiàn zhànzhe ne.
   He is standing outside.

2. 好了 (hǎole)　　*SV*: **to be ready**

你好了嗎？　我們得走了。

Nǐ hǎole ma? Wǒmen děi zǒu le.

Are you ready? We must go.

3. 化妝 (huàzhuāng)　　*VO*: **to put on make-up**

她出門以前，一定化妝。

Tā chūmén yǐqián, yídìng huàzhuāng.

Before she goes out, she must put on make-up.

4. 換 (huàn)　　*V*: **to change**

她在換衣服，請等一會兒。

Tā zài huàn yīfú, qǐng děng yìhuǐr.

She is changing clothes. Please wait a while.

5. 黃色 (huángsè)　　*N*: **yellow**

那件黃色的外套是誰的？

Nèijiàn huángsède wàitào shì shéide?

Whose yellow coat is that?

黃 (huáng)　　*N/SV*: **yellow / to be yellow**

色 (sè)　　*BF*: **color**

6. 漂亮 (piàoliàng)　　*SV*: **to be beautiful, to be pretty**

你今天穿的鞋子很漂亮。

Nǐ jīntiān chuān de xiézi hěn piàoliàng.

The shoes you are wearing today are very beautiful.

7. 雙 (shuāng)　　*M*: **pair of**

這雙皮鞋是我昨天新買的。

Zhèishuāng píxié shì wǒ zuótiān xīn mǎi de.

I bought this pair of shoes yesterday.

8. 白ㄅㄞˊ (bái)　　*N/SV:* **white; to be white**

他ㄊㄚ 家ㄐㄧㄚ 有ㄧㄡˇ 一ㄧ 隻ㄓ 大ㄉㄚˋ 白ㄅㄞˊ 狗ㄍㄡˇ 。

Tā jiā yǒu yì zhī dà bái gǒu .

His family has a large white dog.

9. 皮ㄆㄧˊ 鞋ㄒㄧㄝˊ (píxié)　　　*N:* **leather shoes** (*M:* 雙ㄕㄨㄤ shuāng)

皮ㄆㄧˊ (pí)　　*N:* **leather**

皮ㄆㄧˊ 子ㄗ˙ (pízi)　　　*N:* **leather** (*M:* 張ㄓㄤ zhāng，塊ㄎㄨㄞˋ kuài)

鞋ㄒㄧㄝˊ (xié)　　*N:* **shoe**

鞋ㄒㄧㄝˊ 子ㄗ˙ (xiézi)　　*N:* **shoe**

10. 涼ㄌㄧㄤˊ (liáng)　　*SV:* **to be cool**

涼ㄌㄧㄤˊ 快ㄎㄨㄞˋ (liángkuài)　　*SV:* **to be (pleasantly) cool**

今ㄐㄧㄣ 天ㄊㄧㄢ 比ㄅㄧˇ 昨ㄗㄨㄛˊ 天ㄊㄧㄢ 涼ㄌㄧㄤˊ 快ㄎㄨㄞˋ 多ㄉㄨㄛ 了ㄌㄜ˙ 。

Jīntiān bǐ zuótiān liángkuài duōle.

Today is much cooler than yesterday.

11. 外ㄨㄞˋ 套ㄊㄠˋ (wàitào)　　　*N:* **overcoat** (*M:* 件ㄐㄧㄢˋ jiàn)

套ㄊㄠˋ (tào)　　*M:* **suit, set of clothes, books, furniture, etc.**

12. 總ㄗㄨㄥˇ 是ㄕˋ (zǒngshì)　　　*A:* **always, without exception**

我ㄨㄛˇ 每ㄇㄟˇ 次ㄘˋ 看ㄎㄢˋ 見ㄐㄧㄢˋ 他ㄊㄚ ，他ㄊㄚ 總ㄗㄨㄥˇ 是ㄕˋ 在ㄗㄞˋ 念ㄋㄧㄢˋ 書ㄕㄨ 。

Wǒ měicì kànjiàn tā , tā zǒngshì zài niànshū .

Every time I see him, he's always studying.

13. 時ㄕˊ 間ㄐㄧㄢ (shíjiān)　　　*N:* **time**

今ㄐㄧㄣ 天ㄊㄧㄢ 我ㄨㄛˇ 很ㄏㄣˇ 忙ㄇㄤˊ ，沒ㄇㄟˊ 有ㄧㄡˇ 時ㄕˊ 間ㄐㄧㄢ 看ㄎㄢˋ 報ㄅㄠˋ 。

Jīntiān wǒ hěn máng , méiyǒu shíjiān kàn bào .

I'm very busy today. I don't have time to read the news-spaper.

14. 藍 (lán)   *N/SV*: **blue / to be blue**

15. 原來 (yuánlái)   *MA*: **originally, formerly**

我原來不喜歡吃牛肉，現在很喜歡吃了。

Wǒ yuánlái bùxǐhuān chī niúròu, xiànzài hěn xǐhuān chī le.
Originally I didn't like to eat beef, but now I like it a lot.

16. 紅 (hóng)   *N/SV*: **red / to be red**

17. 年級 (niánjí)   *N/M*: **grade in school**

18. 住校 (zhùxiào)   *VO*: **to live at school**

19. 願意 (yuànyì)   *AV*: **be willing, want to, like to**

我很願意幫你忙，可是今天我沒有時間。

Wǒ hěn yuànyì bāng nǐ máng, kěshì jīntiān wǒ méiyǒu shíjiān.
I really want to help you, but today I don't have time.

SUPPLEMENTARY VOCABULARY

20. 故事 (gùshì)   *N*: **story**

他說的故事都很好聽。
Tā shuō de gùshì dōu hěn hǎotīng.
The stories he tells all sound good.

21. 介紹信 (jièshàoxìn)   *N*: **introduction letter**

22. 忽然 (hūrán)   *A*: **suddenly**

23. 只好 (zhǐhǎo)　　*A*: **cannot but, have to**

車壞了，我們只好走路回家了。

Chē huàile, wǒmen　zhǐhǎo zǒulù huí jiā le.

The car is broken down, so we have to walk home.

24. 部分 (bùfèn)　　*M/N*: **part, section**

請你把這一部分拿給他。

Qǐng nǐ bǎ zhè yíbùfèn nágěi tā.

Please take this part and give it to him.

大部分 (dàbùfèn)　　*N*: **the most part**

老師教過的字，我大部分都記得。

Lǎoshī jiāoguò de zì, wǒ dàbùfèn dōu jìde.

I remember most of the words the teacher taught .

25. 綠 (lǜ)　　*N/SV*: **green / to be green**

26. 草地 (cǎodì)　　*N*: **lawn** (*M*:片 piàn)

草 (cǎo)　　*N*: **grass** (*M*: 棵 kē)

27. 顏色 (yánsè)　　*N*: **color**

28. 開花 (kāihuā)　　*VO*: **to bloom, to blossom**

開 (kāi)　　*V*: **to bloom, to blossom**

花 (huā)　　*N*: **flower** (*M*:朵 duǒ)

春天到了，草地上的花都開了。

Chūntiān dàole, cǎodìshàngde huā dōu kāile.

Spring has arrived. All the flowers on the lawn have blossomed.

29. 黑板 (hēibǎn)　　*N*: **blackboard** (*M*:塊 kuài)

30. 戴ㄉㄞˋ (dài)　　*V*: **to wear (hat, watch, jewelry etc.)**

他ㄊㄚ戴ㄉㄞˋ的ㄉㄜ那ㄋㄟˋ個ㄍㄜˋ錶ㄅㄧㄠˇ很ㄏㄣˇ貴ㄍㄨㄟˋ。

　　　Tā dài de nèige biǎo hěn guì .

　　　　That watch he is wearing is very expensive.

4. SYNTAX PRACTICE

Ⅰ. *Verbal Suffix* 著 *Used as a Marker of Continuity*

（Ⅰ）. V-著 indicates the continuity of an action or state.

a.

S	V-著	(O)呢
我	聽著	呢。
I'm listening		

1. 外面下著雨呢，你別出去了吧。
2. 快去吧，他在那兒等著你呢。
3. 他們還在鄉下住著呢。
4. 他在那兒站著呢，你看見了嗎？看見了。

b.

S_1	V_1-著	V_1-著，	(S_2)	V_2O_2	了
我們	走著	走著，		到學校了。	
We walked and walked, and arrived at the school.					

1. 我們談著談著，公車來了。
2. 我走著走著，忽然下雨了。
3. 我們說著說著，他回來了。
4. 我們唱著唱著，忘了時間了。

(Ⅱ) V-著 indicates that a state (which came into being as a result of certain action) is continuing (i.e. remains unchanged).

a.

N/PW	V-著	(NU-M-)N
他的手裡	拿著	一 枝 筆。

He is holding a pen in his hand.

1. 書架上放著好幾本書。
2. 客廳裡掛著一張畫兒。
3. 黑板上寫著幾個句子。
4. 他戴著一個很貴的錶。
5. 她今天穿著一件紅衣服。

b.

N	(在 PW)	V-著(呢)
筆	在桌子上	放著呢。

The pen is lying on the table.

1. 門開著呢，快關上吧。
2. 我的車在車房裡停著呢。
3. 那件外套在衣櫃裡掛著呢。
4. 他跟客人在客廳裡坐著呢。
5. 我的筆呢？在你的手裡拿著呢。

(Ⅲ) V-著 is used in imperative sentences. (It is a request or an order, asking someone to maintain a certain state.)

S	V-著(O)
你	拿著這個，我去買票。

You take this. I'll go buy tickets.

1. 你坐著，別站起來。

2. 你們看著我，別看書。

3. 你在這兒等著，別走開。

4. 你得記著這件事，別忘了。

5. 你聽著，我在跟你說話呢。

(IV) V/SV-著 acts as an adverb to show the manner or circumstance which accompanies the action that is indicated by the main verb.

S	V₁-著(O₁)	V	O

他　看著報　吃　早飯。

He reads the newspaper, while eating breakfast.

1. 你可以坐著說，不必站起來。

2. 她總是唱著歌兒走路。

3. 我試著用中文寫一封信。

4. 我喜歡關著燈睡覺。

5. 我忙著到學校來，忘了吃早飯了。

☞Please describe the living room:

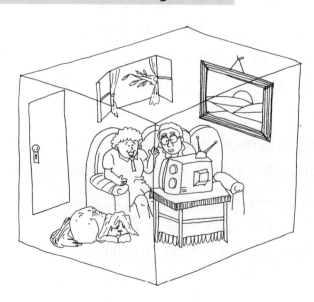

☞Fill in the blanks with V-著(O):

1. 快去吧，你朋友_____你呢。
2. 窗戶_____呢，所以房間裡很冷。
3. 車房裡_____兩輛車。
4. 你的茶在桌子上_____呢。
5. 我_____，忽然覺得不太舒服。
6. 她_____新衣服去跳舞了。
7. 他常常_____開車。
8. 別_____說話。
9. 老師_____上課。
10. 他喜歡_____吃飯。

II. *Time Elapsed*

In positive sentences time-spent phrases are placed after the main verbs. However, if the desire is to indicate that the action hasn't occurred for quite some time, then the time-elapsed is placed before the main verb.

(I)

S	(AV)	Time Elapsed	Neg-VO	
我	能	一天	不	吃飯，
不	能	一天	不	喝水。

I can go without eathing for one day, but I can't go without drinking for one day.

1. 我不能一天不睡覺。
2. 要是三個月不下雨，水就不夠了。
3. 要是我一年不說中國話，大概就都忘了。

(Ⅱ)

S　Time-When 有　Time Elapsed 沒-VO
我　上個月　有　十天　　　沒上課。
Last month I didn't go to class for ten days.

1. 他上星期有三天沒來。

2. 我上個月有好幾天沒在家吃飯。

3. 他去年有半年沒做事。

(III)

S　(已經) Time Elapsed　沒-VO 了
他　已經　三天　　　沒上課了。
He hasn't come to class for three days already.

1. 你多久沒看見他了？

　差不多三年沒看見他了。

2. 我已經一年沒給她寫信了。

3. 已經兩個月沒下雨了。

☞Answer the following questions:

1. 你多久沒去市場了？

2. 你多久沒看電影了？

3. 你多久沒去旅行了？

4. 你多久沒跳舞了？

5. 你多久沒照像了？

6. 上個星期你有幾天沒上課？

7. 你上個星期有幾天沒看電視？

8. 你去年有多久沒住在家裡？

9. 要是一個月不看報，你覺得怎麼樣？

10. 要是一年不下雨，你想我們還有水喝嗎？

11. 你能不能一天不說話？

12. 你能不能一個月不看書？

5. COMBINATION PRACTICE

Ⅰ. *Each student uses "V-著" to make a sentence describing some one or something in the class.*

ex: 教室ˋ (jiàoshì)* 裡放著很多桌子椅子。

老師在前面站著上課。

Ⅱ. *What color do you think each piece of clothes is?*

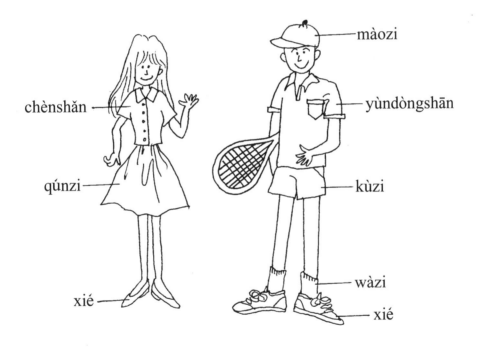

chènshǎn

qúnzi

xié

màozi

yùndòngshān

kùzi

wàzi

xié

Ⅲ. *Each student asks a question using "S 多久沒 VO 了"to a classmate. The classmate answers and then uses same format to ask another classmate.*

*教室ˋ (jiàoshì) : classroom

IV. *Situation*

A person goes to visit a friend. The two discuss each other's family situation.

6. NOTES

The Contrast between " V 著 O" and "在 VO"

"在 VO" indicates the action is in progressing at a certain time.

"V 著 O" indicates the action or state is continuing.

ex:		
	她在穿鞋。	She is putting her shoes.
	她穿著一雙新鞋。	She is wearing a pair of new shoes.
	外面在下雨。	It's raining outside.
	外面下著雨呢。	It's raining outside.

第二十一課　這個盒子裝^①得下^②嗎？

1. DIALOGUE

—— I ————————————

文德：真真，愛美，你們在忙什麼？準備明天野餐^③的東^④
　　　西嗎？

愛美：是啊，我們在做沙拉 (shālā)*。

文德：需要我幫忙嗎？

愛美：好啊，請你從碗櫃裡拿兩個盒子給我，我要裝沙
　　　拉跟炸雞^⑤。

文德：你看用這兩個盒子，裝得下嗎？

愛美：我想裝得下。真真，我們上次買的紙杯、紙盤^⑥，
　　　你放在哪兒了？

真真：我忘了，噢，我想起來了，在那個櫃子裡，我去拿
　　　出來。

愛美：先把這些東西放在袋
　　　子裡吧。別忘了帶刀^⑦
　　　叉。

文德：明天也要烤肉^⑧嗎？

愛美：對啊，肉在冰箱裡放^⑨

————————————————

*沙拉 (shālā)：salad

　　　　　　著呢。

文德：我們這次還是到公園去野餐嗎？⑩

真真：是啊，你想得出更好的地方來嗎？

文德：為什麼不去海邊呢？

真真：現在海邊大概還太冷，風也太大。⑪

愛美：文德，不早了，你快回去睡覺吧，要不然，⑫你明天
　　　早上起不來，我們就不等你了。

文德：好，好，好。真真，愛美，晚安。⑬明天見。

真真、愛美：明天見。

―Ⅱ――――――――――――――――

　　（在公園裡）

愛美：肉烤好了，文德呢？

真真：他跟那些孩子玩兒起來了。

愛美：他們好像玩兒得好高興啊。

愛美：文德，你要不要過來吃一片烤肉？⑭

文德：好，我來了。這個肉烤得好香啊！⑮

愛美：那你就多吃幾片吧。真真，你也再來一片吧。

真真：我吃不下了，我只想喝汽水。⑯

文德：汽水在哪兒呢？我也好渴。⑰

愛美：汽水在麵包旁邊。⑱文德，你也幫真真拿一罐⑲
　　　吧。

文德：好。真真，這罐汽水，我幫你開開了，拿去
　　　吧。

真真：謝謝。

文德：我們休息一會兒，一起過去玩兒吧。

ㄅㄟˋ ㄦˊ ㄕˋ ㄧ ㄎㄜ　ㄓㄜˋ ㄍㄜ˙ ㄏㄜˊ ㄗˇ ㄓㄨㄤ ㄉㄜ˙ ㄒㄧㄚˋ ㄇㄚ˙？

—— I ——

ㄨㄣˊ ㄉㄜˊ：ㄓㄣ ㄓㄣ，ㄉㄟˋ，ㄋㄧˇ ㄇㄣˊ ㄞˊ ㄇㄟ ㄗˋ ㄇㄚ˙？ㄓㄣ ㄅㄟˇ ㄇㄥˊ ㄊㄜ ㄊㄝ ㄎㄢ ㄉㄜ˙ ㄊㄥ ㄧ
　　　　ㄇㄚ˙？

ㄉㄟˋ：ㄕ ㄚ˙，ㄨㄛˇ ㄇㄣˊ ㄞˊ ㄨˇ ㄗ ㄚ ㄉ。

ㄨㄣˊ ㄉㄜˊ：ㄒㄧˋ ㄧㄠ ㄍㄛ˙ ㄅㄟ ㄇㄚ˙ ㄇㄚ˙？

历ˋㄟ：ㄍㄠ ㄚ，ㄙㄥ ㄋㄧˇ ㄊㄢ ㄍㄨㄟ ㄋㄚ ㄌㄤ ㄍㄜ ㄜ ㄗ ㄍㄟˇ ㄜ，ㄊㄠˇ ㄨㄤ ㄕ ㄚ ㄍㄣ ㄓㄚ ㄐㄩ。

ㄨㄣ ㄅㄛ：ㄋㄧˇ ㄎㄢ ㄩˋ ㄓㄜ ㄌㄧˇ ㄜ ㄜ ㄗ，ㄓㄨㄛ ㄜ ㄒㄧˋ ㄇㄚ？

历ˋㄟ：ㄊㄜ ㄒㄧㄤ ㄓㄨㄛ ㄜ ㄒㄧㄚ。ㄓㄢ ㄓㄢ，ㄊㄜ ㄇㄤ ㄎㄞ ㄇㄞ ㄜ ㄓㄟ、ㄓ ㄊㄠˇ，ㄋㄧˇ ㄈㄥ ㄕ ㄋㄚ ㄦ ㄌㄞ ㄚ？

ㄓㄣ ㄓㄣ：ㄊㄜ ㄨ ㄌㄚˇ，ㄡ，ㄊㄜ ㄒㄧˋ ㄑㄧ ㄌㄞ ㄜ，ㄗ历 ㄋㄧˇ ㄍㄜ ㄗ ㄌㄟ，ㄊㄜ ㄑㄩˋ ㄋㄧ ㄔㄨ ㄌㄞˇ。

历ˋㄟ：ㄒㄧㄢ ㄋㄧˇ ㄓㄜ ㄒㄧㄝˇ ㄍㄨ ㄒㄧ ㄜ历 ㄉㄞˇ ㄗ ㄌㄟ ㄣˇ。ㄅㄝ ㄨㄤ ㄌㄜ ㄉㄞ ㄅㄠ ㄔㄚ。

ㄨㄣ ㄅㄛ：ㄇㄧㄢ ㄊㄧˇ ㄝ ㄒㄧㄠˇ ㄧㄡ ㄇㄚ？

历ˋㄟ：ㄆㄚˋ ㄅㄟˋ，ㄧㄡˇ ㄌㄞˇ ㄅㄟ ㄒㄧㄤˇ ㄌㄧ ㄉㄧㄝ ㄋㄜ。

ㄨㄣ ㄅㄛ：ㄊㄜ ㄇㄧㄢ ㄎㄢ ㄏㄞˇ ㄕ ㄅㄟ ㄍㄨ ㄐㄩㄢˇ ㄑㄩㄝ ㄎㄢ ㄣˇ？

ㄓㄣ ㄓㄣ：ㄕ ㄚ，ㄋㄧˇ ㄒㄧㄤ ㄌㄧㄝ ㄔ ㄍㄨㄛ ㄍㄜ ㄉㄟˇ ㄆㄟ ㄈㄥ ㄌㄟ ㄇㄚˇ？

ㄨㄣ ㄅㄛ：ㄑㄩ ㄗㄜˇ ㄇㄝ ㄅㄣ ㄑㄧ ㄏㄢˇ ㄣˇ ㄋㄜ？

ㄓㄣ ㄓㄣ：ㄒㄧㄢ ㄗ历 ㄏㄞˇ ㄎㄢ ㄅㄟˇ ㄍㄞˇ ㄏㄞˇ ㄉㄞˇ ㄉㄥˊ，ㄈㄥˇ ㄝ ㄊㄞˊ ㄅㄚ。

历ˋㄟ：ㄨㄣ ㄅㄛ，ㄅㄟˇ ㄗㄠˇ ㄌㄜ，ㄋㄧˇ ㄋㄟˇ ㄏㄞˇ ㄑㄩˊ ㄍㄨ ㄐㄩ ㄣˇ，ㄠ ㄅㄟ ㄖㄢˊ，ㄋㄧˇ ㄇㄥ ㄊㄢˊ ㄗ历 ㄕㄤ ㄒㄧˇ ㄅㄛ ㄉㄞˇ，ㄊㄜˇ ㄇㄣˊ ㄐㄧ ㄍㄡˇ ㄨㄥ ㄋㄧˇ ㄌㄞˇ。

ㄨㄣ ㄅㄛ：ㄏㄠˇ，ㄏㄠˇ，ㄏㄠˇ。ㄓㄣ ㄓㄣ，历ˋㄟ，ㄔㄞˊ ㄋㄟˇ，ㄇㄧㄥˊ ㄊㄧㄢ ㄐㄧㄢˇ。

ㄓㄣ ㄓㄣ、历ˋㄟ：ㄇㄧㄥˊ ㄊㄧㄢ ㄐㄧㄢˇ。

— Ⅱ ———————————————————————————————————

（ㄗ历ˋ ㄍㄨ ㄩㄢˊ ㄌㄧˇ）

历ˋㄟ：ㄖㄨ ㄎㄠˇ ㄏㄠˇ ㄌㄜ，ㄨㄣˇ ㄅㄛˊ ㄋㄜˊ？

ㄓㄣ ㄓㄣ：ㄊㄚ ㄍㄣ ㄋㄧˇ ㄒㄧㄝ ㄏㄞˇ ㄗ ㄗㄢˊ ㄦˇ ㄑㄩˊ ㄌㄞˇ ㄌㄜ。

历ˋㄟ：ㄊㄚ ㄇㄧㄣˇ ㄍㄠˇ ㄒㄧ ㄨㄤ ㄦ ㄌㄜˇ ㄍㄠˇ ㄍㄠˇ ㄒㄧㄥˇ ㄚ。

历ˋㄟ：ㄨㄣˊ ㄅㄛˇ，ㄋㄧˇ ㄠˇ ㄨˇ ㄍㄠˇ ㄍㄞˇ ㄔˇ ㄧˋ ㄊㄠˇ ㄎㄞ ㄖㄡˇ？

ㄨㄣ ㄅㄛ：ㄏㄠˇ，ㄊㄜ ㄉㄞˇ ㄌㄜ。ㄓㄜ ㄖㄡˇ ㄎㄢ ㄌㄜ ㄏㄞˇ ㄒㄧㄤ ㄚ！

历ˋㄟ：ㄋㄚ ㄋㄧˇ ㄐㄧㄡˇ ㄔˇ ㄐㄧ ㄔㄤ ㄋㄚ。ㄓㄣ ㄓㄣ，ㄋㄧˇ ㄧㄝˇ ㄗ历 ㄉㄞ ㄧˇ ㄊㄠˇ ㄖㄡˇ。

ㄓㄣ ㄓㄣ：ㄊㄜ ㄔˇ ㄅㄨ ㄒㄧㄚˇ ㄌㄜˇ，ㄊㄜ ㄓㄜ ㄒㄧㄤ ㄑㄩ ㄕㄨˇ。

ㄨㄣˊ
ㄉㄜˊ：ㄑㄨˋㄕㄞˊㄇㄚㄦˇㄋㄜˊ？ㄅㄚˋㄕㄟˊㄍㄠˇㄅㄚˊ。

ㄞˋ
ㄇㄟˇ：ㄑㄨˋㄕㄞˊㄇㄣˊㄅㄣˇㄆㄡˊㄅㄢ。ㄨㄣˊㄉㄜˊ，ㄋㄜˊㄤㄓㄣㄓㄣㄋㄧˊㄧˇㄍㄥˋㄅㄚ。

ㄨㄣˊ
ㄉㄜˊ：ㄏㄠˋ。ㄓㄣㄓㄣ，ㄓㄤㄍㄥˋㄑㄨˋ，ㄆㄛˊㄤㄋㄧˇㄞㄞˇㄉㄞˊ，ㄋㄚˊㄍㄣㄅㄚ。

ㄓㄣ
ㄓㄣ：ㄒㄧㄝㄒㄧㄝ。

ㄨㄣˊ
ㄉㄜˊ：ㄆㄨˊㄇㄢˊㄒㄧㄡˋㄒㄧˋㄧˊㄏㄨㄟˊㄦ，ㄧˊㄍㄟˋㄍㄢˊㄍㄨˋㄋㄧㄢˊㄦㄅㄚ。

Dì Èrshíyī Kè　Zhèige Hézi Zhuāngdexià Ma?

── I ───────────────────────

Wéndé :　Zhēnzhēn, Àiměi, nǐmen zài máng shénme? Zhǔnbèi míngtiān yěcān de dōngxi ma ?

Àiměi :　Shì a, wǒmen zài zuò shālā.

Wéndé :　Xūyào wǒ bāngmáng ma ?

Àiměi :　Hǎo a, qǐng nǐ cóng wǎnguìlǐ ná liǎngge hézi gěi wǒ, wǒ yào zhuāng shālā gēn zhájī.

Wéndé :　Nǐ kàn yòng zhè liǎngge hézi, zhuāngdexià ma ?

Àiměi :　Wǒ xiǎng zhuāngdexià. Zhēnzhēn, wǒmen shàngcì mǎi de zhǐbēi, zhǐpán, nǐ fàngzài nǎr le ?

Zhēnzhēn :　Wǒ wàngle. Òu, wǒ xiǎngqǐlái le, zài nèige guìzilǐ, wǒ qù náchūlái.

Àiměi :　Xiān bǎ zhèixiē dōngxi fàngzài dàizilǐ ba. Bié wàngle dài dāochā.

Wéndé :　Míngtiān yě yào kǎoròu ma ?

Àiměi :　Duì a, ròu zài bīngxiānglǐ fàngzhe ne.

Wéndé :　Wǒmen zhèicì háishì dào gōngyuán qù yěcān ma ?

Zhēnzhēn :　Shì a , nǐ xiǎngdechū gènghǎode dìfāng lái ma ?

Wéndé :　Wèishénme búqù hǎibiān ne ?

Zhēnzhēn :　Xiànzài hǎibiān dàgài hái tài lěng, fēng yě tài dà.

Àiměi :　Wéndé, bùzǎole, nǐ kuài huíqù shuìjiào ba, yàobùrán, nǐ míngtiān zǎoshàng qǐbùlái, wǒmen jiù bùděng nǐ le.

Wéndé :　　　Hǎo, hǎo, hǎo. Zhēnzhēn, Àiměi, wǎnān. Míngtiān jiàn.

Zhēnzhēn & Àiměi :　 Míngtiān jiàn .

—— II ————————————————————————

（zài gōngyuán lǐ）

Àiměi :　　　Ròu kǎohǎole, Wéndé ne ?

Zhēnzhēn :　　Tā gēn nèixiē háizi wánrqǐláile .

Àiměi :　　　Tāmen hǎoxiàng wánrde hǎo gāoxìng a .

Àiměi :　　　Wéndé, nǐ yào búyào guòlái chī yípiàn kǎoròu ?

Wéndé :　　　Hǎo, wǒ láile . Zhèige ròu kǎode hǎo xiāng a !

Àiměi :　　　Nà nǐ jiù duō chī jǐpiàn ba. Zhēnzhēn, nǐ yě zài lái yí
　　　　　　　piàn ba.

Zhēnzhēn :　　Wǒ chī búxiàle, wǒ zhǐ xiǎng hē qìshuǐ .

Wéndé :　　　Qìshuǐ zài nǎr ne ? Wǒ yě hǎo kě .

Àiměi :　　　Qìshuǐ zài miànbāo pángbiān. Wéndé, nǐ yě bāng Zhēnzhēn
　　　　　　　ná yíguàn ba.

Wéndé :　　　Hǎo. Zhēnzhēn, zhèiguàn qìshuǐ, wǒ bāng nǐ kāikēile, náqù
　　　　　　　ba.

Zhēnzhēn :　　Xièxie .

Wéndé :　　　Wǒmen xiūxí yìhuǐr, yìqǐ guòqù wánr ba .

LESSON 21　　IS THIS BOX BIG ENOUGH?

—— I ————————————————————————

Wende :　　　Zhenzhen, Amy, what are you busy doing? Are you
　　　　　　　getting the things ready for tomorrow's picnic?

Amy:　　　　Yes, we are making salad.

Wende:　　　Do you need my help?

Amy:　　　　OK, please get two containers from the cabinet and
　　　　　　　give them to me. I want to fill them with salad and
　　　　　　　fried chicken.

Wende:	Do you think these two boxes are big enough?
Amy:	I think they will hold enough. Zhenzhen, where did you put the paper cups and plates we bought last time?
Zhenzhen:	I forgot. Oh, I remember, in that cabinet. I will get them.
Amy:	First put these things in a bag. Don't forget to bring knives and forks.
Wende:	Tomorrow, do you also want to B.B.Q.?
Amy:	Yes, the meat is in the refrigerator.
Wende:	Are we going to have the picnic in the park this time too?
Zhenzhen:	That's right. Can you think of a better place?
Wende:	Why not go to the beach?
Zhenzhen:	The beach is probably too cold and windy now.
Amy:	Wende, it's late. You hurry home and go to bed; otherwise, youb will not wake up tomorrow and we will not wait for you.
Wende:	OK, OK. Zhenzhen, Amy, good night. See you tomorrow.
Amy Zhenzhen:	See you tomorrow.

— Ⅱ ————————————————————

	(In the park)
Amy:	The B.B.Q. is ready. Where is Wende?
Zhenzhen:	He started playing with the children.
Amy:	They look like they are enjoying themselves.
Amy:	Wende, do you want to come over and have a piece of B.B.Q.?
Wende:	OK, I'm coming. This B.B.Q. smells good!
Amy:	So, have some more. Zhenzhen, you come to have a piece too.

Zhenzhen: I can't eat any more. I just want to drink some soda.

Wende: Where is the soda? I'm also thirsty.

Amy: The soda is next to the bread. Wende, will you help Zhenzhen get a can?

Wende: OK. Zhenzhen, I've opened this can of soda for you. Here, take it.

Zhenzhen: Thank you.

Wende: Let's rest a while, then go play together.

2. NARRATION

弟弟的日記[20]

五月十八日　星期日

今天天氣很好，有一點兒風，不冷也不熱，爸媽決定帶哥哥跟我一塊兒到山上去野餐。我們準備了很多好吃的東西，有炸雞、麵包、水果、沙拉、汽水……，因為一個大袋子裝不下，所以我們每人都拿一個袋子。

那個山很高，我們怕上不去，先把車開到一半的地方，然後下車，走上去。中午到了山上，每個人都已經餓了，把袋子放下，我們就開始野餐[21]。可是東西太多，我們吃了一半，就吃不下了。吃過飯，我們休息了一會兒，就下山了。到家的時候，天已經黑了。

今天玩兒得真高興，可是有一點兒累。晚上我要早一點兒睡覺，要不然明天早上我一定起不來。

ㄅㄟˋ ㄉㄧˋ ㄉㄜ˙ ㄇㄚˋ ㄐㄧˋ

ㄨˇㄐㄧㄝˊㄕㄚㄇ ㄒㄧㄥˊ ㄑㄧˊㄇ

Dìdide Rì jì

Wǔyuè Shíbārì Xīngqírì

Jīntiān tiānqì hěn hǎo, yǒu yìdiǎnr fēng, bùlěng yěbúrè, BàMā jué dìng dài gēge gēn wǒ yíkuàir dào shānshàng qù yěcān. Wǒmen zhǔnbèile hěn duō hǎochīde dōngxi, yǒu zhájī, miànbāo, shuǐguǒ, shā lā, qìshuǐ……, yīnwèi yíge dà dàizi zhuāngbúxià, suǒyǐ wǒmen měirén dōu ná yíge dài zi.

Nèige shān hěn gāo, wǒmen pà shàngbúqù, xiān bǎ chē kāidào yíbàn de dì fāng, ránhòu xià chē, zǒushàngqù. Zhōngwǔ dàole shānshàng, měi ge rén dōu yǐjīng èle, bǎ dàizi fàngxià, wǒmen jiù kāishǐ yěcān. Kěshì dōngxi tài duō, wǒ men chīle yíbàn, jiù chī búxiàle. Chīguò fàn, wǒmen xiū xíle yìhuǐr, jiù xià shān le. Dào jiā de shíhòu, tiān yǐ jīng hēi le.

Jīntiān wánr de zhēn gāoxìng, kěshì yǒuyìdiǎnr lèi. Wǎnshàng wǒ yào zǎo yìdiǎnr shuìjiào, yàobùrán míngtiān zǎoshàng wǒ yídìng qǐ bùlái.

MY YOUNG BROTHER'S DIARY

May 18, Sunday

The weather was very nice today. There was a little wind, and it wasn't too hot or too cold. Mom and Dad took my older brother and I to the mountains for a picnic. We prepared a lot of good things to eat, including fried chicken, bread, fruit, salad, sodas, etc. Because it wouldn't all fit into one big bag, we each took a bag.

The mountain was very high. We were afraid that we wouldn't be able to make it to the top, so we first drove the car halfway up, then got out and climbed up. We arrived at the top of the mountain at noon, and everyone was hungry, so we put our bags down and began to eat. But we had brought so many things to eat that after eating only half, we couldn't eat any more. After we ate, we rested for a little while, and then went back down the mountain. It was already dark when we got home.

I really enjoyed myself today, but I'm a little tired. Tonight I think I'll go to bed a little earlier. Otherwise, I won't be able to get up tomorrow morning.

3. VOCABULARY

1. 盒子（ hézi ）　　*N*: **box, case**

　　盒（ hé ）　　*M*: **box of**

2. 裝（ zhuāng ）　　*V*: **to fill, to load**

　　這個盒子要裝什麼東西？
　　Zhèige hézi yào zhuāng shénme dōngxi ?
　　What do you want to fill this box with?

3. 準備（ zhǔnbèi ）　　*V/N*: **to prepare, to intend; preparations**

　　旅行以前應該準備一點兒藥。
　　Lǔxíng yǐqián yīnggāi zhǔnbèi yìdiǎnr yào .
　　Before traveling you should prepare some medication.

4. 野餐（ yěcān ）　　*V/N*: **to picnic; picnic**

　　我很喜歡去野餐。
　　Wǒ hěn xǐhuān qù yěcān .
　　I love going on picnics.

　　餐（ cān ）　　*M/BF*: **measure word for meal; food, meal**

　　西餐（ xīcān ）　　*N*: **western (style) food**

5. 炸雞（ zhájī ）　　*N*: **fried chicken**

　　炸（ zhá ）　　*V*: **to deep fry**

6. 紙 (zhǐ)　　　*N*: **paper**　(*M*: 張 zhāng)

7. 袋子 (dàizi)　　*N*: **bag, sack**

袋 (dài)　　*M*: **bag of**

口袋 (kǒudài)　　*N*: **pocket, bag, sack**

8. 烤肉 (kǎoròu)　　*N*: **barbecue (lit. roast meat)**

烤 (kǎo)　　*V*: **to roast, to toast, to bake**

9. 冰箱 (bīngxiāng)　　*N*: **refrigerator**

冰 (bīng)　　*N/SV*: **ice; to be frozen**

箱 (xiāng)　　*M*: **box of, trunk of**

箱子 (xiāngzi)　　*N*: **box, trunk, case**

10. 公園 (gōngyuán)　　*N*: **(public) park**

我們去公園走走吧。

Wǒmen qù gōngyuán zǒuzǒu ba.

Let's go for a walk in the park.

11. 風 (fēng)　　*N*: **wind**

別出去，外面風很大。

Bié chūqù, wàimiàn fēng hěn dà.

Don't go out. It's very windy outside.

12. 要不然 (yàobùrán)　　*MA*: **otherwise**

你得用功，要不然老師會不高興。

Nǐ děi yònggōng, yàobùrán lǎoshī huì bùgāoxìng .

You must be studious; otherwise the teacher will be un-
happy.

13. 晚安 (wǎnān)　　*IE*: **good night**

14. 片 (piàn)

    M: **piece of (usually of something thin and flat), slice of**

15. 香 (xiāng)　　*SV*: **to be scented, to be fragrant**

    這個炸雞好香啊！
    Zhèige zhájī hǎo xiāng a !
    This fried chicken smells so good.

16. 汽水 (qìshuǐ)　　*N*: **soda pop, carbonated drink**

17. 渴 (kě)　　*SV*: **to be thirsty**

    請給我一杯汽水，我渴得不得了。
    Qǐng gěi wǒ yìbēi qìshuǐ, wǒ kěde bùdéliǎo.
    Please give me a glass of soda pop. I'm extremely thirsty.

18. 麵包 (miànbāo)　　*N*: **bread**

    麵 (miàn)　　*N*: **flour, dough, noodle**

    包 (bāo)　　*V/M*: **to wrap, to contain; package of, parcel of**

    我把這件衣服包起來，再裝在盒子裡吧。
    Wǒ bǎ zhèijiàn yīfú bāoqǐlái, zài zhuāngzài hézilǐ ba.
    Let me wrap up this outfit and then put it in the box.

19. 罐 (guàn)　　*M*: **jar of or can of**

    罐子 (guànzi)　　*N*: **jar, canister, tin**

SUPPLEMENTARY VOCABULARY

20. 日記 (rìjì)　　*N*: **diary**

21. 開始 (kāishǐ)　　*V*: **to start, to begin**

你是什麼時候開始學中文的？
Nǐ shì shénme shíhòu kāishǐ xué Zhōngwén de?
When did you begin studying Chinese?

22. 糖 (táng)　　*N*: **candy, sugar**

23. 大人 (dàrén)　　*N*: **adult**

24. 聲音 (shēngyīn)　　*N*: **sound, voice**

這是什麼聲音？
Zhè shì shénme shēngyīn ?
What's this sound?

25. 怎麼 (zěnme)　　*MA(QW)*: **how is it that, why**

昨天你怎麼沒來？
Zuótiān nǐ zěnme méilái?
Why didn't you come yesterday ?

4. SYNTAX PRACTICE

I. *Resultative Compounds (RC)*

(I) Actual Form

Actual resultative compounds indicate that the result has been
attained. Resultative Endings (RE) can be directional compounds,
stative verbs or functive verbs.

Positive:

V -RE- 了
關 上 了
be shut, be closed (up)

Negative:

沒- V - RE
沒 關上
didn't shut, isn't / wasn't closed (up)

(Ⅱ) Potential Form

This pattern indicates the result of the action can or can not be attained. Sentences using the 把 construction cannot use this form.

Positive:

V- 得 - RE
關 得 上
can be closed (up)

Negative:

V- 不 - RE
關 不 上
can't be closed (up)

Ⅱ. *Directional Endings Used as Resultative Endings*

Directional complements 來，去，上來，進去, etc. can be used as resultative complements, and their original meanings will not change. In addition, in the potential form, the ending 來 or 去 is not pronounced neutral tone.

上下進出過回	得／不	來 去	can / can't	come go	up down in out over back
起	得／不	來	can / can't	get	up
走跑拿搬開 etc.	得／不	上來／上去 下來／下去 進來／進去 出來／出去 過來／過去 回來／回去	can / can't	walk run take move drive etc.	up here/up there down here/down there in here/in there out here/out there over here/over there back here/back there
站拿搬	得／不	起來	can / can't	stand pick move	up
拿搬帶開 etc.	得／不	走	can / can't	take move carry drive etc.	away
關包	得／不	上	can / can't	close wrap	up
掛	得／不	上	can / can't	hang	up
穿戴寫	得／不	上	can / can't	put put write	on
開	得／不	開	can / can't	open	

1. 路上車太多，小孩子一個人過不去。
2. 門關著呢，我們進不去。
3. 你到南部去，三天回得來嗎？
   回得來。

4. 那個山很高，汽車開得上去開不上去？
   開不上去。
5. 門太小，桌子恐怕搬不進來吧？
   搬得進來。
6. 我太累，要是坐下，就一定站不起來了。
7. 我已經帶了很多東西，這些東西這次我帶不走了。
8. 沒有鑰匙，別人開不走我的汽車。
9. 紙太小，東西太大，我包不上。
10. 我戴不上這個錶，請你幫我戴上。
11. 這張紙不好，寫不上字。
12. 那個窗戶壞了，開不開了。

☞Rewrite the underlined parts of the following sentences using resultative compounds:

1. 那個山很高，他們沒辦法上去。
2. 那個大櫃子，她一個人沒辦法搬上來。
3. 車子壞了，沒辦法開走，所以停在路上。
4. 那張畫兒很大，你一個人能掛上嗎？
5. 她家很遠，沒辦法走回去。
6. 風太大，小孩子沒辦法關上窗戶。
7. 雨下得不大，我們能回去。
8. 五點鐘太早，我沒辦法起來。
9. 沒有鑰匙，我沒辦法開開這個門。
10. 那個東西，要是沒辦法包上，就裝在袋子裡吧。

Ⅲ. *Some Extended Uses of Directional Complements as Resultative Complements*

(Ⅰ) -下 indicates either downward motion of the action or the capacity of the topic.

1. 我吃飽了，吃不下了。
2. 天氣太熱，我吃不下飯。
3. 孩子吃了很多糖，所以現在
　吃不下飯了。
4. 這所房子住不下八個人。
5. 要是一張紙寫不下，可以用
　兩張紙寫。
6. 四個大人，兩個孩子，一輛車坐得下嗎？
　坐得下。

(Ⅱ) -起

　a. be able to afford to

　　1. 這種照像機不貴，我買得起。
　　2. 那所大學很有名，可是有的學生念不起。
　　3. 我們坐不起飛機，所以自己開車去。
　　4. 這家飯館兒的菜好吃，可是太貴，我吃不起。
　　5. 在這兒看醫生太貴，我看不起。

　b. 看得起（to have high opinion of）
　　看不起（to despise, to look down upon）
　　1. 別看不起沒錢的人。
　　2. 你看得起那些對父母不好的人嗎？

　c. 對得起（to have a clear conscience toward）
　　對不起（to have a guilty conscience toward）
　　1. 別做對不起朋友的事。
　　2. 你覺得你對得起你的父母嗎？

(Ⅲ) -出來

　　a. to make out by seeing, hearing, eating, smelling, etc.

　　　1. 我看不出來她幾歲。
　　　2. 這是什麼聲音，你聽得出來
　　　　嗎？
　　　　我聽得出來，這是飛機起飛
　　　　的聲音。
　　　3. 我吃不出這是什麼肉來。

　　b. 想出來 (to think up, to think of an idea)
　　　1. 這是誰想出來的辦法？
　　　　是我想出來的。
　　　2. 我想了半天，可是想不出
　　　　好辦法來。

(Ⅳ) -起來

　　a. to start to
　　　1. 你看，外面下起雨來了。
　　　2. 那兩個孩子玩兒著玩兒著，
　　　　打起來了。
　　　3. 你本來不是學法文嗎？怎麼
　　　　又學起中文來了？
　　　　法文太難了，我不想學了。

　　b. 想起來 (to recall, to call to mind)
　　　1. 他叫什麼名字？我想不起來了。
　　　2. 噢，我想起來了，他姓謝。
　　　3. 他看見這些孩子，就想起小時候的朋友來了。

☞Answer the following questions:

1. 這個屋子住得下四個人嗎？
2. 三碗飯，你吃得下嗎？
3. 你看得出來他是哪國人嗎？
4. 要是你想不起來朋友的電話號碼了，你怎麼辦？
5. 你為什麼學起中文來了？
6. 這個辦法是誰想出來的？
7. 為什麼你今天吃不下飯？
8. 在電話裡，朋友聽得出你的聲音來嗎？
9. 一張紙寫不下這麼多字，怎麼辦？
10.新車比較好，你為什麼要買舊車？

5. COMBINATION PRACTICE

Ⅰ. *Answer the following questions.*

1. 為什麼有的時候你早上起不來？
2. 那所房子，為什麼他們進不去？
3. 他為什麼回不來？
4. 我們為什麼有的時候吃不下飯？
5. 你怎麼知道那個人是日本人？
6. 哪些事你想不起來了？
7. 你看不起什麼樣的人？

Ⅱ. *Talk about your point of view and experience.*

1. 你喜歡野餐嗎？為什麼？
2. 你覺得一年裡頭，什麼時候去野餐最好？
3. 你覺得到什麼地方去野餐最有意思？
4. 你覺得跟誰一塊兒去野餐最有意思？

5. 去野餐以前應該準備什麼？

6. 野餐的時候，你喜歡吃什麼？

Ⅲ. *Situation*

Student A invites student B to go on a picnic.

第二十二課　我跑不了那麼遠①

1. DIALOGUE

—— I ——

A：你怎麼了？不舒服啊？臉色不太好②。

B：我昨天夜裡沒睡好，今天有一點兒頭疼③。

A：你常常睡不好嗎？

B：是啊，有的時候在床上躺④了一、兩個鐘頭還睡不著⑤。

A：我想是因為你白天念書⑥太緊張⑦了；再說⑧，你大概也不常運動⑨。

B：你現在到哪兒去？

A：我要去運動場⑩打網球⑪，你去不去？

B：我不能去。我明天要考試，還沒準備好呢。我要去圖書館看書。

A：打完了球，再去吧。

B：不行，我怕我念不完。

A：那麼，後天星期六你有沒有事？我們一塊兒打打球，怎麼樣？

B：好，後天早上我去找你。

—— II ——

A：好熱啊！要不要休息一會兒？

B：好啊，昨天下了一天的雨，沒想到今天天氣這麼好。

A：是啊，空氣好像也特別乾淨。

B：你的網球打得真不錯，常練習嗎？

A：不常練習。大家功課都忙，總是找不著人跟我一塊兒打。

B：那你平常都做什麼運動呢？

A：冬天我每天慢跑^⑰或是^⑱打籃球^⑲，夏天就去游泳^⑳。

B：慢跑是一種很好的運動。你每天跑多少公里？

A：我每天差不多跑三公里。

B：我有的時候也慢跑，可是我跑不了那麼遠。

A：你渴不渴？要不要去喝點兒什麼？

B：好，走吧。

ㄆㄧˇ ㄦˋ ㄕˊ ㄦˋ ㄎㄜˋ　ㄨㄛˇ ㄆㄠˇ ㄅㄨˋ ㄌㄧㄠˇ ㄋㄚˋ ㄇㄜ˙ ㄩㄢˇ

━ I ━━━━━━━━━━━━━━━━━━━━━━━━━━━━

A：ㄋㄧˇ ㄢˋ ㄇㄜ˙ ㄌㄜ˙？ㄆㄨˋ ㄨˇ ㄈㄨˊ ㄚ˙？ㄌㄢˊ ㄙˋ ㄅㄨˋ ㄊㄞˊ ㄏㄠˋ。

B：ㄨㄛˇ ㄗㄠˇ ㄊㄧㄢˋ ㄧㄝˋ ㄌㄧˋ ㄇㄣˊ ㄩˋ ㄏㄠˋ，ㄐㄧㄡˋ ㄊㄢˊ ㄧㄡˋ ㄧˋ ㄌㄧㄢˇ ㄦˋ ㄊㄠˋ ㄊㄜ˙。

A：ㄋㄧˇ ㄓㄠˇ ㄔㄠˇ ㄈㄨˇ ㄏㄨˇ ㄏㄠˋ ㄇㄚˊ？

B：ㄕˋ ㄚ˙，ㄧㄡˇ ㄌㄜ˙ ㄕˊ ㄏㄡˇ ㄔㄨ ㄕˋ ㄊㄤˊ ㄌㄜ˙ ㄧ、ㄌㄞ ㄍㄜ˙ ㄓㄡˋ ㄊㄜ˙ ㄏㄞˊ ㄆㄨˋ ㄓㄠˋ。

A：ㄨㄛˇ ㄒㄧㄤˋ ㄕㄣˊ ㄨˇ ㄋㄧˇ ㄌㄞ ㄊㄢˊ ㄋㄢˊ ㄕˋ ㄊㄞ ㄐㄧㄤ ㄌㄜ˙；ㄗㄞ ㄕㄨˇ，ㄋㄧˇ ㄌㄞ ㄧㄝˋ ㄍㄨ ㄔㄠˇ ㄐㄧㄢˊ ㄆㄠˇ。

B：ㄋㄧˇ ㄒㄧˋ ㄗㄞˋ ㄆㄠˊ ㄋㄧˇ ㄦˋ ㄙˊ？

A：ㄨㄛˇ ㄍㄠˋ ㄋㄧˇ ㄐㄩㄣ ㄆㄠˊ ㄔㄠˊ ㄨˊ ㄑㄧˇ，ㄋㄧˇ ㄙˋ ㄅㄨˊ ㄙˋ？

B：ㄨㄛˇ ㄆㄨˋ ㄋㄧˇ ㄙˋ。ㄨㄛˇ ㄇㄣˊ ㄊㄤˊ ㄧㄠˋ ㄎㄠˊ ㄕˋ，ㄎㄞ ㄇㄣˊ ㄓㄢˊ ㄅㄨˇ ㄆㄠˊ ㄋㄣˊ。ㄨㄛˇ ㄍㄠˊ ㄙˋ ㄊㄨˋ ㄍㄨˋ ㄎㄢˊ ㄕㄨˊ。

A：ㄅㄧˇ ㄨˋ ㄌㄧˊ ㄑㄧㄝˊ，ㄞ ㄑㄩˊ ㄋㄧˊ。

B：ㄅㄨˊ ㄒㄧㄥ，ㄨㄛˇ ㄆㄨˋ ㄨˇ ㄋㄧˊ ㄆㄨˊ ㄊㄨㄣˊ。

A：ㄋㄧˇ ㄇㄜ˙，ㄏㄡˊ ㄊㄢˊ ㄒㄧㄥ ㄑㄧˋ ㄌㄧㄠˊ ㄋㄧˇ ㄧˋ ㄇㄣˊ ㄧˇ ㄕˋ？ㄨㄛˇ ㄇㄣˊ ㄧ ㄎㄞ ㄦˋ ㄌㄧˊ ㄌㄧˇ ㄑㄧㄠˊ，ㄗㄣˊ ㄇㄜ˙ ㄧㄤˋ？

B：ㄏㄠˋ，ㄆㄨˋ ㄊㄢˊ ㄗㄤˊ ㄨˇ ㄑㄩˋ ㄓㄢ ㄋㄧˇ。

— II ——————————————

A：ㄏㄠˇㄇㄜ˙ㄚ！ㄊㄞˋㄅㄨˋㄊㄠˇㄒㄧㄚˊㄧ˙ㄏㄨㄦˇ？

B：ㄏㄠˇㄚ，ㄗㄜˊㄊㄧㄢ˙ㄧㄝˋㄧㄊㄤˊㄌㄜ˙ㄩˋ，ㄇㄤˊㄒㄧㄠˋㄅㄨˋㄐㄧㄊㄤˊㄊㄠˋㄑㄧˊㄓㄜ˙ㄇㄧˊㄏㄠˇ。

A：ㄕˇㄚ，ㄎㄡˇㄑㄧˊㄏㄜˊㄒㄧㄝˊㄊㄜˊㄅㄟˋㄍㄨˇㄐㄠˋ。

B：ㄋㄚˊㄌㄜ˙ㄨㄨˊㄑㄧˊㄅㄢˇㄓㄜˊㄅㄨˊㄊㄠˇㄜ˙，ㄔˋㄎㄞ˙ㄒㄧˇㄇㄚˊ？

A：ㄅㄨˋㄔㄤˊㄌㄞ˙ㄒㄧ˙。ㄅㄨˋㄐㄧㄚˋㄍㄨˊㄎㄜˊㄆㄤˊㄇㄚˋ，ㄎㄞˇㄕˇㄓㄜˋㄅㄨˋㄓㄥˋㄇㄢˊㄍㄜˊㄧˋㄎㄞˇㄦˊㄉㄚˊ。

B：ㄋㄚˋㄋㄞ˙ㄊㄠˋㄔㄜˋㄅㄚˇㄕˋㄉㄜ˙ㄩㄣˋㄆㄤˊㄊㄜ˙？

A：ㄆㄡˊㄊㄤˇㄔㄜˋㄇㄟ˙ㄊㄢˇㄇㄞˇㄊㄡˊㄕˊㄌㄢˇㄌㄞˇㄑㄡˇ，ㄒㄧㄚˊㄊㄢˊㄐㄧㄡˋㄙㄥˊㄩˋㄩㄥˇ。

B：ㄇㄢˇㄆㄠˋㄕˊㄧˊㄓㄜˊㄇㄢˊㄊㄡˊㄉㄢˇㄆㄥˋ。ㄋㄚˊㄇㄟ˙ㄊㄢˇㄊㄠˋㄆㄡˊㄆㄡˊㄩㄥˊㄌㄜ˙？

A：ㄊㄜˊㄇㄟˇㄊㄤˊㄔㄚˊㄅㄣˇㄆㄡˊㄊㄡˊㄙㄢˊㄩㄥˊㄌㄜ˙。

B：ㄊㄜˊㄡˇㄌㄞˇㄉㄜˋㄩㄝˋㄇㄢˇㄆㄞˋ，ㄊㄜ˙ㄕˋㄊㄤˊㄆㄡˊㄅㄣˋㄌㄞˇㄋㄚˊㄇㄜˊㄐㄩㄥˋ。

A：ㄋㄧˊㄎㄢˊㄆㄨ˙ㄎㄞ˙？ㄊㄠˇㄆㄨˊㄊㄠˇㄙㄥˊㄏㄜˊㄌㄜ˙ㄦˊㄕˊㄇㄜˊㄜ˙？

B：ㄏㄠˇ，ㄗㄡˋㄅㄚˇ。

Dì Èrshíèr Kè　Wǒ Pǎobùliǎo Nàme Yuǎn

— I ——————————————

A: Nǐ zěnmele? Bùshūfú a?　Liǎnsè bútài hǎo.

B: Wǒ zuótiān yèlǐ　méishuìhǎo, jīntiān yǒuyìdiǎnr tóuténg.

A: Nǐ chángcháng shuìbùhǎo ma?

B: Shì a, yǒude shíhòu zài chuángshàng tǎngle yì, liǎngge zhōngtóu hái shuìbùzháo.

A: Wǒ xiǎng shì yīnwèi nǐ báitiān niànshū tài jǐnzhāng le; zàishuō, nǐ dàgài　yě bùcháng yùndòng.

B: Nǐ xiànzài dào nǎrqù?

A: Wǒ yào qù yùndòngchǎng dǎ wǎngqiú, nǐ qù búqù?

B: Wǒ bùnéng qù. Wǒ míngtiān yào kǎoshì, hái méi zhǔnbèihǎo ne. Wǒ yào qù túshūgguǎn kànshū.

A: Dǎwán le qiú, zài qù ba.

B: Bù xíng, wǒ pà wǒ niànbùwán .

A: Nàme, hòutiān Xīngqíliù nǐ yǒu méiyǒu shì ? Wǒmen yíkuàir dǎdǎ qiú, zěnmeyàng ?

B: Hǎo, hòutiān zǎoshàng wǒ qù zhǎo nǐ .

—— II ——

A: Hǎo rè a ! Yào búyào xiūxí yìhuǐr?

B: Hǎo a, zuótiān xiàle yìtiānde yǔ, méixiǎngdào jīntiān tiānqì zhème hǎo.

A: Shì a, kōngqì hǎoxiàng yě tèbié gānjìng .

B: Nǐde wǎngqiú dǎde zhēn búcuò, cháng liànxí ma ?

A: Bùcháng liànxí. Dàjiā gōngkè dōu máng, zǒngshì zhǎobùzháo rén gēn wǒ yíkuàir dǎ .

B: Nà nǐ píngcháng dōu zuò shénme yùndòng ne ?

A: Dōngtiān wǒ měitiān mànpǎo huòshì dǎ lánqiú, xiàtiān jiù qù yóuyǒng.

B: Mànpǎo shì yìzhǒng hěn hǎode yùndòng. Nǐ měitiān pǎo duōshǎo gōnglǐ?

A: Wǒ měitiān chàbùduō pǎo sāngōnglǐ.

B: Wǒ yǒude shíhòu yě mànpǎo, kěshì wǒ pǎobùliǎo nàme yuǎn .

A: Nǐ kě bùkě ? Yào búyào qù hē diǎnr shénme?

B: Hǎo, zǒu ba.

LESSON 22 I CAN'T RUN THAT FAR

—— I ——

A: What's the matter with you? Aren't you feeling well? You don't look very well.(lit. The color of your face doesn't look well.)

B: Last night I didn't sleep very well. Today I have a slight headache.

A: Do you often not sleep well?

B: Yes, sometimes I lie awake on the bed for one or two hours and still can't sleep.

A: I think it's because during the day you get all worked up from studying. What's more, you probably don't exercise very often.

B: Where are you going now?

A: I'm going to the courts (lit. sports area) to play tennis. Do you want to go?

B: I can't go. I have a test tomorrow and I still haven't prepared well enough. I'm going to the library to study.

A: Go study after you play tennis.

B: No way, I'm afraid I can't get finished.

A: In that case, the day after tomorrow is Saturday. Do you have any plans? We could play tennis together. How about that?

B: All right. I'll see you in the morning the day after tomorrow.

— II ——————————————

A: Boy! It is hot! Do you want to rest for a bit?

B: OK. Yesterday it rained the whole day. I didn't think today's weather would be so nice.

A: Yes, it also seems like the air is especially clean.

B: You play tennis quite well. Do you practice often?

A: Not very often. Everyone has a lot of homework. I can hardly ever find anyone to play with.

B: Well, what sport do you normally do?

A: In the winter I jog or play basketball every day; in the summer I go swimming.

B: Jogging is a very good sport. How many kilometers do you run every day?

A: I run about three kilometers every day.

B: I also go jogging sometimes, but I can't run that far.

A: Are you thirsty? Want to go drink something?

B: OK, let's go.

2. NARRATION

　　我非常喜歡運動，天天慢跑兩公里，每星期打一次網球，夏天常游泳，所以我身體不錯，很少感冒，夜裡也睡得著。㉑

　　我的朋友知明跟我不一樣，他很少運動，所以常常頭疼、感冒，也容易緊張。每次我要他跟我一塊兒去慢跑，他總是說，他的功課太多，做不完，或是找不著運動衣、運動鞋。要是我找他一塊兒去游泳，他就說他太胖，學不會游泳。我真是對他沒辦法。

ㄨㄛˇㄈㄟㄔㄤˊㄒㄧˇㄏㄨㄢㄩㄣˋㄉㄨㄥˋ，ㄊㄧㄢㄊㄧㄢㄇㄢˋㄆㄠˇㄌㄧㄤˇㄍㄨㄥㄌㄧˇ，ㄇㄟˇㄒㄧㄥㄑㄧˊㄉㄚˇㄧˊㄘˋㄨㄤˇ
ㄑㄧㄡˊ，ㄒㄧㄚˋㄊㄧㄢㄔㄤˊㄧㄡˊㄩㄥˇ，ㄙㄨㄛˇㄧˇㄨㄛˇㄕㄣㄊㄧˇㄅㄨˊㄘㄨㄛˋ，ㄏㄣˇㄕㄠˇㄍㄢˇㄇㄠˋ，ㄧㄝˋㄌㄧˇㄧㄝˇ
ㄕㄨㄟˋㄉㄜˊㄓㄠˊ。

ㄨㄛˇㄉㄜˊㄆㄥˊㄧㄡˇㄓㄇㄧㄥˊㄍㄣㄨㄛˇㄅㄨˋㄧˊㄧㄤˋ，ㄊㄚㄏㄣˇㄕㄠˇㄩㄣˋㄉㄨㄥˋ，ㄙㄨㄛˇㄧˇㄔㄤˊㄔㄤˊ
ㄊㄡˊㄊㄥˊ、ㄍㄢˇㄇㄠˋ，ㄧㄝˇㄖㄨㄥˊㄧˋㄐㄧㄣˇㄓㄤ。ㄇㄟˇㄘˋㄨㄛˇㄧㄠˋㄊㄚㄍㄣㄨㄛˇㄧˊㄎㄨㄞˋㄦㄑㄩˋㄇㄢˋ
ㄆㄠˇ，ㄊㄚㄗㄨㄥˇㄕˋㄕㄨㄛ，ㄊㄚㄉㄜˊㄍㄨㄥㄎㄜˋㄊㄞˋㄉㄨㄛ，ㄗㄨㄛˋㄅㄨˋㄨㄢˊ，ㄏㄨㄛˋㄕˋㄓㄠˇㄅㄨˋㄓㄠˊㄩㄣˋㄉㄨㄥˋ
ㄧ、ㄩㄣˋㄉㄨㄥˋㄒㄧㄝˊ。ㄧㄠˋㄕˋㄨㄛˇㄓㄠˇㄊㄚㄧˊㄎㄨㄞˋㄦㄑㄩˋㄧㄡˊㄩㄥˇ，ㄊㄚㄐㄧㄡˋㄕㄨㄛㄊㄚㄊㄞˋㄆㄤˋ，
ㄒㄩㄝˊㄅㄨˊㄏㄨㄟˋㄧㄡˊㄩㄥˇ。ㄨㄛˇㄓㄣㄕˋㄉㄨㄟˋㄊㄚㄇㄟˊㄅㄢˋㄈㄚˇ。

Wǒ fēicháng xǐhuān yùndòng, tiāntiān mànpǎo liǎnggōnglǐ, měi
xīngqí dǎ yícì wǎngqiú, xiàtiān cháng yóuyǒng, suǒyǐ wǒ shēntǐ búcuò,
hěn shǎo gǎnmào, yèlǐ yě shuìdezháo.

Wǒde péngyǒu Zhīmíng gēn wǒ bùyíyàng, tā hěn shǎo yùndòng,
suǒyǐ chángcháng tóuténg, gǎnmào, yě róngyì jǐnzhāng. Měicì wǒ yào tā
gēn wǒ yíkuàir qù mànpǎo, tā zǒngshì shuō, tāde gōngkè tài duō, zuòbù
wán, huòshì zhǎobùzháo yùndòngyī, yùndòngxié. Yàoshì wǒ zhǎo tā yí-
kuàir qù yóuyǒng, tā jiù shuō tā tài pàng, xuébúhuì yóuyǒng. Wǒ zhēn shì
duì tā méibànfǎ.

I really love sports. I jog two kilometers every day. Once every
week I play tennis, and in the summer I often go swimming. So, I am
in good shape, and I seldom catch colds, and sleep well at night.

My friend Zhiming is different from me. He seldom does sports,
so he often has headaches, colds and gets nervous easily. Every time
I want him to go running with me, he always says he has too much
homework, and he hasn't finished it, or he can't find his exercise
clothes or his sports shoes. If I look for him to go swimming, he says
he's too fat and he can't learn to swim. I really can't do anything ab-
out him.

3. VOCABULARY

1. 了 (liǎo)

   RE: **used at the end of a verb to indicate ability or completion**

   我吃不了這麼多飯。

   Wǒ chībùliǎo zhème duō fàn .

   I can't eat so much rice.

2. 臉色 (liǎnsè)　　*N*: **color (of face), facial expression**

   他的臉色不太好，大概生病了。

   Tāde liǎnsè bú tài hǎo, dàgài shēngbìng le .

   He looks pale. He's probably sick.

   臉 (liǎn)　　*N*: **face**

3. 疼 (téng)　　*SV*: **to be ache, to be in pain, to be sore**

   我感冒了，頭疼得不得了。

   Wǒ gǎnmàole, tóu téngde bùdéliǎo.

   I have a cold and a terrible headache.

4. 躺 (tǎng)　　*V*: **to lie down, to recline**

   他喜歡躺著看書。

   Tā xǐhuān tǎngzhe kànshū .

   He likes to read lying down.

5. 著 (zháo)

   RE: **used at the end of a verb to indicate success or attainment**

   我晚上喝了很多茶，所以睡不著。

   Wǒ wǎnshàng hēle hěn duō chá , suǒyǐ shuìbùzháo .

   I drank a lot of tea in the evening, so I couldn't sleep.

6. 白天 (báitiān)　　*N*: **daytime**

7. 緊張 (jǐnzhāng)　　　*SV*: **to be nervous, to be tense**

他是一個很容易緊張的人。

Tā shì yíge hěn róngyì jǐnzhāng de rén .

He's a person who gets nervous very easily.

緊 (jǐn)　　*SV*: **to be tight**

8. 再說 (zàishuō)　　　*A*: **moreover, what's more, besides**

他很聰明，再說他也很用功，所以功課很好。

Tā hěn cōngmíng, zàishuō tā yě hěn yònggōng, suǒyǐ gōng kè hěn hǎo .

He is very intelligent and what's more he's very industrious, so his school work is good.

9. 運動 (yùndòng)　　　*N/V*: **sport, exercise; to exercise**

你常做什麼運動？

Nǐ cháng zuò shénme yùndòng ?

What sport do you usually play?

我每天運動一個鐘頭。

Wǒ měitiān yùndòng yíge zhōngtóu .

I exercise for an hour every day.

動 (dòng)　　*V/RE*: **to move; to be moved**

別動我的東西。

Bié dòng wǒde dōngxi.

Don't move my things.

我好累，走不動了。

Wǒ hǎo lèi, zǒubúdòng le .

I'm very tired. I can't walk (more).

10. 打球 (dǎqiú)

VO: **to play or hit a ball, to play ball (basketball, tennis etc.), games**

運動場上有很多人在打球。

Yùndòngchǎngshàng yǒu hěn duō rén zài dǎ qiú.

At the sports field there are many people playing ball games.

球 (qiú)　　*N*: **ball**

11. 網球 (wǎngqiú)　　*N*: **tennis**

網 (wǎng)　　*N*: **net**

12. 完 (wán)　　*RE*: **to finish, to complete (something)**

今天的功課，我已經做完了。

Jīntiānde gōngkè, wǒ yǐjīng zuòwánle.

I already finished today's homework.

13. 後天 (hòutiān)　　*MA/N (TW)*: **the day after tomorrow**

14. 空氣 (kōngqì)　　*N*: **air**

郊區的空氣比市區好。

Jiāoqūde kōngqì bǐ shìqū hǎo.

The air in the suburbs is better than the air in the city.

15. 乾淨 (gānjìng)　　*SV*: **to be clean**

這件衣服太髒了，洗不乾淨了。

Zhèijiàn yīfú tài zāng le, xǐ bùgānjìngle.

This outfit is too dirty to be cleaned properly.

乾 (gān)　　*SV*: **to be dry**

16. 練習 (liànxí)　　*V/N*: **to practice, to drill / practice, exercise**

我不常練習打網球。

Wǒ bùcháng liànxí dǎ wǎngqiú.

I don't practice playing tennis very often.

這課的練習很難。

Zhèikède liànxí hěn nán.

The exercises in this chapter are very difficult.

17. 慢跑 (mànpǎo)   *N/V*: **jogging; to jog**

18. 或是 (huòshì)   *CONJ*: **or, either······or**

烤肉或是炸雞，我都喜歡。

Kǎoròu huòshì zhájī , wǒ dōu xǐhuān .

Whether it's roast meat or fried chicken, I like them both.

19. 籃球 (lánqiú)   *N*: **basketball**

20. 游泳 (yóuyǒng)   *VO/N*: **to swim; swimming**

他游泳游得很好。

Tā yóuyǒng yóude hěn hǎo .

He swims very well.

游 (yóu)   *V*: **to swim**

SUPPLEMENTARY VOCABULARY

21. 身體 (shēntǐ)   *N*: **body, health**

最近他的身體一直不太好。

Zuìjìn tāde shēntǐ yìzhí bú tài hǎo .

Recently his health has been continuously poor.

22. 清楚 (qīngchǔ)   *SV*: **to be clear**

黑板上的字，我看不清楚。

Hēibǎnshàngde zì , wǒ kànbùqīngchǔ .

I can't see the characters on the blackboard clearly.

23. 長 (zhǎng)　　*V*: **to grow (up)**

因為他常運動，所以他長得很高。
Yīnwèi tā cháng yùndòng , suǒyǐ tā zhǎngde hěn gāo .
Because he often exercises, he is very tall.

24. 瓶 (píng)　　*M/BF*: **bottle of, jar of, vase of**

瓶子 (píngzi)　　*N*: **bottle**

4. SYNTAX PRACTICE

I . *Stative Verbs Used as Resultative Endings*

（I）-清楚，-乾淨，-大，-高，-快，-對，-錯，etc.
1. 她說話聲音太小，我常常聽不清楚。
2. 這件衣服這麼髒，洗得乾淨嗎？
也許洗得乾淨，我試試看。
3. 他的孩子都已經長大了。
4. 母親對孩子說：「要是你不吃青菜，就長不高」。
5. 他那麼胖，一定跑不快。
6. 這個字，我總是念不對。
7. 你又說錯了，請你再說一
次。

（II）-好 indicates satisfaction or completion.
1. 這件事，我想小孩子做不好。
2. 後天的考試，你準備好了沒有？
我還沒準備好呢。
3. 在那兒，他吃不好也睡不好，所以瘦了。
4. 我已經把功課做好了。

（Ⅲ）-飽 indicates satisfaction of appetite.

　　1. 你吃飽了沒有？

　　　　我吃飽了，您慢吃。

　　2. 只吃青菜，你吃得飽嗎？

　　　　我吃不飽。

☞Complete the following sentences:

　1. 幾年不見，他長＿＿＿＿＿了。

　2. 報上的字太小，我看＿＿＿＿＿。

　3. 用毛筆寫字，我寫＿＿＿＿＿。

　4. 對不起，我寫＿＿＿＿＿了你的名字。

　5. 你先把手洗＿＿＿＿＿，再吃飯。

　6. 我老了，學中文學＿＿＿＿＿。

　7. 昨天夜裡太熱，我沒睡＿＿＿＿＿，所以今天很
　　　累。

　8. 一碗飯太少，我吃＿＿＿＿＿。

　9. 野餐的東西，我都準備＿＿＿＿＿了。

　10. 這個字，你沒寫＿＿＿＿＿，請你再寫一次。

Ⅱ. *Action Verbs Used as Resultative Endings*

（Ⅰ）-見 indicates perception of what is seen, heard and
　　　smelled.

　　1. 請你把燈開開，要不然我什麼都看不見。

　　2. 對不起，我沒聽見你叫我。

（Ⅱ）-懂 indicates comprehension of what is seen, read or he-
　　　ard.

　　1. 那個電影，我看了，可是沒看懂。

　　2. 這封信，我看不懂。

3. 你聽得懂聽不懂日本話？
　　我一句也聽不懂。

(Ⅲ) -到 indicates arrival or attainment.

1. 我太矮，要是站在後面，什麼都看不到（or 看不見）。

2. 從我家到學校，十分鐘走不到。

3. 別把藥放在孩子拿得到的地方。

4. 我知道我應該多運動，可是做不到。

5. 我沒想到你的中國話說得這麼好。

(IV) -著 indicates success or attainment.

　　1. 因為我喝了很多茶，所以睡不著。

　　2. 這件事，我自己能做，用不著請別人幫忙。
　　3. 我很久沒見著（or 見到）他了。
　　4. 在市區，常常找不著（or 找不到）地方停車。
　　5. 早一點兒去吧，要不然恐怕買不著（or 買不到）票。

(V) -完 indicates completion.

　　1. 這本書，一年念得完念不完？
　　　 我想念得完。
　　2. 我每天有做不完的事，忙得不得了。
　　3. 那本書，我還沒看完呢。
　　4. 你喝得完這瓶酒嗎？
　　　 我一個人喝不完。

(VI) -了 indicates ability or completion.

　　1. 明天我有事，恐怕去不了。
　　2. 你開車去，半個鐘頭到得了嗎？
　　　 半個鐘頭一定到得了。
　　3. 他忘不了他的第一個女朋友。

4. 菜太多，我們吃不了（or 吃不完）。

5. 我一個人拿不了這些東西，請你幫我拿一點兒，
　　好嗎？

(Ⅶ) -動 indicates movement.
　　1. 我走不動了，休息一會兒吧。
　　2. 這個東西很重，小孩子拿不動。

　　3. 這個櫃子，你一個人大概搬不動。

Ⅲ. *Auxiliary Verb Used as Resultative Ending*

學會 (master, learned)
1. 每個人都學得會開車嗎？
　　聽說有的人學不會。
2. 我學過游泳，可是我太緊張，所以沒學會。

☞Complete the following sentences:

1. 那本書太難了，我看＿＿＿＿＿＿。
2. 那兒人太多，我沒看＿＿＿＿＿＿他。
3. 聽說那個電影很好，恐怕買＿＿＿＿＿＿票。
4. 一百個字，五分鐘寫＿＿＿＿＿＿。
5. 我家離學校很近，用＿＿＿＿＿＿開車去。
6. 這課，今天念＿＿＿＿＿＿。
7. 他們說話的聲音很大，我睡＿＿＿＿＿＿。
8. 我一個人搬＿＿＿＿＿＿那個大桌子。
9. 我找＿＿＿＿＿＿我的書了，怎麼辦？
10. 學中文以前，我沒想＿＿＿＿＿＿中文這麼有意思。
11. 要是你不用功，你就學＿＿＿＿＿＿。
12. 孩子太多，她哪兒也去＿＿＿＿＿＿。
13. 兩個人吃＿＿＿＿＿＿五個菜。
14. 他很忙，我不常見＿＿＿＿＿＿他。
15. 坐飛機從美國到中國去，一天到＿＿＿＿＿＿。
16. 他要我每天早上慢跑一個鐘頭，我做＿＿＿＿＿＿。
17. 他說中國話說得太快，我聽＿＿＿＿＿＿。
18. 東西太多，我想你一個人拿＿＿＿＿＿＿。
19. 我忘＿＿＿＿＿＿他說的那些話。
20. 我已經走了兩個鐘頭了，我真走＿＿＿＿＿＿了。

5. COMBINATION PRACTICE

I . *Answer the following questions:*

1. 你為什麼要我再說一次？
2. 他為什麼跑不快？

3. 你為什麼睡不著？

4. 小孩子為什麼不能自己洗衣服？

5. 我要你寫「一」，你為什麼寫「七」？

6. 那本書，你為什麼沒看完？

7. 他為什麼買不著衣服？

8. 明天你為什麼來不了？

9. 為什麼有的人學不好中文？

10. 還有很多菜，你為什麼不吃了？

11. 你昨天為什麼沒睡好？

12. 你為什麼要自己告訴他那件事？

13. 他為什麼用不著自己做飯？

14. 你為什麼戴著眼鏡 (yǎnjìng)*看電視？

15. 你為什麼要開燈？

16. 你為什麼要我說英文？

17. 你為什麼不能一個人搬那個冰箱？

18. 你去停車，為什麼去了這麼久？

19. 為什麼有的人學不會開車？

20. 今天考試，你為什麼沒準備好？

21. 你為什麼要我幫你拿一部分？

22. 下課以後，為什麼他半個鐘頭到不了家？

II. *Talk about the sport you like.*

籃球　　　　網球　　　足(zú)球*　　棒(bàng)球*

---

*眼鏡 (yǎnjìng) : glasses　　　　*足球 (zú qiú) : soccer, foot ball (V:踢 tī)

*棒球 (bàngqiú) : baseball (V: 打 dǎ)

排_{ㄆㄞ}(pái)球*　　　　　慢跑　　　　　　游泳

Ⅲ. *Situation*

Two students meet at the gym or athletc field and talk about exercising.

---

* 排_{ㄆㄞ}球_{ㄑㄧㄡ} (páiqiú) : volley ball (*V*: 打_{ㄉㄚ} dǎ)

第二十三課　我們好好兒地慶祝慶祝

1. DIALOGUE

—— I ——

A：下個月五號是你二十一歲的生日，我們應該好好
　　兒地慶祝慶祝。

B：我想開一個舞會，請朋友們到我家來玩兒。我正
　　想問你能不能幫我忙呢。

A：當然可以，你打算請多少人呢？

B：二十幾個人。不知道我應該準備多少吃的東西。

A：我想你可以準備一個大一點兒的蛋糕，再買些水
　　果跟點心。

B：都是甜的恐怕不太好吧？我可以請我媽媽做一點
　　兒鹹的中國點心。

A：那就更好了。包子、春捲兒 (chūnjuǎnr)* 都不錯。

B：水果呢？買什麼最好？

A：買葡萄跟西瓜吧。橘子現在還有一點兒酸。

B：準備什麼飲料呢？

A：我想想看。對了，有一種水果酒，味道酸酸甜甜
　　的，加一點兒冰塊兒，大家一定都喜歡。

---

*春捲兒（chūnjuǎnr）: spring roll

B：好，就這麼決定吧。

——Ⅱ————————

C：前天^⑳的舞會，你們玩兒得怎麼樣？

D：噢，好玩兒極了^㉑。

C：參加^㉒的人多不多？

D：不少。那天的女孩子，個個都漂亮。

C：小王也去了嗎？

D：他當然去了，還帶著女朋友呢。

C：他女朋友是不是瘦瘦高高的，臉圓圓的？㉓

D：對啊，眼睛大大的。㉔

C：噢，那我以前看見過一次。小李、小張也都去了嗎？

D：都去了。我們大家在一塊兒又唱又跳，好有意思。㉕可惜你沒去。㉖

C：是啊，這次我有事去不了，下次我一定參加。

ㄉㄧˋㄦˊㄕˊㄙㄢㄎㄜˋ　ㄨㄛˇㄇㄣ˙ㄏㄠˇㄏㄠˇㄦㄉㄜ˙ㄑㄧㄥˋㄓㄨˋㄑㄧㄥˋㄓㄨˋ

— I —

A：ㄒㄧㄚˋㄍㄜㄩㄝˋㄨㄛˇㄍㄠˋㄕˋㄋㄧˇㄦˊㄕˊㄧ˙ㄑㄧㄡˇㄉㄜˊㄙㄥˋㄖˋ，ㄊㄚ˙ㄇㄣㄧㄠˋㄍㄠˋㄍㄠˋㄦㄉㄜ˙ㄑㄧㄥˋㄓㄨˋㄑㄧㄥˋㄓㄨˋ。

B：ㄨㄛˊㄒㄧㄤˇㄎㄞ˙ㄧˊㄍㄜˊㄨˇㄏㄨㄟˋ，ㄑㄧㄥˋㄍㄠ˙ㄇㄣㄉㄚㄐㄧㄚㄅㄢˋㄦ。ㄊㄚㄓㄥˋㄒㄧㄤˇㄋㄧˇㄋㄥˊㄅㄨˋㄋㄥˊㄅㄤㄊㄚㄇㄤˊ。

A：ㄅㄤㄖㄢˊㄎㄜˇㄧˇ，ㄋㄧˇㄕㄜˊㄇㄜˊㄕˊㄏㄡˋㄖˋㄇㄢˊㄋㄜ˙？

B：ㄦˊㄕˊㄐㄧㄡˇㄖˋ。ㄋㄚˋㄓㄜˋㄍㄜ˙ㄖˋㄗˇㄧㄠ˙ㄅㄨˊㄧㄠˋㄐㄧㄣˇ。

A：ㄨㄛˇㄒㄧㄤˇㄋㄧˇㄧˊㄓㄨㄓˋㄧˊㄍㄜ˙ㄅㄧˊㄐㄧㄠˋㄇㄚˇㄦㄉㄜ˙ㄍㄨㄥˋㄐㄧㄠˇ，ㄗˋㄇㄧㄢˊㄕˇㄍㄜ˙ㄍㄜㄅㄨˋㄒㄧㄣ。

B：ㄅㄨˊㄕˋㄊㄞˇㄎㄜˋㄅㄨˋㄊㄞˊㄍㄠˇㄇㄢˇ？ㄨㄛˇㄎㄜˇㄧˇㄑㄧㄥˇㄇㄚˇㄧˋㄅㄢˋㄦㄓㄨˇㄓㄜˇㄍㄜㄅㄨˊㄒㄧㄣˊ。

A：ㄋㄚˇㄐㄧㄡˇㄍㄥˋㄏㄠˇㄌㄜˇ。ㄅㄠˇㄗˇ、ㄔㄚˊㄐㄩㄦㄅㄨˋㄅㄟˇㄊㄜˊ。

B：ㄕㄨˊㄍㄨㄛˊㄋㄜˇㄇㄚ？ㄇㄞˇㄕㄜˊㄇㄜ˙ㄍㄠˇ？

A：ㄇㄞ˙ㄆㄨˇㄊㄠˊㄍㄢㄒㄧㄍㄨㄛ˙ㄉㄜˇ。ㄐㄧㄡˇㄗˊㄒㄧㄢˇㄇㄞˇㄧˋㄉㄧㄢˇㄦㄖ˙ㄅㄚˊ。

B：ㄓㄜˋㄍㄨㄟˇㄕˋㄇㄧˊㄇㄟˊㄉㄠˊ？

A：ㄨㄛˇㄒㄧㄤˇㄒㄧㄤˇㄎㄞˇ。ㄆㄨˇㄉㄚ，ㄦˊㄧˋㄓㄜ˙ㄍㄟˇㄐㄧㄡˇ，ㄨㄟ˙ㄅㄨˇㄊㄠˇㄍㄠˇㄊㄧˊㄊㄧˇㄉㄜˋ，ㄐㄧㄚ

ㄧㄢˋㄦ ㄆㄥˊㄧㄡˇㄦ, ㄅㄚ ㄐㄧㄚ ㄧˊㄉㄠˋ ㄅㄡˋ ㄒㄧㄥ ㄏㄨˊ。

B: ㄏㄠˇ, ㄐㄡˋ ㄓㄜˋ ㄇㄜ˙ ㄐㄩㄝˊ ㄉㄧㄥˋ ㄅㄚ˙。

— II ——————————————

C: ㄑㄧㄢˊ ㄊㄧㄢ ㄉㄤ ㄨˇ ㄏㄡˋ, ㄋㄧˇㄇㄣ ㄆㄢˋㄦ ㄉㄜ˙ ㄕㄣ ㄇㄜ˙ ㄧㄤˋ?

D: ㄡˋ, ㄏㄠˇ ㄐㄧˊㄦ ㄐㄧˊ ㄉㄜ˙。

C: ㄊㄞ ㄐㄧㄚ ㄉㄜ˙ ㄇㄢˋ ㄆㄜˊ ㄡˋ ㄇㄜ˙?

D: ㄅㄨˋ ㄕㄠˇ。ㄋㄟˇ ㄊㄧㄢ ㄉㄜ˙ ㄋㄩˇ ㄕㄥˋ, ㄊㄜ˙ ㄍㄜ˙ ㄉㄡˋ ㄆㄠˋ ㄉㄤˋ。

C: ㄒㄧㄠˋ ㄨㄤˇ ㄧㄝˇ ㄐㄩˊ ㄉㄜ˙ ㄇㄚ?

D: ㄊㄞ ㄅㄨˇ ㄇㄢˋ ㄑㄩˋ ㄉㄜ˙, ㄏㄞˇ ㄉㄞ ㄓㄜ ㄋㄩˇ ㄆㄥˊ ㄧㄡˇ ㄋㄜ˙。

C: ㄊㄞ ㄋㄩˇ ㄓㄠˋ ㄧㄡˇ ㄕㄣ ㄆㄣˊ ㄧㄡˊ ㄕㄢˇ ㄍㄜ˙ ㄍㄜ˙ ㄉㄜ˙, ㄉㄢˋ ㄐㄩˋ ㄐㄩˊ ㄉㄜ˙?

D: ㄅㄨˋ ㄚ˙, ㄏㄞˊ ㄐㄧㄢˋ ㄅㄟˇ ㄐㄧㄝˋ ㄉㄜ˙。

C: ㄡˋ, ㄋㄧˇ ㄓㄨㄛˋ ㄧˊ ㄅㄧㄢ ㄅㄢ ㄐㄩㄣˋ ㄓㄨˇ ㄧˊ ㄅㄢ。ㄒㄧㄠˇ ㄉㄧㄝˇ、ㄒㄧㄠˇ ㄓㄜ ㄒㄧㄝ ㄆㄡˊ ㄑㄧㄢˊ ㄉㄜ˙ ㄇㄚ?

D: ㄅㄡˋ ㄑㄩˋ ㄉㄜ˙。ㄊㄜˊ ㄇㄣˊ ㄆㄨˇ ㄐㄧˊ ㄗㄣˇ ㄧˊ ㄋㄡˇㄦ ㄅㄟˇ ㄔㄤˊ ㄅㄟˇ ㄊㄠˊ, ㄆㄠˇ ㄅㄟˇ ㄧˊ ㄙㄥˋ。ㄎㄞˇ ㄒㄧㄠˇ ㄋㄟˇ ㄇㄣˊ ㄑㄧˋ。

C: ㄕˋ ㄚ˙, ㄓㄜˊ ㄅㄧˇ ㄔㄜˊ ㄡˇ ㄕㄣ ㄑㄧˊ ㄅㄨˋ ㄉㄜˊ, ㄒㄧㄚˋ ㄅㄧˇ ㄔㄜˊ ㄧˊ ㄆㄠˋ ㄊㄞ ㄐㄧㄚ。

Dì Èrshísān Kè Wǒmen Hǎohǎor de Qìngzhù Qìngzhù

— I ——————————————

A: Xiàge yuè wǔhào shì nǐ èrshíyīsuìde shēngrì, wǒmen yīnggāi hǎohǎor de qìngzhù qìngzhù .

B: Wǒ xiǎng kāi yíge wǔhuì, qǐng péngyǒumen dào wǒ jiā lái wánr. Wǒ zhèng xiǎng wèn nǐ néng bùnéng bāng wǒ máng ne .

A: Dāngrán kěyǐ, nǐ dǎsuàn qǐng duōshǎo rén ne ?

B: Èrshíjǐge rén. Bùzhīdào wǒ yīnggāi zhǔnbèi duōshǎo chīde dōngxi.

A: Wǒ xiǎng nǐ kěyǐ zhǔnbèi yíge dà yìdiǎnr de dàngāo, zài mǎi xiē shuǐ guǒ gēn diǎnxīn.

B: Dōu shì tiánde kǒngpà bútài hǎo ba ? Wǒ kěyǐ qǐng wǒ māma zuò yì
　　diǎnr xiánde Zhōngguó diǎnxīn .

A: Nà jiù gènghǎo le. Bāo zi , chūnjuǎnr dōu búcuò .

B: Shuǐguǒ ne ? Mǎi shénme zuìhǎo ?

A: Mǎi pútáo gēn xī guā ba. Jú zi xiànzài hái yǒu yì diǎnr suān .

B: Zhǔnbèi shénme yǐnliào ne ?

A: Wǒ xiǎngxiǎngkàn. Duìle, yǒu yì zhǒng shuǐguǒ jiǔ, wèidào suānsuān
　　tiántián de, jiā yìdiǎnr bīngkuàir, dàjiā yídìng dōu xǐ huān.

B: Hǎo， jiù zhème juédìng ba.

——— II ———————————————————————————

C: Qiántiān de wǔhuì，nǐmen wánrde zěnmeyàng ?

D: Òu, hǎowánrjíle.

C: Cānjiā de rén duō bùduō ?

D: Bùshǎo. Nèitiānde nǚháizi, gègè dōu piàoliàng.

C: Xiǎo Wáng yě qùle ma ?

D: Tā dāngrán qùle，hái dàizhe nǚpéngyǒu ne .

C: Tā nǚpéngyǒu shì búshì shòushòu gāogāode, liǎn yuányuánde?

D: Duì a，yǎnjīng dàdàde .

C: Òu，nà wǒ yǐqián kànjiànguò yícì. Xiǎo Lǐ, Xiǎo Zhāng yě dōu qù le
　　ma ?

D: Dōu qùle. Wǒmen dàjiā zài yíkuàir yòu chàng yòu tiào, hǎo yǒu yì sī.
　　Kěxí nǐ méiqù.

C: Shì a，zhèicì wǒ yǒu shì qùbùliǎo, xiàcì wǒ yídìng cānjiā .

LESSON 23　LET'S HAVE A NICE CELEBRATION

——— I ———————————————————————————

A:　The fifth of next month is your twenty-first birthday. We should
　　have a nice celebration.

B: I want to have a dancing party, and invite friends over to my house. I was just thinking of asking you if you could help me.

A: Of course I can. How many people were you thinking of inviting?

B: Over twenty people. I don't know how much food I should prepare.

A: I think you can prepare a larger cake, and buy some fruit and snacks.

B: Those are all sweet. Perhaps that's not very good. I could ask my mother to make some salty Chinese snacks.

A: That's even better. Pork buns, and spring rolls are both pretty good.

B: What about fruit? What kinds would be the best to buy?

A: Buy some grapes and watermelon. Right now tangerines are still a little sour.

B: What drinks should be prepared?

A: Let me think. Right, there's a type of fruit wine that tastes sweet and sour. If we add a little ice cubes to it, everyone will surely like it.

B: Good, then it's settled.

—— II ——————————————

C: How was the dancing party you went to the day before yesterday?

D: Oh, it was great.

C: Were there a lot of people there?

D: Quite a few. That day every one of the girls was pretty.

C: Did Little Wang also go?

D: Of course he went, and he brought a girlfriend.

C: Was his girlfriend tall and slender with a round face?

D: Right, her eyes were very big.

C: Oh, I've already seen her once before. Did Little Lee and Little

Zhang also go?

D:　Yes. They all went. We all sang and danced together. It was a lot of fun. It's a pity you didn't go.

C:　Yes. This time I had something I had to do, so I couldn't go. Next time I'll come along for sure.

2. NARRATION

　　我男朋友高高瘦瘦的，又聰明又用功，籃球也打得很好。我們認識了兩年了，他一直對我很好。下星期六是他二十二歲的生日，我打算給他好好兒地慶祝慶祝，開一個生日舞會，請朋友們都來參加。

　　我要自己做一個大大的蛋糕，還要買西瓜、葡萄、橘子跟蘋果㉗，做一大盤酸酸甜甜的水果沙拉，當然也要準備很多飲料。

　　我沒告訴我男朋友開舞會的事，所以他一點兒也不知道。我想，到了下星期六的晚上，他一定特別高興。

Wǒ nánpéngyǒu gāogāo shòushòude, yòu cōngmíng yòu yònggōng, lánqiú yě dǎde hěn hǎo. Wǒmen rènshìle liǎngnián le, tā yìzhí duì wǒ hěn hǎo. Xià Xīngqíliù shì tā èrshíèr suìde shēngrì, wǒ dǎsuàn gěi tā hǎo hǎor de qìngzhù qìngzhù. kāi yíge shēngrì wǔhuì, qǐng péngyǒumen dōu lái cānjiā.

Wǒ yào zìjǐ zuò yíge dàdàde dàngāo, hái yào mǎi xīguā, pútáo, júzi gēn píngguǒ, zuò yídàpán suānsuān tiántiánde shuǐguǒ shālā, dāngrán yě yào zhǔnbèi hěn duō yǐnliào.

Wǒ méiyǒugàosù wǒ nánpéngyǒu kāi wǔhuì de shì, suǒyǐ tā yìdiǎnr yě bùzhīdào. Wǒ xiǎng, dàole xià Xīngqíliùde wǎnshàng, tā yídìng tè bié gāoxìng.

My boyfriend is tall and skinny, intelligent and hard working, and plays basketball very well. We've known each other for two years and he's always been very good to me. Next Saturday is his twenty-second birthday. I'm planning to give him a nice celebration by having a dancing party and inviting all his friends over.

I want to make a big birthday cake myself and buy some water-melons, grapes, tangerines, and apples to make a big plate of sweet and sour fruit salad. Of course I'm also going to prepare a lot of drinks.

I haven't told my boyfriend that there is going to be a dancing party, so he doesn't know a thing about it. I think that when next Saturday night comes, he'll be especially happy.

3. VOCABULARY

1. 好好兒地 (hǎohāorde)

A: **in a proper way, to the best of one's ability, seriously, carefully, nicely**

學生應該好好兒地念書。

Xuéshēng yīnggāi hǎohāorde niànshū .

Students should study hard.

地 (de)

P: **a particle usually added to the end of an adjective to form an adverbial phrase**

時間不夠，我很快地看了一次。

Shíjiān búgòu, wǒ hěn kuàide kànle yícì .

There wasn't enough time, so I glanced over it quickly.

2. 慶祝 (qìngzhù)　　*V*: **to celebrate**

祝 (zhù)

V: **to wish (someone good health, good luck, etc.), to offer good wishes**

祝你考試考得好。

Zhù nǐ kǎoshì kǎode hǎo .

Good luck on your test .

3. 生日 (shēngrì)　　*N*: **birthday**

4. 開 (kāi)　　*V*: **to hold an event**

5. 舞會 (wǔhuì)　　*N*: **dancing party**

昨天他開了一個舞會。

Zuótiān tā kāile yíge wǔhuì .

Yesterday he had a dancing party.

會 (huì)　　*N*: **meeting, party**

開會 (kāihuì)　　*VO*: **to have a meeting**

他們公司常開會。

Tāmen gōngsī cháng kāihuì .

Their office often has meetings.

茶會 (cháhuì)　　*N*: **a tea party**

6. 正 (zhèng)　　*A*: **just (now), right (now)**

我正想出門，沒想到下起雨來了。

Wǒ zhèng xiǎng chūmén, méixiǎngdào xiàqǐ yǔlái le .

I was just about to go out without knowing it would suddenly start raining.

7. 蛋糕 (dàngāo)　　*N*: **cake**

蛋 (dàn)　　*N*: **egg**

8. 點心 (diǎnxīn)　　*N*: **a snack, light refreshment**

9. 甜 (tián)　　*SV*: **to be sweet**

這個蛋糕太甜了。

Zhèige dàngāo tài tián le .

This cake is too sweet.

10. 鹹 (xián)　　*SV*: **to be salty**

我喜歡吃鹹的點心。

Wǒ xǐhuān chī xiánde diǎnxīn .

I like to eat salty snacks.

11. 包子（bāozi）　　*N*: steamed pork bun

12. 葡萄（pútáo）　　*N*: grape

13. 西瓜（xīguā）　　*N*: watermelon

14. 橘子（júzi）　　*N*: orange, tangerine

15. 酸（suān）　　*SV*: to be sour

　　　她不太愛吃酸的東西。
　　　Tā bú tài ài chī suānde dōngxi.
　　　　She doesn't like to eat sour things very much.

16. 飲料（yǐnliào）　　*N*: soft drink, beverage

17. 味道（wèidào）　　*N*: taste, flavor, smell, odor

　　　她做的菜，味道都很好。
　　　Tā zuò de cài, wèidào dōu hěn hǎo.
　　　　All the food she makes tastes very good.

　　味兒（wèir）　　*N*: taste, flavor, smell, odor

　　　你聞，屋子裡有什麼味兒？
　　　Nǐ wén, wū zilǐ yǒu shénme wèir?
　　　　Smell, what odor does this room have?

18. 加（jiā）　　*V*: to add to

　　　天氣冷了，加件衣服吧。
　　　Tiānqì lěngle, jiā jiàn yīfú ba.
　　　　The weather is getting cold. Wear something extra.

19. 冰塊兒（bīngkuàir）　　*N*: ice cube

20. 前天 (qiántiān)　　*MA/N(TW)*: **the day before yesterday**

21. 好玩兒 (hǎowánr)

SV: **to be interesting, to be full of fun**

那個海邊很好玩兒。

Nèige hǎibiān hěn hǎowánr.

That beach is fun.

22. 參加 (cānjiā)　　*V*: **to attend, to participate**

明天的茶會，你參不參加？

Míngtiānde cháhuì, nǐ cān bùcānjiā?

Are you going to attend tomorrow's tea party?

23. 圓 (yuán)　　*SV*: **to be round, to be circular**

臉圓圓的那位小姐是誰？

Liǎn yuányuánde nèiwèi xiǎojiě shì shéi?

Who's that young woman with the round face?

24. 眼睛 (yǎnjīng)　　*N*: **eye**　(*M*:隻 zhī, 雙 shuāng)

25. 又 (yòu)　　*A*: **moreover, furthermore, more, again (past)**

那種點心很好吃，所以我又吃了幾個。

Nèizhǒng diǎnxīn hěn hǎochī, suǒyǐ wǒ yòu chīle jǐge.

That kind of dessert is really good, so I ate a few more.

她唱了兩個歌兒，又跳了一會兒舞，玩兒得真高興。

Tā chàng le liǎngge gēr, yòu tiàole yìhuǐr wǔ, wánrde zhēn gāoxìng.

She sang two songs, and danced a while. She really had a good time.

26. 可ㄎㄜˇ惜ㄒㄧˊ（ kěxí ）　　*SV/A*: **to be a pity; too bad**

那ㄋㄟˋ個ㄍㄜ˙地ㄉㄧˋ方ㄈㄤ很ㄏㄣˇ美ㄇㄟˇ，可ㄎㄜˇ惜ㄒㄧˊ天ㄊㄧㄢ氣ㄑㄧˋ常ㄔㄤˊ常ㄔㄤˊ不ㄅㄨˋ好ㄏㄠˇ。

Nèige dìfāng hěn měi, kěxí tiānqì chángcháng bùhǎo .

That place was very beautiful. It's a pity the weather is often bad.

SUPPLEMENTARY VOCABULARY

27. 蘋ㄆㄧㄥˊ果ㄍㄨㄛˇ（ píngguǒ ）　　*N*: **apple**

28. 鼻ㄅㄧˊ子ㄗ˙（ bízi ）　　*N*: **nose**

29. 嘴ㄗㄨㄟˇ（ zuǐ ）　　*N*: **mouth** (*M*:張ㄓㄤ zhāng)

30. 李ㄌㄧˇ子ㄗ˙（ lǐzi ）　　*N*: **plum**

31. 笑ㄒㄧㄠˋ（ xiào ）　　*V*: **to smile, to laugh, to laugh at**

他ㄊㄚ很ㄏㄣˇ客ㄎㄜˋ氣ㄑㄧˋ，總ㄗㄨㄥˇ是ㄕˋ笑ㄒㄧㄠˋ著ㄓㄜ˙說ㄕㄨㄛ話ㄏㄨㄚˋ。

Tā hěn kèqì, zǒngshì xiàozhe shuōhuà .

He's very polite. He always smiles when he speaks.

我ㄨㄛˇ說ㄕㄨㄛ中ㄓㄨㄥ國ㄍㄨㄛˊ話ㄏㄨㄚˋ的ㄉㄜ˙時ㄕˊ候ㄏㄡˋ，請ㄑㄧㄥˇ別ㄅㄧㄝˊ笑ㄒㄧㄠˋ我ㄨㄛˇ。

Wǒ shuō Zhōngguó huà de shíhòu, qǐng bié xiào wǒ .

Please don't laugh at me when I speak Chinese.

笑ㄒㄧㄠˋ話ㄏㄨㄚˋ（ xiàohuà ）　　*N*: **joke**

4. SYNTAX PRACTICE

I. *Reduplication of stative Verbs*

a. Monosyllabic SVs

When a reduplicated stative verb still retains the characteristics of a stative verb, than a 的 must be added after it. When this reduplicated form is an adverb modifying a verb, 地 can be inserted between the adverb and the verb. 兒 can be added to the reduplicated stative verb, and the second syllable of the reduplicated stative verb is usually changed to the first tone.

大大的眼睛	big eyes
好好兒地做	do well, carefully do something

b. Disyllabic SVs (XY → XXYY)

When a reduplicated form of this type still retains the characteristics of a stative verb, a 的 should be added after it. When this reduplicated form is an ad verb modifying a verb, 地 can be inserted between the adverb and the verb.

乾乾淨淨的衣服	spotless clothing
高高興興地玩兒	play happily

(I) As Predicates

1. 他的鼻子高高的，嘴小小的。
2. 西瓜外面綠綠的，裡面紅紅的。
3. 這個點心甜甜的，很好吃。
4. 那些孩子每天都高高興興的。
5. 他的東西都乾乾淨淨的。

(II) As Modifiers of a Noun

1. 那個大大的蘋果是日本蘋果。

　　　2. 我喜歡胖胖的孩子。

　　　3. 那個紅紅圓圓的水果叫李子。

　　　4. 誰都喜歡漂漂亮亮的衣服。

　　　5. 好好兒的鞋，為什麼不穿了？
　　　　因為太小了。

(Ⅲ) As Predicate Complements

　　　1. 她每天都穿得漂漂亮亮的。

　　　2. 他站得遠遠的，不願意過來。

　　　3. 他在信上寫得清清楚楚的。

　　　4. 孩子們本來玩兒得好好兒的，後來打起來了。

　　　5. 你學得好好兒的，怎麼不學了？
　　　　時間不夠了。

(Ⅳ) As Adverbial

　　　1. 好好兒(地)走，別跑！

　　　2. 我要跟他好好兒(地)談談。

　　　3. 還早呢，你可以慢慢兒(地)做。

　　　4. 你應該客客氣氣地跟他說。

　　　5. 我已經清清楚楚地告訴他了。

☞Change the stative verb into a reduplicated form:

1. 小杯子
2. 熱湯
3. 漂亮的小姐
4. 鼻子高
5. 很香的炸雞
6. 掛得很高
7. 很客氣地說

8. 穿得很乾淨
9. 快走
10. 慢吃

II. *Reduplication of Verbs*

a. Monosyllabic Verbs

看(一)看　　　　　　have a look, take a look
看了(一)看　　　　　took a look

b. Disyllabic Verbs (XY→XYXY)

休息休息　　　　　　take a rest, take a break

1. 我們出去走走吧。
2. 他想了想，就買了。
3. 吃晚飯以後，我喜歡喝喝茶，看看書。
4. 你可以問問你的朋友。
5. 請你給我們介紹介紹。

☞Change the verb into a reduplicated form:

1. 我要坐一會兒。
2. 請你等我。
3. 我們得好好兒地打算。
4. 請你們幫忙。
5. 他想學德文。
6. 我想跟你談話。
7. 你應該休息。
8. 明天要考試，今天晚上得準備。
9. 我游泳游得不好，應該練習。
10. 下個禮拜三是你的生日，我們一塊兒慶祝吧。

Ⅲ *Reduplication of Measure Words*

The reduplication of measure words conveys the meaning of the English word "each".

1. 我買的蘋果，<u>個個</u>都甜。
2. 現在<u>家家</u>都有電視。
3. 那些菜，<u>盤盤</u>都好吃。
4. 她的衣服，<u>件件</u>都漂亮。
5. 他<u>年年</u>都到美國來。

☞Complete the following sentences with reduplicated measure words:

1. 他畫的畫兒，_____ _____都美。
2. 我的朋友，_____ _____都會打網球。
3. 你的鞋，_____ _____都很乾淨。
4. 他們家的屋子，_____ _____都大。
5. 上個禮拜，_____ _____都下雨。
6. 你賣的東西，_____ _____都便宜。
7. 那裡的飯館兒，_____ _____都好。
8. 那個國家的河，_____ _____都不長。

Ⅳ. *Sentences with Adverb* 又 *and* 也 *Used as Correlative Conjunctions*

"N 又 SV 又 SV" and "N 也 SV 也 SV" both have the same meaning of "both……and". However, of the two patterns, "N 也 SV 也 SV" is used much less often. "N 又 (AV) V_1 O_1, 又 (AV) V_2 O_2" and "N 也 (AV) V_1 O_1, 也(AV) $V_2$$O_2$" have the same meaning. However, when 又 is used, the mood is stronger than when 也 is used. Also, when 又 is used, the subject of V_1 and V_2 is the same person or thing, whereas when 也 is used the subject may not be the same.

（Ⅰ）又……又 (both……and)

    a.

N	又	SV₁	又	SV₂

她　又　　聰明又　　漂亮。

She is both intelligent and beautiful.

1. 這家飯館兒的菜又便宜又好吃。
2. 老師的字又大又清楚。
3. 那個地方又遠又不方便。
4. 這個葡萄又酸又不好吃。
5. 他的孩子又白又胖。

    b.

S	又	(AV)	V₁(O₁)	又	(AV)	V₂ (O₂)

她又得　　做飯　又　得　洗衣服。

She must both cook and do laundry.(She is really bust.)

1. 他們又說又笑，高興極了。
2. 你又跑又跳，當然覺得熱。
3. 他們又吃又喝，忘了時間了。
4. 我又教書又念書，累得不得了。
5. 他又有汽車又有房子，一定很有錢。

（Ⅱ）也……也 (both……and)

    a.

S	也	(AV)	V₁O₂	也	(AV)	V₁O₂

你　也　可以　走路，也　可以　坐車。

You could walk, or ride in a bus.

1. 你喜歡甜的還是鹹的？
　　我也喜歡甜的，也喜歡鹹的。

2. 新的跟舊的，你要哪個？

我也要新的，也要舊的。

3. 你想學什麼？

我也想學法文，也想學德文。

4. 你們學說話還是學寫字？

我們也學說話，也學寫字。

5. 那所中學都是男學生嗎？

那所中學也有男學生，也有女學生。

b.

N₁ 也 SV/AV-V-O,　　N₂ 也 SV/AV-V-O
你 也 忙，　　　我 也 忙。
Both you and I are busy.
她 也　　愛唱歌兒，我 也　　愛唱歌兒。
Both she and I like to sing.

1. 西瓜也甜，葡萄也甜。

2. 男孩子也好，女孩子也好。

3. 他也不喜歡喝酒，我也不喜歡喝酒。

4. 小張也看不懂，小李也看不懂。

5. 父親也不在家，母親也不在家。

☞Make sentences with 又……又 pattern:

1. 他、高、瘦

2. 蛋糕、香、甜

3. 飛機、快、舒服

4. 小孩子、跑、跳

5. 她、唱歌兒、跳舞

6. 他有電視、錄影機

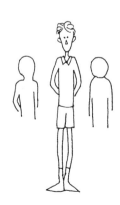

☞Make sentences with 也………也 pattern:

1. 他要吃魚、吃肉。
2. 我喜歡看電影，她喜歡看電影。
3. 哥哥會游泳，妹妹會游泳。
4. 我們學說話、學寫字。
5. 他有兒子、女兒。
6. 老師不舒服，學生不舒服。

5. COMBINATION PRACTICE

Ⅰ. *Please describe what the child looks like.*

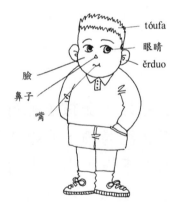

Ⅱ. *If someone does not know what "watermelon" or "apple" is, how would you describe them?*

Ⅲ. *Situations*

1. Two students discuss how to have a dancing party.

2. A conversation between two people who meet at a dancing party.

3. A person returning from a party describes the party to someone who did not attend.

第二十四課　錶讓我給弄丟了^①^{②③}

1. DIALOGUE

—— I ——————————————

大明：小愛，你怎麼了？
　　　出了什麼^④事了？

小愛：我爸媽送我的新錶
　　　讓我給弄丟了。

大明：是怎麼弄丟的？你
　　　是不是摘下來放在哪兒了？

小愛：我下了課去洗手的時候^⑤摘下來的，可是忘了放在哪
　　　兒了。

大明：你到洗手間^⑥去看過了嗎？

小愛：看過了，可是不在那兒。

大明：別著急，慢慢兒找。

小愛：我已經找了半天了，還找不著，怎麼辦呢？
　　　（小愛說著說著^⑦，哭起來了。）

大明：別哭，別哭，再好好兒想想。是不是放在書包^⑧
　　　裡了？再找找吧。你口袋兒裡的東西是什麼？
　　　是不是錶？

小愛：啊！就是我的錶。奇怪，我怎麼沒^⑩想到呢？

大明：你真是太胡塗⑪了。快戴上吧，別再弄丟了。

小愛：下次我要小心一點兒了。

—— Ⅱ ——————————————————————

王先生：警察⑫先生，我的汽車⑬被偷⑭了。

警　察：是在哪兒被偷的？

王先生：一個鐘頭以前我把車停在路邊，到銀行⑮去辦
　　　　事，出來的時候⑯就發現汽車不見⑰了。

警　察：車上有什麼重要⑱的東西嗎？

王先生：有一個照像機，我下車的時候忘了帶下來。

警　察：請您把您的姓名⑲、地址、電話跟汽車的顏
　　　　色、號碼⑳什麼的寫在這張紙上，我們想辦法
　　　　給您找。

王先生：希望㉑很快就能找著。沒有汽車真不方便。

警　察：是啊，我們一有消息㉒，馬上就給您打電話。

王先生：好的，謝謝。

ㄅㄟˇㄦˊㄕˋㄙㄎㄜˋ　ㄅㄠˇㄖㄤˋㄊㄜˊㄍㄟˇㄋㄨㄥㄉㄡㄜ˙

— I —

ㄅㄚˇㄇㄥˊ：ㄒㄧㄠˇㄞ，ㄋㄧˇㄕㄣˊㄇㄜˊㄉㄜ？ㄔㄥˊㄉㄜˊㄕˇㄇㄜˊㄕˋㄉㄜ？

ㄒㄧㄠˇㄞˇ：ㄨㄛˇㄅㄚˇㄇㄚㄇㄥˊㄍㄜˇㄒㄧㄣㄅㄠˇㄖㄥˊㄍㄟˋㄋㄥˊㄅㄡㄜ˙。

ㄅㄚˇㄇㄥˊ：ㄕˇㄕㄣˊㄇㄜˊㄋㄜˊㄅㄡㄜ˙？ㄋㄧˇㄕˋㄅㄨˇㄕˋㄓㄞˇㄒㄧㄚˇㄉㄜˋㄈㄤˇㄅㄞˇㄦˊㄦˊㄉㄜ？

ㄒㄧㄠˇㄞˇ：ㄨㄛˇㄒㄧㄚˇㄉㄜˇㄎㄣˇㄑㄧˇㄙㄡˇㄉㄜˊㄕˋㄙㄡˋㄓㄞˇㄒㄧㄚˇㄉㄜˇ，ㄎㄟˇㄕˇㄨˇㄉㄜˊㄈㄛˇㄈㄚˇㄋㄚˇ
ㄦˊㄉㄜ˙。

ㄅㄚˇㄇㄥˊ：ㄋㄧˇㄅㄠˇㄒㄧˇㄕㄡˇㄐㄧˇㄑㄧˇㄎㄢˇㄍㄜˇㄉㄜ˙ㄅㄚ？

ㄒㄧㄠˇㄞˇ：ㄎㄢˇㄍㄜˇㄉㄜ˙，ㄎㄜˇㄕˇㄨˇㄅㄞˇㄋㄚˇㄦˊ。

ㄅㄚˇㄇㄥˊ：ㄅㄟˇㄠˇㄐㄧˇ，ㄇㄢ　ㄇㄢˊㄦˊㄓㄠˇ。

ㄒㄧㄠˇㄞˇ：ㄨㄛˇㄧˇㄐㄧㄥ　ㄓㄠˇㄉㄜˊㄎㄢˇㄊㄢˇㄉㄜˊ，ㄏㄞˇㄓˇㄨˇㄓˇ，ㄕˇㄇㄣˊㄋㄥˊㄜ˙？
（ㄒㄧㄠˇㄞˇㄎㄜˇㄓㄜˇㄓㄜˇㄉㄜˊ，ㄎㄨˇㄟˇㄉㄞˇㄉㄜ˙。）

ㄅㄚˇㄇㄥˊ：ㄅㄟˇㄎㄨ，ㄅㄟˇㄎㄨ，ㄖㄣˇㄠˇㄍㄍˇㄦˊㄒㄧㄤ　ㄒㄧㄤ。ㄕˇㄨˇㄕˇㄈㄥˇㄏㄞˇㄕˊㄅㄟˇㄉㄞˇㄉㄜ˙？
ㄕㄞˇㄓㄜˇㄓㄜˇㄅㄚ˙。ㄋㄟˇㄋㄡˇㄅㄞˇㄦˊㄓㄞˇㄉㄜˇㄉㄨㄟ　ㄒㄧˇㄕˇㄇㄜˊ？ㄕˇㄅㄟˇㄕˇㄅㄠˇ？

ㄒㄧㄠˇㄞˇ：ㄜ˙！ㄐㄧㄕˇㄨㄛˇㄉㄜˇㄅㄠˇㄉㄜˇ。ㄒㄧˇㄍㄨˇ，ㄨㄛˇㄕㄣˊㄇㄜˊㄇㄧˇㄒㄧㄤˇㄉㄞˇㄋㄜˊ？

ㄅㄚˇㄇㄥˊ：ㄋㄟˇㄓㄣˇㄕˇㄊㄞˇㄏㄨˇㄊㄤ　ㄉㄜˊ。ㄎㄟˇㄉㄞˇㄕˇㄋˊ，ㄅㄟˇㄞˇㄎㄨˇㄉㄡ　ㄉㄜˊ。

ㄒㄧㄠˇㄞˇ：ㄒㄧㄚˇㄎˇㄨㄛˇㄧˇㄒㄧㄤˇㄒㄧㄥ　ㄧˇㄅㄠˇㄦˊㄉㄜ˙。

— II ——————————————

ㄨㄤˊ ㄒㄧㄢ ㄕㄥ ： ㄐㄧㄠˋ ㄐㄧㄚ ㄒㄧㄢ ㄕㄥ ， ㄨㄛˇ ㄉㄜ˙ ㄑㄧˋ ㄔㄜ ㄅㄟˋ ㄊㄡ ㄌㄜ˙ 。

ㄐㄧㄥˇ ㄔㄚˊ ： ㄕˋ ㄗㄞˋ ㄋㄚˇ ㄦˊ ㄅㄟˋ ㄊㄡ ㄌㄜ˙ ？

ㄨㄤˊ ㄒㄧㄢ ㄕㄥ ： ㄧ ㄍㄜˋ ㄓㄨㄥ ㄊㄡˊ ㄧˇ ㄑㄧㄢˊ ㄜ ㄍㄜ˙ ㄊㄜ ㄢˋ ㄨˇ ㄅㄣˇ ， ㄠˋ ㄋˊ ㄨㄤˇ ㄩˊ ㄩㄢˊ ㄕˋ ，
　　　　　　　　 ㄔㄨ ㄌㄞˊ ㄕˊ ㄏㄡˋ ㄐㄧㄡˋ ㄅㄧˋ ㄒㄧㄢ ㄕㄥ ㄡˋ ㄐㄩㄢˋ ㄌㄜ˙ 。

ㄐㄧㄥˇ ㄔㄚˊ ： ㄔㄜ ㄨㄤˇ ㄗˇ ㄇㄧㄢˋ ㄠˋ ㄐㄧ ㄐㄧ ㄊˋ ㄇㄚ ？

ㄨㄤˊ ㄒㄧㄢ ㄕㄥ ： ㄡˋ ㄧˇ ㄜ˙ ㄓㄠ ㄒㄧㄠˇ ㄐㄧˋ ， ㄜˋ ㄒㄧㄥˊ ㄔㄜ ㄅㄟˋ ㄕˋ ㄏㄡˋ ㄨˋ ㄌㄜ˙ ㄅㄚˋ ㄒㄧㄚˋ ㄌㄞˊ 。

ㄐㄧㄥˇ ㄔㄚˊ ： ㄑㄧˇ ㄋㄧㄢˇ ㄒㄧㄚ ㄋㄧㄢˇ ㄉㄜ˙ ㄒㄧㄥˊ ㄇㄧㄥˊ 、 ㄉㄧˋ ㄓˇ 、 ㄅㄢˇ ㄏㄠˋ ㄇㄚ˙ ㄑㄧ ㄔㄜ˙ ㄏㄠˊ ㄇㄚˇ 、 ㄏㄠˇ
　　　　　　　　 ㄇㄚˊ ㄗ˙ ㄇㄚˇ ㄉㄜ˙ ㄒㄧㄢˊ ㄗㄞˋ ㄓㄜ˙ ㄓㄠˋ ， ㄜˋ ㄇㄣˊ ㄒㄧㄤˇ ㄅㄢˋ ㄅㄢˋ ㄍㄟˇ ㄋㄧˇ ㄓㄠˋ 。

ㄨㄤˊ ㄒㄧㄢ ㄕㄥ ： ㄒㄧ ㄨㄤˋ ㄇㄚˊ ㄌㄢˊ ㄋㄧˇ ㄋㄧˇ ㄓㄠˋ ㄓㄠˋ 。 ㄇㄣˊ ㄨㄛˇ ㄑㄧˋ ㄔㄜ˙ ㄅㄣ ㄈㄟ ㄅㄣˋ 。

ㄐㄧㄥˇ ㄔㄚˊ ： ㄕˋ ㄚ˙ ， ㄜˋ ㄇㄣˊ ㄧˇ ㄡˋ ㄒㄧㄥˋ ， ㄇㄚˋ ㄕˋ ㄐㄧˇ ㄍㄟˇ ㄋㄧˇ ㄋㄧˇ ㄏㄨㄚˊ 。

ㄨㄤˊ ㄒㄧㄢ ㄕㄥ ： ㄍㄠˋ ㄅㄧˋ ， ㄒㄧㄝˋ ㄒㄧㄝ˙ 。

Dì Èrshísì Kè　Biǎo Ràng Wǒ Gěi Nòngdiūle

— I ——————————————

Dàmíng :　Xiǎo Ài, nǐ zěnmele? Chūle shénme shì le ?

Xiǎo Ài :　Wǒ bà mā sòng wǒ de xīn biǎo ràng wǒ gěi nòngdiūle.

Dàmíng :　Shì zěnme nòngdiū de ? Nǐ shì búshì zhāixiàlái fàngzài nǎr
　　　　　 le ?

Xiǎo Ài :　Wǒ xiàle kè qù xǐ shǒu de shíhòu zhāixiàlái de, kěshì wàng
　　　　　 le fàngzài nǎr le.

Dàmíng :　Ni dào xǐshǒujiān qù kànguòle ma ?

Xiǎo Ài :　Kànguòle, kěshì búzài nàr.

Dàmíng :　Bié zhāojí, mànmànr zhǎo.

Xiǎo Ài :　Wǒ yǐjīng zhǎole bàntiān le, hái zhǎobùzháo, zěnmebàn
　　　　　 ne ?

　　　　　 (Xiǎo Ài shuōzhe shuōzhe, kūqǐláile.)

Dàmíng:　Biékū , biékū. Zài hǎohǎor xiǎngxiǎng. Shì búshì fàngzài shūbāolǐ le？ Zài zhǎozhǎo ba. Nǐ kǒudàirlǐde dōngxi shì shénme？ Shì búshì biǎo？

Xiǎo Ài： A！Jiù shì wǒde biǎo. Qíguài, wǒ zěnme méixiǎngdào ne？

Dàmíng： Nǐ zhēnshì tài hútú le. Kuài dàishàng ba, Bié zài nòngdiū le.

Xiǎo Ài： Xiàcì wǒ yào xiǎoxīn yìdiǎnr le．

— II ————————————————

Wáng Xiānshēng： Jǐngchá Xiānshēng, wǒde qìchē bèi tōule.

Jǐngchá： Shì zài nǎr bèi tōu de？

Wáng Xiānshēng： Yíge zhōngtóu yǐqián wǒ bǎ chē tíngzài lùbiān, dào yínháng qù bànshì, chūlái de shíhòu jiù fāxiàn qìchē bújiànle.

Jǐngchá： Chēshàng yǒu shénme zhòngyàode dōngxi ma？

Wáng Xiānshēng： Yǒu yíge zhàoxiàngjī, wǒ xiàchē de shíhòu wàngle dàixiàlái.

Jǐngchá： Qǐng nín bǎ nínde xìngmíng, dìzhǐ, diànhuà gēn qìchēde yánsè, hàomǎ shénmede xiězài zhèizhāng zhǐ shàng, wǒmen xiǎng bànfǎ gěi nín zhǎo．

Wáng Xiānshēng： Xīwàng hěn kuài jiù néng zhǎozháo. Méiyǒu qìchē zhēn bùfāngbiàn．

Jǐngchá： Shì a, wǒmen yì yǒu xiāoxi, mǎshàng jiù gěi nín dǎ diànhuà．

Wáng Xiānshēng： Hǎode, xièxie．

LESSON 24　I GOT MY WATCH LOST

— I ————————————————

Daming： Little Ai, what's wrong? What's going on?

Little Ai： I lost the new watch my parents gave me.

Daming： How did you lose it? Did you take it off and put it some-where?

Little Ai:　After class I went to wash my hands, and I took it off, but I can't remember where I put it.

Daming:　Did you go look in the washroom?

Little Ai:　I did, but it's not there.

Daming :　Don't get upset. Take your time when looking for it.

Little Ai:　I've already looked for it for a long time and still haven't found it. What can I do?

(As she talks, she starts to cry.)

Daming :　Don't cry, don't cry. Think carefully again. Did you put it in your school-bag? Look again. What's that thing in your pocket? Is it a watch?

Little Ai:　Hey, it's my watch. Funny, why didn't I think of that?

Daming :　Your're really too mixed up. Hurry up and put it on. Don't lose it again.

Little Ai:　Next time I'll be a little more careful.

— II —

Mr. Wang:　Officer, my car has been stolen.

Police Officer:　Where was it stolen?

Mr. Wang:　An hour ago I parked my car on the side of the road, and went to the bank to take care of some business. When I came out, I discovered my car was gone.

Police Officer:　Was there anything important in the car?

Mr. Wang:　There was a camera. When I got out of the car I forgot to take it with me.

Police Officer:　Please write your name, address, telephone number and the color of your car, license plate number and anything else on this paper. We'll do our best to find it for you.

Mr. Wang:　I hope it will be found very soon. Not having a car is really a hassle.

Police Officer:　Yes, as soon as we hear anything, we'll give you a call.

Mr. Wang:　OK. Thank you.

2. NARRATION

　　小王家被偷了。昨天白天他家裡的人都去上班、上學的時候，小偷把他家的門弄壞了，偷走了電視、照像機、畫兒，還有一些錢什麼的。小王回家一發現就馬上打電話報警了。

　　我聽到這個消息以後，打電話到小王家，是小王媽媽接的電話。她說家裡讓小偷弄得又亂又髒[23]，還有一些東西被打破[24]了，說著說著就哭起來了。我真希望警察快一點兒幫他們找到丟了的東西。

ㄒㄧㄠˇ ㄨㄤˊ ㄐㄧㄚ ㄅㄟˋ ㄊㄡ ˙ㄌㄜ 。 ㄗㄨㄛˊ ㄊㄧㄢ ㄅㄞˊ ㄊㄧㄢ ㄊㄚ ㄐㄧㄚ ㄌㄧˇ ˙ㄉㄜ ㄖㄣˊ ㄉㄡ ㄑㄩˋ ㄕㄤˋ ㄅㄢ 、 ㄕㄤˋ ㄒㄩㄝˊ ˙ㄉㄜ
ㄕˊ ㄏㄡˋ , ㄒㄧㄠˇ ㄊㄡ ㄅㄚˇ ㄊㄚ ㄐㄧㄚ ˙ㄉㄜ ㄇㄣˊ ㄋㄨㄥˋ ㄏㄨㄞˋ ˙ㄌㄜ , ㄊㄡ ㄗㄡˇ ˙ㄌㄜ ㄉㄧㄢˋ ㄕˋ 、 ㄓㄠˋ ㄒㄧㄤˋ ㄐㄧ 、 ㄏㄨㄚˋ
ㄦ , ㄏㄞˊ ㄧㄡˇ ㄧ ㄒㄧㄝ ㄑㄧㄢˊ ㄕㄣˊ ˙ㄇㄜ 。 ㄒㄧㄠˇ ㄨㄤˊ ㄏㄨㄟˊ ㄐㄧㄚ ㄧˊ ㄈㄚ ㄒㄧㄢˋ ㄐㄧㄡˋ ㄇㄚˇ ㄕㄤˋ ㄉㄚˇ ㄉㄧㄢˋ ㄏㄨㄚˋ ㄅㄠˋ ㄐㄧㄥˇ
˙ㄌㄜ 。

ㄨㄛˇ ㄊㄧㄥ ㄉㄠˋ ㄓㄟˋ ˙ㄍㄜ ㄒㄧㄠ ㄒㄧˊ ㄧˇ ㄏㄡˋ , ㄉㄚˇ ㄉㄧㄢˋ ㄏㄨㄚˋ ㄉㄠˋ ㄒㄧㄠˇ ㄨㄤˊ ㄐㄧㄚ , ㄕˋ ㄒㄧㄠˇ ㄨㄤˊ ㄇㄚ ㄇㄚ ㄐㄧㄝ
˙ㄉㄜ ㄉㄧㄢˋ ㄏㄨㄚˋ 。 ㄊㄚ ㄕㄨㄛ ㄐㄧㄚ ㄌㄧˇ ㄖㄤˋ ㄒㄧㄠ ㄊㄡ ㄋㄨㄥˋ ˙ㄉㄜ ㄧㄡˋ ㄌㄨㄢˋ ㄧㄡˋ ㄗㄤ , ㄏㄞˊ ㄧㄡˇ ㄧ ㄒㄧㄝ ㄉㄨㄥ ˙ㄒㄧ ㄅㄟˋ
ㄉㄚˇ ㄆㄛˋ ˙ㄌㄜ , ㄕㄨㄛ ˙ㄓㄜ ㄕㄨㄛ ˙ㄓㄜ ㄐㄧㄡˋ ㄎㄨ ㄑㄧˇ ㄌㄞˊ ˙ㄌㄜ 。 ㄨㄛˇ ㄓㄣ ㄒㄧ ㄨㄤˋ ㄐㄧㄥˇ ㄔㄚˊ ㄎㄨㄞˋ ㄧ ㄉㄧㄢˇ ㄦ ㄅㄤ
ㄊㄚ ˙ㄇㄣ ㄓㄠˇ ㄉㄠˋ ㄉㄧㄡ ˙ㄌㄜ ˙ㄉㄜ ㄉㄨㄥ ˙ㄒㄧ 。

Xiǎo Wáng jiā bèi tōule. Zuótiān báitiān tā jiālǐde rén dōu qù shàng bān, shàngxué de shíhòu, xiǎotōu bǎ tā jiāde mén nònghuàile, tōuzǒule diànshì, zhàoxiàngjī, huàr, háiyǒu yìxiē qián shénmede. Xiǎo Wáng huí jiā yì fāxiàn jiù mǎshàng dǎ diànhuà bàojǐngle.

Wǒ tīngdào zhèige xiāoxí yǐhòu, dǎ diànhuà dào Xiǎo Wáng jiā, shì Xiǎo Wáng māma jiē de diànhuà. Tā shuō jiālǐ ràng xiǎotōu nòngde yòu luàn yòu zāng, háiyǒu yìxiē dōngxi bèi dǎpòle, shuōzhe shuōzhe jiù kū qǐ láile. Wǒ zhēnxīwàng jǐngchá kuài yìdiǎnr bāng tāmen zhǎodào diūlede dōngxi.

Little Wang's house was burglarized. Yesterday during the day when everyone had gone to work or school, a thief broke in the door of their house and stole their television, a camera, paintings, and some money, etc. As soon as Little Wang discovered this when he came home, he immediately called the police.

I called Little Wang's family after I heard the news. Little Wang's mother answered the phone. She said that the thief had made a big mess, and had even broken some things. She began to cry while she was speaking. I really hope the police can help them quickly locate the things that were stolen from them.

3. VOCABULARY

1. 讓 (ràng)

CV/V: **used in a passive sentence structure to introduce the agent; to let, to allow, to permit, to make**

蛋糕讓妹妹吃完了。

Dàngāo ràng Mèimei chī wánle.

The cake was eaten by my little sister.

2. 弄 (nòng)　　*V*: **a generalized verb of doing-make, get, fix, etc.**

我的錶讓弟弟弄壞了。

Wǒde biǎo ràng dìdi nònghuàile.

My watch was broken by my little brother.

3. 丟 (diū)

V: **to lose (something), to throw, to cast, to dismiss, to put or lay aside**

他的錢丟了。

Tāde qián diū le.

He lost his money.

4. 出事 (chūshì)　　*VO*: **to have an accident**

昨天飛機又出事了。

Zuótiān fēijī yòu chūshìle.

Yesterday there was another airplane accident.

5. 摘 (zhāi)　　*V*: **to take off, to pick, to pluck**

洗手的時候，我一定把錶摘下來。

Xǐ shǒu de shíhòu, wǒ yídìng bǎ biǎo zhāixiàlái.

When I wash my hands, I always take off my watch.

6. 洗手間 (xǐ shǒujiān)　　*N*: **washroom, restroom (bog)**

7. 哭 (kū)　　*V*: **to cry**

你好像剛哭過？

Nǐ hǎoxiàng gāng kūguò ?

You look as if you've just been crying?

8. 書包 (shūbāo)　　*N*: **school-bag**

9. 奇怪 (qíguài)　　*SV*: **to be strange, to be queer, to be unusual**

世界上有很多奇怪的事。

Shìjièshàng yǒu hěn duō qíguàide shì.

There are a lot of strange things in this world.

怪 (guài)

SV: **to be strange, to be odd, to be queer, to be unusual**

10. 怎麼 (zěnme)　　*MA(QW)*: **how is it that, why**

昨天你怎麼沒來?

Zuótiān nǐ zěnme méilái?

Why didn't you come yesterday ?

11. 胡塗 (hútú)

SV: **to be bewildered, to be mixed up, to be confused**

我真胡塗，忘了帶書來學校。

Wǒ zhēn hútú, wàngle dài shū lái xuéxiào .

I'm really mixed up. I forgot to bring my books to school.

12. 警察 (jǐngchá)　　*N*: **police officer**

報警 (bàojǐng)　　*VO*: **to report something to the police**

車丟了的時候，最好去報警。

Chē diūle de shíhòu, zuìhǎo qù bàojǐng .

If you can't find your car (lit. lose your car), it's best to report it to the police.

13. 被 (bèi)　　*CV*: **a passive voice indicator**

　　　我的筆被他借走了。
　　　Wǒde bǐ bèi tā jièzǒule.
　　　My pen was borrowed by him.

14. 偷 (tōu)　　*V*: **to steal, to burglarize**

　　　我想是他偷了我的錢。
　　　Wǒ xiǎng shì tā tōule wǒde qián.
　　　I think he's the one who stole my money.

　　　小偷 (xiǎotōu)　　*N*: **thief, burglar**

15. 銀行 (yínháng)　　*N*: **bank** (*M*:家 jiā)

16. 發現 (fāxiàn)　　*V*: **to discover**

　　　你是什麼時候發現你的錶丟了的？
　　　Nǐ shì shénme shíhòu fāxiàn nǐde biǎo diūle de?
　　　When did you discover you had lost your watch?

17. 不見了 (bújiànle)　　*IE*: **(something) is gone**

18. 重要 (zhòngyào)　　*SV*: **to be important, to be vital**

　　　學好中國話，對我很重要。
　　　Xué hǎo Zhōngguó huà, duì wǒ hěn zhòngyào.
　　　It's very important for me to learn Chinese well.

19. 姓名 (xìngmíng)　　*N*: **full name**

20. 什麼的 (shénmede)　　*N*: **etc., and so on**

　　　包子、春捲兒什麼的，我都愛吃。
　　　Bāozi, chūnjuǎnr shénmede, wǒ dōu ài chī.
　　　Pork buns, spring rolls and the like, I like to eat all of
　　　them.

21. 希望 (xīwàng)　　*V/N*: **to hope, to wish; hope**

我希望他明天能來。

Wǒ xīwàng tā míngtiān néng lái.

I hope he will be able to come tomorrow.

22. 消息 (xiāoxí)　　*N*: **news, information**

我一直沒有他的消息。

Wǒ yìzhí méiyǒu tāde xiāoxí.

I never heard anything about him.

SUPPLEMENTARY VOCABULARY

23. 亂 (luàn)　　*SV*: **to be messy**

他的臥房總是很亂。

Tāde wòfáng zǒngshì hěn luàn.

His bedroom is always a mess.

24. 打破 (dǎpò)　　*RC*: **to break**

這個窗戶是誰打破的？

Zhèige chuānghù shì shéi dǎpò de?

Who broke this window?

破 (pò)　　*SV*: **to be broken**

你的衣服怎麼破了？

Nǐde yīfú zěnme pòle?

Why were your clothes torn?

25. 搶 (qiǎng)　　*V*: **to rob, to snatch, to grab**

他從銀行出來的時候，錢被搶了。

Tā cóng yínháng chūlái de shíhòu, qián bèi qiǎngle.

When he came out of the bank, his money was grabbed from him.

26. 生氣 (shēngqì)　　*SV/VO*: **to be angry; to take offence**

你說這些話，讓他很生氣。

Nǐ shuō zhèixiē huà, ràng tā hěn shēngqì.

You said these words, and made him very angry.

請你別生我的氣。

Qǐng nǐ bié shēng wǒde qì.

Please don't be angry with me.

4. SYNTAX PRACTICE

I . *Passive Voice Sentences with Coverbs* 被 , 讓 *or* 叫

This type of sentence pattern begins with the thing being acted upon and the agent of the action occurs after 被／讓／叫. In Chinese the passive sentence carries a less general meaning than in English. It is often used to indicate a bad result.

（I）

Patient	被／讓／叫	Agent	(給)	V+Complement
那枝筆	被	孩子	給	弄壞了。
That pen was broken by the child.				

1. 我的書被他帶回家去了。
2. 我讓你給弄胡塗了。
3. 那件衣服叫我給弄髒了。
4. 弟弟被哥哥打了，所以哭了。
5. 他偷東西的時候被別人看見了。
6. 媽媽放糖的地方被孩子發現了。
7. 那些點心都叫你們給吃完了。
8. 那個漂亮的杯子讓小妹妹給打破了。

(II) When 被 is used, the agent noun can be omitted.

Patient	被	V+ Complement
我的車	被	偷 了。
My car was stolen.		

1. 昨天那家銀行被搶了。

2. 我不在家的時候，窗戶被打破了。

3. 那件衣服又便宜又好看，很快就被買走了。

☞**Transform the following sentences into the passive voice:**

1. 壞人把我的照像機偷走了。

2. 哥哥把我的茶喝完了。

3. 林先生把你的東西拿走了。

4. 他把你的杯子打破了。

5. 他把我弄胡塗了。

6. 小貓把我的衣服弄髒了。

7. 我把電視弄壞了。

8. 她弟弟把她的汽車開走了。

II. *Causative Sentences with Verbs* 讓 *or* 叫

In causative sentences with verbs 讓 or 叫，the object of the first clause is the subject of the second clause.

In the sentence pattern "S$_1$ 讓／叫 O$_1$", S$_2$ is the doer of the
$$| $$
V$_2$, not S$_1$.
S$_2$ V$_2$ O$_2$

In the sentence pattern "S$_1$ 讓／叫 O$_1$", t the subject experienc-
$$| $$
ing or feeling the state
S$_2$(A)SV indicated by the SV is
S$_2$, not S$_1$.

（Ⅰ）

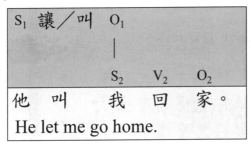

1. 老師叫我們買這本書。
2. 有的父母不讓孩子看電視。
3. 請你讓我跟他說幾句話。
4. 你叫我買的東西，我都買好了。
5. 他叫你準備哪些東西？
　　他叫我準備衣服、鞋子什麼的。

（Ⅱ）

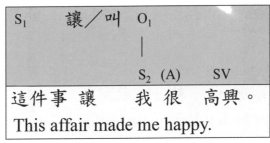

1. 別讓父母生氣。
2. 他做事太慢，真叫人著急。
3. 這種天氣讓人覺得很舒服。
4. 考試常常讓學生緊張。

☞Change the following sentences using 叫 or 讓：

1. 老師對學生說：「你們回家。」
2. 爸爸對孩子說：「你去拿那本書。」
3. 媽媽對小美說：「你寫功課。」

4. 老師對大明說：「別睡覺！」

☞Answer the following questions:

1. 要是你很累，休息一會兒以後，讓你覺得怎麼樣？
2. 今天的天氣讓你覺得怎麼樣？
3. 坐飛機讓你覺得怎麼樣？
4. 跳舞讓你覺得怎麼樣？
5. 看電視讓你覺得怎麼樣？

Ⅲ. *Sentences with Correlative Conjunctions* 一 …… 就 *(just as soon as, whenever)*

In Chinese, if you want to indicate "just as soon as" or "whenever", then in front of the verb in a dependent clause you should add 一, and in front of the verb in the subsequent clause add the adverb 就 (note that this adverb must occur after the subject). When the subjects of these two clauses are the same, then often one subject is omitted.

		SV_1			SV_2		
S_1	一	V_1O_1	,	S_2	就	V_2O_2	
他	一	高興，			就	唱歌兒。	
Whenever he felt happy, he started to sing.							
我	一	到家，	他		就	告訴我了。	
As soon as I came home, he told me.							

1. 孩子一看見媽媽，就哭起來了。
2. 我一到家，就接到他的電話了。
3. 她一看書，就忘了吃飯。
4. 他一上床，就睡著了。
5. 春天一到，花兒就開了。
6. 我一唱歌兒，他們就都走了。
7. 天氣一熱，我就覺得不舒服。
8. 孩子一生病，父母就著急。

☞Complete the following sentences with the 一 …… 就 pattern:

1. 弟弟生氣；弟弟哭
2. 他考試；他緊張
3. 老師來；學生坐下
4. 警察來；小偷跑走了
5. 我感冒；我不舒服
6. 他說外國話；別人笑
7. 我上了火車；火車開了
8. 她不運動；她胖了

5. COMBINATION PRACTICE

Ⅰ. *Answer the following questions using* 叫, 讓 *or* 被.

(Try to give various answers.)

1. 那個小孩子為什麼哭？
2. 他的汽車怎麼了？
3. 那家商店出了什麼事了？
4. 你的照像機呢？
5. 他為什麼很生氣？
6. 什麼事讓你緊張？
7. 什麼事讓他覺得那麼高興？
8. 你小的時候，你父母不讓你做什麼？
9. 父母常常叫孩子做什麼？
10. 老師叫學生做什麼？

II. *Situations*

1. A student loses something and tells a classmate about it.

2. A conversation of a theft victim reporting the crime to the police.

第二十五課　恭喜恭喜①

1. DIALOGUE

—— I ——

明遠：德風，生日快樂②！

德風：明遠，你來了！歡迎，歡迎！

明遠：對不起，我有點兒事情③，現在才④來。這是我送給你的一點兒小禮物⑤，希望你喜歡。

德風：謝謝，謝謝！來，來，來，先喝點兒飲料吧。

明遠：好，我自己來。祝你身體健康⑥，萬事如意⑦！

德風：謝謝！桌子上有蛋糕跟點心，請隨便吃⑧，別客氣！

明遠：好，我不會客氣。李新他們都來了嗎？

德風：他們早就來了，在後面院子裡烤肉⑨呢。

明遠：那一定很熱鬧⑩，我去看看。

— Ⅱ ————————————

李新：明遠，你也來了啊！

明遠：我剛剛才到。你們來了很久了吧？

李新：我們三點鐘就來了。好久沒看見你了，你在忙
些什麼啊？

明遠：我忙著找工作啊！⑪

李新：找著了嗎？

明遠：我在電腦⑫公司找到了一份⑬工作。

李新：那真不錯！恭喜，恭喜！現在工作好像越來越⑭
難找了。

明遠：是啊，我找了好久才找到。

李新：什麼時候開始上班呢？

明遠：他們昨天才通知⑮我的，下星期一就要上班了。
你呢？畢業⑯以後打算做什麼？

李新：我打算先到國外去旅行，回來再念研究所⑰。

明遠：你出國以前，我們找個時間好好兒地聊聊⑱吧。

李新：沒問題，我最近都有空，隨時⑲都可以。

ㄉㄞˋ ㄦˊ ㄕˊ ㄨˇ ㄎㄜ˙　ㄍㄨㄥ ㄒㄧˇ ㄍㄨㄥ ㄒㄧˇ

— I —

ㄇㄥˊ
ㄐㄩㄣ：ㄅㄛˊ ㄈㄥ，ㄕˋ ㄇ˙ ㄎㄨㄞˋ ㄌㄜ˙！

ㄅㄛˊ
ㄈㄥ：ㄇㄥˊ ㄐㄩㄣ，ㄋㄧˇ ㄌㄞˊ ㄌㄜ˙？ㄏㄠˇ ㄍㄥ，ㄏㄠˇ ㄍㄥ˙！

ㄇㄥˊ
ㄐㄩㄣ：ㄅㄨˋ ㄅㄨˋ ㄍㄥ，ㄊㄚ ㄡ ㄅㄨ˙ ㄦˊ ㄕˋ ㄍㄥ，ㄒㄧㄢ ㄕㄨˇ ㄌㄞˋ ㄌㄞˋ。ㄓㄜˋ ㄕˋ ㄨㄛˇ ㄅㄛˊ ㄍㄨㄟ ㄋㄧˇ
　　　ㄉㄜ˙ ㄧ ㄉㄧㄢˇ ㄦˊ ㄒㄧㄠ ㄌㄧˋ ㄨˋ，ㄒㄧㄤ ㄋㄧˇ ㄒㄧˇ ㄏㄨㄢ。

ㄅㄛˊ
ㄈㄥ：ㄒㄧㄝˋ ㄒㄧㄝ，ㄒㄧㄝˋ ㄒㄧㄝ！ㄌㄞˊ，ㄌㄞˊ，ㄌㄞˊ，ㄒㄧㄢ ㄏㄜ ㄉㄧㄢˇ ㄦˊ ㄋㄧㄢˊ ㄌㄠ˙ ㄅㄚ。

ㄇㄥˊ
ㄐㄩㄣ：ㄏㄠ，ㄊㄚ ㄕˋ ㄐㄧ ㄌㄞˊ。ㄓㄨˋ ㄋㄧˇ ㄕㄣ ㄊㄧˇ ㄐㄧㄢˋ ㄎㄤ，ㄨㄢˋ ㄕˋ ㄖㄨ ㄧˋ！

ㄅㄛˊ
ㄈㄥ：ㄒㄧㄝˋ ㄒㄧㄝ！ㄓㄜˋ ㄕ ㄕ ㄡ ㄅㄞˇ ㄍㄠ ㄍㄢ ㄒㄧㄢ，ㄑㄧㄥˇ ㄎㄢˊ ㄔ，ㄅㄧㄝˊ ㄎㄜˋ ㄑㄧˋ！

ㄇㄥˊ
ㄐㄩㄣ：ㄏㄠ，ㄊㄚ ㄅㄨˋ ㄍㄨㄟ ㄑㄧ。ㄌㄧˇ ㄒㄧㄢˇ ㄊㄚ ㄋㄚˊ ㄅㄨˊ ㄌㄞˊ ㄉㄜ˙ ㄚ？

ㄅㄛˊ
ㄈㄥ：ㄊㄚ ㄋㄚˊ ㄗㄞ ㄐㄧㄠˋ ㄌㄞˊ ㄌㄞˋ，ㄗㄞ ㄏㄡˋ ㄇㄧㄢˊ ㄗ˙ ㄌㄧˋ ㄎㄢˇ ㄖㄨˋ ㄋㄜ˙。

ㄇㄥˊ
ㄐㄩㄣ：ㄋㄚˊ ㄧˋ ㄉㄧㄥˇ ㄏㄣˇ ㄖㄣˊ ㄋㄠˋ，ㄊㄚ ㄑㄩˋ ㄎㄢˋ ㄎㄢˋ。

— II —

ㄉㄧˋ
ㄒㄧㄣ：ㄇㄥˊ ㄐㄩㄣ，ㄋㄧˇ ㄧㄝˋ ㄌㄞˊ ㄌㄜ˙ ㄚ！

ㄇㄥˊ
ㄐㄩㄣ：ㄨㄛˇ ㄍㄤ ㄍㄤ ㄎㄞˊ ㄅㄠˋ。ㄋㄧˇ ㄇㄣˊ ㄌㄞˊ ㄌㄜˊ ㄏㄣˇ ㄐㄧㄡˇ ㄌㄜ˙ ㄅㄚ？

ㄉㄧˋ
ㄒㄧㄣ：ㄨㄛˇ ㄇㄣˊ ㄙㄢ ㄅㄢˊ ㄓㄨㄥˋ ㄐㄧㄡ ㄌㄞˊ ㄌㄜ˙。ㄏㄠˋ ㄐㄧㄡ ㄇㄟˊ ㄎㄢ ㄐㄧㄢ ㄋㄧˇ ㄌㄜ˙，ㄋㄧˇ ㄗㄞ ㄇㄤ ㄒㄧㄝˊ ㄕˊ
　　　ㄇ˙ ㄚ？

ㄇㄥˊ
ㄐㄩㄣ：ㄨㄛˇ ㄇㄤ ㄓㄜ˙ ㄓㄠ ㄍㄨㄥ ㄗㄨㄛˋ ㄚ！

ㄉㄧˋ
ㄒㄧㄣ：ㄓㄠ ㄅㄠ ㄌㄜ˙ ㄇㄚ？

ㄇㄥˊ
ㄐㄩㄣ：ㄨㄛˇ ㄗㄞ ㄅㄢ ㄋㄚˊ ㄙ ㄓㄠ ㄌㄠ˙ ㄧˋ ㄈㄣ ㄍㄨㄥ ㄗㄨㄛˋ。

ㄉㄧˋ
ㄒㄧㄣ：ㄋㄚˊ ㄓㄣ ㄅㄨˊ ㄘㄨㄛˋ！ㄍㄥ ㄒㄧˇ，ㄍㄥ ㄒㄧˇ！ㄒㄧㄢ ㄗㄞ ㄍㄨㄥ ㄗㄨㄛˋ ㄍㄠˋ ㄧㄤˊ ㄧㄝˋ ㄉㄞˋ ㄐㄧㄝˊ ㄋㄢˊ ㄓㄠˇ
　　　ㄌㄜ˙。

ㄇㄥˊ
ㄐㄩㄣ：ㄕˋ ㄚ˙，ㄨㄛˇ ㄓㄠ ㄌㄜ˙ ㄏㄠˇ ㄐㄧㄡˇ ㄘㄞˊ ㄓㄠˇ ㄉㄠˋ。

ㄉㄧˋ
ㄒㄧㄣ：ㄕˊ ㄇ˙ ㄕˊ ㄏㄡˋ ㄎㄞ ㄕˇ ㄕㄤ ㄅㄢ ㄋㄜ˙？

ㄇㄥˊ
ㄐㄩㄣ：ㄊㄚ ㄇㄣˊ ㄗㄨㄛˇ ㄊㄧㄢ ㄘㄞˊ ㄊㄨㄥ ㄓ ㄨㄛˇ ㄌㄜ˙，ㄒㄧㄚˋ ㄒㄧㄥ ㄑㄧ ㄧ ㄐㄧㄡ ㄕㄤˋ ㄅㄢ ㄌㄜ˙。ㄋㄧˇ ㄋㄜ˙ ㄋㄜ˙？

ㄋㄟˇ ㄧˋ ㄏㄡˋ ㄋㄠˋ ㄙㄨ ㄗㄜˊ ㄇㄜ˙ ？

ㄉㄟˇ ㄒㄧㄣ： ㄊㄚ ㄇㄣ˙ ㄗㄠˇ ㄒㄧㄢ ㄋㄠˋ ㄌㄞˊ ㄑㄩ ㄌㄜ˙ ㄒㄧㄥ ， ㄏㄡˋ ㄌㄞˊ ㄗㄞ ㄋㄧㄢˊ ㄏㄡˋ ㄐㄧㄡˋ ㄌㄞˊ ㄌㄜˇ 。

ㄇㄧㄥˊ ㄩㄢˇ： ㄋㄟˇ ㄧㄡˋ ㄌㄜˊ ㄧˋ ㄑㄧˊ ， ㄊㄜ ㄇㄣ˙ ㄓㄠˋ ㄍㄜˋ ㄦˋ ㄐㄧㄢ ㄌㄜˊ ㄏㄨㄛˋ ㄦ˙ ㄉㄜˊ ㄌㄠˋ ㄌㄠˋ ㄅㄚ 。

ㄉㄟˇ ㄒㄧㄣ： ㄇㄢˊ ㄗㄨㄛˋ ㄊㄢ ， ㄊㄜ ㄗㄨㄟˊ ㄐㄧㄣ ㄆㄨˋ ㄏㄡˋ ㄏㄡˋ ， ㄋㄟˇ ㄕˋ ㄆㄨˋ ㄊㄥ ㄧˊ 。

Dì　Èrshíwǔ　Kè　Gōng xǐ , Gōng xǐ

────── I ──────────────────────

Míngyuǎn :　Défēng, shēngrì kuàilè!

Défēng :　　Míngyuǎn, nǐ láile? Huānyíng, huānyíng!

Míngyuǎn :　Duìbùqǐ, wǒ yǒu diǎnr shìqíng, xiànzài cáilái. Zhè shì wǒ
　　　　　　 sònggěi nǐ de yìdiǎnr xiǎo lǐwù, xīwàng nǐ xǐhuān.

Défēng :　　Xièxie, xièxie! Lái, lái, lái, xiān hē diǎnr yǐnliào ba.

Míngyuǎn :　Hǎo, wǒ zìjǐlái. Zhù nǐ shēntǐ jiànkāng, wànshì rúyì!

Défēng :　　Xièxie! Zhuōzi shàng yǒu dàngāo gēn diǎnxīn, qǐng suíbiàn
　　　　　　 chī, bié kèqì!

Míngyuǎn :　Hǎo, wǒ búhuì kèqì. Lǐ Xīn tāmen dōu láile ma?

Défēng :　　Tāmen zǎo jiù láile, zài hòumiàn yuànzilǐ kǎoròu ne.

Míngyuǎn :　Nà yídìng hěn rènào, wǒ qù kànkàn.

────── II ──────────────────────

Lǐ Xīn :　　Míngyuǎn, nǐ yě láile a!

Míngyuǎn :　Wǒ gānggāng cái dào. Nǐmen láile hěn jiǔ le ba?

Lǐ Xīn :　　Wǒmen sāndiǎnzhōng jiù láile. Hǎo jiǔ méikànjiàn nǐ le, nǐ
　　　　　　 zài máng xiē shénme a?

Míngyuǎn :　Wǒ mángzhe zhǎo gōngzuò a!

Lǐ Xīn :　　Zhǎozháole ma?

Míngyuǎn :　Wǒ zài diànnǎo gōngsī zhǎodàole yífèn gōngzuò.

Lǐ Xīn :　　Nà zhēn búcuò! Gōngxǐ, gōngxǐ! Xiànzài gōngzuò hǎo
　　　　　　 xiàng yuèláiyuè nánzhǎo le.

Míngyuǎn :　Shì a, wǒ zhǎole hǎo jiǔ cái zhǎodào.

LǐXīn： Shénme shíhòu kāishǐ shàngbān ne?

Míngyuǎn： Tāmen zuótiān cái tōngzhī wǒ de, xià Xīngqíyī jiù yào shàng bān le. Nǐ ne? Bìyè yǐhòu dǎsuàn zuò shénme?

LǐXīn： Wǒ dǎsuàn xiān dào guówài qù lǚxíng, huílái zài niàn yán jiùsuǒ.

Míngyuǎn： Nǐ chūgúo yǐqián, wǒmen zhǎoge shíjiān hǎohaorde liáo liáo ba.

Lǐ xīn： Méi wèntí, wǒ zuìjìn dōu yǒu kòng, suíshí dōu kěyǐ.

LESSON 25　CONGRATULATIONS

— I

Mingyuan: Defeng, happy birthday!

Tefeng: Mingyuan, you've come. Welcome, welcome.

Mingyuan: Sorry, I had something to do, so I could only come now. Here is a little present I want to give to you. I hope you'll like it.

Tefeng: Thank you, thank you. Come, come, come. Have something to drink.

Mingyuan: Fine, I'll help myself. I wish you good health and that you get whatever your heart desires.

Tefeng: Thank you. There's cake and snacks on the table. Please eat whatever you want. Don't be polite.

Mingyuan: All right, I won't be polite. Have Xin Li and the others already arrived?

Tefeng: Yes, they've already been here quite a while. They are barbecuing in the back yard.

Mingyuan: Well, that sounds like fun. I'll go have a look.

─ II ─

Xin Li:	Mingyuan, you came too?
Mingyuan:	I only just arrived. Have you been here long?
Xin LI:	We came at three o'clock. Long time no see. What have you been doing?
Mingyuan:	I'm busy looking for job.
Xin Li:	Have you found anything?
Mingyuan:	I found a job at a computer company.
Xin Li:	That's not bad at all. Congratulations! Nowadays it seems like jobs are harder and harder to find.
Mingyuan:	Yes, I only found it after looking for a long time.
Xin Li:	When do you start work?
Mingyuan:	They informed me only yesterday, and next Monday I will start work. What about you? What are you planning to do after you graduate?
Xin Li:	First I plan to travel abroad, and after I get back, I'll start graduate school.
Mingyuan:	Before you leave, let's find time to sit down and have a good talk.
Xin Li:	No problem. I have a lot of free time now, so any time is fine.

2. NARRATION

一　封　信

爸爸、媽媽：

　　您二位好！我來臺北上研究所已經半年多了，認識了不少新朋友，中文也越來越進步[20]了，請你們放心。下星期一是爸爸的生日，我買了一個生日禮物寄給爸爸，希望您這幾天就可以接到。要是禮物晚一、兩天才到，也請爸爸不要生氣。妹妹中學畢業了，請替我恭喜她。我原來打算七月回美國，可是現在想放暑假[21]的時候打兩個月工[22]，所以決定寒假[23]的時候再回去看你們。

　　祝
身體健康

女兒心樂　上
六月十二日

ㄧˋ　ㄈㄥ　ㄒㄧㄣˋ

ㄅㄚˋ・ㄅㄚ、ㄇㄚ・ㄇㄚ：

ㄋㄧㄣˊ ㄦˊ ㄨㄟˋ ㄏㄠˇ！ㄨㄛˇ ㄌㄞˊ ㄊㄞˊ ㄅㄟˇ ㄕㄤˋ ㄧㄢˊ ㄐㄧㄡˋ ㄙㄨㄛˇ ㄧˇ ㄐㄧㄥ ㄅㄢˋ ㄋㄧㄢˊ ㄉㄨㄛ ・ㄌㄜ，ㄖㄣˋ ㄕˋ ・ㄌㄜ ㄅㄨˋ ㄕㄠˇ ㄒㄧㄣ ㄆㄥˊ ・ㄧㄡ，ㄓㄨㄥ ㄨㄣˊ ㄧㄝˇ ㄩㄝˋ ㄌㄞˊ ㄩㄝˋ ㄐㄧㄣˋ ㄅㄨˋ ・ㄌㄜ，ㄑㄧㄥˇ ㄋㄧˇ ・ㄇㄣ ㄈㄤˋ ㄒㄧㄣ。ㄒㄧㄚˋ ㄒㄧㄥ ㄑㄧˊ ㄧ ㄕˋ ㄅㄚˋ・ㄅㄚ・ㄉㄜ ㄕㄥ ㄖˋ，ㄨㄛˇ ㄇㄞˇ・ㄌㄜ ㄧˊ・ㄍㄜ ㄕㄥ ㄖˋ ㄌㄧˇ ㄨˋ ㄐㄧˋ ㄍㄟˇ ㄅㄚˋ・ㄅㄚ，ㄒㄧ ㄨㄤˋ ㄋㄧㄣˊ ㄓㄜˋ ㄐㄧˇ ㄊㄧㄢ ㄐㄧㄡˋ ㄎㄜˇ ㄧˇ ㄐㄧㄝ ㄉㄠˋ。ㄧㄠˋ ㄕˋ ㄌㄧˇ ㄨˋ ㄨㄢˇ ㄧˋ、ㄌㄧㄤˇ ㄊㄧㄢ ㄘㄞˊ ㄉㄠˋ，ㄧㄝˇ ㄑㄧㄥˇ ㄅㄚˋ・ㄅㄚ ㄅㄨˊ ㄧㄠˋ ㄕㄥ ㄑㄧˋ。ㄇㄟˋ・ㄇㄟ ㄓㄨㄥ ㄒㄩㄝˊ ㄅㄧˋ ㄧㄝˋ・ㄌㄜ，ㄑㄧㄥˇ ㄊㄧˋ ㄨㄛˇ ㄍㄨㄥ ㄒㄧˇ ㄊㄚ。ㄨㄛˇ ㄩㄢˊ ㄌㄞˊ ㄉㄚˇ ㄙㄨㄢˋ ㄑㄧˊ ㄩㄝˋ ㄏㄨㄟˊ ㄇㄟˇ ㄍㄨㄛˊ，ㄎㄜˇ ㄕˋ ㄒㄧㄢˋ ㄗㄞˋ ㄒㄧㄤˇ ㄈㄤˋ ㄕㄨˇ ㄐㄧㄚˋ・ㄉㄜ ㄕˊ ㄏㄡˋ ㄉㄚˇ ㄌㄧㄤˇ・ㄍㄜ ㄩㄝˋ ㄍㄨㄥ，ㄙㄨㄛˇ ㄧˇ ㄐㄩㄝˊ ㄉㄧㄥˋ ㄏㄢˊ ㄐㄧㄚˋ・ㄉㄜ ㄕˊ ㄏㄡˋ ㄗㄞˋ ㄏㄨㄟˊ ㄑㄩˋ ㄎㄢˋ ㄋㄧˇ ・ㄇㄣ。

ㄓㄨˋ

ㄕㄣ ㄊㄧˇ ㄐㄧㄢˋ ㄎㄤ

ㄋㄩˇ ㄦˊ ㄒㄧㄣ・ㄌㄜ ㄕㄤˋ
ㄌㄧㄡˋ ㄩㄝˋ ㄕˊ ㄦˋ ㄖˋ

Yìfēng Xìn

Bàba, Māma :

　　Nín èr wèi hǎo! Wǒ lái Táiběi shàng yánjiùsuǒ yǐ jīng bànniánduō le, rènshì le bùshǎo xīn péngyǒu, Zhōngwén yě yuèláiyuè jìnbù le, qǐng nǐmen fàngxīn. Xià Xīngqíyī shì bàbade shēngrì, wǒ mǎile yíge shēngrì lǐwù jìgěi bàba, xīwàng nín zhè jǐtiān jiù kěyǐ jiēdào. Yàoshì lǐwù wǎn yì, liǎngtiān cái dào, yě qǐng bàba búyào shēngqì. Mèimei zhōngxué bì yè le, qǐng tì wǒ gōngxǐ tā. Wǒ yuánlái dǎsuàn Qíyuè huí Měiguó, kěshì xiànzài xiǎng fàngshǔjiàde shíhòu dǎ liǎngge yuè gōng, suǒ yǐ juédìng hánjiàde shíhòu zài huíqù kàn nǐmen.

　　zhù
Shēntǐ jiànkāng

Nǚér
Xīnlè shàng
Liùyuè-shíèrrì

A LETTER

Mom and Dad ,

How are you two! I've already been in graduate school in Taipei for more than half a year. I've made quite a few friends, and my Chinese is getting better and better, so please put your minds at ease. Next Monday is Dad's birthday. I bought a birthday present and sent it to Dad. I hope you will receive it in the next few days. If it arrives one or two days late, Dad, please don't be angry. Little sister graduated from high school. Please congratulate her for me. Originally I had planned to come home in July, but now I think I'll work for two months during summer vacation, so I decided to come home during winter vacation to see all of you. Wishing you all good health.

Your daughter,
Xinle
June 12th

3. VOCABULARY

1. 恭喜 (gōngxǐ)　　*V*: **to congratulate**

2. 快樂 (kuàilè)　　*SV*: **to be happy**

> 祝你生日快樂。
> Zhù nǐ shēngrì kuàilè.
> Wishing you a Happy Birthday.

3. 事情 (shìqíng)

> *N*: **affair, something to do, a matter, event** (*M*:件 jiàn)

> 他每天都有做不完的事情。
> Tā měitiān dōu yǒu zuòbùwánde shìqíng .
> Everyday he has tons of work to do.

4. 才 (cái)   *A*: **not until, only then, only, merely**

我下個月才到日本去。
Wǒ xiàge yuè cái dào Rìběn qù.
I'll only go to Japan next month.

別著急，現在才七點鐘。
Bié zhāojí, xiànzài cái qī diǎnzhōng.
No hurry. It's only seven o'clock.

5. 禮物 (lǐwù)   *N*: **present, gift**

他把我送給他的生日禮物弄丟了。
Tā bǎ wǒ sònggěi tā de shēngrì lǐwù nòngdiū le.
He lost the birthday present I gave to him.

6. 健康 (jiànkāng)

SV/N: **to be healthy, in good physical condition; health**

他身體很健康。
Tā shēntǐ hěn jiànkāng.
He is very healthy.

7. 萬事如意 (wànshìrúyì)

IE: **get everything your heart desires**

8. 隨便 (suíbiàn)

A/SV/IE: **whatever, wherever, whenever, do as one please**

請隨便坐。
Qǐng suíbiàn zuò.
Please sit wherever you like.

9. 院子 (yuànzi)   *N*: **yard**

10. 熱鬧 (rènào)

SV: **to be lively, to be fun, to be bustling with noise**

那兒很熱鬧，我們過去看看吧。

Nàr hěn rènào, wǒmen guòqù kànkàn ba .

It's very lively there. Let us go over and have a look.

11. 工作 (gōngzuò)　　　*N/V*: **work; to work** (*M*:份 fèn)

現在找工作不太容易。

Xiànzài zhǎo gōngzuò bútài róngyì.

It's not very easy to find a job now.

您在哪兒工作？

Nín zài nǎr gōngzuò ?

Where do you work?

12. 電腦 (diànnǎo)　　　*N*: **computer**

13. 份 (fèn)

M: **measure word for publications (newspapers, magazines), jobs, etc.**

14. 越來越…… (yuèláiyuè ……)　　　*PT*: **more and more**

我越來越胖，怎麼辦？

Wǒ yuèláiyuè pàng, zěnme bàn ?

I'm getting fatter and fatter. What can I do?

越……越…… (yuè …… yuè ……)

PT: **the more…… the more ……**

他越說越生氣。

Tā yuè shuō yuè shēngqì.

The more he talks the angrier he gets.

15. 通知 (tōngzhī)　　　*V*: **to inform, to notify**

一有消息，我們馬上通知你。

Yì yǒu xiāoxí, wǒmen mǎshàng tōngzhī nǐ.

As soon as we hear any news, we'll notify you immediately.

16. 畢業 (bìyè)　　*VO*: **to graduate from a school**

他大學還沒畢業呢。

Tā dàxué hái méibì yè ne.

He still hasn't graduated from university.

17. 研究所 (yánjiùsuǒ)　　*N*: **graduate school**

研究 (yánjiù)　　*V*: **to research, to study**

這件事得好好兒地研究研究。

Zhèijiàn shì děi hǎohǎorde yánjiù yánjiù .

This matter must be studied carefully.

18. 聊 (liáo)　　*V*: **to talk, to chat**

你們在聊什麼？

Nǐmen zài liáo shénme?

What are you talking about?

19. 隨時 (suíshí)　　*A*: **at any time**

要是有問題，隨時都可以來找我。

Yàoshì yǒu wèntí, suíshí dōu kěyǐ lái zhǎo wǒ .

If you have any problems, you can come to see me at any time.

SUPPLEMENTARY VOCABULARY

20. 進步 (jìnbù)　　*N/V*: **progress; to improve**

你的中國話有沒有進步？

Nǐde Zhōngguó huà yǒu méiyǒu jìnbù?

Has your Chinese improved?

最近他的法文進步得很快。

Zuìjìn tāde Fàwén jìnbùde hěn kuài .

Recently, his French has improved very quickly.

21. 暑假 (shǔjià)　　　*N*: **summer vacation**

22. 打工 (dǎgōng)　　　*VO*: **to have a part time job**

因為暑假很長，所以我常去打工。

Yīnwèi shǔjià hěn cháng, suǒ yǐ wǒ cháng qù dǎgōng .

Because summer vacation is quite long, so I often go to work part time.

23. 寒假 (hánjià)　　　*N*: **winter vacation**

4. SYNTAX PRACTICE

I. *The Adverbs* 再 ， 才 ，*and* 就 *Contrasted*

我想（先）吃了飯，再去。　　I think I'll eat first, then go.

我吃了飯，才去。　　　　　　I won't go until I have eaten.

我吃了飯，就去。　　　　　　After I eat, I'll go.

（ I ）再 is used only in connection with a contemplated ac-
tion, expressing a plan, suggestion, request or com-
mand.

a. Means "(first)……then"

S₁(先)	V₁(了)	O₁	S₂ 再	V₂ O₂(吧)

你先　看看　書，我再　教你。

Read the book first, then I'll teach you.

1. 我打算先吃飯，再做這件事。　　　　(plan)
2. 你先休息一會兒，再念書吧。　　　　(suggestion)
3. 我先做完功課，再跟你聊，好不好？ (request)
   好啊。
4. 你先洗了手，再吃飯。　　　　　　　(command)

b. Means "not⋯⋯until"

S	Time-expression	再	V O	(吧)
你	明天	再	寫信	吧。
Don't write a letter until tomorrow.				

1. 我想明年春天再去旅行。　　　　　(plan)
2. 我們下課以後再談吧。　　　　　　(suggestion)
3. 我今天晚上再告訴你，好不好？　(request)
　　好，沒問題。
4. 現在別吃，等一會兒再吃。　　　　(command)

(Ⅱ) 才 is used in both contemplated and completed actions, expressing a plan, statement or imperative condition.

In the 才 sentence,是⋯⋯的 pattern (not 了) can be used to indicate completed action, and particle 呢 can be used to indicate contemplated action.

a. Means "not⋯⋯until", "then and only then"

S_1 V_1(了)	O_1,	S_2 才 V_2	O_2(呢／的)
他下 了	班，	才回	家　　　的。
He went home only after he got off work.			

1. 我吃了晚飯，才做功課。
2. 他畢了業，才要出國呢。
3. 我下了課，才去圖書館。
4. 他給了錢，才走的。

b. Means "not⋯⋯until," indicating an action take or took place later than expected.

S	Time-expression	才 VO	(呢／的)
我	昨天 一點鐘	才睡覺	的。
Yesterday I didn't go to bed until one o'clock in the morning.			

1. 他六點鐘才下班呢。
2. 你怎麼現在才來？
　對不起，我太忙了。
3. 我們十分鐘以前才決定的。
4. 他去年才大學畢業的。

c. Means "then and only then"

S₁(得)V₁　　　O₁ , (S₂)才(可以／能)V₂O₂
你 得 做 完 了 功 課 ， 才 可 以　　　玩 兒 。
You can go play only after you finish your homework.

1. 我得先買票，才可以進去。
2. 你到了二十歲才可以喝酒。
3. 我得給他錢，他才願意做。
4. 媽媽說孩子得吃了飯，才可以吃糖。

(III) 就 is used in both contemplated and completed actions, expressing a plan, request, command, statement or condition.

a. Indicates the immediacy of the next action (see L.11).

S₁ V₁ 了 O₁,(S₂)就 V₂O₂(了／吧)
我 下 了 課 ， 就 回 家 了 。
As soon as I got out of class, I went home.

1. 我到了家，就做功課。
2. 他吃了早飯，就去學校了。
3. 我吃了那個菜，馬上就不舒服了。
4. 她畢了業，就開始工作了。

b. Indicates an action takes or took place sooner or earlier than expected.

S　Time-expression 就　　VO (了)
我 今天五點鐘 就　 起來了。 Today I go up at five o'clock.

1. 這件事，我昨天就知道了。
2. 他二十歲就大學畢業了。
3. 我們念大學以前就認識了。
4. 他半年以前就搬家了。

c. Means "(if) …… then"

(要是) S₁　V₁O₁　 ,　 (S₂)就　V₂O₂
要是 我 有時間，我 就 參加。 (If) I have time, then I will attend.

1. 要是你願意買，你就買。
2. 要是我有錢，我就去旅行。
3. 要是明天不下雨，我就去。
4. 要是你還不懂，我就再說一次。

☞Complete the following sentences with 再／才／就:

1. 媽媽對小孩說：「你做完功課，_____看電視。」
2. 九點上班，我六點_____起床了。
3. 現在我很累，等一會兒_____做，好不好？
4. 他畢了業，_____去旅行呢。
5. 要是你不舒服，_____去休息吧。
6. 我今天很忙，我打算明天_____去。
7. 他上星期_____從英國回來的。

8. 你先洗手，_____吃水果。

9. 這件事很重要，我現在_____給他打電話。

10. 她昨天晚上十二點_____回家的。

☞**Answer the following questions using 再／才／就:**

1. 你剛起床嗎？
2. 你今年大學畢業嗎？
3. 十二歲可以開車嗎？
4. 你現在要回家嗎？
5. 你朋友要回家，可是外面下雨呢，你說什麼？
6. 你們剛剛開始學中文吧？
7. 你什麼時候要到中國去旅行？
8. 今天你好像很累，為什麼？
9. 老師說明天考試，可是你希望下星期考，你對老師說什麼？
10. 你跟朋友打球，你打累了，想休息一會兒，你說什麼？

II. *Sentences with 越 …… 越 as Correlative Conjunctions*

越 is a fixed adverb, it must be placed after the subject.

（I）越來越 (getting more and more)

S	越來越	SV/AV-V-O（了）
天氣	越來越	熱　　　　　了。
The weather is getting hotter and hotter.		

1. 孩子越來越高了。
2. 你的中文越來越好了。
3. 這件事越來越有意思了。
4. 我越來越喜歡學中文了。

(Ⅱ) 越……越……(the more……the more)

S₁ 越 SV₁/V₁, S₂ 越 SV₂/V₂(了)
他 越 說 越 快。
The more he speaks, the faster he gets.

1. 那個歌兒，我越聽越喜歡。

2. 你越說，我越不懂了。

3. 他們越談越高興了。

4. 我越吃越胖，我得少吃一點兒了。

☞Transform the following sentences into 越來越 or 越……越 pattern:

1. 天氣冷起來了。

2. 那個地方的房子比以前多了。

3. 你的身體比以前健康了。

4. 她比以前愛說笑話了。

5. 雨下得比剛剛大了。

6. 你寫中國字，寫得比以前好了。

7. 你跑得比以前快了。

8. 我看了很多次，更喜歡了。

5. COMBINATION PRACTICE

Ⅰ. *Answer the following questions.*

1. 你學中文學了多久了？

2. 你覺得學中文有意思嗎？

3. 你為什麼要學中文？

4. 你學過別的外文嗎？

5. 你是什麼時候開始學中文的？

6. 你覺得說中國話跟寫中國字，哪個難？

7. 現在你會寫多少中國字？

8. 你有沒有中國朋友？你跟他們說什麼話？

9. 你到中國去過嗎？你想不想到中國去學中文？

10.明年你還打算學中文嗎？

II. *Please discuss what you know about politeness and Chinese blessing.*

III. *Please talk about your country's birthday traditions.*

IV. *Situation*

A conversation between guest and host at a birthday party.

INDEX I

語ˇ法ㄈㄚˋ詞ˊ類ㄌㄟˋ略ㄌㄩㄝˋ語ˇ表ㄅㄧㄠˇ

GRAMMATICAL TERMS

KEY TO ABBREVIATIONS

A	Adverb
AV	Auxiliary Verb
BF	(Unclassified) Bound Form
CONJ	Conjunction
CV	Coverb
DC	Directional Compound
DEM	Demonstrative Pronoun
INT	Interjection
IE	Idiomatic Expression
L	Localizer
M	Measure
MA	Movable Adverb
N	Noun
NU	Number
NP	Noun Phrase
O	Object
P	Particle
PN	Pronoun
PT	Pattern
PV	Post Verb
PW	Place Word
QW	Question Word
RC	Resultative Compound
RE	Resultative Ending
S	Subject
SV	Stative Verb
TW	Time Word
V	Verb
VO	Verb Object Compound
VP	Verb Phrase

INDEX II

A

B

bāngmáng	幫忙 (帮忙)	VO: to help someone do something	248
bāo	包 (包)	V/M: to wrap, to contain; package of, parcel of	399
bǎo	飽 (饱)	SV: to be full (after eating)	270
bào	報 (报)	N: newspapers	34
bàojǐng	報警 (报警)	VO: to report something to the police	460
bāozi	包子 (包子)	N: steamed pork bun	439
bēi	杯 (杯)	M: cup of	49
běi	北 (北)	N: north	249
bèi	被 (被)	CV: a passive voice indicator	461
bēi zi	杯子 (杯子)	N: cup	69
běn	本 (本)	M: volume, measure word for books, note-books, etc.	50
bèn	笨 (笨)	SV: to be stupid	317
běnlái	本來 (本来)	MA: originally	293
bí zi	鼻子 (鼻子)	N: nose	441
bǐ	筆 (笔)	N: pen	34
bǐ	比 (比)	V/CV: to compare; compared to, than	313
biān	邊 (边)	N(PW): side	144
biǎo	錶 (錶)	N: watch	86
bié	別 (别)	A: don't	190
biéde	別的 (别的)	N: other	190
bié (de) rén	別(的)人 別(的)人	N: other people	190
bǐjiào	比較 (比较)	A/V: comparatively; to compare	314
bīng	冰 (冰)	N/SV: ice; to be frozen	398
bìng	病 (病)	V: illness, disease	227
bīngkuàir	冰塊兒 (冰块儿)	N: ice cube	439
bìngle	病了 (病了)	V: to become ill	227

C

chá	茶 (茶)	N: tea	124
chà	差 (差)	V: to lack, to be short of	188
chàbùduō	差不多 (差不多)	A: about, almost	189
cháhuì	茶會 (茶会)	N: a tea party	438
cháng	長 (长)	SV: be long, spot, field	315
chǎng	場 (场)	BF: sing, spot, field	333
cháng（cháng）	常 (常) 常 (常)	A: often, usually, generally	120
chāojí shìchǎng	超級市場 (超级市场)	N: supermarket	332
chāzi	叉子 (叉子)	N: fork	271
chē	車 (车)	N: vehicle, car	33
chēfáng	車房 (车房)	N: garage	355
Chén	陳 (陈)	N: a common Chinese surname	332
chéng	城 (城)	N: city, city wall	248
chéngshì	城市 (城市)	N: city	248
chī	吃 (吃)	V: to eat	103
chǐ	尺 (尺)	M/N: a unit for measuring length; a ruler	316
chū	出 (出)	DV: to go or come out	332
chuān	穿 (穿)	V: to wear, to put on	121
chuán	船 (船)	N: ship, boat	165
chuáng	床 (床)	N: bed	188
chuānghù	窗戶 (窗户)	N: window	353
chúfáng	廚房 (厨房)	N: kitchen	354
chūlái	出來 (出来)	DC: to come out	332
chūmén	出門 (出门)	VO: to go outside, to go out, to go out the door	335
chūnjì	春季 (春季)	MA/N (TW): spring	210
chūnjié	春節 (春节)	N: Spring Festival (Chinese new year)	210
chūntiān	春天 (春天)	MA/N (TW): spring, springtime	207

D

dào	到 (到)	V/CV: to reach, to arrive; to leave for	164
dāochā	刀叉 (刀叉)	N: knife and fork	271
dāozi	刀子 (刀子)	N: knife	271
dǎpò	打破 (打破)	RC: to break	462
dǎqiú	打球 (打球)	VO: to play or hit a ball, to play ball (basketball, tennis, etc.), games	418
dàrén	大人 (大人)	N: adult	400
dàxué	大學 (大学)	N: university	84
de	的 (的)	P: possessive or modifying particle	66
de	地 (地)	P: a particle usually added to the end of an adjective to form an adverbial phrase	437
de	得 (得)	P: a particle used between a verb or adjective and its complement to indicate manner or degree	100
Déguó	德國 (德国)	N: Germany, German	34
děi	得 (得)	A: must, have to	231
dēng	燈 (灯)	N: lamp, light	354
děng	等 (等)	V: to wait	187
Déwén	德文 (德文)	N: German language	34
dì	第 (第)	DEM: a prefix for ordinal numbers	247
dì	地 (地)	N: the earth, land, soil	146
diǎn	點 (点)	M/N: o'clock; point, spot	185
diàn	店 (店)	N/BF: store, shop	142
diǎncài	點菜 (点菜)	VO: to order food	267
diànhuà	電話 (电话)	N: telephone, call	290
diànnǎo	電腦 (电脑)	N: computer	479
diànshì	電視 (电视)	N: TV, TV set	32
diànshìjī	電視機 (电视机)	N: television set	82

| duōshǎo | 多少 (多少) | NU (QW): how much, how many | 47 |

E

è	餓 (饿)	SV: to be hungry	354
ér	兒 (儿)	BF: son	69
érzi	兒子 (儿子)	N: son	69

F

Fà	法 (法)	BF: transliteration of the F in France	34
Fàguó	法國 (法国)	N: France, French	34
fán	煩 (烦)	SV/V: to be vexed, annoyed; to annoy	291
fàn	飯 (饭)	N: food, meal	104
Fāng	方 (方)	N: a Chinese surname	269
fàng	放 (放)	V: to put, to release	232
fāngbiàn	方便 (方便)	SV: to be convenient	143
fàngjià	放假 (放假)	VO: to have a holiday, vacation	232
fángjiān	房間 (房间)	N: room	144
fànguǎnr	飯館兒 (饭馆儿)	N: restaurant	147
fàngxīn	放心 (放心)	SV/VO: to be at ease, not worry	232
fángzi	房子 (房子)	N: house	143
fàntīng	飯廳 (饭厅)	N: dining room	144
Fàwén	法文 (法文)	N: French language	34
fāxiàn	發現 (发现)	V: to discover	461
fēi	飛 (飞)	V: to fly	165
fēicháng	非常 (非常)	A: very, extremely	267
fēijī	飛機 (飞机)	N: airplane	165
fēn	分 (分)	M: cent	48
fèn	份 (份)	M: measure word for publications (newspa-	

G

gèng	更 (更)	A: even more, still more	315
gēr	歌兒 (歌儿)	N: song	103
gōngchē	公車 (公车)	N: city bus	169
gōngchēzhàn	公車站 (公车站)	N: bus stand, bus stop	189
gōngchǐ	公尺 (公尺)	M: meter	316
gōngfēn	公分 (公分)	M: centimeter	316
gōnggōngqìchē	公共汽車 (公共汽车)	N: city bus	169
gōngjīn	公斤 (公斤)	N: kilogram	317
gōngkè	功課 (功课)	N: schoolwork, homework	314
gōnglǐ	公里 (公里)	M: kilometer	316
gōngsī	公司 (公司)	N: company	190
gōngxǐ	恭喜 (恭喜)	V: to congratulate	477
gōngyuán	公園 (公园)	N: (public) park	398
gōngzuò	工作 (工作)	N/V: work; to work	479
gǒu	狗 (狗)	N: dog	69
gòu	夠 (够)	SV: to be enough	86
guà	掛 (挂)	V: to hang	353
guài	怪 (怪)	SV: to be strange, to odd, to be queer, to be un-usual	460
guān	關 (关)	V: to close; to turn off	355
guàn	罐 (罐)	M: jar of or can of	399
guānshàng	關上 (关上)	DC: to close, to shut; to turn off	355
guànzi	罐子 (罐子)	N: jar, canisters, tin	399
guì	貴 (贵)	SV: to be expensive	33
guì	櫃 (柜)	BF: cabinet	354
guìzi	櫃子 (柜子)	N: cabinet, sideboard	354
guìxìng	貴姓 (贵姓)	IE: What is your last name?	5

guó	國ㄍ (国ㄍ)	N: country, nation	6
guò	過ㄍ (过ㄍ)	V: to pass	188
		P: a suffix indicating completion of an action,	
		or completion of an action as an experience	292
guójiā	國ㄍ家ㄐ (国ㄍ家ㄐ)	N: nation, country	206
gùshì	故ㄍ事ㄕ (故ㄍ事ㄕ)	N: story	378

H

hái	還ㄏ (还ㄏ)	A: still, yet	102
hǎi	海ㄏ (海ㄏ)	N: ocean, sea	250
háihǎo	還ㄏ好ㄏ (还ㄏ好ㄏ)	IE: OK, nothing special	168
háishì	還ㄏ是ㄕ (还ㄏ是ㄕ)	CONJ: or	67
háizi	孩ㄏ子ㄗ (孩ㄏ子ㄗ)	N: child	67
háng	行ㄏ (行ㄏ)	M: measure word for lines, rows	336
hánjià	寒ㄏ假ㄐ (寒ㄏ假ㄐ)	N: winter vacation	481
hǎo	好ㄏ (好ㄏ)	SV: to be good / well	6
		A: very, quite	19
hào	號ㄏ (号ㄏ)	M: measure word for numbers and dates	210
hǎojǐ	好ㄏ幾ㄐ (好ㄏ几ㄐ)	A-NU: quite a few	211
hǎohǎorde	好ㄏ好ㄏ兒ㄦ地ㄉ (好ㄏ好ㄏ儿ㄦ地ㄉ)	A: in a proper way, to the best of one's ability, seriously, carefully, nicely	437
hǎojiǔbújiàn	好ㄏ久ㄐ不ㄅ見ㄐ (好ㄏ久ㄐ不ㄅ见ㄐ)	IE: Long time no see.	19
hǎokàn	好ㄏ看ㄎ (好ㄏ看ㄎ)	SV: to be good-looking	33
hǎole	好ㄏ了ㄌ (好ㄏ了ㄌ)	SV: to be well again, recover	230
		SV: to be ready	376
hàomǎ	號ㄏ碼ㄇ (号ㄏ码ㄇ)	N: number	294
hǎoting	好ㄏ聽ㄊ (好ㄏ听ㄊ)	SV: to be pleasant to listen to, pleasing to the ear, nice sounding	100

hǎowánr	好玩兒（好玩儿）	SV: to be interesting, to be full of fun	440
hǎoxiàng	好像（好像）	MA/V: to seem, to be likely, to be like	313
hē	喝（喝）	V: to drink	104
hé	河（河）	N: river	250
hé	盒（盒）	M: box of	397
hēi	黑（黑）	N/SV: black / to be black, to be dark	354
hēibǎn	黑板（黑板）	N: blackboard	379
hěn	很（很）	A: very	20
hézi	盒子（盒子）	N: box, case	397
hóng	紅（红）	N/SV: red / to be red	378
hòu	後（后）	L: after, behind	141
hòulái	後來（后来）	MA (TW): afterwards, later on	293
hòumiàn	後面（后面）	N (PW): being, back	141
hòutiān	後天（后天）	MA/N (TW): the day after tomorrow	419
huā	花（花）	N: flower	379
huà	話（话）	N: words, spoken language	102
huà	畫（画）	V: to paint, to draw	105
huàhuàr	畫畫兒（画画儿）	VO: to paint, to draw	105
huài	壞（坏）	SV: to be bad	232
huàile	壞了（坏了）	SV: to be broken, ruined, out of order, spoiled	232
huàjiā	畫家（画家）	N: a painter (as in an artist)	122
huàn	換（换）	V: to change	376
huáng	黃（黄）	N/SV: yellow / to be yellow	376
huángsè	黃色（黄色）	N: yellow	376
huānyíng	歡迎（欢迎）	V/IE: welcome	332
huàr	畫兒（画儿）	N: painting, picture	105
huáxuě	滑雪（滑雪）	VO: to ski	231

jià	架 (架)	M: measure word for airplane, machine	354
jiān	間 (间)	M: measure word for rooms	144
jiàn	見 (见)	V: to see, to meet	20
jiàn	件 (件)	M: measure word for clothes, things, affairs, etc.	124
jiànkāng	健康 (健康)	SV/N: to be healthy, in good physical condition; health	478
jiànmiàn	見面 (见面)	VO: to meet someone, to see someone	294
jiāo	教 (教)	V: to teach	102
jiào	叫 (叫)	V: to be called, to call	5
jiào	覺 (觉)	N: sleep	191
jiāoqū	郊區 (郊区)	N: suburbs	334
jiāoshū	教書 (教书)	VO: to teach	102
jiàzi	架子 (架子)	N: frame, stand, rack, shelf	354
jīchǎng	機場 (机场)	N: airport	333
jìde	記得 (记得)	V: to remember	292
jiē	街 (街)	N: street	251
jiē	接 (接)	V: to receive, to meet, to come into contact with	293
jié	節 (节)	N/M: festival; section (for classes)	210
jiè	借 (借)	V: to borrow, to lend	290
jiějie	姐姐 (姐姐)	N: older sister	68
jiérì	節日 (节日)	N: holiday	210
jièshào	介紹 (介绍)	V: to introduce, to suggest	267
jièshàoxìn	介紹信 (介绍信)	N: introduction letter	378
jìjié	季節 (季节)	N: season	209
jǐn	緊 (紧)	SV: to be tight	418
jìn	近 (近)	SV: to be near	142

K

kāishǐ	開始 (开始)	V: to start, to begin	400
kàn	看 (看)	V: to watch, to read, to look at	31
kàndào	看到 (看到)	V: to see	208
kànjiàn	看見 (看见)	V: to see	169
kǎo	考 (考)	V: to test	208
kǎo	烤 (烤)	V: to roast, to toast, to bake	398
kǎoròu	烤肉 (烤肉)	N: barbecue (lit. roast meat)	398
kǎoshì	考試 (考试)	VO/N: to take a test; test, exam.	208
kě	渴 (渴)	SV: to be thirsty	399
kè	刻 (刻)	M: a quarter of an hour	186
kè	課 (课)	N/M: class; measure word for lessons	186
kěnéng	可能 (可能)	A/SV/N: possibly / to be possible / possibility	231
kèqì	客氣 (客气)	SV: to be polite	250
kěshì	可是 (可是)	A: but, however	33
kètīng	客廳 (客厅)	N: living room	144
kěxí	可惜 (可惜)	SV/A: to be a pity; too bad	441
kěyǐ	可以 (可以)	AV: can, may, be permitted	102
kōng	空 (空)	SV: to be empty	333
kòng	空 (空)	N/SV: free time	333
kǒngpà	恐怕 (恐怕)	MA: (I'm) afraid that, perhaps, probably	293
kōngqì	空氣 (空气)	N: air	419
kǒudài	口袋 (口袋)	N: pocket, bag, sack	398
kǒushì	口試 (口试)	N: oral test	209
kū	哭 (哭)	V: to cry	460
kuài	塊 (块)	M: a piece or lump, measure word for dollar	48
kuài	快 (快)	SV/A: to be fast; quickly	105
kuàilè	快樂 (快乐)	SV: to be happy	477
kuàizi	筷子 (筷子)	N: chopsticks	271

L

lái	來ㄌㄞˊ (来ㄌㄞˊ)	V: to come	166
lán	藍ㄌㄢˊ (蓝ㄌㄢˊ)	N/SV: blue / to be blue	378
lánqiú	籃ㄌㄢˊ球ㄑㄧㄡˊ (篮ㄌㄢˊ球ㄑㄧㄡˊ)	N: basketball	420
lǎoshī	老ㄌㄠˇ師ㄕ (老ㄌㄠˇ师ㄕ)	N: teacher	66
le	了ㄌㄜ˙ (了ㄌㄜ˙)	P: indicates excessiveness, completion of action, completion of action (see L.10), change of state (see L. 13), and imminent action (see L. 13)	83
		P: It indicates the completion of the action, it can sometimes be translated as past tense in English.	164
lèi	累ㄌㄟˋ (累ㄌㄟˋ)	SV: to be tired	167
lěng	冷ㄌㄥˇ (冷ㄌㄥˇ)	SV: to be cold	22
Lǐ	李ㄌㄧˇ (李ㄌㄧˇ)	N: Lee (a common Chinese surname)	5
lí	離ㄌㄧˊ (离ㄌㄧˊ)	CV: be away from, apart from, separated from	145
lǐ	裡ㄌㄧˇ (里ㄌㄧˇ)	L: in	142
lǐ	里ㄌㄧˇ (里ㄌㄧˇ)	M: Chinese mile	316
liǎn	臉ㄌㄧㄢˇ (脸ㄌㄧㄢˇ)	N: face	417
liáng	涼ㄌㄧㄤˊ (凉ㄌㄧㄤˊ)	SV: to be cool	377
liǎng	兩ㄌㄧㄤˇ (两ㄌㄧㄤˇ)	NU: two	48
liàng	輛ㄌㄧㄤˋ (辆ㄌㄧㄤˋ)	M: measure for cars, buses, etc.	211
liàng	亮ㄌㄧㄤˋ (亮ㄌㄧㄤˋ)	SV: to be sunny, to be bright	353
liángkuài	涼ㄌㄧㄤˊ快ㄎㄨㄞˋ (凉ㄌㄧㄤˊ快ㄎㄨㄞˋ)	SV: to be (pleasantly) cool	377
liǎnsè	臉ㄌㄧㄢˇ色ㄙㄜˋ (脸ㄌㄧㄢˇ色ㄙㄜˋ)	N: color (of face), facial expression	417
liànxí	練ㄌㄧㄢˋ習ㄒㄧˊ (练ㄌㄧㄢˋ习ㄒㄧˊ)	V/N: to practice, to drill / practice, exercise	419
liáo	聊ㄌㄧㄠˊ (聊ㄌㄧㄠˊ)	V: to talk, to chat	480
liǎo	了ㄌㄧㄠˇ (了ㄌㄧㄠˇ)	RE: used at the end of a verb to indicate ability	

M

mǎi	買ㄇㄞˇ (买ㄇㄞˇ)	V: to buy	33
mài	賣ㄇㄞˋ (卖ㄇㄞˋ)	V: to sell	84
māma	媽ㄇㄚ媽ㄇㄚ (妈ㄇㄚ妈ㄇㄚ)	N: mother	66
màn	慢ㄇㄢˋ (慢ㄇㄢˋ)	SV/A: to be slow; slowly	101
mànpǎo	慢ㄇㄢˋ跑ㄆㄠˇ (慢ㄇㄢˋ跑ㄆㄠˇ)	N/V: jogging; to jog	420
mànyòng	慢ㄇㄢˋ用ㄩㄥˋ (慢ㄇㄢˋ用ㄩㄥˋ)	IE: eat slowly (enjoy your meal)	270
máng	忙ㄇㄤˊ (忙ㄇㄤˊ)	SV: to be busy	22
māo	貓ㄇㄠ (猫ㄇㄠ)	N: cat	68
máo	毛ㄇㄠˊ (毛ㄇㄠˊ)	M: dime, ten cents	48
máobǐ	毛ㄇㄠˊ筆ㄅㄧˇ (毛ㄇㄠˊ笔ㄅㄧˇ)	N: brush pen	271
mǎshàng	馬ㄇㄚˇ上ㄕㄤˋ (马ㄇㄚˇ上ㄕㄤˋ)	A: immediately	187
méi	沒ㄇㄟˊ (没ㄇㄟˊ)	A: not (have)	32
měi	美ㄇㄟˇ (美ㄇㄟˇ)	SV: to be beautiful	6
měi	每ㄇㄟˇ (每ㄇㄟˇ)	DEM: every	189
méiguānxì	沒ㄇㄟˊ關ㄍㄨㄢ係ㄒㄧˋ (没ㄇㄟˊ关ㄍㄨㄢ系ㄒㄧˋ)	IE: no problem, never mind, it doesn't matter	228
Měiguó	美ㄇㄟˇ國ㄍㄨㄛˊ (美ㄇㄟˇ国ㄍㄨㄛˊ)	N: U. S. A., American	6
Měiguórén	美ㄇㄟˇ國ㄍㄨㄛˊ人ㄖㄣˊ (美ㄇㄟˇ国ㄍㄨㄛˊ人ㄖㄣˊ)	N: American	6
mèimei	妹ㄇㄟˋ妹ㄇㄟˋ (妹ㄇㄟˋ妹ㄇㄟˋ)	N: younger sister	69
méishìr	沒ㄇㄟˊ事ㄕˋ兒ㄦ (没ㄇㄟˊ事ㄕˋ儿ㄦ)	IE: never mind, it doesn't matter, it's nothing, that's all right	229
méiwèntí	沒ㄇㄟˊ問ㄨㄣˋ題ㄊㄧˊ (没ㄇㄟˊ问ㄨㄣˋ题ㄊㄧˊ)	IE: no problem	189
mén	門ㄇㄣˊ (门ㄇㄣˊ)	N: door, gate	187
men	們ㄇㄣ (们ㄇㄣ)	BF: used after pronouns 我，你，他 or certain nouns denoting persons	21
ménkǒu	門ㄇㄣˊ口ㄎㄡˇ (门ㄇㄣˊ口ㄎㄡˇ)	N: entrance, doorway	187
miàn	面ㄇㄧㄢˋ (面ㄇㄧㄢˋ)	N: face; surface, side	141

miàn	麵ᵢₐₙ (面ᵢₐₙ)	N: flour, dough, noodle	399
miànbāo	麵ᵢₐₙ包ᵦₐₒ (面ᵢₐₙ包ᵦₐₒ)	N: bread	399
míngnián	明ᵢₙ年ₙᵢₐₙ (明ᵢₙ年ₙᵢₐₙ)	MA/N(TW): next year	206
míngtiān	明ᵢₙ天ₜᵢₐₙ (明ᵢₙ天ₜᵢₐₙ)	MA/N(TW): tomorrow	169
míngzi	名ᵢₙ字ᵤᵢ (名ᵢₙ字ᵤᵢ)	N: full name, given name	7
mŭ	母ᵤ (母ᵤ)	N: mother, female	123
mŭqīn	母ᵤ親ᵩᵢₙ (母ᵤ亲ᵩᵢₙ)	N: mother	123

N

ná	拿ₐ (拿ₐ)	V: to bring, to carry (in one's, or with one's hand)	335
nă	哪ₐ (哪ₐ)	QW: which	7
nà	那ₐ (那ₐ)	DEM: that	50
nèi	那ₑᵢ (那ₑᵢ)	DEM: that	50
nălĭ	哪ₐ裡ₗᵢ (哪ₐ里ₗᵢ)	N(QW): where	141
		IE: an expression of modest denial "No, no"	269
nàlĭ	那ₐ裡ₗᵢ (那ₐ里ₗᵢ)	N(PT): there	143
nàme	那ₐ麼ₘₑ (那ₐ么ₘₑ)	A: well, in that case	143
		A: like that, in that way	269
nán	男ₙₐₙ (男ₙₐₙ)	BF: male	69
nàn	難ₙₐₙ (难ₙₐₙ)	SV: to be difficult	102
nán	南ₙₐₙ (南ₙₐₙ)	N: south	250
nánháizi	男ₙₐₙ孩ₕₐᵢ子ᵤᵢ (男ₙₐₙ孩ₕₐᵢ子ᵤᵢ)	N: boy	69
nánpéngyŏu	男ₙₐₙ朋ₚₑₙ友ᵧₒᵤ (男ₙₐₙ朋ₚₑₙ友ᵧₒᵤ)	N: boyfriend	69
nánrén	男ₙₐₙ人ᵣₑₙ (男ₙₐₙ人ᵣₑₙ)	N: man	69
năr	哪ₐ兒ₑᵣ (哪ₐ儿ₑᵣ)	N(QW): where	141
nàr	那ₐ兒ₑᵣ (那ₐ儿ₑᵣ)	N(PW): there	143

ne	呢 (呢)	P: a question particle	7
		P: a particle indicating the situation or state of affairs is being sustain	101
něi	哪 (哪)	QW: which	7
nèibiān	那邊 (那边)	N(PW): there, over there	144
nèixiē	那些 (那些)	DEM: those	68
néng	能 (能)	AV: can, be physically able to	103
nǐ	你 (你)	PN: you	7
nián	年 (年)	N/M: year	206
niàn	念 (念)	V: to read aloud, to study	100
niánjí	年級 (年级)	N/M: grade in school	378
niánjì	年紀 (年纪)	N: age	315
niànshū	念書 (念书)	VO: to read / study book(s)	100
nǐmen	你們 (你们)	PN: you (plural)	21
nín	您 (您)	PN: you (formal usage)	5
niú	牛 (牛)	N: cow, cattle	268
niúròu	牛肉 (牛肉)	N: beef	268
nòng	弄 (弄)	V: a generalized verb of doing-make, get, fix, etc.	459
nǚ	女 (女)	BF: female	67
nǚér	女兒 (女儿)	N: daughter	69
nǚháizi	女孩子 (女孩子)	N: girl	67
nǚpéngyǒu	女朋友 (女朋友)	N: girlfriend	67
nǚrén	女人 (女人)	N: woman	67

O

òu	噢 (噢)	INT: Oh!	122

| Ōuzhōu | 歐洲 (欧洲) | N: Europe | 206 |

P

pà	怕 (怕)	V: o fear	293
pán	盤 (盘)	M: tray of, plate of, dish of	335
pàng	胖 (胖)	SV: to be fat	315
pángbiān	旁邊 (旁边)	N(PW): beside	144
pánzi	盤子 (盘子)	N: plate	335
pǎo	跑 (跑)	V: to run	335
péngyǒu	朋友 (朋友)	N: friend	68
pí	皮 (皮)	N: leather	377
piàn	片 (片)	M: piece of (usually of something thin and flat), slice of	399
piào	票 (票)	N: ticket	165
piàoliàng	漂亮 (漂亮)	SV: to be beautiful, to be pretty	376
piányí	便宜 (便宜)	SV: to be cheap	84
píng	平 (平)	SV: to be even, level	333
píng	瓶 (瓶)	M/BF: bottle of, jar of, vase of	421
píngcháng	平常 (平常)	SV/MA: to be ordinary / generally, ordinarily, usually	333
píngguǒ	蘋果 (苹果)	N: apple	441
píngzi	瓶子 (瓶子)	N: bottle	421
píxié	皮鞋 (皮鞋)	N: leather shoes	377
pízi	皮子 (皮子)	N: leather	377
pò	破 (破)	SV: to be broken	462
pútáo	葡萄 (葡萄)	N: grape	439

Q

| qí | 期 (期) | M: measure word for school semesters | 208 |

qiān	千ㄑㄧㄢ (千ㄑㄧㄢ)	NU: thousand	85
qián	錢ㄑㄧㄢ (钱ㄑㄧㄢ)	N: money	47
Qián	錢ㄑㄧㄢ (钱ㄑㄧㄢ)	N: Chien (a Chinese surname)	267
qián	前ㄑㄧㄢ (前ㄑㄧㄢ)	L: front, forward, before	147
qiǎng	搶ㄑㄧㄤ (抢ㄑㄧㄤ)	V: to rob, to snatch, to grab	462
qiánmiàn	前ㄑㄧㄢ面ㄇㄧㄢ (前ㄑㄧㄢ面ㄇㄧㄢ)	N(PW): front, ahead	147
qiántiān	前ㄑㄧㄢ天ㄊㄧㄢ (前ㄑㄧㄢ天ㄊㄧㄢ)	MA/N(TW): the day before yesterday	440
qìchē	汽ㄑㄧ車ㄔㄜ (汽ㄑㄧ车ㄔㄜ)	V: automobile, car	32
qǐchuáng	起ㄑㄧ床ㄔㄨㄤ (起ㄑㄧ床ㄔㄨㄤ)	VO: to get up	188
qǐfēi	起ㄑㄧ飛ㄈㄟ (起ㄑㄧ飞ㄈㄟ)	V: to take off	249
qīn	親ㄑㄧㄣ (亲ㄑㄧㄣ)	BF: blood relation, relative	123
qíguài	奇ㄑㄧ怪ㄍㄨㄞ (奇ㄑㄧ怪ㄍㄨㄞ)	SV: to be strange, to be queer, to be unusual	460
qǐng	請ㄑㄧㄥ (请ㄑㄧㄥ)	V: to please; to invite	49
qīngcài	青ㄑㄧㄥ菜ㄘㄞ (青ㄑㄧㄥ菜ㄘㄞ)	N: vegetables, green vegetables	268
qīngchǔ	清ㄑㄧㄥ楚ㄔㄨ (清ㄑㄧㄥ楚ㄔㄨ)	SV: to be clear	420
qǐngjìn	請ㄑㄧㄥ進ㄐㄧㄣ (请ㄑㄧㄥ进ㄐㄧㄣ)	IE: come in, please	335
qǐngwèn	請ㄑㄧㄥ問ㄨㄣ (请ㄑㄧㄥ问ㄨㄣ)	PH: excuse me, may I ask?	82
qìngzhù	慶ㄑㄧㄥ祝ㄓㄨ (庆ㄑㄧㄥ祝ㄓㄨ)	V: to celebrate	437
qǐng zuò	請ㄑㄧㄥ坐ㄗㄨㄛ (请ㄑㄧㄥ坐ㄗㄨㄛ)	IE: sit down, please, have a seat	165
qìshuǐ	汽ㄑㄧ水ㄕㄨㄟ (汽ㄑㄧ水ㄕㄨㄟ)	N: soda pop, carbonated drink	399
qiú	球ㄑㄧㄡ (球ㄑㄧㄡ)	N: ball	419
qiūjì	秋ㄑㄧㄡ季ㄐㄧ (秋ㄑㄧㄡ季ㄐㄧ)	MA/N(TW): autumn, fall	210
qiūtiān	秋ㄑㄧㄡ天ㄊㄧㄢ (秋ㄑㄧㄡ天ㄊㄧㄢ)	MA/N(TW): autumn, fall	209
qū	區ㄑㄩ (区ㄑㄩ)	N: district, area, region	334
qù	去ㄑㄩ (去ㄑㄩ)	V: to go	21
qùnián	去ㄑㄩ年ㄋㄧㄢ (去ㄑㄩ年ㄋㄧㄢ)	MA/N(TW): last year	206

R

| -r | 兒ㄦ (儿ㄦ) | P: a suffix | 66 |

ràng	讓 (让)	CV/V: used in a passive sentence structure to introduce the agent; to let, to allow, to permit, to make	459
ránhòu	然後 (然后)	A: afterwards, then	249
rè	熱 (热)	SV: to be hot	21
rén	人 (人)	N: person	6
rènde	認得 (认得)	V: to know (as in to recognize)	292
rènào	熱鬧 (热闹)	SV: to be lively, to be fun, to be bustling with noise	478
rēng	扔 (扔)	V: to throw, to toss, to cast	356
rènshì	認識 (认识)	V: to recognize, to realize	292
Rìběn	日本 (日本)	N: Japan, Japanese	33
rìjì	日記 (日记)	N: diary	400
Rìwén	日文 (日文)	N: Japanese language	34
rìzi	日子 (日子)	N: day (date), days (time)	314
róngyì	容易 (容易)	SV: to be easy	124
ròu	肉 (肉)	N: meat	268

S

sè	色 (色)	BF: color	376
shān	山 (山)	N: mountain	231
shàng	上 (上)	L: up, on	145
		V: to go to, to get on, to board	188
shàngbān	上班 (上班)	VO: to begin work, to start work, to go to work	190
shāngdiàn	商店 (商店)	N: store	147
shàngkè	上課 (上课)	VO: to go to class, to attend class	21
shàngmiàn	上面 (上面)	N(PW): above, up there	145
shàngwǔ	上午 (上午)	NA/N(TW): before noon, morning	168
shǎo	少 (少)	SV: few, less	47

shéi	誰 (谁)	QW: who, whom	8
shēngbìng	生病 (生病)	VO: to become ill, to be sick	227
shēngqì	生氣 (生气)	SV/VO: to be angry; to take offense	463
shēngrì	生日 (生日)	N: birthday	437
shēng yì	生意 (生意)	N: business, trade	123
shēngyīn	聲音 (声音)	N: sound, voice	400
shénme	什麼 (什么)	QW: what	7
shénmede	什麼的 (什么的)	N: etc., and so on	461
shénmeshíhòu	什麼時候 (什么时候)	MA(QW): when, what time	166
shēntǐ	身體 (身体)	N: body, health	420
shì	市 (市)	BF: city municipality; market	248
shìchǎng	市場 (市场)	N: market	333
shíhòu	時候 (时候)	N: time	166
shìjiè	世界 (世界)	N: the world	312
shíjiān	時間 (时间)	N: time	210, 377
shì	是 (是)	V: to be (am, are, is)	6
shì	事 (事)	N: affair, work	105
shì	試 (试)	V: to try	208
shìqíng	事情 (事情)	N: affair; something to do, a matter, event	477
shìqū	市區 (市区)	N: urban area, urban district	334
shìshikàn	試試看 (试试看)	IE: to try and see	208
shí zì lù kǒu	十字路口 (十字路口)	N(PW): intersection	247
shǒu	手 (手)	N: hand	294
shòu	瘦 (瘦)	SV: to be thin	314
shū	書 (书)	N: book	33

shuāng	雙 (双)	M: pair of	376
shūbāo	書包 (书包)	N: school-bag	460
shūdiàn	書店 (书店)	N: bookstore	142
shū fǎ	書法 (书法)	N: calligraphy	122
shūfáng	書房 (书房)	N: study	146
shū fú	舒服 (舒服)	SV: to be comfortable	228
shuǐ	水 (水)	N: water	124
shuì	睡 (睡)	V: to sleep	191
shuǐguǒ	水果 (水果)	N: fruit	270
shuìjiào	睡覺 (睡觉)	VO: to sleep	191
shūjià	書架 (书架)	N: bookshelf, bookcase	354
shǔjià	暑假 (暑假)	N: summer vacation	481
shuō	說 (说)	V: to speak, to say	103
shuōhuà	說話 (说话)	VO: to speak, to say, to talk (words)	103
shūzhuō	書桌 (书桌)	N: desk	146
sòng	送 (送)	V: to escort, to deliver, to send off, to present	333
suān	酸 (酸)	SV: to be sour	439
suàn	算 (算)	V: to calculate	230
suì	歲 (岁)	M: measure word for age, years old	314
suíbiàn	隨便 (随便)	A/SV/IE: whatever, wherever, whenever, do as one please	478
suíshí	隨時 (随时)	A: at any time	480
suǒ	所 (所)	M: measure word for building	143
suǒyǐ	所以 (所以)	MA: therefore, so	123
sùshè	宿舍 (宿舍)	N: dormitory	356

T

tā	他 (他)	PN: he, him; she, her	8

tā	她ㄊㄚ (她ㄊㄚ)	PN: she, her	8
tā	它ㄊㄚ (它ㄊㄚ)	PN: it	354
tài	太ㄊㄞ (太ㄊㄞ)	A: too	22
Táiběi	臺ㄊㄞ北ㄅㄟ (台ㄊㄞ北ㄅㄟ)	N: Taipei	249
táidēng	檯ㄊㄞ燈ㄉㄥ (台ㄊㄞ灯ㄉㄥ)	N: lamp	354
tàitai	太ㄊㄞ太ㄊㄞ (太ㄊㄞ太ㄊㄞ)	N: Mrs., wife	21
tā men	他ㄊㄚ們ㄇㄣ (他ㄊㄚ们ㄇㄣ)	PN: they, them	21
tán	談ㄊㄢ (谈ㄊㄢ)	V: to talk about	334
tāng	湯ㄊㄤ (汤ㄊㄤ)	N: soup	268
táng	糖ㄊㄤ (糖ㄊㄤ)	N: candy, sugar	400
tǎng	躺ㄊㄤ (躺ㄊㄤ)	V: to lie down, to recline	417
tánhuà	談ㄊㄢ話ㄏㄨㄚ (谈ㄊㄢ话ㄏㄨㄚ)	VO: to talk	334
tāngchí	湯ㄊㄤ匙ㄔ (汤ㄊㄤ匙ㄔ)	N: soup spoon	271
tào	套ㄊㄠ (套ㄊㄠ)	M: suit; set of clothes, books, furniture, etc.	377
tè bié	特ㄊㄜ別ㄅㄧㄝ (特ㄊㄜ别ㄅㄧㄝ)	A/SV: especially; to be special	231
téng	疼ㄊㄥ (疼ㄊㄥ)	SV: to be ache, to be in pain, to be sore	417
tì	替ㄊㄧ (替ㄊㄧ)	CV: for, in place of, a substitute for	268
tiān	天ㄊㄧㄢ (天ㄊㄧㄢ)	N/M: day, sky, heaven	166
tián	甜ㄊㄧㄢ (甜ㄊㄧㄢ)	SV: to be sweat	438
tiānqì	天ㄊㄧㄢ氣ㄑㄧ (天ㄊㄧㄢ气ㄑㄧ)	N: weather	21
tiáo	條ㄊㄧㄠ (条ㄊㄧㄠ)	M: measure word for long narrow things such as rivers, roads, fish, etc.	251
tiàowǔ	跳ㄊㄧㄠ舞ㄨ (跳ㄊㄧㄠ舞ㄨ)	VO: to dance	120
tīng	聽ㄊㄧㄥ (听ㄊㄧㄥ)	V: to listen	100
tíng	停ㄊㄧㄥ (停ㄊㄧㄥ)	V: to stop	167
tíngchē	停ㄊㄧㄥ車ㄔㄜ (停ㄊㄧㄥ车ㄔㄜ)	VO: to park a car	167
tīngshuō	聽ㄊㄧㄥ說ㄕㄨㄛ (听ㄊㄧㄥ说ㄕㄨㄛ)	IE: hear, hear it said	121
tōngzhī	通ㄊㄨㄥ知ㄓ (通ㄊㄨㄥ知ㄓ)	V: to inform, to notify	479
tóngxué	同ㄊㄨㄥ學ㄒㄩㄝ (同ㄊㄨㄥ学ㄒㄩㄝ)	N/V: classmate; to be in the same class	356

tōu	偷 (偷)	V: to steal, to burglarize	461
tóu	頭 (头)	DEM/N: first, the top / head	295
tuō	脫 (脱)	V: to peel, to take or to cast off, to escape	356
tuōxiàlái	脫下來 (脱下来)	DC: to take off	356
tú shūguǎn	圖書館 (图书馆)	N: library	141

W

wài	外 (外)	L: outside, exterior	121
wàiguó	外國 (外国)	N: foreign, foreign country	121
wàimiàn	外面 (外面)	N(PW): outside	142
wàitào	外套 (外套)	N: overcoat	377
wàiwén	外文 (外文)	N: foreign language	121
wán	完 (完)	RE: to finish, to complete (something)	419
wǎn	晚 (晚)	SV: to be late	166
wǎn	碗 (碗)	M/N: measure word for servings of food; bowl	269
wàn	萬 (万)	NU: ten thousand	84
wǎnān	晚安 (晚安)	IE: good night	399
wǎnfàn	晚飯 (晚饭)	N: dinner, supper	166
wáng	王 (王)	N: a common Chinese surname	5
wǎng	往 (往)	CV: to go toward	246
wǎng	網 (网)	N: net	419
wàng	忘 (忘)	V: to forget	232
wǎngqiú	網球 (网球)	N: tennis	419
wǎnguì	碗櫃 (碗柜)	N: (kitchen) cabinet, cupboard	354
wánr	玩兒 (玩儿)	V: to play, to enjoy	164
wǎnshàng	晚上 (晚上)	MA/N(TW): evening	166
wànshìrúyì	萬事如意	IE: get everything your heart desires	478

(万事如意)

wéi	喂 (喂)	P: a common telephone or intercom greeting "hello"	290
wèi	位 (位)	M: polite measure word for people	50
wèidào	味道 (味道)	N: taste, flavor, smell, odor	439
wèir	味兒 (味儿)	N: taste, flavor, smell, odor	439
wèishénme	為什麼 (为什么)	MA: why	122
wén	文 (文)	N: written language	34
wén	聞 (闻)	V: to smell, to listen	355
wèn	問 (问)	V: to ask	83
wèn……hǎo	問……好 (问……好)	IE: to wish someone well, to send best regards to someone	269
wèntí	問題 (问题)	N: problem / question	189
wǒ	我 (我)	PN: I, me	5
wòfáng	臥房 (卧房)	N: bedroom	354
wǒmen	我們 (我们)	PN: we, us	21
wǔ	午 (午)	BF: noon, midday	168
wǔfàn	午飯 (午饭)	N: lunch	168
wǔhuì	舞會 (舞会)	N: dancing party	438
wūzi	屋子 (屋子)	N: room	145

X

xī	西 (西)	N: west	249
xǐ	洗 (洗)	V: to wash	294
xià	下 (下)	L: down, under	146
		V: to disembark, to get off	186
xiàjì	夏季 (夏季)	MA/N (TW): summer	210
xiàkè	下課 (下课)	VO/IE: to get out of class, end of class	186

xiàmiàn	下面 (下面)	N(PW): under, below	146
xiān	先 (先)	A: first, in advance, before	249
xián	鹹 (咸)	SV: to be salty	438
xiāng	香 (香)	SV: to be scented, to be fragrant	399
xiāng	箱 (箱)	M: box of, trunk of	398
xiǎng	想 (想)	AV/V: to want to, to plan to / to think, to miss	82
xiàng	像 (像)	SV/V: to be alike, to be like; to resemble	313
xiàngjī	像機 (像机)	N: camera	82
xiàngpiānr	像片兒 (像片儿)	N: photograph	66
xiāngxià	鄉下 (乡下)	N: countryside	230
xiāngzi	箱子 (箱子)	N: box, trunk, case	398
xiānshēng	先生 (先生)	N: Mr., sir, gentleman, husband	5
xiànzài	現在 (现在)	MA: now, right now	102
xiǎo	小 (小)	SV: to be small	84
xiào	笑 (笑)	V: to smile, to laugh, to laugh at	441
xiàohuà	笑話 (笑话)	N: joke	441
xiǎojiě	小姐 (小姐)	N: Miss	19
xiāoxí	消息 (消息)	N: news, information	462
xiǎotōu	小偷 (小偷)	N: thief, burglar	461
xiǎoxīn	小心 (小心)	SV: to be careful	231
xiǎoxué	小學 (小学)	N: elementary school	145
xiàtiān	夏天 (夏天)	MA/N (TW): summer, summertime	207
xiàwǔ	下午 (下午)	MA/N (TW): afternoon	168
xiàyǔ	下雨 (下雨)	VO: to rain	207
xiàxuě	下雪 (下雪)	VO: to snow	231
xībù	西部 (西部)	N (PW): western part, western area	249
xī cān	西餐 (西餐)	N: western (style) food	397
xié	鞋 (鞋)	N: shoe	377

xiě	寫ㄒㄧㄝˇ (写ㄒㄧㄝˇ)	V: to write	104
Xiè	謝ㄒㄧㄝˋ (谢ㄒㄧㄝˋ)	N: Hsieh (a Chinese surname)	267
xièxie	謝ㄒㄧㄝˋ謝ㄒㄧㄝ (谢ㄒㄧㄝˋ谢ㄒㄧㄝ)	V: to thanks, to thank you	20
xiézì	鞋ㄒㄧㄝˊ子ㄗ (鞋ㄒㄧㄝˊ子ㄗ)	N: shoe	377
xiězì	寫ㄒㄧㄝˇ字ㄗˋ (写ㄒㄧㄝˇ字ㄗˋ)	VO: to write characters	104
xī guā	西ㄒㄧ瓜ㄍㄨㄚ (西ㄒㄧ瓜ㄍㄨㄚ)	N: watermelon	439
xǐ huān	喜ㄒㄧˇ歡ㄏㄨㄢ (喜ㄒㄧˇ欢ㄏㄨㄢ)	V/AV: to like	31
xīn	新ㄒㄧㄣ (新ㄒㄧㄣ)	SV/A: to be new / newly	82
xīn	心ㄒㄧㄣ (心ㄒㄧㄣ)	N: heart	231
xìn	信ㄒㄧㄣˋ (信ㄒㄧㄣˋ)	N: letter	268
xíng	行ㄒㄧㄥˊ (行ㄒㄧㄥˊ)	SV: to be OK, to be permitted	206
xìng	姓ㄒㄧㄥˋ (姓ㄒㄧㄥˋ)	V/N: surname, family name	5
xìngmíng	姓ㄒㄧㄥˋ名ㄇㄧㄥˊ (姓ㄒㄧㄥˋ名ㄇㄧㄥˊ)	N: full name	461
xīngqí	星ㄒㄧㄥ期ㄑㄧˊ (星ㄒㄧㄥ期ㄑㄧˊ)	N: week	208
xīnnián	新ㄒㄧㄣ年ㄋㄧㄢˊ (新ㄒㄧㄣ年ㄋㄧㄢˊ)	MA/N (TW): new year	206
xīnwén	新ㄒㄧㄣ聞ㄨㄣˊ (新ㄒㄧㄣ闻ㄨㄣˊ)	N: news	355
xǐ shǒujiān	洗ㄒㄧˇ手ㄕㄡˇ間ㄐㄧㄢ (洗ㄒㄧˇ手ㄕㄡˇ间ㄐㄧㄢ)	N: washroom, restroom	459
xiū xí	休ㄒㄧㄡ息ㄒㄧ (休ㄒㄧㄡ息ㄒㄧ)	V: to rest	190
xī wàng	希ㄒㄧ望ㄨㄤˋ (希ㄒㄧ望ㄨㄤˋ)	V/N: to hope, to wish; hope	462
xǔ	許ㄒㄩˇ (许ㄒㄩˇ)	V: to allow, to permit	230
xué	學ㄒㄩㄝˊ (学ㄒㄩㄝˊ)	V: to study	69
xuě	雪ㄒㄩㄝˇ (雪ㄒㄩㄝˇ)	N: snow	231
xué qí	學ㄒㄩㄝˊ期ㄑㄧˊ (学ㄒㄩㄝˊ期ㄑㄧˊ)	N/M: semester	208
xuéshēng	學ㄒㄩㄝˊ生ㄕㄥ (学ㄒㄩㄝˊ生ㄕㄥ)	N: student	69
xuéxiào	學ㄒㄩㄝˊ校ㄒㄧㄠˋ (学ㄒㄩㄝˊ校ㄒㄧㄠˋ)	N: school	85
xūyào	需ㄒㄩ要ㄧㄠˋ (需ㄒㄩ要ㄧㄠˋ)	V/AV/N: to need, to require; need to; need, requirement	334

Y

yàng	樣 (样)	BF/M: appearance, shape; kind of, type of	312
yàngzi	樣子 (样子)	N: appearance, shape, model, pattern	312
yǎnjīng	眼睛 (眼睛)	N: eyes	440
yánjiù	研究 (研究)	V: to research, to study	480
yánjiùsuǒ	研究所 (研究所)	N: graduate school	480
yánsè	顏色 (颜色)	N: color	379
yào	要 (要)	V/AV: to want	32
yào	藥 (药)	N: medicine	229
yàobùrán	要不然 (要不然)	MA: otherwise	398
yàoshì	要是 (要是)	MA: if	248
yàoshi	鑰匙 (钥匙)	N: key	355
yě	也 (也)	A: also	20
yè	夜 (夜)	M: night	191
yè	頁 (页)	M: measure word for page	336
yěcān	野餐 (野餐)	V/N: to picnic; picnic	397
yèlǐ	夜裡 (夜里)	MA/N (TW): night	191
yěxǔ	也許 (也许)	MA: perhaps, maybe, might	230
yī	醫 (医)	V: to cure, to treat (an illness)	228
yì	億 (亿)	NU: hundred million	85
Yìdàlì	義大利 (义大利)	N: Italy	295
yìdiǎnr	一點兒 (一点儿)	NU-M: a little	101
yídìng	一定 (一定)	A: certainly, indeed, surely	121
yīfú	衣服 (衣服)	N: clothes, clothing	121

yǒu	有ㄧㄡˇ (有ㄧㄡˇ)	V: to have; there is, there are	32
yòu	右ㄧㄡˋ (右ㄧㄡˋ)	N: right	247
yòu	又ㄧㄡˋ (又ㄧㄡˋ)	A: again (in the past)	292
		A: moreover, furthermore, more, again	440
yóuchāi	郵ㄧㄡˊ差ㄔㄞ (邮差)	N: mail carrier, postman	295
yǒude	有ㄧㄡˇ的ㄉㄜ (有的)	N: some, some of	68
yóu jú	郵ㄧㄡˊ局ㄐㄩˊ (邮局)	N: post office	246
yǒukòng	有ㄧㄡˇ空ㄎㄨㄥˋ (有空)	VO: to have free time, to be free	333
yǒumíng	有ㄧㄡˇ名ㄇㄧㄥˊ (有名)	SV: to be famous	85
yǒuqián	有ㄧㄡˇ錢ㄑㄧㄢˊ (有钱)	SV: to have money, to be rich	124
yǒu yì diǎnr	有ㄧㄡˇ一ㄧ點ㄉㄧㄢˇ兒ㄦ (有一点儿)	A: to be slightly, to be a little bit, to be somewhat	101
yǒu yì sī	有ㄧㄡˇ意ㄧˋ思ㄙ (有意思)	SV: to be interesting	101
yóuyǒng	游ㄧㄡˊ泳ㄩㄥˇ (游泳)	VO/N: to swim; swimming	420
yǒuyòng	有ㄧㄡˇ用ㄩㄥˋ (有用)	SV: to be useful	270
yú	魚ㄩˊ (鱼)	N: fish	267
yǔ	雨ㄩˇ (雨)	N: rain	207
yuán	圓ㄩㄢˊ (圆)	SV: to be round, to be circular	440
yuǎn	遠ㄩㄢˇ (远)	SV: to be far from	145
yuánlái	原ㄩㄢˊ來ㄌㄞˊ (原来)	MA: originally, formerly	378
yuàn yì	願ㄩㄢˋ意ㄧˋ (愿意)	AV: be willing, want to, like to	378
yuànzi	院ㄩㄢˋ子ㄗ (院子)	N: yard	478
yuè	月ㄩㄝˋ (月)	N: month	205
yuèláiyuè……	越ㄩㄝˋ來ㄌㄞˊ越ㄩㄝˋ…… (越来越……)	PT: more and more……	479
yuè…… yuè……	越ㄩㄝˋ……越ㄩㄝˋ…… (越……越……)	PT: the more ……the more……	479
yǔfǎ	語ㄩˇ法ㄈㄚˇ (语法)	N: grammar	312

chǎng	長（长）	V: to grow (up)	421
zháo	著（著）	RE: used at the end of a verb to indicate success or attainment	417
zhǎo	找（找）	V: to return change after a purchase	49
		V: to look for, to search	168
Zhào	趙（赵）	N: a common Chinese surname	19
zhào	照（照）	VO: to photograph	82
zhāojí	著急（著急）	SV: to be nervous, anxious	209
zhǎoqián	找錢（找钱）	VO: to give change back to someone after a purchase	49
zhàoxiàngjī	照像機（照像机）	N: camera	82
zhè	這（这）	DEM: this	21
zhe	著（著）	P: a verbal suffix, indicating the action or the state is continuing	375
zhèi	這（这）	DEM: this	21
zhèibiān	這邊（这边）	N(PW): here, over here	144
zhèixiē	這些（这些）	DEM: these	68
zhèlǐ	這裡（这里）	N(PW): here	147
zhème	這麼（这么）	A: so, like this	269
zhēn	真（真）	A: really	85
zhèng	正（正）	A: just (now), right (now)	438
zhèr	這兒（这儿）	N(PW): here	147
zhī	枝（枝）	M: measure word for stick-like things	47
zhí	直（直）	SV/A: to be straight / continuously	247
zhǐ	紙（纸）	N: paper	398
zhǐ	只（只）	A: only	84
zhīdào	知道（知道）	V: to know	85
zhǐhǎo	只好（只好）	A: cannot but, have to	379

zhōng	鐘 (钟)	N: clock	185
chǒng	種 (种)	M: kind, type	48
zhòng	重 (重)	SV: to be heavy	316
zhōngfàn	中飯 (中饭)	N: lunch	168
Zhōngguó	中國 (中国)	N: China, Chinese	8
Zhōngqiūjié	中秋節 (中秋节)	N: Mid Autumn Festival	210
Zhōngwén	中文 (中文)	N: Chinese language	34
zhōngtóu	鐘頭 (钟头)	N: hour	186
zhōngwǔ	中午 (中午)	MA/N (TW): noon	168
zhōngxué	中學 (中学)	N: middle school	292
zhòngyào	重要 (重要)	SV: to be important, to be vital	461
zhōumò	週末 (週末)	N: weekend	227
zhù	住 (住)	V: to stay, to live	211
zhù	祝 (祝)	V: to wish (someone good health, good luck, etc.) to offer good wishes	437
zhuǎn	轉 (转)	V: to turn	247
zhuāng	裝 (装)	V: to fill, to load	397
zhǔnbèi	準備 (准备)	V/N: to prepare, to intend; preparations	397
zhuō	桌 (桌)	BF: table	146
zhuōzi	桌子 (桌子)	N: table	146
zhuìxiào	住校 (住校)	VO: to live at school	378
zì	字 (字)	N: character	104
zi	子 (子)	P: a noun suffix	67
zìjǐ	自己 (自己)	N: oneself, by oneself	269
zì tiáo	字條 (字条)	N: a note	294
zǒngshì	總是 (总是)	A: always, without exception	377
zǒu	走 (走)	V: to walk	167
zǒu lù	走路 (走路)	VO: to walk (in the road or street)	167

zuǐ	嘴 (嘴)	N: mouth	441
zuì	最 (最)	A: the most, -est	120
zuìhǎo	最好 (最好)	A: best, better to	353
zuìjìn	最近 (最近)	MA: recently, lately	207
zuǒ	左 (左)	N: left	251
zuò	坐 (坐)	V/CV: to sit, to travel "sit" on a plane, boat or train, etc., (to go) by	165
zuò	做 (做)	V: to do, to make	105
zuòfàn	做飯 (做饭)	VO: to cook food	105
zuòshì	做事 (做事)	VO: to take care of things, to do things, to do work	104
zuótiān	昨天 (昨天)	MA/N (TW): yesterday	166

SYNTAX PRACTICE

國家圖書館出版品預行編目資料

實用視聽華語（一）／國立台灣師範大學國語

教學中心 . --臺初版 . -- 臺北市：正中，民88
　　冊；　公分

ISBN 957-09-1237-5 (第一冊：平裝)
ISBN 957-09-1238-3 (第二冊上：平裝)
ISBN 957-09-1239-1 (第二冊下：平裝)
ISBN 957-09-1236-7 (第三冊：平裝)

1.中國語言 - 讀本
802.86　　　　　　　　　　　　　　88006350

實用視聽華語（一）

主　編　者◎國立台灣師範大學國語教學中心
編 輯 委 員◎陳夜寧・王淑美・盧翠英
策　劃　者◎中華民國教育部
著作財產權人◎中華民國教育部
總　編　輯◎陳怡真
責 任 編 輯◎黃惠娟
美 術 編 輯◎黃馨玉

發　行　人◎單小琳
出 版 發 行◎正中書局股份有限公司
地　　　址◎台北縣(231)新店市復興路43號4F
電　　　話◎(02)86676565
傳　　　真◎(02)22185172
郵 政 劃 撥◎0009914-5
網　　　址◎http://www.ccbc.com.tw
　　　　　　　E-mail:service@ccbc.com.tw
門 市　部◎台北市(100)衡陽路20號2F
電　　　話◎(02)23821153・23821394
傳　　　真◎(02)23892523
香港分公司◎集成圖書有限公司 - 香港九龍油麻地北海街七號
　　　　　　　TEL：(852)23886172-3・FAX：(852)23886174
泰國分公司◎集成圖書公司 - 曼谷耀華力路233號
　　　　　　　TEL：2226573・FAX：2235483
歐洲分公司◎英華圖書公司　14, Gerrard Street, London, W1V 7LJ, U.K.
　　　　　　　TEL：(0207)4398825・FAX：(0207)4391183
美國辦事處◎中華書局　135-29 Roosevelt Ave. Flushing, NY 11354 U.S.A.
　　　　　　　TEL：(718)3533580・FAX：(718)3533489
日本總經銷◎光儒堂 - 東京都千代田區神田神保町一丁目五六番地
　　　　　　　TEL：(03)32914344・FAX　：(03)32914345

總　經　銷◎紅螞蟻圖書有限公司 TEL：(02)27953656・FAX：(02)27954100
行政院新聞局局版臺業字第0199號 (9753)
分 類 號 碼◎802.00.010(澤樺)
西元1999年8月臺初版
西元2002年9月臺初版第2次印行

ISBN 957-09-1237-5
定價／580元